"十三五"国家重点出版物出版规划项目

高速铁路线路工程关键技术丛书

高速铁路规划与建设

李远富　编著

西南交通大学出版社
·成　都·

图书在版编目（CIP）数据

高速铁路规划与建设 / 李远富编著. —成都：西南交通大学出版社，2021.6
（高速铁路线路工程关键技术丛书）
"十三五"国家重点出版物出版规划项目
ISBN 978-7-5643-8035-9

Ⅰ. ①高… Ⅱ. ①李… Ⅲ. ①高速铁路－交通运输规划②高速铁路－交通运输建设 Ⅳ. ①U238

中国版本图书馆 CIP 数据核字（2021）第 095619 号

"十三五"国家重点出版物出版规划项目
高速铁路线路工程关键技术丛书

Gaosu Tielu Guihua yu Jianshe
高速铁路规划与建设
李远富　编著

＊

出　版　人	王建琼
责任编辑	姜锡伟
封面设计	原谋书装

西南交通大学出版社出版发行
四川省成都市金牛区二环路北一段 111 号西南交通大学创新大厦 21 楼
邮政编码：610031　发行部电话：028-87600564
http://www.xnjdcbs.com
成都蜀通印务有限责任公司印刷

＊

成品尺寸：185 mm × 240 mm　　印张：26.5
字数：549 千
2021 年 6 月第 1 版　2021 年 6 月第 1 次印刷
ISBN 978-7-5643-8035-9
定价：120.00 元

图书如有印装质量问题　本社负责退换
版权所有　盗版必究　举报电话：028-87600562

前　言

高速度是一切交通工具为之追求的目标。铁路的诞生改变了整个世界，纵观世界铁路发展的历史，就是一部速度的竞争史。从1825年英国达灵顿开出世界上第一列火车到20世纪初，火车以其快捷的优势很快进入鼎盛时期。近两百年来，世界铁路技术已经发生了翻天覆地的变化，经历了开创时期（约为1825—1850年）、大发展时期（约为1850—1900年）、网络建设成熟时期（约为1900—1950年）和新发展时期（1950年至今）四大发展阶段。

高速铁路是世界科技经济发展到新阶段的产物，从1964年诞生至今已历经50多年历史，大致可划分为四个建设时期，即：探索发展初建时期（1964—1990年）、高铁路网规划建设期（1990年开始）、高铁路网化发展高潮期（20世纪90年代中期形成）、高铁技术创新跨越时期（21世纪初期至今）。

中国自2008年8月1日开通世界运营速度最快的高铁——京津城际客运专线以来，到2019年12月底止，高铁营业里程已达到3.5万千米，成为世界上高铁系统技术最全、集成能力最强、建设速度最快、运营里程最长、运行速度最高、在建规模最大的国家。

为适应世界各国高铁规划与建设之需要，作者在30多年从事铁路科研、教学工作成果的基础上，以高速铁路规划与建设的宏观技术决策为主线展开研讨，适当论述所涉及的基础理论和基本知识；以高铁土建工程建设技术问题为切入点，延伸扩展到机车车辆和运营管理等专业领域。本书在回顾总结世界各国高速铁路发展历程、技术特征及建设成就的同时，全面系统地归纳展现了中国高速铁路规划与建设历程和创新成果。全书从提炼高速铁路规划与建设的成功经验出发，探寻中国高铁技术体系构建与集成创新发展的战略决策思路、技术路线，诠释中国铁路人的高铁梦含义：寻梦——怀揣与风竞速的梦想，以豪迈气魄发展高铁，涌动赶超世界一流的雄心壮志；追梦——集全球最先进技术，创中国独有品牌，以速度拧干时间水分，实现令人瞠目的中国高铁"三级跳"；织梦——凝聚、团结、协作，让分散的手指攥成强有力的拳头；释梦——奉献、执着、忠诚，让高铁精神凝聚成推进速度的强大力量；圆梦——实现梦一样的速度，奔向复兴强国未来。

全书共分 8 章，从世界高速铁路诞生和发展历程开始，总结了各国高速铁路技术特点与规划建设成就，回顾了中国高速铁路起步之路——实施既有线大提速战略的成功经验和成果；介绍了中国第一条客运专线——秦沈客专的规划建设背景与历程；系统阐述了中国高速铁路技术体系构建思路与自主创新发展战略和国家铁路发展规划；归纳总结了中国高速铁路网规划建设成功经验以及典型工程成果实例；特别探寻了磁浮高速交通系统发展趋势等。本书是一本全面系统论述高速铁路规划与建设的著作。

本书可作为高速铁路工程规划设计、建设施工和运营管理人员以及技术人员的参考书，也可供相关专业学生选读。

限于作者水平，书中定有不少疏漏和不妥之处，欢迎读者斧正。

本书的撰写，搜集采用了高速铁路规划设计、建设施工和运营管理等单位的大量宝贵文献资料，得到了领域专家、学校和西南交通大学出版社领导的鼎力支持，在此一并致以诚挚的谢意。

作者于西南交通大学棠蓉园

2020 年 2 月

目 录

第一章 世界高速铁路发展概况 ··· 1
一、世界高速铁路的诞生与发展 ··· 1
二、世界各主要国家和地区高速铁路发展概况 ································ 10
三、高速铁路技术经济优势 ·· 50
四、高速铁路的主要技术条件与经济指标 ····································· 54

第二章 中国高速铁路之路——既有线提速战略规划与实践 ············ 67
一、国外铁路列车速度的发展 ··· 67
二、国外铁路提高既有线列车速度的技术决策 ······························· 73
三、中国铁路运输速度的发展 ··· 77
四、中国铁路提速的战略思考 ·· 108
五、既有线提速中的技术决策 ·· 116
六、中国铁路快速网建设构想 ·· 121
七、铁路大提速的经济效益和社会效益 ······································· 129
八、铁路大提速的若干启示 ··· 131

第三章 奔向高速——秦沈客运专线规划与建设 ··························· 134
一、秦沈客运专线规划与建设背景 ··· 134
二、秦沈客运专线技术特点与创新 ··· 141
三、秦沈客运专线工程技术综合试验研究 ···································· 152
四、秦沈客运专线修建意义与经验启示 ······································· 165

第四章 中国高速铁路技术体系构建与创新战略实施 ····················· 168
一、高速铁路运输系统 ··· 168
二、中国高速铁路技术体系构建研究 ·· 170
三、中国高速铁路自主创新发展战略 ·· 175
四、中国高速铁路自主创新战略的实施 ······································· 181
五、中国高速列车科技发展"十二五"专项规划 ···························· 189
六、中国铁路智能交通发展战略 ··· 204

第五章　中国高速铁路总体规划编制与优化研究 ······················· 223
　　一、制定铁路发展战略规划的相关问题研究 ······················· 223
　　二、国家中长期铁路网规划 ······························· 238
　　三、中国高速铁路网的特点及技术方案的选择 ······················· 259
　　四、《中长期铁路网规划》相关问题的深化研究 ······················· 268

第六章　中国高速铁路规划与建设经验成果概览 ······················· 275
　　一、做出重大决策 ···································· 276
　　二、编制发展规划 ···································· 282
　　三、探索创新模式 ···································· 285
　　四、强化工程管理 ···································· 286
　　五、中国高速铁路技术创新成果及其推广 ························· 287

第七章　中国高速铁路规划与建设典型工程实例 ······················· 298
　　一、京津城际高速铁路规划与建设 ···························· 298
　　二、京沪高速铁路规划与建设 ······························· 308
　　三、武广高速铁路规划与建设 ······························· 330
　　四、郑西高速铁路规划与建设 ······························· 338
　　五、哈大高速铁路规划与建设 ······························· 343
　　六、兰新高速铁路规划与建设 ······························· 359
　　七、沪昆高速铁路规划与建设 ······························· 364
　　八、京张高速铁路规划与建设 ······························· 374
　　九、中国高速铁路的世界之最 ······························· 383

第八章　磁浮高速交通系统规划与发展设想 ························· 388
　　一、磁悬浮交通系统技术概述 ······························· 389
　　二、磁悬浮交通系统的研发与应用 ···························· 396
　　三、超高速真空管道交通系统的研发趋势 ························· 404
　　四、高速磁浮交通系统规划与建设战略思考 ······················· 408

参考文献 ··· 417

第一章

世界高速铁路发展概况

一、世界高速铁路的诞生与发展

（一）世界高速铁路的诞生背景

1765年英国人瓦特改良蒸汽机，带来了人类历史上第一次产业革命。1825年，英国建成以蒸汽机车为动力的世界上第一条铁路，使铁路成了最新的交通工具，形成了铁路的"第一个新时代"，对推动社会和经济的发展与繁荣发挥了重要作用。当时的列车牵引质量不足 200 t，时速亦未超过 40 km。随着科技进步和社会经济的不断发展，铁路牵引动力亦由蒸汽牵引发展为内燃牵引和电力牵引，目前全世界共修建了 130 多万千米铁路。

速度高低是一个具有时间性的相对概念，不同的历史时期具有不同的科技水平和技术装备，形成了该时期速度高低的标准。1825年英国建成世界上第一条公用铁路，4 年后的 1829 年，在这条铁路（利物浦至曼彻斯特）上，举行了火车速度比赛，斯蒂芬孙父子制造的"火箭号"蒸汽机车取得了冠军。"火箭号"速度之高，快如火箭，但仅拉了 17 t 重的车辆，平均速度虽仅 22 km/h，但要比当时马拉车在木轨上行驶快得多。又如 1948 年我国在沪宁线上也开行过称之为"飞快"的列车，用蒸汽机车牵引 8 节空调客车，全程运行 5 h，旅行速度达到 60 km/h。这在当时已经是中国了不起的速度了，故名为"飞快"列车。

速度是现代交通运输的命脉。交通运输方式的发展史，从根本上说是不断提高运输速度的创新历程。190 多年的铁路发展史就是速度不断提高的历史。世界各个国家的铁路总是不断利用其先进技术，在试运行中探索提高速度的可能性，以便为提高运营速度积累经验。英法两国在 19 世纪末就先后用蒸汽机车创造了 145 km/h、144 km/h 的试验速度；美国 1893 年在纽约中央铁路创造了 181 km/h 的试验速度；德国 1903 年用电力机车创造了 210 km/h 的试验速度，1931 年用内燃动车组在柏林—汉堡间作高速试验，最高速度达 230 km/h，平均速度达 154 km/h；意大利 1939 年在佛罗伦萨—米兰间的 314.5 km 距离内，用电动车组试验，平均速度达到 164 km/h 的水平。

第二次世界大战后，铁路遇到了汽车和航空运输的激烈竞争，管道运输的发展也很快，更促使铁路努力探索提高速度。提高列车速度是铁路赖以生存和适应社会发展的唯一出路。悲观者认为铁路已是"夕阳工业"，不用太久就会和马车一样进入历史博物馆了；而另一些有识之士则不然，他们应用当时世界上各种电子技术、新设备、新材料和新工艺，实现铁路现代化。为此，从 20 世纪初至 50 年代，德国、法国、日本等国都开展了大量的有关高速列车的理论研究和试验工作。1955 年 3 月 28 日，法国用两台电力机车牵引 3 节客车试验时速达到了 331 km，刷新了世界高速铁路的纪录。

铁路高速技术，至 20 世纪 60 年代已进入实用阶段。1964 年 10 月 1 日，第 18 届奥运会在日本东京开幕前夕，东京至新大阪 515 km、时速 210 km 的世界第一条高速铁路客运专线——东京至大阪新干线通车，全线运行时间从 6 h 30 min 缩短为 3 h 10 min。90 年代初它又将时速提高到 270 km，进一步缩短了运行时间。20 世纪 80 年代至 90 年代，铁路高速技术又取得了一系列新的突破。1981 年法国用 TGV-PSE 电动车组创造了 381 km/h 的新纪录；1988 年德国 ICE 电动车组又创造了 406.9 km/h 的纪录；1989 年法国 TGV 大西洋线铁路又以 300 km 时速正式投入运营，率先冲上了当代高速竞逐的浪尖。1990 年 5 月法国用 TGV-A 创造了 515.3 km/h 的世界最高试验速度，2007 年 4 月 3 日又以 TGV-V150 创造了 574.8 km/h 的新的世界纪录，展示了高速铁路的美好前景。1993 年 12 月，日本在上越新干线用 STAR21 型电动车组曾达到 425 km/h 的速度，1996 年日本新干线的实验列车"300X"达到了 443.0 km/h 的速度。另外，日本的磁浮车，1979 年在宫崎试验线上曾达到 517 km/h 的速度。中国在 2008 年 6 月 24 日用国产"和谐号"CRH_3 型动车组在京津城际铁路运行试验中创出 394.3 km/h 的新纪录，2010 年 9 月 28 日用国产"和谐号"CRH380A 新一代高速动车组在沪杭高铁试运行创下 416.6 km/h 的纪录，2010 年 12 月 3 日用该高速动车组在京沪线上进行综合试运行实验，再次刷新最高时速达 486.1 km 的新纪录。虽然试验速度要到若干年后才能在正规运营中实现，但也充分说明了世界铁路努力攀登速度高峰的趋向。

高速行车是铁路现代化的重要标志。行车速度指的是正规运营中实现的速度而不是试验速度。关于高速铁路有多种定义，高速亦有相对性，时代不同标准有异。由于铁路时速的发展，高铁的标准有提高，各国有不同的规定。

欧洲：在 20 世纪中期，国际铁路联盟（UIC）1962 年把旧线改造时速达到 200 km、新建时速达到 250~300 km 的铁路定义为高速铁路；1985 年，联合国欧洲经济委员会在日内瓦签署的《国际铁路干线协议》规定，新建客货运列车混用型（简称客货共线）

高速铁路时速为 250 km 以上，新建客运列车专用型（简称客运专线）高速铁路时速为 350 km 以上。

日本：作为世界上最早开始发展高速铁路的国家，日本政府在 1970 年发布第 71 号法令，为制定日本新干线铁路发展的法律时，对高速铁路的定义是，凡一条铁路的主要区段，列车的最高运行速度达到 200 km/h 或以上者，可以称为高速铁路。

美国：美国联邦铁路管理局曾将高速铁路定义为最高运营速度高于 145 km/h（90 mile/h）的铁路。但从社会大众的角度，"高速铁路"一词在美国通常会被用来指运营速度高于 160 km/h 的铁路服务，这是因为在当地除了阿西乐快线（最高速度 240 km/h）以外并没有其他运营速度高于 128 km/h（80 mile/h）的铁路客运服务。

国际上专家们做学术研究采用时速分类的八档法：时速 120 km 以下为普速（常速）；时速 120~160 km 称为快速；时速 160~250 km 称为准高速；时速 250~400 km 称为高速；时速 400 km 以上称为超高速；时速 600 km 以上称为特高速；时速 1 000 km 以上称为音速；时速 1 260 km 以上称为超音速。

在现实建设里，各国一般采用三档法分类，即普通铁路、中速铁路、高速铁路。

国际铁路联盟（UIC）认为高速铁路的定义相当广泛，包含高速铁路领域下的众多系统。高速铁路是指组成这一"系统"的所有元素的组合，包括：基础设施（新线设计速度 250 km/h 以上，提速线路速度 200 km/h 甚至 220 km/h）、高速动车组和运营条件。当前各国新建的高速铁路，大多把最高速度定位在 250~350 km/h。我国于 2014 年底发布，2015 年 2 月 1 日起实施的《高速铁路设计规范》（TB 10621—2014）将高速铁路定义为：新建设计开行 250 km/h（含预留）及以上动车组列车，初期运营速度不小于 200 km/h 的客运专线铁路。

高速铁路是世界铁路的一项重大技术成就，它集中反映了一个国家铁路的牵引动力、线路结构、高速运行控制、高速运输组织和经营管理等方面的技术进步，也体现了一个国家的科技和工业水平。高速铁路是社会经济发展和运输市场竞争的需要，它促进了地区经济的发展和城市化进程，在经济发达、人口密集地区的经济效益和社会效益尤为突出。

据不完全统计，截至 2019 年底，全世界拥有或正在建设高速铁路的国家和地区已经达到 20 多个，已经建成高速铁路新线长达 4 万多千米，正在建设的线路有近万千米。全球已通高铁国家主要集中在欧洲（西班牙、法国、德国等）、亚洲（中国、日本等），非洲、北美、拉丁美洲以及澳洲修建高铁的潜力巨大。可以预见，21 世纪的铁路运输业将会出现轮轨系统高速铁路的全面发展，全球性高速铁路网建设的时期已经到来。

（二）世界高速铁路的发展历程

自 1964 年日本建成东京至大阪世界上第一条高速铁路以来，高速铁路从无到有，经历了不同的阶段。归纳起来，高速铁路的发展大致经历了四个阶段。

1. 发展初期（1964—1990 年）

在这期间建设并投入运营的高速铁路有：日本的东海道、山阳、东北和上越新干线，法国的东南 TGV 线、大西洋 TGV 线，意大利的罗马至佛罗伦萨线，以及德国的汉诺威至威尔茨堡高速新线。这期间，日本建成了遍布全国的新干线网的主体结构。除了北美外，世界上经济和技术最发达的日本、法国、意大利和德国推动了高速铁路的第一次建设高潮，见表 1.1。

表 1.1 初期已经建成的高速铁路新线

时期	国家	项目	建设年代	线路长度/km
初期高速铁路建设	日本	东海道新干线	1959—1964	515
		山阳新干线	1967—1975	554
		东北新干线	1971—1982	270
		上越新干线	1971—1985	497
	法国	TGV 东南线	1976—1983	417
		TGV 大西洋线	1985—1990	282
	德国	汉诺威—威尔茨堡/曼海姆—斯图加特	1988—1991	427
	意大利	罗马—佛罗伦萨	1970—1992	254
总计	4	9	1970—1992	3 216

日本东海道新干线和法国 TGV 东南线的运营，在技术、商业、财政以及社会效益上都获得了极大成功。东海道新干线在财政收支上已经成为主要支柱，法国 TGV 东南线也在运营 10 年的期限里收回了投资。因此，高速铁路最初的建设成就极其显著。随后，德国和意大利等国都先后修建了适合本国国情的高速铁路，并取得了较好效益，成为当今世界上高速铁路技术的保有国。

2. 第二次建设高潮时期（1990 年开始）

高速铁路建设在日本和法国所取得的成就影响了很多国家，促进了各国对高速铁路的关注与研究。1991 年瑞典开通了 X2000 摆式列车，1992 年西班牙引进法、德两国的技术建成了 471 km 长的马德里至塞维利亚高速铁路。1994 年英吉利海峡隧道把法国与英国连接在一起，开创了第一条高速铁路国际联络线。1997年，从巴黎开出的"欧洲之星"又将法国、比利时、荷兰和德国连接在一起。在这一时期的日本，因早已完成了新干线路网骨干结构的建设，高速铁路网的建设开始向全国普及发展。日本于1996年起开通了福岛、山形两条小型新干线，为既有线的提速改造走出了一条新路。法国和德国则在修建高速铁路的同时，实施既有线的改造。具体见表1.2。

表1.2　第二次高潮已经建成的高速铁路新线

时期	国家	项目	建设年代	线路长度/km
第二次高潮高速铁路建设	西班牙	马德里—塞维利亚	1987—1991	471
	法国	TGV北方线	1990—1993	333
		英吉利海峡隧道	1990—1994	50
		TGV东南延伸线	1992—1994	148
		TGV路网联结线	1994—1996	102
	日本	北陆新干线	1989—1997	117
	德国	柏林—汉诺威	1992—1998	172
	比利时	布鲁塞尔—里尔	1989—1997	83
总计	5	8	1987—1998	1426

在这个时期内，日本、法国、德国以及意大利对发展高速铁路进行了全面规划。日本于1971年通过了新干线建设法，并对全国的高速铁路网做出了规划。根据1987年的计划，日本将再修建5条新干线，总长达1 440 km。1986年，意大利政府批准了交通运输发展规划纲要，准备修建横连东西（都灵—米兰—威尼斯）、纵贯南北（米兰—佛罗伦萨—罗马—那不勒斯），长达1 230 km的"T"形高速铁路网。法国于1992年由政府公布了建设全国高速铁路网的规划，根据规划，未来20年内高速铁路网将由4 700 km新线（其中1 282 km已于1997年开通投入运营）构成。德国于1991年4月由德国联邦政府批准了联邦铁路公司改建/新建铁路2 000 km的计划，计划包括13个项目，其中涉及新建高速铁路的有4项。

1991年欧洲议会批准的泛欧高速铁路网规划中提出在各国边境地区实施15个关键项目，将有助于各个国家独立高速铁路线之间的联网。在这些项目中，有9个项目被选定为优先建设的工程项目。它们是：① 高速铁路南北贯通线（德国—意大利）；② 连接欧洲五国首都的高速铁路线；③ 高速铁路南方线（西班牙—法国）；④ 高速铁路东部连接线（法国—德国）；⑤ 高速/普速铁路综合运输线（法国—意大利）；⑥ 既有铁路连接线（英格兰、苏格兰、北爱尔兰三岛之间）；⑦ 丹麦—瑞典固定连接线；⑧ 北欧三角地带；⑨ 英国西海岸干线。

在这一时期高速铁路表现出了新的特征:
(1) 已建成高速铁路的国家进入了高速铁路网规划和建设的年代。
(2) 修建高速铁路网已经不仅仅是铁路部门的需要,而成为地区之间相互联系的政治上的需求。
(3) 由于能源和环境的要求,需要发展无污染的高速铁路。
(4) 出现了国内和跨越国境的高速铁路网。

3. 第三次建设高潮时期(20世纪90年代中期至21世纪初)

1998年10月在德国柏林召开的第三次世界高速铁路大会 Eurailspeed '98 上,美国 Calgary 大学公共政策研究所教授 Anthony Perl 作了一篇题为"高速地面交通系统的全球化和普及"的发言,将当时高速铁路的发展定为世界高速铁路发展的第三次高潮。这次高潮波及亚洲、北美、澳洲以及整个欧洲,形成了世界交通领域中铁路的一场复兴运动。自1992年至2008年,俄罗斯、韩国、中国、澳大利亚、英国、荷兰等国家和地区均先后开始了高速铁路新线的建设。据不完全统计,为了配合欧洲高速铁路网的建设,捷克、匈牙利、波兰、奥地利、希腊以及罗马尼亚等国家正对干线铁路进行改造,全面提速。具体见表1.3。

表1.3 第三次高潮已经建成的高速铁路新线

时期	国家和地区	项目	建设年代	线路长度/km	备注
第三次高潮高速铁路建设	法国	地中海线	1995—1999	303	欧洲
	德国	莱茵/美茵—科隆	—2000	204	
		纽伦堡—茵戈施塔特—慕尼黑	1997—2003	171	
	意大利	罗马—那不勒斯	—2001	204	
		博洛尼亚—佛罗伦萨	—2005	78	
	英国	海峡隧道联结线(一期)	1998—2003	69	
	西班牙	马德里—巴塞罗那	1998—2004	300	
	荷兰	安特卫普—阿姆斯特丹	1999—2005	95	
	俄罗斯	莫斯科—圣彼得堡	1997—2008	654	
	日本	北陆、九州、东北新干线		390	亚洲
	韩国	首尔—釜山	1992—2006	426	
	中国台湾	台北—高雄	1997—2003	345	
	澳大利亚	悉尼—堪培拉	2000—2003	270	澳洲
总计	11	13	1987—1998	3 509	

除了以上这些已经开工建设的项目外，该时期对高速铁路开展规划与筹建工作的国家还有土耳其、美国、加拿大、印度、捷克等。

参与第三次高速铁路建设的各个国家与前两次高速铁路建设不同，其特征主要表现为：

（1）大多数国家在高速铁路新线建设的初期拟定了修建高速铁路的全国规划。

（2）虽然建设高速铁路所需资金数额较大，但从社会效益、节约能源、治理环境污染等诸方面分析，修建高速铁路对整个社会具有较好的效益，这一点得到各国政府的共识。

（3）高速铁路促进了地区之间的交往和平衡发展，欧洲国家已经将建设高速铁路列为一项政治任务，各国呼吁在建设中携手打破边境的束缚。

（4）高速铁路从国家公益投资转向多种融资方式筹集建设资金，建设高速铁路出现了多种形式融资的局面。

（5）高速铁路的技术创新正在向相关领域辐射和发展。

这个时期，全球投入运营的高速铁路有 2 万多千米，分布在日本、法国、德国、意大利等近 20 个国家和地区，世界高速铁路发展已进入一个新的高潮时期，全球正步入高速铁路发展的黄金年代。

4. 第四次建设高潮（21 世纪初至今）

中国在连续实施既有线六次大提速战略的基础上，开始快速大规模规划建设高速客运专线和城际客运专线。中国自 2008 年 8 月 1 日开通时速达 350 km 的当时世界运营速度最快的高速铁路——京津城际客运专线以来，到 2010 年 12 月 7 日在中国北京召开的第七次世界高速铁路大会（首次在欧洲以外地区召开）上，已开通运营高速铁路达到 7 531 km，2010 年底达 8 358 km，2018 年底达 29 000 km，2019 年底突破 30 000 km。可见，从 2008 年至 2019 年的 10 多年时间内，中国以每年投入运营近 3 000 km 的建设速度，已成为世界上高速铁路系统技术最全、集成能力最强、运营里程最长、运行速度最高、在建规模最大的国家。

在此时期，其他国家仍然在不断推进高速铁路建设。目前，全球投入运营的高速铁路近 5 万千米，分布在中国、日本、法国、德国、意大利等 20 多个国家和地区，如表 1.4 所示。

按照各国高铁发展规划，到 2020 年，世界高速铁路总里程已超过 5 万千米，由此带来的高铁直接投资将超过 1 万亿美元，如果按全产业链的增加值计算，高铁发展对世界经济的带动作用则十分巨大。

表 1.4 截至 2019 年底已经投产的高铁运营里程数

排名	国家/地区		运营里程/km	施工长度/km	最高速度/(km/h)
1	中国	大陆	35 000	>7 000	350
		台湾	349.5	0	300
2	西班牙		3 100	1 800	310
3	德国		3 038	330	300
4	日本		2 765	681	320
5	法国		2 658	135	320
6	瑞典		1 706	0	205
7	土耳其		1 420	1 506	250
8	英国		1 370	0	300
9	意大利		923	125	300
10	韩国		880	552	305
11	俄罗斯		645	770	250
12	芬兰		610	0	220
13	丹麦		5	60	200
14	乌兹别克斯坦		344	256	250
15	奥地利		292	210	250
16	比利时		209	0	300
17	荷兰		120	0	300
18	波兰		85	322	200
19	瑞士		137	0	250
20	挪威		64	54	210
21	美国		44.8	0	240
合计			55 641.3	>13 800	

备注：① 表中数字是不完全统计的粗略数据，在统计时间和统计口径上有一些差异，仅供参考。
② 表中仅中国高铁运营里程数据是截至 2019 年 12 月 30 日，其余各国的统计数据均在 2018 年底以前。

（三）高速铁路规划与建设模式和高速列车形式

目前，世界上已经建成和准备修建高速铁路的国家，都会十分重视本国国情的需要，根据不同的国情和现有路况选择不同的规划与建设模式。归纳起来，当今世界上规划与建设高速铁路有下列几种模式：

（1）新建双线高速铁路，专门用于旅客快速运输。如日本新干线和法国高速铁路，其他还有许多国家也采用这种高速客运专线建设与运营模式。

（2）新建双线高速铁路，实行客货共线运行。如意大利罗马—佛罗伦萨高速铁路，客运列车速度 250 km/h，货运列车速度 120 km/h。一些欧洲国家由于旅客运输量不是很大，采用这种客货共线运行的建设与运营模式。

（3）部分新建高速线与部分既有线混合运行。如德国柏林—汉诺威，承担着客运和货运任务。这是将既有铁路网与高速铁路网结合在一起进行总体规划建设与运营的模式。

（4）既不修建新线，也不对旧有线进行大量改造，而是在既有线上采用摆式车体的动车组运行，旅客列车和货物列车混用。这在欧洲国家多见，如瑞典采用 X2000 型摆式列车实现高速行车。这是将铁路基础设施（固定设备）与机车车辆（移动设备）作为一个系统工程，开展协调配套研究并进行高速铁路运输规划与建设的模式。

高速铁路进一步的发展趋势是连线成网。原来欧洲各国已经建成的和正在修建的高速铁路都是各自独立的，现已在几个国家间沟通，今后将进一步发展成国内、国际的高速铁路网，并与既有线相衔接；高速铁路提出了"速度比小汽车快 1 倍，票价比飞机便宜一半"的目标，以充分发挥其优势。由于这将涉及欧盟等十几个国家，因此在轨距、信号、供电、机车车辆等技术设备方面都制定了统一的标准，使欧洲的高速铁路网不仅是欧洲各国高速铁路的总和，而且能形成一个综合性整体。计划分两个阶段进行：初期完成新建或改建 1.9 万千米，可满足时速 250 km 以上的高速铁路的要求；后期新建或改建 1.1 万千米的时速 160～200 km 的联络线和支线，以便连接欧洲所有的主要城市。欧洲出现了世界上最方便、最经济的地面高速运输系统，各大城市间都可通过高速铁路连接起来，还将向亚洲延伸，形成洲际的高速铁路网，如图 1.1 所示。

目前，高速列车有不同的形式。

（1）按动力配置方式分为：动力分散型和动力集中型。

（2）按转向架形式分为：铰接式和独立式。

较为典型的如：日本各系高速列车，属动力分散型、独立式转向架；法国的 TGV 高速列车，属动力集中型、铰接式转向架；德国的 ICE 高速列车，初期属动力集中型，后期用动力分散型，采用独立式转向架；此外，还有瑞典和西班牙的摆式列车。

高速铁路规划与建设

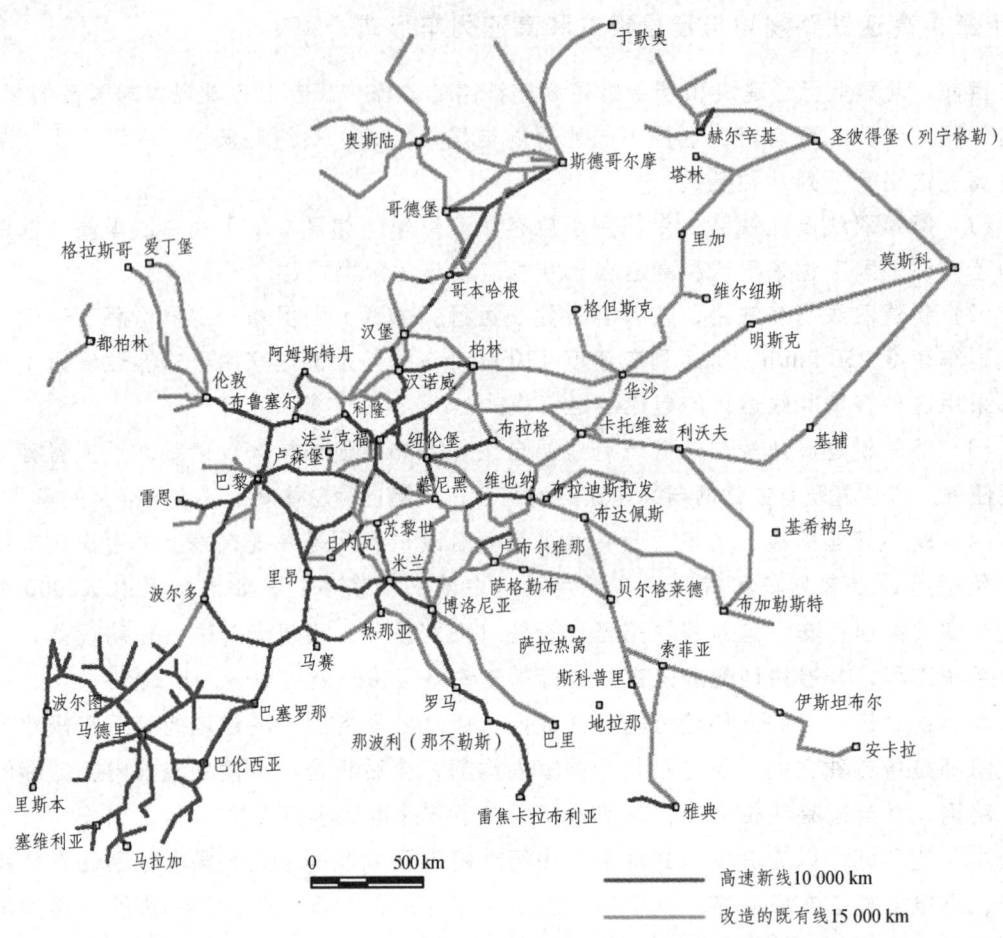

图 1.1 欧洲 2020 年高速铁路规划示意

二、世界各主要国家和地区高速铁路发展概况

（一）日本新干线的规划与建设

1. 新干线规划与建设概况

日本高速铁路早在 1946 年就酝酿修建，但战后迫于百废待兴，无力顾及。20 世纪 50 年代中叶，日本国民经济在复兴后得到高速发展，全国范围内的旅客运输量和货物运输量急剧增长，而东海道既有线（轨距 1 067 mm）运输能力又面临全面饱和，在这种条件下，如任其继续下去将严重阻碍日本经济发展。修建新的东海道铁路运输通道、提高铁路运输能力已成为迫在眉睫的决策问题。

20世纪50年代后半期，日本经济迅速恢复，发展速度明显加快，而工商和流通业尤其发达的京滨、中京、阪神地区成了带动整个日本经济发展的火车头。连接这些地区的东海道铁路线虽只占日本铁路总长的3%，却承担着全国客运总量的24%和货运总量的23%，而且运输量的年增长率超过全国平均水平，运输能力已达到极限。当时，日本经济已开始从战后复兴向高速增长过渡，为促进经济发展，实现富国目标，全面加强连接这三大工商业地带及周围地区的东海道铁路干线已成迫切需要。为此，运输省于1957年设立了由专家学者组成的"日本国有铁路干线调查会"，就如何增强东海道铁路线运输能力问题进行探讨。1958年12月，日本内阁会议批准了修建东海道新干线的设想。"日本国有铁路干线调查会"当时提出了三种方案：一是将已经复线化的原有窄轨铁路线再复线化；二是铺设窄轨新线；三是修建标准轨新线。经过多方研究，要实现最大限度地提高东海道铁路线的"速达性"，修建标准轨新干线成了理所当然的选择。具体地讲，主要有如下一些理由：一、与原有的窄轨相比，标准轨能运行大型车辆，可确保运输量的扩大；二、铺设新干线，可通过扩大曲线半径来设定高速行驶的列车，从而最大限度地缩短到达时间；三、修建标准轨新干线可大幅度减少通过城市市区的部分，从而降低建设成本；四、可运用最新技术，彻底实现现代化。这样，修建世界上第一条时速200 km的高速铁路"新干线"的计划终于落实了。

从1958年开始，经过5年多时间的建设，1964年10月1日，正当第18届奥运会的火炬在日本东京点燃之时，世界铁路运营史上的第一块高速金牌诞生了。"光"号列车以210 km/h的最高速度行驶在日本东海道新干线上。东海道新干线（轨距1 435 mm）全长515.4 km，使东京—大阪的运行时间从6 h 30 min缩短到3 h 10 min，票价比飞机便宜，从而吸引了大量旅客，迫使东京—名古屋的飞机航班停运，这在世界上也是首例。东海道新干线的建成和运营，使"铁路是夕阳产业"的论调破产，给世界铁路的复苏带来了生机，促进了高速铁路发展的进程。继东海道新干线之后，日本又陆续建成了山阳新干线（全长553.7 km）、东北新干线（全长496.5 km）、上越新干线（全长269.5 km）、长野新干线（全长117.4 km）以及长度为275.9 km的山形、秋田小型新干线（小型新干线是在既有线上增设第三轨，拓宽轨距，使新干线列车能直通运行到更多城市）等。

截至2016年底，日本新干线营业里程已达3 000多千米，是世界上高速铁路总延长里程较多的国家。日本铁路客运量已占全国总客运量的30%，而其中新干线约占铁路总客运量的30.3%，收入约占总收入的45%。在准时性方面，尽管日本接连不断地发生地震等自然灾害，新干线列车平均晚点仍保持在1 min之内，业绩非常突出，成为日本陆地交通运输网的主力。高速新干线已不仅仅是速度高的现代化铁路，而且是日本铁路的发展核心，是支持日本经济发展的支柱，也成为人民日常生活和文化生活中不可缺少的一部分。日本高速铁路规划与建设情况见图1.2、图1.3（截止到2001年）和表1.5、表1.6（截止到2016年）。

高速铁路规划与建设

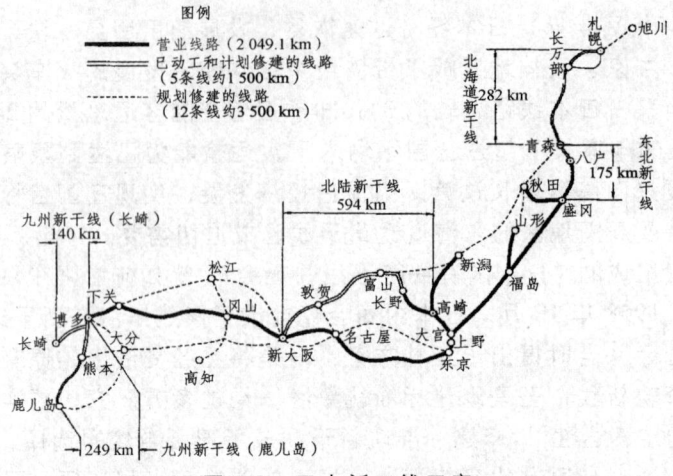

图 1.2 日本新干线示意

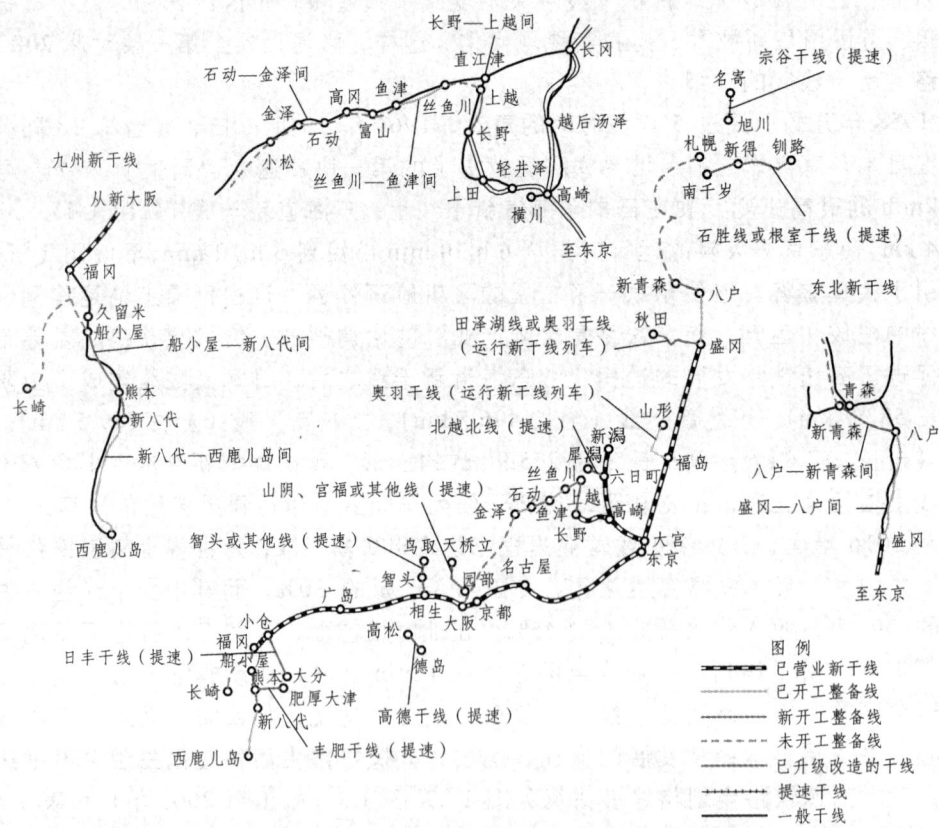

图 1.3 日本新干线规划与建设示意

表 1.5 日本高速铁路概要

项 目	东海道新干线	山阳新干线	东北新干线	上越新干线	长野新干线	山形新干线	秋田小型新干线	东北新干线（延伸线）	北陆新干线	九州新干线	北海道新干线
起讫点	东京—新大阪	新大阪—博多	东京—盛冈—新青森	大宫—新潟	高崎—长野	福岛—新庄	盛冈—秋田	盛冈—八户	长野—上越妙高中央—金泽	新八代—鹿儿岛中央、新八代—博多	新青森—新函馆北斗
营业里程/km	515.4	553.7	713.7	269.5	117.4	148.6	127.3	96.6	345.5	288.9	148.8
营业时间	1964-10	1975-03	1991-06	1982-11	1997-10	1999-12	1997-03	2002-12	2015-03	2004-03 2014-03	2016-03
车站数量	18	18	23	9	6	6	6	4	13	12	4
车站平均距离/km	36.8	32.6	29.2	33.7	23.5	17.4	25.4	32.2			
最高运行速度/（km/h）	270	300	320/260	245	275	130	130	275	260	260	260
运输模式	客运高速	客运高速	客运高速	客运高速	客运高速			客运高速	客运高速	客运高速	客运高速
高速列车类型	0、100、300、500、700系、N700	0、100、300、500、700、N700	E2、E3、E4、E5、E6、E7、H5、W7	200、E2、E3、E4、E7、W7	E7、W7	E3	E6	E2-1000	W7、E7	800、N700	H5、E5
牵引方式	电动车组	电动车组	电动车组	电动车组	电动车组	电动车组	电动车组	电动车组	电动车组	电动车组	电动车组
动车轴重/t	16/14	15/11.3	17/11.3	17	11.3	17	17	17	11.3	11.3	11.3

表 1.6 日本新干线的主要几何参数

线路	最小曲线半径/m	最大坡度	线间距/m
东海道新干线	2 500	15‰	4.20
山阳新干线	4 000	15‰	4.30
东北新干线	4 000	15‰	4.30
上越新干线	4 000	15‰	4.30

2. 新干线动车组概况

长期以来，日本在高速列车的研究与制造方面占有相当高的技术优势，这与大量技术投入是分不开的。为了追求更高的速度和更优良的舒适性，日本不惜投入巨资研制了一系列作为试验和技术储备的试验性车辆，见图 1.4 和表 1.7。

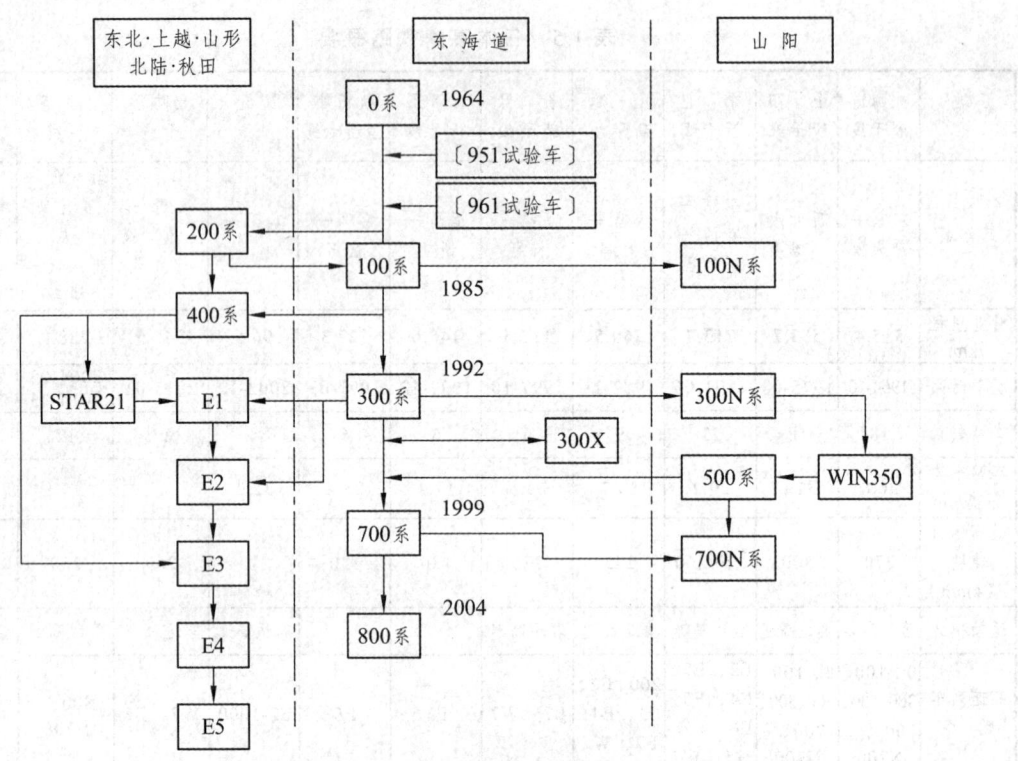

图 1.4 日系动车组型号发展示意

表 1.7 日本的高速列车

列车型号	最高速度/(km/h)	总功率/kW	长度/m	定员/人	编组形式	运营年份
0 系	210	11 840	400.3	1 340	16 动	1964
100 系	220	12 960	402.1	1 321	12 动 4 拖	1985
200 系	275	11 040	400.3		14 动 2 拖	
300 系	270	12 000	402.1	1 323	10 动 6 拖	
400 系	240	5 040	148.7	379	6 动 1 拖	1992
500 系	300	18 240	404	1 324	16 动	1997
700 系	285	13 200	404.7	1 323	12 动 4 拖	
E1 系	240	9 840	302.7	1 235	6 动 6 拖	
E2 系	275	7 200	201.4	630	6 动 2 拖	1997
E3 系	275	4 800	107.7	270	4 动 1 拖	
E4 系	240	6 720	200.1	817	4 动 4 拖	1997

3. 日本高速铁路主要技术特点

（1）新干线采用动力分散的运行方式，不断降低轴重，全面提高列车性能。所谓动力分散，就是每节车厢的车轮都安装了驱动装置——电动机，将列车的动力分散到各节车厢。传统的机车牵引方式需要依靠机车提供牵引力，是以较少的驱动轮对带动整列列车行走，为了有效利用牵引功率和防止机车主动轮空转，就需要在机车上加上很大的重量，从而加大了对轨面的压力，增加了建设和维修成本。不断降低轴重，可减少轮轨作用力、降低建设成本和维修费用，提高了经济效益。新干线采用动力分散方式，以每节车厢的车轴作为驱动，不需要沉重的机车，轴重从 17 t 降到 12 t 左右，由此车厢的轴重便可大大减轻，不仅易于加减速和在大坡度线路上平稳行驶，也降低了噪声和振动，大大提高了旅行舒适性；同时，降低对轨面的压力，既降低了建设成本，又提高了经济效益。

（2）新干线线路中桥、隧比重不断增加，线路标准不断提高；建立了工程试验段，通过试验研究解决技术关键。

（3）新干线列车的制动系统由原来的空气制动改为电-空联合制动与再生制动。使用再生制动的列车在制动时会将电机的接线反接，这时电动机就变成了发电机，将列车制动时的巨大动能转化为电能，发出的电能通过转换以后可回馈给牵引电网进行重新利用，从而可节省能源。同时，列车的电气控制系统由 GTO 控制（逆变器控制）转向了更先进的 VVVF 控制（交流电变频控制），进一步提高了运行效率，节省了电耗。

（4）新干线设有多重安全系统，安全性能好、无旅客死亡事故。新干线不仅在东京和大阪分别设置了对各条线路上行驶的列车进行监视和远距离控制的中央控制系统，每条线路还安装了被称为"ATC"的列车速度自动控制系统。所谓"ATC"装置，就是将前方列车的位置、分辙器和路轨状况等信号转换成特定频率的电流，通过一段段铁轨组成的封闭回路传给车载信号器，列车据此而自动地调整行驶速度或停止运行的设备。这种"车内信号"虽也通过驾驶台上的显示盘同步地显示出来，但并不需要驾驶人员操作。列车进站时，"车内信号"提示的速度是 30 km/h 以下，即列车在可随时停止的状态下运行。这时，驾驶人员必须按下"确认"按钮，否则"ATC"将"判断"驾驶人员在打瞌睡或出现了其他异常而自动停止，这样就不能准确地停到规定的位置。如果列车超载规定的停止位置，也不会与前方列车相撞，这是因为，当后方列车接触到设在距前方列车 1 500 m 处的"绝对停止信号"时，就会自动地紧急制动。由此可见，新干线是可以实行无人驾驶的，之所以要配置驾驶员，是为了使进站的列车能根据站内情况，准时停到规定的位置，防止因紧急制动而给乘客带来不舒适感。

日本由于地震频发，1992年引进了紧急地震检测和警报系统，它使高速列车在发生大地震时能够自动制动。

（5）新干线运输组织特点与模式。列车运行密度高、定员多、旅客输送量大，而且采用同一速度等级的客运专线运输模式，增加了服务设施，提高了服务质量，方便了旅客换乘。

（6）采用中央控制系统进行运行监控。在各条线路上设置列车行驶监视和远距离控制的中央控制系统。

日本开发新干线的首要目标是增强客运能力，其次才是提高速度。东海道新干线开始运行，每天的客运量是6万人次，10年后增加到每天30万人次，全国8条新干线每天客运达75万人次。乘客如此之多，依靠电话预约和手工售票，无论如何也适应不了。日本早在开发新干线的同时就研制出了综合自动售票系统，经过多年的不断改进，每天可处理160万张车票，基本无差错。

（二）法国高速铁路规划与建设

1. 法国高速铁路概况

法国铁路在历史上对高速行车一直是情有独钟，并且还占有相当明显的优势。据统计，从1890年到1990年的100年间，世界铁路共创造了17次铁路行车最高纪录，其中有9次是由法国铁路创造和保持的。1955年，法国利用普通的电力机车牵引一节客车和一节试验车所创造的331 km/h的当时世界纪录，直到20世纪70年代才由它自己的TGV-01试验型电动车组以380 km/h的速度打破。法国铁路于1990年5月用TGV大西洋电动车组创造了515.3 km/h的世界纪录；2007年4月3日，用AGV（法文"Automotrice à grande vitesse"即高速动车组的缩写，运营速度360 km/h）动力分散式永磁电机驱动动车组，创造了2007年574.8 km/h的铁路高速列车试验速度世界纪录，该纪录一直保持至今，无人能望其项背。

法国TGV大西洋高速列车的300 km/h运营速度也长期保持了世界最高运营速度的纪录。在国际市场上，法国TGV系列列车也是最成功的，西班牙、韩国等都引进了TGV技术。

多年以来，铁路作为一种安全快速的公共交通工具，一直是法国交通系统中的骨干。但到了20世纪70年代，迅速发展起来的公路和航空运输打破了这一格局，在这种情况下，传统运输政策受到冲击，行车速度长期徘徊在160 km/h的法国铁路也如其他欧洲国家铁路一样，面临着严峻挑战，形势迫使人们向速度要效率、要市场、要出路。同时，科技进步使大幅度提高列车速度成为可能，日本新干线建成并投入运营，大大激发了法国铁路发展的积极性。

法国是世界上从事提高列车速度研究较早的国家，在日本建成东海道新干线之后，他们开始从更高起点研究开发高速铁路并确定了适合本国国情的速度目标值。其目标是要研制一种高性能、高速度并面向大众的新型列车，建造一条高质量的铁路新线，向旅客提供一种安全、舒适、快速的出行方式，解决铁路干线运输能力饱和问题并要获得显著的经济效益。基于上述考虑，1976年法国开始了东南线高速铁路（TGV）的建设，从此以后，TGV高速铁路系统走上了迅速发展的道路，在技术、经济、商业等方面都取得了巨大的成功，40多年来，一直居于世界铁路运输的前沿。

法国高速铁路对速度目标值的追求是独具特色和遥遥领先的。1981年，TGV高速列车在东南线南段部分投入运营，试验时速达380 km，打破了传统铁路运行速度的概念。几十年来，它从未停止过为实现更高的速度目标而进行的一切努力，1990年5月，TGV列车在大西洋线上创造的515.3 km/h的世界纪录，更令世界瞩目。1990年建成并投入运营的大西洋高速线及1993年建成并投入运营的北方高速线，列车运行速度均为300 km/h；2001年建成并投入运营的地中海高速线，列车运行速度可达350 km/h；同时，时速300 km的高速双层列车也已问世。法国已研制出性能更高、速度达350 km/h的第四代动力分散式AGV型高速列车。

法国在1981年建成了它的第一条高速铁路（TGV东南线），该线包括联络线在内全长417 km。东南线上运行的TGV-PSE型高速动车组允许最高速度为270 km/h，超过了当时日本东海道新干线最高速度220 km/h。之后，1990年10月大西洋线全部投入运营，该线全长282 km，其TGV-A型高速动车组允许最高速度为300 km/h。该线采用的高速动车组是第二代TGV，515.3 km/h的世界纪录就是1990年在大西洋TGV西南支线上创造出来的。

1993年TGV北方线（也称北欧线）全线开通，全长333 km。北方线由巴黎以北的喀内斯到里尔，在里尔分为两条支线：一条向西穿越英吉利海峡隧道到达英国伦敦；另一条通向比利时的布鲁塞尔，东连德国的科隆，北通荷兰的阿姆斯特丹，成为一条重要的国际通道。被称为"欧洲之星"的高速列车于1994年11月在法、英、比三国首都间正式投入运营。1997年12月以巴黎、布鲁塞尔、科隆、阿姆斯特丹四个城市字首命名的TGV-PBKA高速列车开始运行。

1994年5月大巴黎区外环线建成后，北方线、东南线和大西洋线可绕过巴黎相对联结成为一个高速铁路网系统。法国的高速铁路后来居上，在一些技术、经济指标上超过日本而居世界领先地位。从法国第一条高速铁路TGV东南线全线通车至今已近40年，这一期间，法国高速铁路获得了前所未有的飞跃发展，1999年已拥有高速铁路新线1 280 km，2001年地中海高速线开通，法国高速铁路新线里程达1 576 km，2014年达2 036 km，2018年达2 658 km，高速列车TGV可提供服务的路网范围达5 900 km。至2002年法国国铁拥有高速动车组已达600列，其中欧洲之星38列。具体见表1.8所示。2002年法国高速铁路网如图1.5所示。

表 1.8 法国高速铁路概要

项 目	东南线	大西洋线	北方线	东南延伸线	地中海线	巴黎联络线
起讫点	巴黎—里昂	巴黎—勒芒 巴黎—图尔	巴黎—里尔/ 巴黎—英吉利海峡	里昂—瓦朗斯	瓦朗斯—马赛	环巴黎
营业里程/km	390	282	333	148	295	128
营业时间	南段 1981 年 北段 1983 年	到勒芒 1989 年 到图尔 1990 年	到里尔 1993 年 到加莱 1994 年	北段 1992 年 南段 1994 年	2001 年	南部 1994 年 西部 1996 年
最高运行速度/(km/h)	270	300	300	300	350	300
运输模式	客运专线	客运专线	客运专线	客运专线	客运专线	客运专线
高速列车类型	YGV-PSE	TGV-A	TGV-R TGV-TMST	TGV-2N	TGV-2N	TGV-R
牵引方式	电动车组	电动车组	电动车组	电动车组	电动车组	电动车组
动车轴重/t	16	17	17			

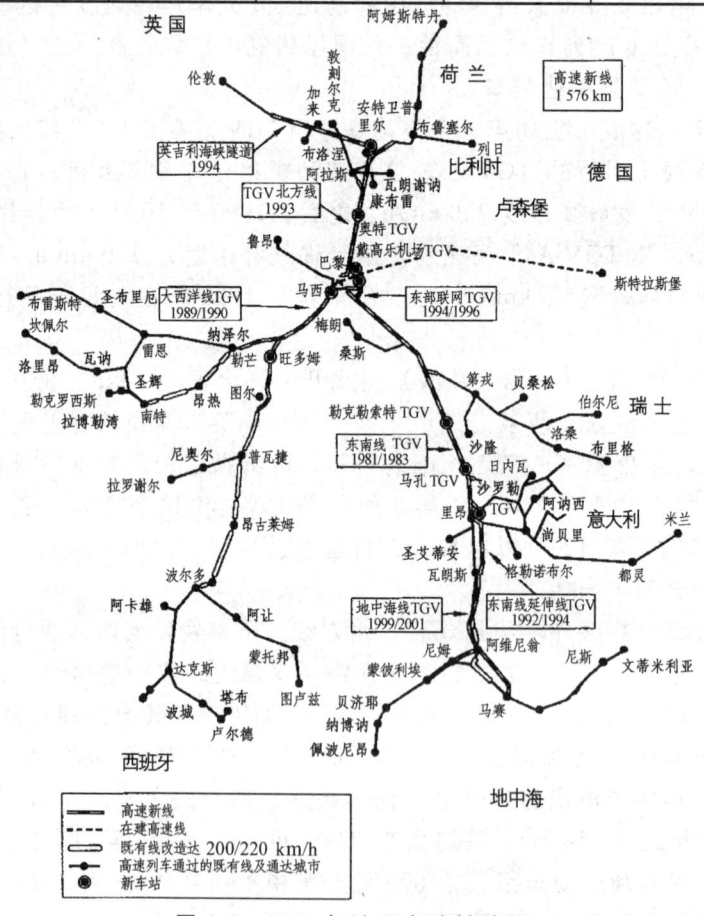

图 1.5 2002 年法国高速铁路网

2. 法国高速列车

法国运营的高速列车主要有 5 种（表 1.9 和图 1.6），其中 TGV-P 为第 1 代高速列车，TGV-A、TGV-R、EuroStar 等是第 2 代列车，TGV-D 双层列车是第 3 代列车，AGV 是第 4 代列车。

表 1.9 法国铁路运营中的高速列车

型号	功率/kW	最高速度/(km/h)	编组	长度/m	定员/人	运营时间
TGV-P	6 500	270	2 动 8 拖		368	1981 年
TGV-A	8 800	300	2 动 10 拖	237.6	485	1989 年
TGV-R	8 800	300	2 动 8 拖	200.2	377	1993 年
TGV-D	8 800	300	2 动 8 拖	200.2	545	1996 年
EuroStar	12 200	300	2 动 18 拖	393.7	794	1994 年
AGV	7 600	360	1 单元 3 辆	175（3 单元）	359	2008 年

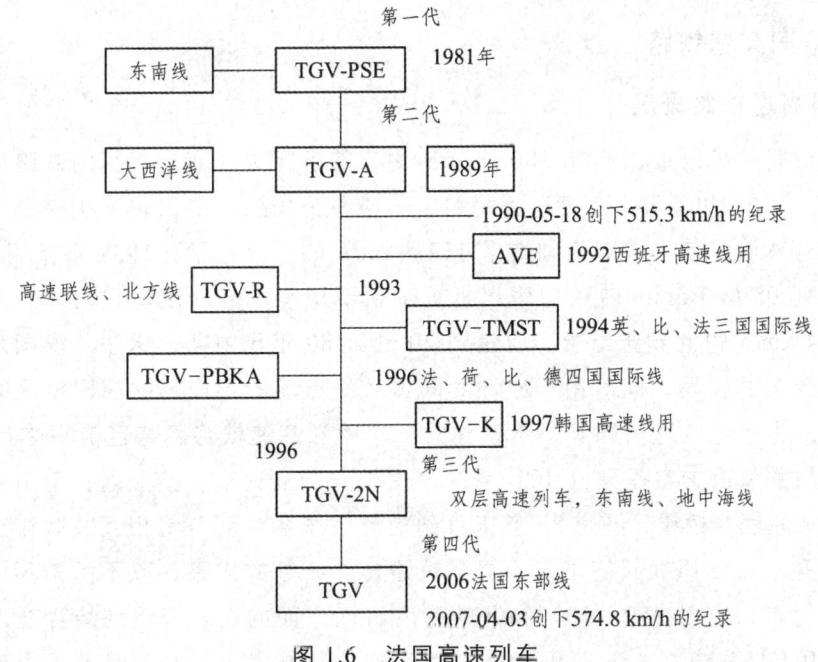

图 1.6 法国高速列车

3. 法国高速铁路技术特点

（1）动车组采用动力集中方式及铰接式车厢。与动力分散形式相比，这种方式的列车的最大轴重较大，客车的结构相对比较简单，技术上也相对比较容易制造。仅高速列车 AGV 采用动力分散式倾摆式动车组。法国高速列车全部采用铰接式转向架，即相邻的两节车辆共用一个转向架，两节车厢在转向架上连接。这种连接方式的优点是列车的整体性较好。曾经有一列高速列车在运行中脱轨，但是没有发生颠覆事故，这与铰接式车体连接方式有很大关系。另外，铰接连接方式的列车转向架数量较少，因而列车总重较轻；但是因为轴数也少，所以平均轴重较重。采取铰接方式，列车解编比较麻烦。

（2）除第一代 TGV-P 高速列车采用传统的直流牵引电动机外，其他高速列车都采用交流无换向器同步电动机作为牵引电动机。与直流电动机相比，这种电动机功率大、重量轻；与交流异步电动机相比，它的控制电路相对比较简单。

（3）多电流制供电与简单链型悬挂接触网，能使用一般线路的 1 500 V/3 000 V 直流供电，也能使用高速线 25 kV 交流供电。

（4）采用符合 ETCS 标准的 TVM 列车控制系统。

（5）注重系统的安全性与可靠性。

（6）高标准、高质量的线路。

（三）德国高速铁路

1. 德国高速铁路概况

铁路在德国建成以来，已有 180 多年历史。随着历史的变迁，德国铁路的发展经历了不同阶段。早在 1901 年，西门子公司和哈尔斯科公司生产的四轴三相交流试验用电力机车，就在马林佛尔德—措森间创造了 162.5 km/h 的世界纪录。1936 年 5 月 11 日，德国用建设系列 05 型 Borsin 流线型蒸汽机车牵引新型客车，从汉堡到柏林，又创造了最高速度 200.4 km/h 的世界新纪录。但直到 20 世纪 80 年代中期，原联邦德国政府才认识到以往交通政策的失误，同时由于欧洲共同体统一市场的形成，欧洲国家之间的联系正愈来愈密切。为了适应这一国际形势，建立一个欧洲高速铁路网络已势在必行。

高速问题的解决方案是建立 ICE 系统，这是一个从列车、接触网、牵引供电、安全系统、线路（曲线、桥梁、隧道）、道床直到检测系统各个环节都相互关联和匹配的整体工程。ICE 是一项由原联邦德国工业界与铁路合作研制的成果，以不污染环境、快捷迅速为其突出优点，它以 250～300 km/h 的速度将两方面的优点理想地结合在一起。作为高速铁路（ICE）系统，如今 400 km/h 的运行速度在技术上已经不是不可逾越了。但人们从经济上权衡的速度目标值为：在客货两用的高速线路上，最高速度应为 280 km/h；在 ICE 客运专线上，应为 300 km/h，甚至为 350 km/h。

1999 年德国已建成的高速铁路共有 4 条，见图 1.7、图 1.8 和表 1.10。

第一章 世界高速铁路发展概况

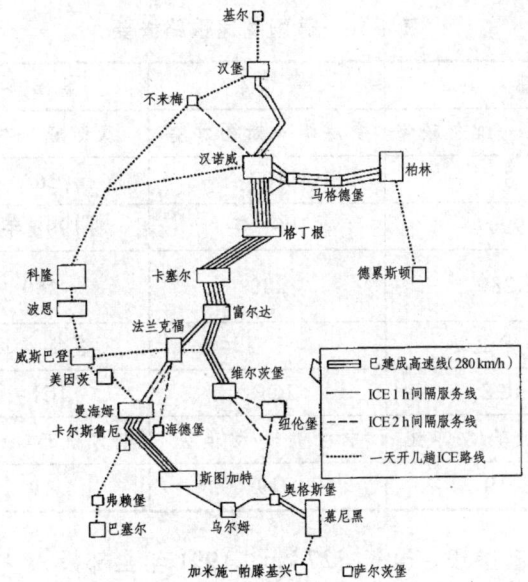

图 1.7 德国高速铁路（至 1999 年）

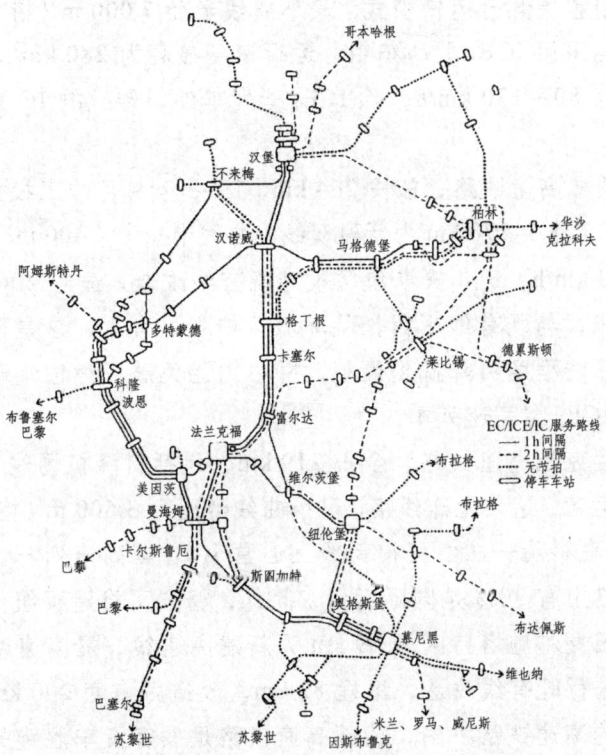

图 1.8 ICE 路网及 ICE 列车开行路线（1998 年）

表 1.10 德国高速铁路概要

项 目	第一条	第二条	第三条	第四条
起讫点	汉诺威—维尔茨堡	曼海姆—斯图加特	汉诺威—柏林	科隆—法兰克福
营业里程/km	327	107	264	219
营业时间	1991 年	1991 年	1998 年	2002 年
最高运行速度/(km/h)	280	280	280	330
运输模式	客货混运	客货混运	客货混运	客运专线
高速列车类型	ICE_1	ICE_1	ICE_2	ICE_3
牵引方式	电力机车/动车组	电力机车/动车组	电力机车/动车组	电力机车/动车组
动车轴重/t	19	19	19	19

(1) 汉诺威—维尔茨堡线,全长 327 km,1991 年全部投入使用。

(2) 曼海姆—斯图加特线,全长 107 km,其中新线 99 km,1991 年投入使用。

这两条线均采用客货混合运输模式。最小曲线半径 7 000 m(特殊地段 5 700 m),最大坡度 12.5‰。客运采用 ICE_1 型动车组,运行速度最高为 280 km/h,一般为 250 km/h。货物列车运行速度为 80~120 km/h。除 ICE_1 型列车外,传统的 IC 列车和地区间的列车也在新线上运行。

(3) 汉诺威—柏林高速铁路,总长 264 km,1998 年 9 月竣工投入运营。此线也采用客货混合运输模式,全线中 170 km 为新建双线,曲线半径为 4 400 m,最大坡度为 12.5‰,最高列车速度为 280 km/h。沃尔夫斯堡区段为既有线改造,适应 200 km/h 速度;而沃尔夫斯堡—柏林为新线,与既有线平行,从环境保护观点考虑,这是最好的解决办法。因为,这样对自然破坏的程度可降低到最小,并尽力避免破坏运输走廊的风景。在这条高速铁路上运行的是 ICE_2 型高速列车。

(4) 科隆—法兰克福高速铁路,全长 219 km,包括科隆机场线 15 km,于 2002 年 12 月正式投入商业运营。这条无砟线路,最小曲线半径为 3 500 m(特殊情况下 3 350 m),最大坡度为 40‰,在科隆—法兰克福新线上运营 ICE_3 型高速列车,最高运行速度可达 330 km/h。该条线路上有 30% 是国际运量。此外,德国又修建了纽伦堡—慕尼黑高速铁路,其中纽伦堡—因戈尔施塔特区段 89 km 为新建高速线,最高速度为 300 km/h;因戈尔施塔特—慕尼黑进行既有线改造,里程 82 km,改造后速度 200 km/h。

与日本和法国的高速铁路不同,德国高速铁路是按客货车混跑的原则设计的。德国高速铁路新线的几何参数如下:

最小曲线半径：7 000（5 100）m

最大坡度：12.5‰（科隆—法兰克福/美因线为40‰）

线间距：4.50～4.70 m

设计速度：280～300 km/h

除了近 900 km 设计速度 280～300 km/h 的高速新线外，德国还有约 700 km 最高允许速度达到 200 km/h 的经过改造的既有线。因此，德国的高速铁路包括新线和速度达到 200 km/h 的既有线，2002 年总长 1 570 km 左右，2018 年达 3 038 km。这里需要指出的是，与法国一样，ICE 高速列车不但在高速新线上行驶，也在经改造的和未经改造的既有线上行驶（速度达到或未达到 200 km/h），这些行驶 ICE 高速列车的线路都可以称作 ICE 线路，总长达 3 200 km。

德国 2002 年以后建设的高速铁路线共有 600 多千米（表 1.11）。另外，德国铁路远景规划还要建设三条高速新线，长度约 200 km。德国高速铁路网见图 1.7。

表 1.11　2002 年以后建设中的高速铁路

线　　路	长度/km
纽伦堡—因戈尔施塔特	90
卡尔斯鲁厄—奥芬堡	70
莱比锡—里希特费尔	190
汉堡—柏林（改造线）	286

2. 德国高速列车

如同法国高速列车都是 TGV 系列一样，德国铁路的高速列车都是 ICE 系列（为 Inter City Express 城际快车的缩写）。ICE 试验型列车诞生于 1985 年，曾经于 1988 年 5 月达到 406.9 km/h 的试验速度，是世界铁路上首次突破 400 km/h 速度的高速列车。1989 年 12 月，ICE 又以 480 km/h 的速度打破了法国 TGV 高速列车当时创造的世界列车最高速度纪录。

ICE_1 高速列车于 1991 年正式投入运营。由于德国早在 20 世纪 60 年代就开始研制开发新型的三相交流异步传动技术，并在 20 世纪 70 年代研究成功，在交流异步传动方面具有技术优势，ICE 系列列车一开始就都采用了这种先进的传动技术。第一代 ICE_1 和第二代 ICE_2 都采用了动力集中方式，它们的最高设计速度都是 280 km/h，但是实际运营中考虑到环境保护（主要是噪声）的需要，速度都限制在 250 km/h。只有当列车晚点需要赶点时，才把速度提高到 280 km/h。第三代 ICE$_3$ 高速列车则改为动力分散形式，最高运营速度也提高到 330 km/h。

ICE$_3$ 于 2000 年春季在汉诺威世界博览会上开始商业运行。同年 11 月，开始在法兰克福—科隆—阿姆斯特丹线上进行商业运行。科隆—法兰克福/美因线通车后，ICE$_3$ 也在该线上运营。德国高速列车主要技术参数见表 1.12。

表 1.12 德国高速列车主要参数

列车名称	功率/kW	最高速度/(km/h)	编组	定员/人	开始运营时间
ICE$_1$	9 600	280	2 动 12/14 拖	669/759	1991 年
ICE$_2$	4 800	280	1 动 7 拖	393	1997 年
ICE$_3$	8 000	330	4 动 4 拖	404	2000 年

3. 德国高速铁路的技术特点

（1）运输组织采用客货混跑模式，对高速铁路线路的要求更高。

（2）高速列车动力采用三相交流传动技术、计算机控制机车牵引与列车制动技术，采用统一调度指挥。

（3）ICE 高速动车采用轻型车体构造和列车自诊断技术，可以降低轴重、减少轮轨相互作用，保证列车安全高效运行。

（4）高速线路大量采用无砟轨道技术，提高了线路稳定性，大量减少了养护维修工作量，可以做到少维修、免维修。

（四）西班牙高速铁路

1. 西班牙高速铁路概况

20 世纪 80 年代中期，西班牙加入欧洲共同体。随着欧洲共同体国家经济的发展，高速铁路成为世界铁路客运技术发展的一个重要方向。欧洲地区高速铁路网的建设和发展规划，要求欧共体成员国要采用现代铁路技术改造和加强本国铁路，各国间相互协调、统一标准，形成有机的整体，为建立欧洲统一大市场创造必要条件。在此期间，法国、德国相继建成高速新线。这些高速铁路的建设和运营，展示了当代高速铁路技术的最新成就，并且取得了明显的社会和经济效益，为西班牙铁路建设提供了有益的借鉴。鉴于这种情况，特别着重于考虑国家经济发展的实际需要，西班牙重新调整了国家交通运输发展政策，尤其是 1992 年 4 月在塞维利亚举办国际博览会和 1992 年 7 月在巴塞罗那举办第 25 届奥运会，西班牙政府力图利用这一契机，向全世界展现自己的国家形象和经济、技术实力，推动了马德里—塞维利亚高速铁路的加速建设。

马德里—塞维利亚高速铁路,全长 471 km,1992 年国际博览会开幕前夕投入运营。该线采用标准轨距(西班牙既有铁路都是宽轨铁路),按高中速列车混跑、客货车混运的原则设计。在这条高速线上,主要开行 AVE 高速列车(速度 250~270 km/h),以及经高速线向两端延伸至其他城市的 Talgo 摆式车体列车(速度 160~200 km/h)。新建马德里—塞维利亚高速铁路与既有线走向基本一致。在马德里—赫塔费段(19 km)与既有线共线,以后的全部线路均参照现代国际标准设计修建新线,全线比既有线缩短 103 km。马德里—塞维利亚高速铁路运行速度为 250~270 km/h,线路的最小曲线半径为 4 000 m(个别地段 3 200 m),线路最大限制坡度为 12.5‰,线路铺设 UIC60 型钢轨、无缝线路、双块式钢筋混凝土轨枕。

在马德里—塞维利亚高速铁路线上开行的 AVE 型动车组,是通过国际招标,采用引进消化国外高速列车先进技术,并逐步过渡到由本国生产的方式制造的。除了 AVE 高速列车外,在马德里—塞维利亚高速线上还开行了由机车牵引的速度为 160~200 km/h 的中、高速 Talgo 摆式车体列车,以适应与既有线共线式列车的运行。

西班牙马德里—塞维利亚高速铁路建设获得了巨大的成功,为全世界提供了根据本国国情,借鉴国外经验,依靠自己的力量在较短时间内优质、高效建成高速铁路的范例,见图 1.9 和表 1.13。

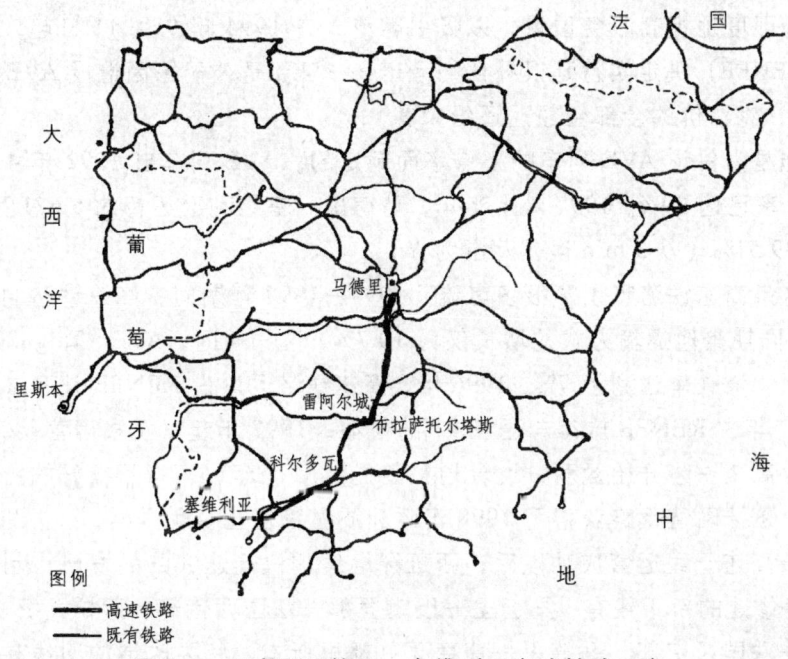

图 1.9　西班牙马德里—塞维利亚高速铁路示意

表 1.13 西班牙高速铁路概要

项 目	马德里—塞维利亚
起讫点	马德里—塞维利亚
营业里程/km	471
营业时间	1992 年 4 月
最高运行速度/（km/h）	300
最大坡度	12.5‰
最小曲线半径	4 000 m（困难区段可以为 3 250 m）
线间距/m	4.3
运输模式	高、中速混跑
高速列车类型	AVE 型高速动车组，Talgo 摆式车体列车共线运行
牵引方式	内燃机车
动车轴重/t	16.8

马德里—塞维利亚高速铁路的造价是 730 万美元/km，是 20 世纪 80 年代欧洲造价最低的高速铁路（法国 TGV 大西洋铁路是 850 万美元/km，德国两条高速铁路高达 2 770 万美元/km）。

为了最大限度地提高服务质量，以吸引客流，自 1994 年 9 月 11 日起，西班牙国家铁路公司（RENFE）决定实行延误补偿的承诺——只要是公司原因造成 AVE 高速列车延误超过 5 min，将票价的全部金额返还给乘客。

这一措施是为保证 AVE 列车的正点率而制定的。AVE 列车自 1992 年 4 月投入运营以来，其准时率已达 99%。1997 年上半年，马德里—塞维利亚运行的 5 671 列高速列车，准时率达到 99.51%（以 3 min 误差范围为界）。

因此，这条高速铁路吸引了很多客流。1994—1997 年期间，高速铁路的运输量增长了 22.6%，而同期其他运输方式的增长仅为 10.7%。这一期间，AVE、Talgo200 列车旅客运输量的年平均增长率达到了 7%。1996 年，高速铁路运量占 RENFE 长途旅客运量 21% 的份额，1997 年占 RENFE 旅客总运量 9% 的份额。1997 年起（正式运营仅 5 年），马德里—塞维利亚高速铁路开始盈利，比计划整整提前了 1 年，获得了很好的社会和经济效益。为此，西班牙国营铁路获得了 1998 年欧洲质量管理基金优秀奖。

在第一条高速干线运营成功以后，西班牙继续加快高速铁路的发展，制订了新的路网规划。陆续修建的新干线有：马德里—巴塞罗那—法国西南部、萨拉戈萨—毕尔巴鄂、洛格罗尼奥—法国西南部、马德里—葡萄牙首都里斯本。将要改造的旧线有马德里—巴伦西亚、马德里—莱昂、巴利亚多利德—洛格罗尼奥、塞维利亚—韦尔瓦、塞维利亚—加的斯等。经过新建和改建以后，西班牙铁路形成一个现代化的高速路网，跻身于世界铁路的先进行列。到 2018 年底，西班牙已建成高速铁路总运营里程达 3 100 km，包括：马德里—塞维利亚 471 km 的高速线（包括改造科尔多瓦—塞维利亚和马德里—赫塔费既有线路区段）；马德里—托莱多 74 km 的高速线（包括改造马德里—塞维利亚高速线的 20.5 km 的线路）；马德里—莱里达 481 km 的高速线（马德里—巴塞罗那高速线的组成部分）等，装设 ETCS/ERTMS-1 级列车运行控制系统，最高运行时速 350 km。西班牙境内的高速铁路主要由 Alaris、Alvia、Anant 和 Euromed 多条列车线路组成。这些线路上开行 AVE 系列高速列车，由西班牙国家铁路营运，时速可达 300 km。该系统使用标准轨及专用轨道，与西班牙其他铁路系统采用宽轨不同，未来也可以与其他地区的铁路相连接。

2. 西班牙高速列车

按照西班牙的科技和工业实力，很难在短短几年内独立开发出自己的高速列车，只能走引进国外铁路先进技术的道路。西班牙政府通过宏观调控和干预，采取技贸合作、技术转让、合资建厂、组建跨国集团公司等多种形式，改造和重建机车车辆工厂，从国外引进先进技术为己所用；同时，又对本国的民族工业加以扶持和保护。经过招标，1998 年 3 月，西班牙国家铁路公司与以法国阿尔斯通公司为首的集团签订了购买 24 列 AVE 高速列车的合同。阿尔斯通购买了西班牙 Meinfesa、MTM 和 ATEINSA 三家公司的股份，组成一个新的国际集团。在这个集团公司中，阿尔斯通占 55% 的股份，三家西班牙公司各占 15% 的股份。

AVE 高速列车是由新成立的阿尔斯通国际集团在法国 TGV-A 列车的基础上，按西班牙铁路的条件和要求进行改进设计而成的。原先的三家西班牙公司进行现代化改造，但仍保留各自的生产特点和产品范围，成为阿尔斯通集团公司在西班牙的机车车辆生产基地。根据它们各自的专长，MTM 主要分工生产 AVE 的动车（包括牵引设备和转向架），Meinfesa 生产一部分牵引设备，ATEINSA 和一家西班牙独资公司 CAF 则负责生产 AVE 的客车。

按协议，24 列车的前 4 列和后 4 列的 8 节动车在法国制造，其他动车及客车将由阿尔斯通国际集团和 CAF 公司在西班牙制造。AVE 高速列车的主要技术参数如下：

最高速度：　　　　　300 km/h
列车功率：　　　　　8 800 kW
编组形式：　　　　　2 动 8 拖
动力配置：　　　　　两端集中
连接方式：　　　　　铰接式
定员：　　　　　　　329 人

在供电设备和通信信号系统方面，马德里—塞维利亚高速铁路则引进了德国的技术。供电系统包括接触网由德国西门子公司负责设计、提供和安装。接触网为德国 Re-250 改进型，适应列车速度 300 km/h。

信号系统采用德国的调度集中、LZB 列车自动控制以及电子联锁设备，对高速列车实行自动化管理。系统由西门子公司总承包，Alcatel-SEL 公司提供部分设备及参与系统集成。

因为马德里—塞维利亚高速铁路的设计原则是客货混运和中、高速列车混运型，除了 AVE 高速列车外，还要开行跨线行驶的 Talgo 摆式列车，所以，西班牙铁路还同时向以西门子为首的德国-瑞士-西班牙跨国集团订购了 75 台 S252 三相交流传动电力机车。这种机车的持续功率为 5 600 kW，最高速度为 220 km/h。参加 S252 机车项目的有德国的 Krass-Maffei、Thyssen-Henschel、ABB，西班牙的 CAF 以及已经并入阿尔斯通的西班牙 Macosa 公司等。15 台机车在德国制造，60 台在西班牙制造，其中 Macosa 负责制造 45 台，CAF 制造 15 台。

西班牙马德里—塞维利亚高速铁路从 1992 年通车运营以来，开行的高速列车从最初的每天 6 对增加到 1999 年的每天 19 对，并从 1997 年起开始盈利。

（五）意大利高速铁路

1. 意大利高速铁路概况

意大利是一个具有悠久历史的文明古国，每年有大量国内外游客。此外，由于工业和人口分布不均，一些铁路干线承担了铁路总运量的绝大部分，尤其是米兰—博洛尼亚—佛罗伦萨—罗马—那不勒斯这条南北主干线以及都灵—米兰—威尼斯这条东西主干线的运输非常紧张，这两条干线占路网总长仅 20%，所承担的运量几乎占铁路全部运量的 80%，既有铁路的通过能力已趋饱和。1964 年后，意大利才选定把米兰—博洛尼亚—佛罗伦萨—罗马—那不勒斯南北高速干线、都灵—米兰—维罗纳—威尼斯东西大干线作为高速铁路的 T 字形骨架，再加上从米兰—热那亚的一条高速支线，全部高速路网总长约 1 200 km。

整个高速铁路网工程分阶段执行。南北高速干线中罗马—佛罗伦萨的高速铁路已于 1997 年完工通车，全长为 254 km。罗马—那不勒斯高速铁路 2004 年开通运营。其余线路在 2007 年完工。东西高速干线中，都灵—米兰段在 2009 年完工。米兰—威尼斯段在 2011 年完工。米兰—热那亚的西南支线在 2010 年完工。

由于意大利是一个多山区的国家，历史悠久，人口密度大，环境保护的紧迫性更高，工业发达但布局偏于北部，又处于整个欧洲交通的枢纽地位，这种国情决定了意大利高速铁路定位在部分为山区、丘陵地形，总体地质条件比较差的地形地貌上修建一个适应旅客列车最高速度为 300 km/h、货物列车轴重达 18 t、最低速度为 80 km/h 的客货混用的 T 字形高速铁路网络。这种需要决定了意大利高速铁路总体技术特点为：

（1）隧道、高架桥与桥梁占整个线路长度的很大比例。如：罗马—那不勒斯段线路长 39 km（占 18%）；佛罗伦萨—米兰段线路长度约 478.4 km，其中隧道 373.3 km（占 93%），高架桥与桥梁 1.1 km（占 4.6%）。所以，高速铁路标准要考虑山区的地形地质条件。

（2）高速铁路与既有线之间联系非常密切。在高速线上每隔 50 km 左右就有一段联络线与既有线相连，使高速铁路网与既有线铁路网能紧密地结合成为一个网，能完美地实施高度的集中控制和最大限度地发挥高速铁路与既有线铁路各自的效能。

（3）为保护历史文化遗产，不得不修建大量的隧道，特别是大量的人工防噪声隧道，从而增加了建设的投资（高速铁路在环境保护方面的投资约占全部基础设施投资的 12%）。

（4）根据国情开发和使用摆式列车，使既有线大面积提速，也使意大利的摆式列车技术在欧洲以至世界各地得到了较大面积推广，成为世界上最成熟的摆式列车技术之一。

意大利高速铁路网见图 1.10 和表 1.14。

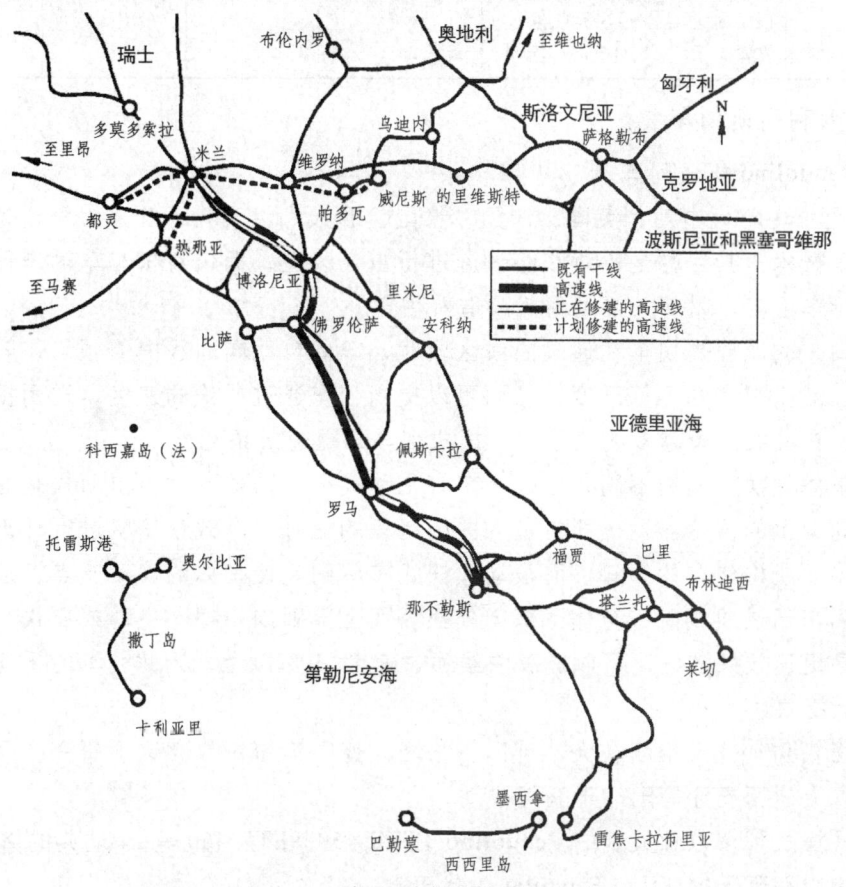

图 1.10 意大利高速铁路网示意

表 1.14 意大利高速铁路概要

项 目	南北高速干线			东西高速干线		西南干线
起讫点	罗马—佛罗伦萨	罗马—那不勒斯	佛罗伦萨—米兰	米兰—都灵	米兰—威尼斯	米兰—热那亚
营业里程/km	254	204	206.4	124.5	236	126
营业时间	1997年	2004年	2007年	2008年	2011年	2010年
最高运行速度/(km/h)	250	300				
运输模式	客货混运	客货混运				
高速列车类型	ETR450型摆式车体	ETR500型非摆式车体				
牵引方式	电动车组	电动车组				
动车轴重/t	12.5（客）/24（货）	16.7（客）/17.6（货）				

2. 意大利高速列车

（1）Pendolino 摆式列车。

20世纪60年代中期，英国、法国、德国、意大利、瑞典、加拿大等国先后开始研究摆式列车技术。其目的是不对线路设施进行重大改造，而仅对机车车辆进行改造，以提高列车行车速度，以期大幅度降低改造费用。

摆式列车的原理是列车在通过曲线区段时，车体自动向曲线内侧倾斜，以补偿一部分欠超高，减少乘客的不舒适度，从而可以提高列车通过曲线的速度，进而提高列车的旅行速度。在曲线区段越多的线路上，摆式列车的提速效果越好。

根据车体倾摆原理的不同，摆式列车有主动式和被动式两种。主动式是通过安装在头车前转向架上的传感器发出即将进入曲线区段的信号，车载计算机进行计算、处理控制液压或电动机构使车体倾斜。而被动式摆式车体则是使车体的摆动支点远远高于其重心，因而列车通过曲线时，车体下部向外摆，而上部则向内摆。主动式摆式车体技术较复杂，但是提速效果较好，可以提高曲线通过速度30%以上，因此列车的平均旅行速度能得到较大提高。

由于摆式列车技术难度较大，英国、法国、德国等纷纷放弃这项研究。而意大利、瑞典、加拿大、西班牙等国终于获得成功。

主动式摆式列车以意大利的 Pendolino（ETR 450、ETR 460 等）、瑞典的 X2000 为代表，被动式以西班牙的 Talgo Pendular 为代表。

意大利经过 10 多年努力，于 1975 年试制出第一列 ETR401 列车——意大利第一代 Pendolino 摆式列车。经线路试验，提速效果不错。德国、芬兰、捷克、波兰等欧洲国家，都纷纷引进意大利的 Pendolino 技术。1988 年，第二代 Pendolino——ETR450 投入使用，这是第一种正式生产的摆式列车。1994 年，第三代 Pendolino——ETR460 投入运营，它采用了 GTO 控制的交流异步电传动技术。ETR 460 摆式列车如图 1.11 所示。

图 1.11　正在通过弯道的 ETR 460 摆式列车

ETR460 的主要技术参数：
最高速度：　　　250 km/h
功率：　　　　　6 000 kW
编组形式：　　　6 动 3 拖
列车长度：　　　236.6 m
定员：　　　　　458 人

ETR450、ETR460 这两种摆式列车在意大利的干线铁路，包括罗马—佛罗伦萨高速铁路线上开行，行车速度可以达到 250 km/h。

意大利 Pendolino 摆式列车在速度 200 km/h 以上的国际摆式列车市场上，占据了 70% 的份额，德国、芬兰、瑞士、法国、西班牙、美国、英国都引进了这种列车。此外，意大利还生产了用于国际运输的 ETR470 和 ETR480 摆式列车。

（2）ETR 500 高速列车。

20 世纪 80 年代中期，意大利在决定建设 T 字形高速铁路网的同时，开始研制在高速专线上行驶、最高速度可以达到 300 km/h 的非摆式车体的高速列车。经过近 10 年努力，1995 年第一列 ETR 500 高速列车试制成功并投入使用。ETR 500 摆式列车如图 1.12 所示。

图 1.12　意大利 ETR 500 高速列车

与德国的 ICE 高速列车一样，ETR 500 采用了 GTO 控制的交流异步电传动技术和普通的车钩连接技术、动力集中编组形式，客车采用铝合金车体结构。ETR 500 最高设计速度 300 km/h，试验速度达到了 319 km/h。由于意大利既有的高速铁路——罗马—佛罗伦萨线的最高允许速度只有 250 km/h，所以，ETR500 目前在运营中最高速度只达到 250 km/h。目前，意大利铁路的 ETR500、ETR 460 和 ETR470 等列车，提供了被冠以"意大利欧洲之星（EuroStar Italia）"这个品牌的优质优价服务。

ETR500 的主要技术参数：

列车功率：　　　　8 800 kW
最高速度：　　　　300 km/h
编组形式：　　　　2 动 11/14 拖
列车长度：　　　　327.6 m/404 m
定员：　　　　　　594 人

ETR500 的技术指标不算低，但因为它问世较晚，又没有很多机会在实践中经受考验，所以，到目前为止在国际市场上还没有打开局面。

（六）瑞典高速铁路

1. 瑞典高速铁路概况

瑞典铁路始建于 1856 年，至 2003 年铁路总长为 12 000 km 左右，电气化铁路长度为 7 500 多千米，约占 63%。瑞典铁路和世界上其他国家铁路一样，在 20 世纪中叶也面临着航空与高速公路的严峻挑战。由于瑞典国内人口稀少，客运市场并不很大，但 85% 的人口居住在瑞典南半部。因此，瑞典铁路部门面对这样的具体国情，认真地对运量、投资、效益进行了分析比较，最后得出的结论是在瑞典这样人口稀少的国家修建高速客运专线并不经济，但瑞典既有铁路的基础设施较好，如果在既有铁路条件下探索出一种办法，既投资不大，又能采用新技术提高列车的平均速度、缩短旅行时间，则能达到在主要大城市间与公路、航空竞争的目的,以更短的旅行时间吸引旅客到铁路上来。瑞典国营铁路早在20世纪70年代就开始与ABB公司(当时称ASEA公司)合作研究有关摆式车体与径向转向架的技术,20年的研究试验使瑞典在摆式列车上取得了成功,从X2型到X2000型高速摆式列车技术达到实用化。

1986年,瑞典铁路开始对斯德哥尔摩—哥德堡的西部干线实行改造,揭开了瑞典铁路在既有干线上通过适量改造,采用摆式列车新技术来实现200 km/h以上高速运行的序幕。1990年瑞典西部干线上X2000型高速摆式列车正式投入运营,最高速度达到200 km/h,旅行时间大大缩短,斯德哥尔摩到哥德堡由原来需要4 h,到1996年已缩短为2 h 54 min。

随着西部干线改造成功,1991年以来,瑞典铁路部门继续对南部干线(斯德哥尔摩—马尔默)、西海岸干线(哥德堡—马尔默)等线路加以改造,使之适应X2000型高速摆式列车的开行。至1999年,瑞典铁路已在5条干线上开行了X2000型高速摆式列车(斯德哥尔摩—哥德堡、斯德哥尔摩—马尔默、哥德堡—马尔默、斯德哥尔摩—松兹瓦尔、斯德哥尔摩—穆拉),见图1.13和表1.15。到2018年,瑞典高速铁路运营里程达1 700 km。

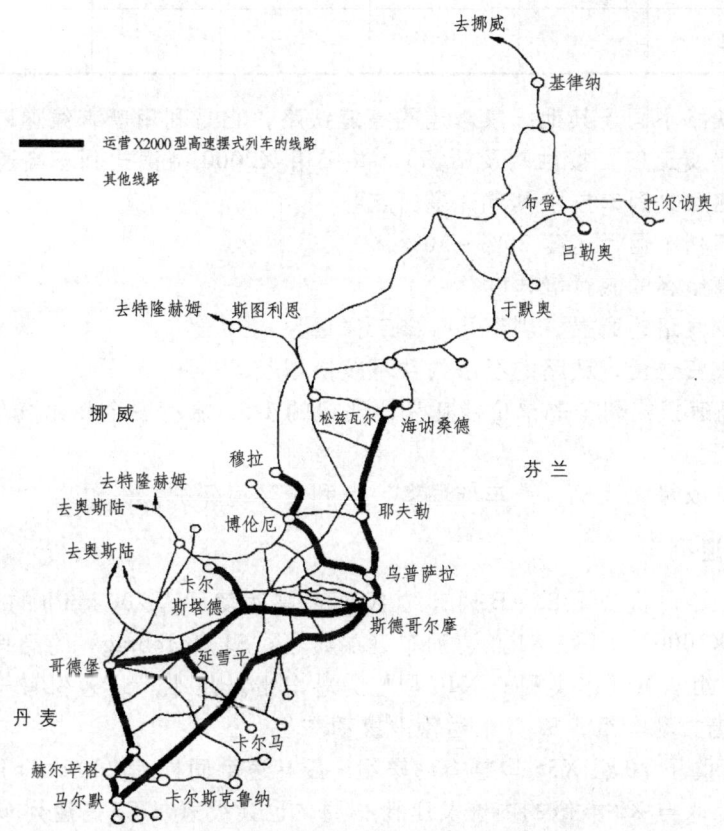

图1.13 瑞典X2000型高速摆式列车运营线路(1999年)

表 1.15 瑞典高速铁路概要

项　目	西部干线	南部干线	西海岸干线	东海岸干线	干线	支线	支线
起讫点	斯德哥尔摩—哥德堡	斯德哥尔摩—马尔默	哥德堡—马尔默	斯德哥尔摩—松兹瓦尔	斯德哥尔摩—穆拉	斯德哥尔摩—卡尔斯塔德	斯德哥尔摩—延雪平
营业里程/km	456	600	326	413	350	329	412
营业时间	1990年	1996年	1996年	1996年	1996年	1999年	1999年
最高运行速度/(km/h)	200	200	200	140	140	200/160	200/140
运输模式	客货混运	客货混运	客货混运	客货混运	客货混运	客货混运	客货混运
高速列车类型	X2000型	X2000型	X2000型	X2000型	X2000型	X2000型	X2000型
牵引方式	电动车组	电动车组	电动车组	电动车组	电动车组	电动车组	电动车组
动车轴重/t	17						

瑞典高速铁路不同于其他国家修建的高速铁路，它是利用既有线加以适当改造（包括信号系统、平交道门、接触网及站场），并采用 X2000 型摆式列车高速运行的一种模式。而采用高速摆式列车技术具有许多优点：

（1）可提高列车运行速度 20%～30%。

（2）可提高旅客的旅行舒适度。

（3）可减少线路的磨损、剥离及维修工作量。

（4）由于投资适量，铁路的经济效益可较快增长。

（5）由于高速摆式列车的单位能耗是比飞机的 1/5，旅行安全性比汽车高 100 倍，社会效益大大提高。

（6）污染排放量比飞机、汽车低很多，有利于环境保护。

2. 瑞典高速列车

瑞典国家铁路股份公司 SJ AB 拥有约 40 组最高速度可达 200 km/h 的 X2 型电力动车组（之前叫作 X2000），并在 SJ 高速列车（瑞典语：SJ Snabbtåg）的品牌下运营。同时 SJ 还拥有约 40 组双层列车类别的 X40 型电力动车组。此外，SJ 也保有一些车龄较大的 X12 和 X14 型电力动车组。SJ 并未运营内燃动车组。

SJ AB 已订购了 20 组 X55 型电力动车组（最高速度同样为 200 km/h），于 2012 年初投入运行。它采取与 X2 类似的内饰及座椅布局，也会被冠以 SJ 高速列车的品牌。SJ 当时还宣布计划订购 20 组最高速度达 250 km/h 的新型高速列车，至 2013—2014 年交付。

（七）韩国高速铁路

韩国面积 99 000 km^2，2019 年人口 5 200 万。1991 年其国民生产总值 2 800 亿美元，人均 6 500 美元；1994 年国民生产总值 4 400 亿美元，人均达到 10 000 美元，在世界经济大国中排名第 11 位。首都首尔，人口超过 1 000 万；第二大城市釜山，人口 300 万；大邱市人口 160 万；这三座城市均在已建成的首尔—釜山高速铁路线上。首尔—釜山既有铁路干线全长 445 km，内燃双线客货运输极其繁忙，仅客运量 1985 年为 5 700 万人次，1993 年骤增到 1.23 亿人次，特快列车时速 150 km，全程需要 4 h 10 min。1991 年首尔—釜山既有铁路仅旅客列车已高达 136 对，达到饱和。双向四车道高速公路也拥堵不堪，不仅行驶时间需要 8～10 h，而且每年因公路堵塞造成的经济损失高达 15 000 亿韩币（相当于 22 亿美元）。全国范围的交通拥堵和运输秩序混乱，使运输费用急剧上升，达到发达国家的 1.6 倍（运输费用占国民生产总值的比例：美国为 10.5%，日本为 8.8%，韩国则达到 17.5%）。当时预测，至 2011 年，京釜通道的客运量将是 1989 年的 1.7 倍，货运量将是 1989 年的 2 倍，其中集装箱的运量是 1989 年 3.8 倍。因此，整个京釜通道面临扩能的迫切需要。

为了解决这一走廊的交通问题，1983—1984 年，韩国进行了京釜高速铁路可行性研究论证，并确认必须修建高速铁路新线。1986 年，韩国政府将京釜高速铁路所需资金纳入第六个"五年计划"。1989 年 7 月，韩国高速铁路工程委员会正式成立，基本规划及设计工作正式展开。1990 年京釜高速铁路修建方案已由总统签字批准。1991 年确定线路走向，并开展了环境评价。1992 年韩国高速铁路工程局宣告成立，并于 6 月正式开工建设天安—大田间 57.2 km 的试验线。

韩国高速铁路的走向见图 1.14。线路选在首尔—釜山之间符合如下五条原则：大量稳定增长的客流；成熟的技术；雄厚的资金；国民生产总值高，人均国民收入较高，因此有较高承受能力；适当的距离。首尔—釜山之间高速铁路运行时间由既有铁路的 4 h 10 min 缩短至 1 h 56 min。除此之外，建设高速铁路还有如下优点：

（1）高速铁路机车车辆、通信信号等技术的引进和国产化，能提高韩国高新技术水平，促进国内科技发展。

（2）通过建设韩国高速铁路，可以促进韩国国内土木工程界设计、施工和监理等技术的发展。

（3）促进沿线城市发展和国土的均衡发展。

（4）节约能源、减少对石油的依赖、减少环境污染、促进环境保护。

（5）建成首尔—釜山高速铁路后，整个京釜通道的运能大大提高，高速铁路和既有铁路的日客流量可达 52 万人次，集装箱年运量可达 300 万个标准集装箱，达到了交通先行、不影响国民经济发展的目的。

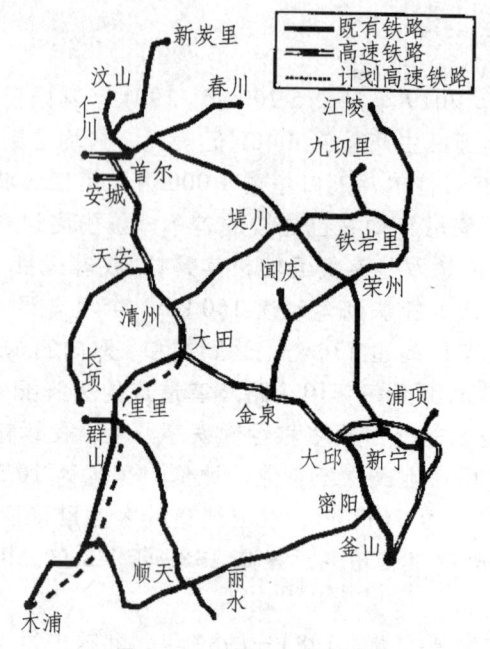

图 1.14 韩国高速铁路

首尔—釜山高速铁路联结天安、大田、大邱、釜山等城市。韩国全国 71%的人口居住在这一走廊上,国民生产总值占全国 75%,客运量占全国 86%,货运量占全国的 70%,是一条经济、文化、科技大动脉。该线全长 412 km,其站间距离为:首尔—天安 96.3 km,天安—大田 62.9 km,大田—大邱 122.4 km,大邱—庆州 48.2 km,庆州—釜山 81.8 km。线路最高运行速度 300 km/h,最小曲线半径 7 000 m,高峰时最小运行时间间隔为 3 min。最大坡度 25‰,线路设计速度 350 km/h;路基总延长 110.8 km,占 27%;桥梁 148 座,延长 111.8 km,占 27%;隧道 83 座,总延长达 189.4 km,占 46%。

首尔—釜山高速铁路建设原则是:高速列车及部分通信、信号和供电设备从国外引进,线路、桥梁和隧道等土木工程立足于国内,自行设计、自行施工。后因在试验段的设计、施工中发生了严重失误,德国 DEC 公司的技术人员在审查施工图、监理工程施工中发现大量设计文件存在技术问题,建议高速铁路工程局聘请外国工程咨询公司对设计文件进行一次全面审查。故韩国高速铁路工程局只好支付高额评估费,聘请法国高速铁路咨询公司对韩国高速铁路土木工程设计文件进行一次全面技术评估,评估结果是法方提出了 40 多本评估建议书,总的结论是韩国高速铁路设计思想还停留在 150~200 km/h 的水平,特别对高速列车在 300 km/h 运行时的桥梁、路基和轨道结构等固定设施的动力响应没有进行充分研究和采取相应措施。1997 年,韩国高速铁路工程局认同了法国咨询公司的评估结论，决定对原设计进行修改和补充，使已经开工的现场只好停工待图，有些桥梁桩基只好废除或加固。修改后的土木工程造价大幅增加，达到 175 028 亿韩元，比估算投资（58 000 亿韩元）增加了 202%，比预算投资（107 400 亿韩元）增加了 63%。全线建设工期延长，由原计划的 6 年 7 个月（1992-06—1998-12）延长到 13 年 6 个月（1992-06—2005-11）。这个严重的事件在韩国国内，乃至全世界都引起了震动。

（八）中国高速铁路

1. 台湾高速铁路

台湾西部交通走廊的南北长途交通工具，除了高速公路与既有窄轨铁路（轨距 1 067 mm）外，虽然还有民航，但当时预测到 2010 年，南北长途客运量将达到 20 万人次/d，如要靠民航来服务，台湾许多机场必须扩建，占地将扩充数倍，而且也很难如数获得所需土地。况且空中走廊的容量已经饱和，空中交通管理问题更难解决。如果靠高速公路，南北间最快也需要 4 h，而且社会成本很高。为改善联结台湾两个最大城市的铁路交通状况，台湾当局相关部门曾设计了 3 种方案，并与修建高速铁路相对比，见表 1.16 和图 1.15。

表 1.16　台湾修建高速铁路与改建既有铁路方案比较

项　目	方案一	方案二	方案三	修建高铁方案
方案概述	改善原窄轨（1 067 mm）路线；速度提高至 160 km/h	原路线改标准轨（1 435 mm）；速度提高至 200 km/h	另建标准轨新线，速度 200 km/h	新建高速标准轨新线，速度 300 km/h
投资经费	795 亿台币（1980 年币值）	2 820 亿外台币（1980 年币值）	与修建高速铁路相当	3 700 亿台币（1980 年币值）
改善内容概述接触网	曲线改善（281 处）；更新车辆；信号部分更新；平交道改善	曲线改善（350 处）；车辆、轨道、接触网全部更新；平交道改善	铺设新线；车辆、机电、信号设施全部新设	同方案三
台北—高雄行车时间	3 h 5 min	2 h 45 min	2 h 45 min	1 h 30 min
与现行快车行车时间比较	缩短 39 min	缩短 1 h	缩短 1 h	缩短 2 h 15 min
与高速公路 4 h 行车时间比较	省 55 min	省 1 h 15 min	省 1 h 15 min	省 2 h 30 min
2010 年运量	增加 3.8 万人次/d	增加 5.7 万人次/d	增加 5.7 万人次/d	增加 18.7 万人次/d
综合评述	施工时必须中断台铁运营，执行成本极高，尚未计入投资经费	（1）同方案一；（2）东西干线变成无法贯通	投资成本与修建高速铁路相当，但效益明显较低	投资较大，但效益最高

高速铁路规划与建设

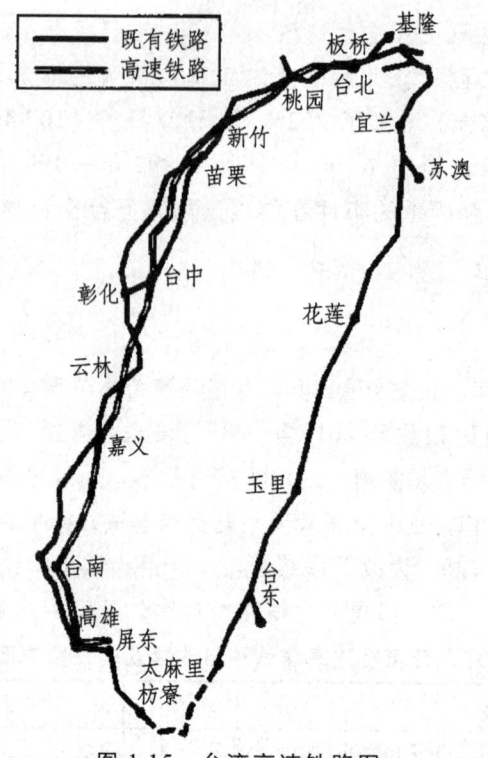

图 1.15 台湾高速铁路图

1990 年台湾成立了"高速铁路工程筹备处",由"交通运输部门"牵头积极开展综合规划工作。1991 年高速铁路规划全部完成,所做建成前后运量预测如表 1.17 所示,并随后发布了"工程投标者的资格要求"。此后,"高速铁路工程筹备处"改为"台湾高速铁路工程局"。

表 1.17 台湾修建高速铁路运量预测

年 度	2000	2005	2010	2020	2030
最高运量/(人/d)	214 074	250 761	292 654	381 173	482 754
商务旅行所占比例/%	33.6	33.7	33.9	34.0	34.3
非商务旅行所占比例/%	66.4	66.3	66.1	66.0	65.7
市场占有率/%	11.2	11.6	12.1	13.3	14.9

注:2000 年为高速铁路建成前的运量。

1998 年承包台湾高速铁路项目的中标者是台湾高速铁路股份有限公司(简称 THSRC),它是由台湾几家大公司(陆地工程有限公司、长荣海运集团有限公司、福保保险有限公司、太平洋电缆电源有限公司、秦康电力机械设备有限公司）联合组成。它获得了特许权，可经营铁路 35 年，有权在 5 个新建车站附近开发房地产 35 年，并在靠近这些车站附近的地方获 50 年房地产开发权。

台湾高速铁路线路全长 345 km，共设 10 个车站：台北、板桥、桃园、新竹、苗栗、台中、云林、嘉义、台南、高雄。台北城区地下段 15 km，有 242 km（占全长 73%）桥梁或高架桥，其中 157 km 为连续高架桥，48 km（占 15%）为隧道，只有 40 km（占 12%）为路堑或路堤。线路为双线准轨，线间距 4.5 m，最小曲线半径为 6 250 m，最大坡度为 25‰，采用 60 kg/m 长钢轨轨道及跨区间无缝线路结构，无砟轨道长 155 km，占 45%。线路设计最高设计时速 350 km，最小行车间隔时分 3 min，列车最高运行速度 300 km/h。供电系统为 25 kV、60 Hz 单相交流电源。从台北到高雄（中间站台中停一站）运行时间不超过 90 min。

截至 1998 年，台湾高速铁路工程投资 170 亿美元，其中土建工程占 43.5%，轨道部件占 3.9%，车站工程占 3.5%，维修基地占 2.4%，车辆及机电系统占 16.9%，购地拆迁占 17.0%，工程设计及管理占 12.8%。

按原计划，台湾高速铁路预计 1997 年招标后立即开始建设工程，通过 5 年建设期，到 2002 年底基本建成，2003 年 7 月开始投入运营。但是在征地方面遇到了困难，直到 2000 年 3—5 月才破土动工，全线分成 12 段，由 12 个承包商承包，于 2005 年建成。

2. 大陆高速铁路

中国高速铁路（China Railway High-speed），简称中国高铁，是指中国（统计数据不含港澳台地区，下同）境内建成使用的高速铁路，为当代中国重要的一类交通基础设施。

中国高铁有两种定义。一是《高速铁路设计规范》（TB 10621—2014）的定义：设计时速 250 km（含预留）以上、列车初期运营速度时速 200 km 以上的客运专线铁路；二是《中长期铁路网规划（2016 年调整）》的定义：中国高铁路网由所有设计时速 250 km 以上新线和部分经改造后设计时速 200 km 以上的既有线铁路共同组成。

至 2020 年底，中国高速铁路营业总里程达到 3.79 万千米，居世界第一。

1）发展历史背景

20 世纪 60 年代至 70 年代末，以 1964 年日本新干线铁路建成使用为标志，全球开始发展商业运营高速铁路。

1978 年，邓小平同志访问日本，乘坐新干线铁路上的高速列车；至此，高速铁路正式进入中国大众视野。

20 世纪 80 年代，中国铁路面临运输能力不足困境，列车行驶速度低于 120 km/h，客货混跑矛盾增加。经相关专家分析：受限于当时经济、科技以及市场环境，中国发展高速铁路需分阶段进行，先完成常速范围内的列车提速和扩编组，直至21世纪初待各方面条件成熟后，才有可能新建高速客运专线铁路。同一时期，广九铁路广深段启动电气化改造工程，计划引进摆式动车组列车，提速至160 km/h，成为中国发展准高速铁路的择优试验线路。

截至1990年，世界高速铁路行车速度目标从原160 km/h提高到200 km/h以上，部分国家高速铁路上列车试验速度已超过400 km/h。同一时期，中国人口总数量已达11亿人，仅有5 300多千米铁路承担全国70%以上货物周转量和50%以上旅客周转量。其中：中东部地区铁路6条干线铁路承担全国铁路80%的客运量，日均使用能力缺口50多万人次，缺少旅客列车220余对，部分列车超员100%以上；全国客运列车平均旅行速度在40 km/h以内，客货运输能力互相制约矛盾严重。

2) 建设历程

(1) 探索试验阶段。

1990年至1991年期间，中国开始高铁技术攻关和试验实践规划，提出分期分段兴建客运专线、实现客货分流的建设理念，以广深铁路为准高速化改造试点线路，并优先选择在京沪线京津段和沪宁段规划设计高速铁路。中国专家还提出"高中混跑""货中有客"观点，建设可供临时快运货物列车行驶的高速铁路，既有线仍保留客运。见图1.16所示。

1991年，《中长期科学技术发展纲要》发布，开展"八五"和"九五"科技攻关课题，独立研发中国高速铁路关键技术；12月28日，广深铁路启动准高速化改造，成为中国第一条准高速铁路工程；同一时期，原铁道部组织专家完成《京沪高速铁路线路方案构想报告》，中国首次正式提出兴建高速铁路。

1994年，中国科学界、工程学术界对京沪高速铁路项目"兴建高速新线""改造提速旧线"方案产生分歧；12月22日，广深铁路完成准高速化改造，列车最高运营速度达160 km/h（图1.17），同时，中国春运问题日趋突出。

1996年，中国与韩国共同研制高速列车，并在广深铁路上进行试验。

1998年8月28日，广深铁路营运列车最高行驶速度200 km/h，成为中国第一条达到高速指标的铁路；12月，京沪高速铁路项目出现"传统轮轨技术""磁悬浮轨道技术"两种互斥争议方案。

1999年4月23日，广深铁路200 km/h电气化新技术通过原铁道部鉴定；8月16日，秦沈客运专线开工建设，作为中国第一条高速动车组试验线路，见图1.18所示。

2001年3月1日，上海磁浮列车示范运营线开工建设，作为中国高速铁路磁悬浮技术线路的试验性工程。

2002年12月31日，上海磁浮列车示范运营线建成，设计速度430 km/h，为中国首条高速轨道系统，如图1.19所示。

2003年10月11日，秦沈客运专线全线建成通车，设计速度250 km/h，为中国第一条高速国铁线路。

图1.16　20世纪90年代的广深铁路

图1.17　高速化改造后的广深铁路

图1.18　秦沈客运专线

图1.19　上海磁浮列车示范运营线

（2）发展成熟阶段。

2003年，中国高速铁路确立"市场换技术"基本思路，通过与外国企业合作建设发展中国高铁技术。

2004年1月21日，国务院审议通过《中长期铁路网规划》，规划建设"四横四纵"客运专线，设计速度指标200 km/h以上。

2005年6月11日，石太高速铁路开工建设，中国正式进入标准化建设高速客运专线铁路阶段；此后，一大批干线高速铁路和城际高速铁路项目相继启动，当时的中国高铁工程以"客运专线"或"城际轨道交通"名义立项。

2007年4月18日，中国铁路第六次大面积提速启动，部分路段列车最高运营速度250 km/h，中国首次在全国局部地区粗具规模开行运营速度200 km/h动车组列车，中国铁路开始迈入高速时代，如图1.20所示。

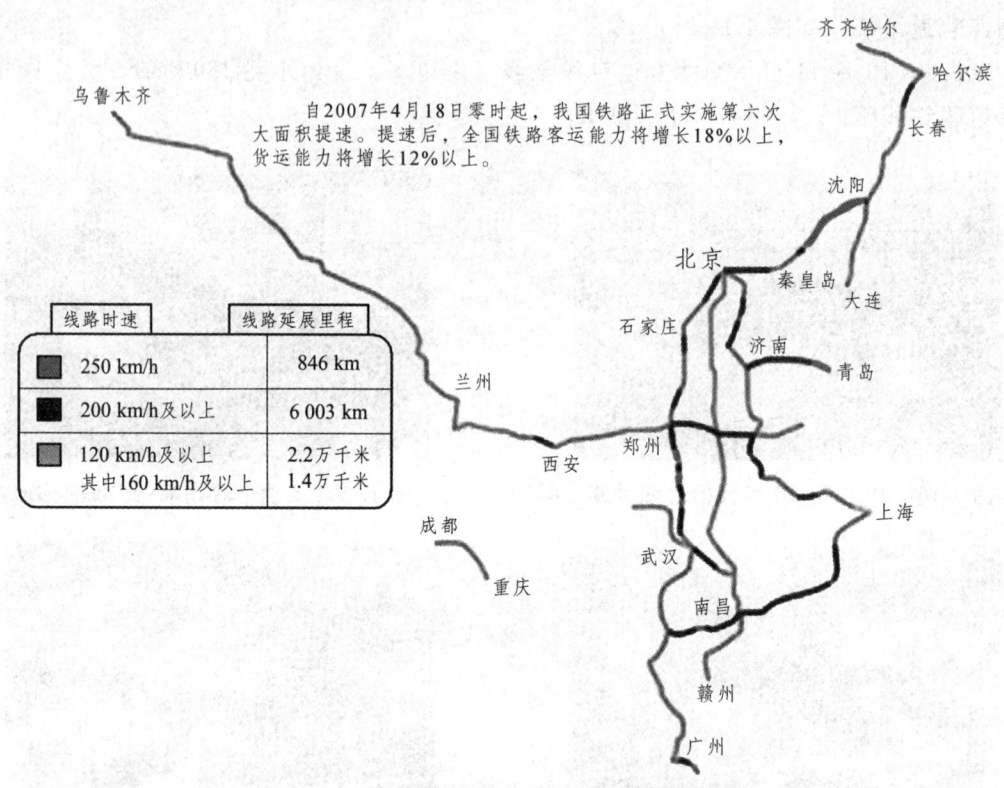

图1.20 中国铁路第六次大面积提速示意

2008年8月1日，京津城际铁路开通运营，成为中国内地第一条设计速度350 km/h级别的高速铁路。

2009年12月26日，京广高速铁路武广段开通运营，列车最高运营速度350 km/h，首次打破中国铁路春运瓶颈，高铁运输在干线铁路上占据重要地位，为中国正式进入高铁时代标志。

2017年12月28日，石济高速铁路开通运营，至此，中国铁路"四横四纵"快速通道全部建成通车。

2010年至2018年期间，中国已在长三角、珠三角、环渤海等地区城市群建成高密度高铁路网，东部、中部、西部和东北四大板块区域之间完成高铁互联互通，如图1.21所示。

图 1.21 中国四纵四横高速铁路网示意

3）建设成果

（1）高铁技术。

截至 2014 年，中国已具有世界先进水平的高速铁路，形成了比较完善的高铁技术体系；通过引进消化吸收再创新发展策略，系统掌握构造速度 200～250 km/h 动车组制造技术，并且完成构造速度 350 km/h 动车组技术平台的搭建。《高速铁路设计规范》正式发布，成为中国高铁建设技术标准体系。

2016 年 7 月 15 日，两列中国标准高速动车组均以 420 km/h 的速度在郑徐高速铁路上完成安全交会，标志着中国已全面掌握核心高铁技术；同时，中国中车集团公司在全球高铁市场占据 69%份额，成为世界高铁领跑者。

2017 年 6 月 26 日，"复兴号"列车投入运营，装配由中国自主研发的大功率 IGBT（绝缘栅双极型晶体管）；中国标准动车组所采用的 254 项重要标准中，中国标准占 84%，国际兼容标准占 16%，不同列车可以重联运行。见图 1.22 和图 1.23 所示。

图 1.22 复兴号高速动车组列车

图 1.23 中国高速列车生产基地

2018年8月2日，中国铁路总公司在京沈高速铁路启动高速列车自动驾驶系统试验。

2019年6月26日，中国自主研制的40 m跨1 000 t运架成套设备投入使用，完成第三次突破高铁制架技术；9月底，京张城际铁路沿线5G信号基站全部开通。

截至2019年11月23日，中国已系统掌握各种复杂地质及气候条件下高铁建造成套技术，攻克铁路工程建造领域一系列世界性技术难题；全面掌握构造速度200~250 km/h、300~350 km/h动车组制造技术，构建起涵盖不同速度等级、成熟完备的高铁技术体系。

（2）速度纪录。

1998年6月24日，韶山8型0001号电力机车在京广铁路试验段中创下240 km/h的速度纪录，成为中国首台高速机车；8月28日，"新时速"摆式列车（X2000）在广深铁路上投入运营，列车最高运行速度200 km/h。

2001年1月9日起，"蓝箭"电力动车组在广深铁路上投入运营，列车最高运行速度200 km/h。

2002年11月27日，中华之星电力动车组在秦沈客运专线上的试验行车速度达到321.5 km/h。

2010年12月3日，"和谐号"CRH380A电力动车组在京沪高速铁路上创下486.1 km/h的试验速度纪录。

2014年1月16日，中国CIT500型高速列车在实验室内试验速度达605 km/h。

截至2019年，中国高速铁路列车最高运营速度350 km/h，居全球首位。

（3）营业里程。

截至2015年底，中国高速铁路营业总里程已达1.9万千米。

截至2016年底，中国高速铁路营业总里程已超过2万千米。

截至2017年底，中国高速铁路营业总里程已达2.5万千米。

截至2018年底，中国高速铁路营业总里程在2.9万千米以上。

截至2019年底，中国高速铁路营业总里程达3.5万千米。

截至2020年底，中国高速铁路营业总里程达3.79万千米。

（4）客运流量。

2008年8月1日至2016年7月11日期间，中国高速铁路营运动车组列车累计发送旅客超过50亿人次。

2017年春运期间，中国高速铁路营运动车组列车累计发送旅客达1.8亿人次，占全国铁路客运总量的51.4%。

2018 年底，中国高速铁路营运动车组列车全年累计发送旅客达 20.05 亿人次。

2019 年底，中国高速铁路营运动车组列车全年累计发送旅客达 22.90 亿人次。

2018 年底，中国高速铁路营运动车组列车全年累计发送旅客达 22.03 亿人次。

4）发展前景

（1）政策导向。

2016 年，中国国务院批准发布《中长期铁路网规划（2016 年调整）》。

2017 年，中国国务院批准发布《铁路"十三五"发展规划》。

2018 年 5 月 9 日，中国国家发改委和自然资源部等 4 部门共同发布《关于推进高铁站周边区域合理开发建设的指导意见》，中国高铁逐渐转入"支线建设时期"，对高铁线路和车站科学规划、合理选址等提出指导性意见。

（2）线路规划。

根据《中长期铁路网规划（2016 年调整）》，在 2016 年至 2025 年（远期至 2030 年）期间规划建设以八条纵线和八条横线主干通道为骨架、区域连接线衔接、城际铁路为补充的高速铁路网。

（3）海外输出。

2015 年 6 月 18 日，中国与俄罗斯签署莫斯科至喀山段的高速铁路项目。

2017 年 5 月 14 日，中国与印度尼西亚签署雅加达至万隆高速铁路项目。

（4）技术标准。

① 概念定义。

中国高速铁路有两层含义：技术型高速铁路是设计速度 250 km/h 以上、初期运营速度 200 km/h 以上的客运列车专线铁路；路网型高速铁路是设计速度 200 km/h 以上的主通道、区域连接线和城际铁路。

② 概念释义。

技术概念上的高速铁路，其本质属于线路等级划分，涉及具体工程指标参数。根据《铁路线路设计规范》（TB 10098—2017）：中国国家铁路等级分为高速铁路、城际铁路、客货共线 I 级和 II 级铁路、重载铁路。技术型高速铁路必须是客运专线，正常情况下只开行构造速度 200 km/h 以上级别的动车组列车。

路网概念上的高速铁路，泛指中高速度指标的铁路，仅宏观上大致与中低速度指标的普速铁路区分。在实际建设中，路网型高速铁路需要因地制宜选择速度等级，地形地质以及气候条件复杂困难地区可适当降低，部分地区线路还需预留货运功能，无特别硬性规定。

③ 分类形式。

中国高速铁路形式多样，种类丰富。根据高速铁路在路网线路中的不同地位和服务范围，中国高铁可分为主次干线（即八纵八横主通道、区域连接线）和支线（联络线、延长线、城际线等）；根据速度指标，中国高铁可分为时速 250 km、时速 300 km 和时速 350 km 三种级别；根据其他显著特征，还细分为城际高铁、山区高铁、合资高铁、跨国高铁等。

④ 快速铁路。

快速铁路是在《铁路"十二五"发展规划》中临时使用的术语，一般指设计速度 160～250 km/h 级别的铁路，涵盖中高标准的客货共线铁路（常作为区际干线铁路）和中等标准的城际铁路；快速铁路网由设计速度达 200 km/h 以上高级铁路组成。《中长期铁路网规划（2016 年调整）》《高速铁路设计规范》《铁路"十三五"发展规划》发布后，"快速铁路"不再使用，部分快速铁路升级为标准高速铁路，其余称区际干线铁路或城际铁路。

⑤ 行标规范：见表 1.18 所示。

表 1.18 中国高速铁路行业标准、技术规范

发布时间	文件名称
2014 年	《高速铁路设计规范》
2015 年	《城际铁路设计规范》（高铁技术行标的下延与分离）
2015 年	《铁路主要技术政策》（2013 年铁道部令第 34 号）
2017 年	《铁路线路设计规范》
2019 年	《客货共线铁路分级标准》（待定）

⑥ 指标参数。

根据《铁路主要技术政策》（2013 年铁道部令第 34 号）：中国高速铁路设计速度 250 km/h 以上，动车组列车初期运营速度 200 km/h 以上，最小追踪间隔 3 min、轴重 17 t 以内，采用 CTCS2 或 CTCS3 级列控系统。高速铁路在正线间距、最小曲线半径、运作模式等各方面的技术指标均比普速铁路有更高或特殊要求：正常情况下，设计速度 250 km/h 铁路，正线间距不小于 4.6 m、最小曲线半径 3 000 m、最大坡度 20‰至 30‰；设计速度 350 km/h 铁路，正线间距 5 m、最小曲线半径 5 500 m（困难地段）至 7 000 m，最大坡度 12‰至 20‰。

5)设备设施

(1)车辆设备。

截至 2019 年,中国高速铁路运营列车均使用构造速度 200 km/h 以上的动力分散式电力动车组,座位类型分为二等座(基本座席)、一等座、商务座、特等座、商务座和动卧(动车组列车软卧、高级软卧),如表 1.19 所示。

表 1.19 中国高速铁路运营列车型号一览表(2017)

型号(系列)	构造速度/(km/h)	其他备注
CRH_1	250	原产:加拿大庞巴迪铁路运输设备有限公司
CRH_2	350	原产:日本川崎重工业株式会社
CRH_3	350	原产:德国西门子股份公司
CRH_5	250	原产:法国阿尔斯通公司
CRH_6	200	城市群、城市带短途列车专用
CRH380	380	最高运营速度强制降格至 310 km/h
CR400	400	中国标准动车组,运营速度 350 km/h
TR08	500	上海磁悬浮列车,运营速度 431 km/h

主力机型如图 1.24 所示。

图 1.24 中国高铁运营列车主力车型——和谐号 CRH380A 高速电动车组

(2)轨道系统。

中国高速铁路是封闭电气化铁路,架设空中接触网为列车供电;常采用无砟轨道和无缝钢轨,也有部分采用有砟轨道;线路实现 GSM-R 网络覆盖,建立覆盖全路的数字移动通信系统，设综合视频监控、应急通信、调度通信等系统，铁路区间设置自动闭塞或移动闭塞系统；部分线路采用"ATO+CTCS2/3"新型列车运行控制系统；大范围通过以桥代路、桥隧结合方式铺设轨道线路，实现控制路基沉降、节约土地资源和保护生态环境等。中国高速铁路一般只能开行高快速动车组列车，但也有部分高级客货共线铁路兼行普速客车甚至是货物列车。

（3）站场设施。

① 高铁站。

中国高速铁路车站有新址新建、旧址改建或重建这几种，部分高铁站同时也是普铁站，兼停高速列车和普速列车，不过中国国家铁路并没有对高铁站做任何分类规定，车站名称均无"高铁"的字样，如图1.25所示。

图1.25 北京南站

② 动车所。

中国高速铁路除配置车站、变电站等常规设施外，还设有针对动车组的铁路车辆检修站，又称动车运用所，如图1.26所示。

图1.26 天津动车所停车场

6) 运输服务

（1）票务指南。

中国高速铁路为中国国家铁路组成部分，高速列车购票方式与其他普速列车购票方式相同；中国铁路营运高速列车均为动车组列车，车次分"C、D、G"三种字母开头，大部分动车组网上订票可选座位；部分城际动车组列车采用不对号入座乘车模式，也有部分长途动车组列车在高峰期销售二等座车厢的无座票。截至 2019 年，中国高速铁路动车组车票或凭证有纸质车票（红色条码或蓝色磁介质）、电子客票以及身份证，如表 1.20 所示。

表 1.20　中国铁路运营列车车次信息

列车等级	列车车次	读音
高速动车组旅客列车	G1～G9998	"G"读"高"
城际动车组旅客列车	C1～C9998	"C"读"城"
动车组旅客列车	D1～D9998	"D"读"动"
直达特快旅客列车	Z1～Z9998	"Z"读"直"
特快旅客列车	T1～T9998	"T"读"特"
快速旅客列车	K1～K9998	"K"读"快"
普通旅客列车	1001～7598	
通勤列车	7601～8998	
临时旅客列车	L1～L9998	"L"读"临"
旅游列车	Y1～Y998	"Y"读"游"

（2）运营模式。

截至 2019 年，中国高速铁路提供的个性化服务主要有高铁快递、专车接送、商务旅客增值服务等。

中国高速铁路主要机关单位：中国国家铁路集团有限公司、国家铁路局。

中国高速铁路主要由国家或地方领导建设，资金以银行贷款为主；2017 年 9 月 11 日，中国首条民营资本控股高铁（杭绍台铁路）完成投资签约。

截至 2019 年，中国国家铁路集团有限公司对中国高速铁路进行多元化经营，主营项目有酒店、旅游、工业制造、土地开发、特色餐饮服务、动车组无线网络建设、"高铁+共享汽车"系统等。

（3）运营里程。

中国"四纵四横"快速铁路通道如表 1.21 和表 1.22 所示。"八纵八横"高速铁路网如表 5.1 和表 5.2 所示。

表 1.21 中国"四纵四横"快速铁路通道表(四纵)

通道名称	包含线路	
京沪客运专线	京哈高速铁路(2011-6-30)	合蚌客运专线(2012-10-16)
京港客运专线	京石客运专线(2012-12-20)	石武客运专线(2012-12-20)
	武广客运专线(2009-12-26)	广深港高速铁路(2011-12-26)
京哈客运专线	京沈客运专线(待定)	哈大客运专线(2012-12-1)
	营盘客运专线(2013-10)	
杭福深客运专线	杭甬客运专线(2013-5)	甬台温铁路(2009-9-28)
	温福铁路(2009-9-28)	福厦铁路(2010-4-26)
	厦深铁路(2013-6)	

表 1.22 中国"四纵四横"快速铁路通道表(四横)

通道名称	包含线路	
徐兰客运专线	郑徐客运专线(2015)	郑西客运专线(2010-2-6)
	西宝客运专线(2012)	
沪昆客运专线	沪杭城际高速铁路(2010-10-26)	杭长客运专线(2013-6-30)
	长昆客运专线(2013-6-30)	
青太客运专线	胶济客运专线(2008-12-20)	石济客运专线(2015-12)
	石太客运专线(2009-4-1)	
沪汉蓉客运专线	沪宁高速铁路(2010-7-1)	合宁客运专线(2008-4-18)
	合武铁路客运专线(2009-4-1)	汉宜高速铁路(2012-7-1)
	宜万铁路(2010-12-22)	渝利铁路(2012)
	遂渝铁路二线(2012)	达成铁路(2009-7-7)

三、高速铁路技术经济优势

高速铁路克服了普通铁路速度较低的不足,是解决大量旅客快速输送问题的最有效途径,已成为世界各国铁路普遍发展的趋势。高速铁路是高新技术在铁路上的集中反映,它使交通运输结构发生了新的重大变化。与高速公路的汽车运输和长途航空运输比较,高速铁路各项技术经济指标具有明显的优势,主要表现在以下几方面。

（一）输送能力大

目前各国高速铁路几乎都能满足最小行车间隔时间 4 min 及其以下（日本可达 3 min）的要求，扣除维修时间 4~6 h，则每天可开行的旅客列车约为 280 对；如每列车平均乘坐 800 人，年均单向输送能力将达到 8 200 万人；如果采用双联列车或改用双层客车，则载客高达 1.65 亿人。4 车道高速公路客运专线，单向每小时可通过小轿车 1 250 辆，全天工作 20 h，可通过 25 000 辆。如大轿车占 20%，每车平均乘坐 40 人；小轿车占 80%，每车乘坐 2 人，年均单向输送能力为 8 760 万人。航空运输主要受机场容量限制，如一条专用跑道的年起降能力为 12 万架次，采用大型客机的单向输送能力只能达到 1 500 万~1 800 万人。可见，高速铁路的运能远大于航空运输，而且一般也大于高速公路。

（二）速度快，旅行时间短

中长途旅客选乘交通运输工具首要考虑的是消耗的旅行总时间，即旅客从甲地到乙地的"门到门"时间。假设由居民点到火车站或长途汽车站平均需 0.5 h，到机场需 1 h。检票、托运货物、提取行李以及等候所需时间，铁路为 0.5 h，长途汽车为 0.25 h，飞机为 1.5 h。从途中运输来看，目前高速列车的运行时速，中国、法国、日本、德国、西班牙和意大利分别达到了 350 km、320 km、300 km、280 km、270 km 和 250 km，如果作进一步改善，运行时速可以达到 350~400 km。由于速度高，全程旅行时间可以大大缩短。以北京—上海为例，在正常天气情况下，乘飞机的全程旅行时间（含市区至机场、候检等全部时间）为 5 h 左右，如果乘高速铁路的直达列车，全程旅行时间则为 4~5 h，与飞机相当。

（三）安全性好

安全和舒适也是旅客最为关心的因素。有资料表明，从各国交通运输中，铁路、公路、民航运输的事故率（每百万人公里的伤亡人数）之比大致为 1∶24∶0.8。高速铁路由于在全封闭环境中自动化运行，又有一系列完善的安全保障体系，如采用先进的 ATC 列车速度控制系统，它能自动控制列车运行速度、调整列车运行间隔，按照允许行车速度的要求，自动使列车制动减速或停车，所以其安全程度是任何交通工具都无法比拟的。截止到 2019 年高速铁路问世 50 多年来，日本高速铁路保持着没有一例旅客伤亡事故的纪录。2001 年 1 月 14 日晚，在山形新干线的道口上，当时大雪深达 40 cm，一辆私人小轿车驶入新干线而与高速列车发生碰撞，造成小汽车内的人死亡，高速列车上 140 名旅客无一人受伤,只是车身被撞凹。这是日本高速铁路第一次发生严重事故,而且是路外侵入造成撞车事故。

1998年6月3日,一辆从德国慕尼黑开往汉堡的特快列车在途中突然出轨,造成了世界高铁历史上第一次严重的伤亡事故,导致101人死亡,6节车厢损毁,原因是为保证稳定舒适而采用了组合式车轮,因为长期高速运营造成轮毂钢圈产生金属疲劳破坏而断裂,轮毂钢条又插入道岔护轨底部,掀起车轮脱轨,再往前车辆又与桥梁桥墩相撞,进而造成车毁人亡的大事故,打破了德国制造的神话。

2011年7月23日晚,我国甬温线浙江省温州市境内,由北京南站开往福州站的D301次列车与由杭州站开往福州南站的D3115次列车发生动车组列车追尾事故,造成6节车厢脱轨,40人死亡、172人受伤,中断行车32 h 35 min,直接经济损失19 371.65万元。这是一起因列控中心设备存在严重设计缺陷、上道使用审查把关不严、雷击导致设备故障后应急处置不力等因素造成的特别重大责任事故。

虽然发生了个别高铁安全事故,但从50多年的世界高铁运营实践经验来看,高速铁路事故率是极低的,总体上被认为是最安全的。

(四)气候变化影响小,正点率高

高速铁路全部采用自动化控制,可以全天候运营,即使在日本较为恶劣的自然条件下,如在大风情况下,由于有先进的设备作保障(最为完善的地震和台风预警系统),高速列车也只需减速行驶,而无须停运。根据日本新干线风速限制的规范,若装设挡风墙,风速达到25~30 m/s时,列车限速160 km/h;风速达30~35 m/s时(相当于11~12级大风),列车限速在70 km/h,照常运行。而机场和高速公路在浓雾、暴雨和冰雪等恶劣天气情况下,则必须关闭停运。

正点率高也是高速铁路深受旅客欢迎的原因之一。所有旅客都希望正点抵达目的地,只有列车始发、运行和终到正点,旅客才能有效安排自己的时间。高速铁路系统的可靠性和较高的运输组织水平,使其可以做到旅客列车极高的正点率。西班牙规定高速列车晚点超过5 min就要退还旅客的全额票款;日本规定到达或出发列车超过1 min就算晚点,晚点超过2 h就要退还旅客的加快票款。1997年东海道新干线列车平均晚点只有0.3 min。高速列车极高的准时性深得旅客信赖。

(五)旅行方便、舒适

方便、舒适也是旅客极为关心的因素。高速铁路一般每4 min发出一列客车,日本在旅客高峰时每3.5 min发出一列客车,旅客基本上可以做到随到随走,不需要候车。为方便旅客乘车，高速列车可以达到运行规律化、站台按车次固定化等。此外，高速铁路列车内装饰豪华，工作、生活设施齐全，车厢宽敞，座席舒适，每一旅客所占有的活动空间比其他运输工具都大得多，高速列车运行平稳，震动摇摆幅度很小。乘坐高速列车旅行无疑是一种十分方便而又愉快的享受。中国已经建成了四纵四横的高铁运输网络，全国换乘出行都十分方便、舒适、快捷。

（六）能源消耗低

根据有关方面的统计，各种交通运输工具平均每人公里的能耗，高速铁路 571.2 J，普通铁路 403.2 J，高速公路公共汽车 583.8 J，小轿车 3 309.6 J，飞机 2 998.8 J。如以普通铁路每人公里的能耗为 1.0，则高速铁路为 1.42，公共汽车为 1.45，小汽车为 8.2，飞机为 7.44。这也是在当今石油能源紧张的情况下，选择发展高速铁路的原因之一。况且高速列车利用电力牵引，不消耗宝贵的石油等液体燃料，可利用多种形式的能源。

（七）对环境污染小

在旅客运输中，各种交通工具有害物质的换算排放量：一氧化碳，公路每人公里为 0.902 kg，铁路为 0.109 kg。一架喷气式客机平均每小时排放 46.8 kg 二氧化碳、635 kg 一氧化碳、15 kg 三氧化硫，这些物质在大气中要停留 2 年以上，是造成大面积酸雨，使植被生态遭到破坏和建筑物遭到侵蚀的主要原因。高速铁路电气化后，铁路基本上消除了粉尘、油烟和其他废气污染；而噪声污染铁路也是最低的，日本以航空运输每千人公里产生的噪声为 1，大轿车为 0.2，高速铁路仅为 0.1，高速铁路比高速公路低 5~10 dB。现在的交通运输，特别是汽车运输造成的环境污染日益严重，汽车排出的废气及噪声对生态环境和人们健康的影响越来越大。长期生活在噪声环境中，会使人听觉器官受损害，甚至耳聋。因此，法、日等国都在高速铁路两侧修建隔音墙，降低噪声。人们认为，为防止地球上臭氧层被破坏而造成的气候异常现象，除应力争使汽车排放的废气减少 25% 和控制高速公路无计划地发展外，应力争以高速铁路网逐步代替国内和国际大城市间的航空运输。

（八）占地少

四车道的高速公路路面宽 26 m，一个立交桥占地约 0.13 km^2，而高速铁路路基面宽度仅 13.0 m 左右，仅为高速公路的一半。一个大型飞机场，包括跑道、滑行道、停机坪、候机大楼及其他设施，要占地 20 km^2 左右，面积很大又多为市郊良田。而高铁大多采用高架桥形式，占地较少。

（九）效率高，效益好

高速公路的交通堵塞和事故给国民经济带来了巨大的损失，欧盟国家用于解决公路堵塞的费用占国民生产总值的 2.6%～3.1%，总金额为 900 亿～1 100 亿美元，相当于整个欧洲高速铁路网的全部投资；用于处理公路事故的费用也占国民生产总值的 2.5%。

高速铁路不仅有旅行时间缩短、运输量大、运行准点率高、占用土地少、能源消耗低、对环境污染小、外部运输成本低、安全可靠等优点，社会、经济效益良好更是一个突出的特点，这也是高速铁路蓬勃发展的主要原因。如法国 3 条高速铁路每年输送旅客 2 000 多万人次，均取得赢利，在 17 年（1980—1996 年）运营中高速列车客运量增长了 90%，占法国铁路干线总运量的 55%。1994 年法国投入运营的高速线，客运周转量 204 亿人公里，最后所得纯利润为 26.96 亿法郎。由于北部高速线的兴建使里尔车站近 20 hm^2 的地区发展成商业办公中心，里尔附近夕阳工业地带正逐渐形成新兴的产业地区，TGV 带来的社会发展机会是明显的。统计资料表明：每投资 10 亿法郎，即可创造出 3 500 人·年的就业机会。日本 4 条高速铁路仅东海道新干线年运量已达 1.3 亿人，营业收入达到 9 330 亿日元，自开业以来客流量增加 6 倍多，取得了非常好的经济效益。若将产生的旅行时间的缩短换算成货币价值的方法与原有的运输手段进行比较，则一目了然。例如，东京—大阪间，1960 年东海道新干线修建前，旅行时间为 7 h 19 min，而东海道新干线投入运营后，旅行时间缩短到 3 h 10 min，现在仅需要 2 h 30 min。一天可往返 1 000 多千米，给人们带来了方便，提高了办事效率，创造了社会时间价值。从各条新干线图定时间差上可以算出每年节约旅行时间为 4 亿小时，以国民总收入计算，4 亿小时的价值约为 5 000 亿日元。如此算来，每年节省的时间效益相当于当时修建东海道新干线所需全部费用的 3.3 倍多，仅计算东海道新干线从开通至 1996 年，累计节约的时间价值高达 1.7 万亿日元，说明新干线的社会效益是相当惊人的。其他国家高速铁路也同样取得了满意的社会效益和经济效益。

高速铁路是用高新技术改造、更新传统铁路的一项创新工程体系，在世界运输市场激烈的竞争中取得了较好的市场份额，推动了国民经济的发展与国土的开发，客运高速化已是当今世界铁路发展的共同趋势。

四、高速铁路的主要技术条件与经济指标

世界几条主要高速铁路的主要技术条件如表 1.23 所列。在此仅就其中最大坡度、最小曲线半径和线间距离等技术标准加以说明。

表 1.23 世界主要高速铁路的技术条件

项 目		德国		法国		日本				意大利
		曼海姆—斯图加特	汉诺威—维尔茨堡	TGV东南线	TGV大西洋线	东海道新干线	山阳新干线	东北新干线	上越新干线	罗马—佛罗伦萨
路网连接		与既有线联网运行		与既有线联网运行		新干线独立路网				与旧线联网
运营方式		客货混运		TGV电动车客运专用		新干线电动车组客运专用				客货混运
设计速度/(km/h)		280		295	330	210	260	260		300
实现速度/(km/h)		250		270	300	220	230	240		250
最小曲线半径/m	一般	7 000		4 000		2 500	4 000	4 000		3 000
	困难	5 100		3 250		2 000	3 500			
最大超高/mm		150		180		180				125
允许欠超高/mm		60		90	86	90				92
允许过超高/mm		20								92
最大坡度/‰		12.5		35	25	20		15		8.5
竖曲线半径/m	一般	25 000		25 000	（凸形）14 000	10 000		15 000		3 000
	困难			16 000	（凹形）12 000					2 000
线间距离/m		4.7		4.2（4.5）		4.2		4.3		4.0（4.3）
车体宽度/m		3.27		2.80		3.38				3.02
车体间距离/m		1.43		1.4（1.70）		0.82		0.92		0.98（1.28）
路基面宽度/m		13.50~13.70		11.35~13.0	13.60	10.70	11.00~11.60	11.60~12.20		11.00
线路构造		道砟		道砟		道砟		板式占50%	板式占90%	道砟
钢轨		UIC60		UIC60		60 kg/m				UIC60
轨枕		钢筋混凝土		双块钢筋混凝土		预应力混凝土				预应力混凝土
道床厚度/cm		30		35	≥30	25	25~30	30	30	35
信号系统		自动控制+地面信号		列车自动控制		列车自动控制				列车自动控制+地面信号
供电系统		15 kV、16 2/3 Hz		25 kV、50 Hz		25 kV、60 Hz				3 kV 直流

（一）最大坡度

法国东南干线通过丘陵地区，采用了 35‰ 的最大坡度 12 处，但长度均较短；全线无隧道，桥梁长度仅占 1.2%，工程量不大，造价是高速铁路中最低的。其设计思路是 TGV 列车的总功率较大，可以利用列车在坡脚的动能，配合机车的牵引力，以较高速度冲上坡顶（称为动能闯坡），下坡时又可利用列车位能很快加速，不致过多地增大运行时分，但可取得大量节省工程的效果。经测算，若坡脚速度为 260 km/h，则冲上拔起高度 122 m 的坡顶，即采用 3.5 km 长的 35‰ 坡度，坡顶速度为 220 km/h，运行时间仅比维持 260 km/h 等速运行多用 4 s。这个思路很有启示性，如日本东海道新干线设计时，考虑白天走客车，晚上走货车，为了不致引起货物列车的机车电机过热，采用了 15‰ 的最大坡度、持续长度不超过 7 km，坡度为 20‰ 时，长度不超过 1 km。以后借鉴法国经验，北陆新干线虽然最大坡度仍按高速旅客列车运行需要定为 15‰，但在一段 20 km 长的距离内，采用了 30‰ 的坡度；九州新干线采用了更大的坡度。

德国两条客货共线的高速铁路，最大坡度定为 12.5‰，是考虑了快运货物列车牵引定数 1 200 t、最高速度 120 km/h 的需要。意大利罗马—佛罗伦萨客货共线的高速铁路，最大坡度定为 8.5‰，个别路段为 30‰；由罗马向南至巴蒂帕利亚的高速铁路，因地形困难，采用 18‰ 的最大坡度。

（二）最小曲线半径

高速客运专线的最小曲线半径 R 是根据客运最高速度 V_k 以及最大超高值 h 和允许欠超高 h_q 按下式算得的：

$$R \geqslant \frac{11.8 V_k^2}{h + h_q} \text{（m）} \tag{1.1}$$

法国和日本的高速客运专线最大超高都采用 180 mm，法国东南干线和大西洋干线以及日本的东北新干线和上越新干线，其最小曲线半径都定为 4 000 m。但客运最高速度却不同，法国约 300 km/h，日本为 260 km/h，原因是体现乘车舒适度的欠超高值不一样，法国取 90 mm，日本仅取 35 mm。

法国：$\quad R \geqslant \dfrac{11.8 \times 300^2}{180 + 90} = 3\,933 \approx 4\,000$（m）

日本：$\quad R \geqslant \dfrac{11.8 \times 260^2}{180 + 35} = 3\,710 \approx 4\,000$（m）

很明显，法国所定的最小曲线半径进一步提高速度的潜力不大，所以法国修建北欧干线时，就将最小曲线半径放大为 6 000 m。

客货共线高速铁路的最小曲线半径 R 是根据客运最高速度 V_k 和货运最高速度 V_h，以及允许欠超高 h_q 和允许过超高 h_g 按下式计算的：

$$R \geqslant \frac{11.8(V_k^2 - V_h^2)}{h_q + h_g} \quad (\text{m}) \tag{1.2}$$

德国和意大利的客货共线高速铁路，客、货运的最高速度都采用 250 km/h、120 km/h，但最小曲线半径却分别定为 7 000 m 和 3 000 m。原因是所取的允许欠超高（体现舒适度）和允许过超高（体现轮轨磨耗程度）不同，两者之和，德国取 80 mm，意大利取 184 mm（允许欠超高和过超高各为 92 mm）。

德国：$\quad R \geqslant \dfrac{11.8 \times (250^2 - 120^2)}{80} = 7\ 095 \approx 7\ 000$（m）

意大利：$\quad R \geqslant \dfrac{11.8 \times (250^2 - 120^2)}{184} = 3\ 085 \approx 3\ 000$（m）

两种高速铁路在大站前后速度本来就不高的路段，都可采用更小的曲线半径，如日本东海道新干线用到 400 m，山阳新干线用到 1 000 m。

（三）线间距离

高速铁路上对向运行的两列车相遇时，正面压力、侧面吸力都很大，线间距离不足时将危及行车安全。线间距离与行车速度、车体宽度、列车流线型化程度等因素有关。表 1.23 所示的线间距离，可保持对向列车内侧的间距，最小为 0.82 m，最大为 1.70 m；速度越高，线间距离应越大；客货共线铁路应和客运专线有所不同。表列数据出入较大，应通过空气动力学的研究和风洞试验，并经过运行实践的验证，决定合理取值。

（四）高速铁路的经济参考数据

世界上修建高速铁路的国家，由于国情路况不同，工料价格出入甚大，修建时采用的技术措施各具特色，运营中的营销策略也不尽相同。在此仅根据相关资料做简要对比分析。

1. 高速铁路的造价

表 1.24 为高速铁路路基、桥、隧的长度比例，表 1.25 为按 1992 年价格换算的高速

铁路造价，表 1.26 为中国部分高速铁路造价，表 1.27 为高速铁路各类工程的造价构成情况。

表 1.24 世界各国高速铁路路基、桥、隧的长度比例

国 别	铁路起讫点	里程/km	路基/%	隧道/%	桥梁/%	高架线路/%
日 本	东海道：东京—新大阪	515	54	13	11	22
	山阳：冈山—博多	398	15	54	7	22
	东北：大宫—青森	471	5	24	16	55
	上越：大宫—新潟	275	1	39	10	50
法 国	东南：巴黎—里昂	417	98.8	0	1.2	
	大西洋：巴黎—勒芒、图尔	282	92	6	2.0	
德 国	汉诺威—维尔茨堡	327	54	36	10	
	曼海姆—斯图加特	99	65	30	5	
意大利	罗马—佛罗伦萨	236（新线）	55.8	32.5	11.7	

表 1.25 世界各国高速铁路造价估算

国 别	铁路名称	里程/km	造价/亿美元	每公里造价/万元		
				美元	人民币	
					1992 年	1996 年
日 本	东海道新干线	515.4	188	3 650	20 075	30 332
	山阳新干线	554	479	3 240	17 820	26 924
	东北新干线	493	226	4 590	25 245	38 143
	上越新干线	270	175	6 500	35 750	54 015
法 国	东南干线	417	21	500	2 750	4 155
	大西洋干线	282	24	850	4 675	7 064
	北欧干线	333	34	1 020	5 610	8 476
德 国	汉诺威—维尔茨堡	327	118	2 770	15 235	23 019
	曼海姆—斯图加特	99				
西班牙	马德里—塞维利亚	471	35	730	4 020	6 066
韩 国	首尔—釜山	411	122	2 970	—	24 681

注：韩国首尔釜山线造价系 1993 年价；表列美元价均折合为 1992 年价（1 美元 = 5.5 元人民币）与 1996 年价（1 美元 = 8.31 元人民币）。

表 1.26 中国部分高速铁路造价

序号	项目名称		运营速度/(km/h)	开工和开通运营时间	长度/km	桥隧比/%	总造价/亿元	公里造价/亿元
1	合武铁路		250	2004-12—2008-12	357.00	50.9	168.00	0.47
2	甬温铁路		250	2005-10—2009-09	282.39	67.0	155.00	0.55
3	温福铁路		250	2005-08—2009-09	298.40	81.0	174.80	0.59
4	武广高铁		350	2005-06—2009-12	1,069.00	59.9	1 166.00	1.09
5	京津高铁		350	2005-07—2008-08	115.20	90.0	133.24	1.16
6	福厦铁路		250	2005-09—2010-04	273.00	47.3	144.20	0.53
7	郑西客运专线		350	2005-09—2012-09	505.00	59.8	353.10	0.70
8	哈大高速铁路		350	2007-08—2012-12	921.00		923.00	1.00
9	汉宜铁路		250	2008-01—2012-07	291.83	57.1	237.60	0.81
10	石武客专河南段		350	2008-01—2012-12	546.00	81.0	770.00	1.41
11	京沪高铁		350	2008-04—2011-06	1 318.00	82.7	2 209.00	1.68
12	沪宁高铁		300	2008-07—2010-07	300.30	55.3	394.50	1.31
13	京石客运专线		300	2008-10—2012-12	281.00	77.0	438.70	1.56
14	贵广高速铁路		300	2008-10—2014-12	861.70	76.6	858.00	1.00
15	宁杭高铁		350	2009-04—2013-07	249.00	74.0	237.50	0.95
16	合蚌客运专线		350	2009-01—2012-10	130.67	55.8	102.00	0.78
17	沪杭城际高速		350	2009-02—2010-10	159.00	87.0	292.90	1.84
18	杭甬高铁		350	2009-04—2013-07	149.89	83.0	212.00	1.41
19	盘营客运专线		350	2009-05—2013-09	89.42	81.6	115.00	1.29
20	郑西高铁		350	2005-09—2010-02	458.00	59.8	501.00	1.09
21	杭长客运专线		350	2009-12—2014-12	927.00		1 308.80	1.41
22	长昆客运专线		350	2010-03—2016-12	1167.8		1 608.50	1.38
23	广深港高铁	广深段	350	广深段 2005-12—2011-12	116	64.0	294.00	2.53
		香港段	250	香港段 2010-01—2018-09	26		734.5/港币844.2	28.25
24	郑徐客运专线		350	2012-12—2016-09	361.94	70.0	470.00	1.30
25	宝兰客运专线		250	2012-10—2017-07	403.00	87.0	535.40	1.33
26	石济客运专线		250	2013-08—2017-12	323.11	80.9	436.00	1.35
合计（平均值）					11 981	70.81	14 111	1.18

备注：桥隧比和公里造价为平均值。

世界银行在2019年7月发表的关于中国高铁建设成本的报告指出,中国高铁的加权平均单位建设成本是:时速350 km的项目为1.29亿元/km;时速250 km的项目为0.87亿元/km。而国际上高铁的造价多为3亿元/km以上。

世界上造价最贵的是我国广深港高速铁路香港段,短短26 km长,造价高达28亿元/km;其次是英国的高速铁路2号,援引英国《星期日泰晤士报》报道称,2017年初获准动工建造的该条高铁(即英国HS2工程),第一阶段将连接伦敦及伯明翰,之后更会延伸至中部的曼彻斯特及伯明翰,线路全长350 km,建设耗资高达9 230亿元,平均每千米造价高达26亿元左右。可见,英国HS2和我国广深港高铁香港段是我国内地普通高铁造价的20倍。

表1.27 世界各国高速铁路各类工程造价比例估算(%)

国别	铁路起讫点	土地购置	土建工程	轨道	通号、供电
日本	东海道:东京—新大阪	18.9	62.4	6.8	11.9
	山阳:冈山—博多	13.3	68.2	7.5	11.0
	东北:大宫—青森	11.4	70.5	6.5	11.6
	上越:大宫—新潟	9.0	78.3	4.5	8.1
法国	东南:巴黎—里昂	4.8	56.8	21.4	17.0
	大西洋:巴黎—勒芒、图尔	7.0	61.6	14.9	16.5

2. 高速电动车组的购置费

高速电动车组的动力分布,有集中和分散两种布置方式。集中式是前后两台动力车、中间编挂客车,如法国的TGV、德国的ICE、意大利的ETR500;分散式是将动力分散布置于客车下方,车上仍可乘坐旅客,如日本的电动车组和意大利的ETR450。动力分散式轴功率相对较小,技术难度不大,但维修费用高;随着技术的进步,一般认为集中式优势较大。

电动车的牵引传动技术,初期多采用直流牵引电机,如日本的0系、100系、200系,法国的TGV-PSE,意大利的ETR450等电动车组。以后法国的TGV-A采用了交流同步牵引电机。最新研制的电动车,如德国的ICE、日本的300系、意大利的ETR500、法国的TGV-N都采用了交流异步牵引电机,其牵引特性、轮轨间的黏着性能等更加优越,体现了传动技术的发展方向。

至于高速电动车组的购置费用,与其运行特性、制造材料、车内装修、编挂辆数有关,还受国内外购置、购买数量多少、技术转让条件、外汇汇率变化等多种因素影响。表1.28所列价格为1992年价,可供对比分析参考。

表 1.28　世界各国高速电动车组价格参考

国别	高速动车组	编组方式	动车组长度/m	定员	最大功率/kW	最高运营速度/(km/h)	运营车组/列	运营年份	每列价格/万元 美元	每列价格/万元 人民币
法国	TGV-PSE	M+8T+M	200	368	6 800	270	170	1981 年	1 600	8 800
法国	TGV-A	M+10T+M	238	485	8 800	300	105	1989 年	1 700	9 350
法国	TGV-N	M+8T+M	200	545	9 800	300~330	100	1995 年	2 400	13 200
法国	TGV-PBKA		200	377	8 800	300	27	1996 年	3 500	19 250
法国	英法隧道电动车组	2M+18T	394	794	12 000	300	34	1994 年	4 000	22 000
日本	新干线 200 系	12M+4T	400	1 321	14 720	240	43	1985 年	3 200	17 600
日本	新干线 300 系	10M+6T	400	1 323	118 400	275	15	1992 年	3 200	17 600
德国	ICE	2M+14T	411	759	9 600	250~280	60	1991 年	3 400	18 700
意大利	ETR450	10M+T	184	344	4 700	250	25	1988 年	2 200	12 100
西班牙	AVE	M+8T+M	200	329	8 800	300	24	1992 年	2 900	15 950

许多人认为中国高速铁路起源于 2004 年以来的技术引进，却不知道中国第一条高铁是 1999 年开工、2003 年建成的秦沈客专；高铁动车组的研制则更早，"蓝箭""中原之星""中华之星"都是鼎鼎大名。毫无疑问，2004 年以来的引进技术，让中国高铁汇聚百家，站在巨人肩膀上，练就盖世奇功。但是技术可以引进，能力却引进不来，没有此前几十年的技术积累，即便引进了技术，也只能邯郸学步，难有大的作为。

实施"引进、消化、吸收、再创新"战略，中国高速动车组已经全面形成谱系化，涵盖了从时速 250 km 到 400 km 的和谐号及复兴号系列。高速动车组采购价格也一路走低。

中国铁路高速动车组按编组列数分 8 辆编组、16 辆编组和 17 辆编组三种车型，8 辆编组称为标准列。

中国和谐号 CRH（China Railway High-speed Train）系列动车组历次招标价格不断下降，2013 年时速 250 km 的 CRH 系列动车组招标为 1.25 亿元/列，2014 年这一车型招标最终成交价约为 1.18 亿元/列。

CRH380 系列动车组 2010 年研发完成之初，价格超过 2 亿元/列，2013 年均价约为 1.87 亿元，2014 年降至 1.80 亿元/列，2015 年和 2016 年继续降至 1.70 亿元/列。据《中国经营报》记者了解，2018 年动车组招标单价约为 1.72 亿元/标准列，高寒动车组单价略高于普通动车组。

2020 年度国铁集团有三次高速动车组招标。6 月 28 日，国铁集团招标 137 列时速 250 km 复兴号 CR（China Rejuvenation）系列动车组，总价约 161 亿元，约为 1.175 亿元/标准列；9 月 28 日，招标时速 350 km 复兴号 CR 高寒动车组 25 列，总价约 43 亿元，约为 1.72 亿元/标准列，11 月 23 日，58 列时速 350 km 复兴号 CR 系列动车组招标公告，招标总价约 100 亿元，约为 1.72 亿元/标准列。三次招标总计采购了 220 列动车组，总价约 304 亿元，约为 1.38 亿元/标准列。

现在，中国国家铁路集团公司认可复兴号全方位超越和谐号，以大约 1.80 亿元/列为招标基础谈判价格，确定在此基础上降价 5%，即实际采购价 1.70 亿~1.72 亿元/列。

3. 高速铁路的票价

日本、法国、德国的高速铁路票价都是按普通客车的基本价再加高速加价构成的。为了更多地吸引客流，体现铁路在运输市场上的竞争优势，各条路线的人公里票价是不相同的。德、法两国的票价高于日本，日本的票价为我国快车票价的十多倍，如表 1.29 所列。

表 1.29　日本、德国、法国高速铁路票价

国别	年度	起讫车站	计费里程/km	全程票价 本国货币		每人公里票价			
						本国货币		折合人民币	
				一等	二等	一等	二等	一等	二等
日本	1988	东京—新大阪	552.6	13 100		23.7		0.70	
		东京—博多	1 176.5	20 700		17.6		0.52	
		东京上野—盛冈	535.3	13 000		24.3		0.72	
		东京上野—新潟	333.9	9 600		28.8		0.85	
德国	1991	汉诺威—维尔茨堡	327	166	112	0.51	0.34	1.64	1.09
		曼海姆—斯图加特	99	66	44	0.67	0.44	2.15	1.41
法国	1991	巴黎—勒芒	176	265	179	1.51	1.02	1.43	0.96
		巴黎—图尔	211	281	190	1.33	0.90	1.26	0.85

注：1. 法国的高速加价波动幅度甚大，表中票价按高速加价的平均值计列。
　　2. 1988 年日元汇率按 1 日元 = 0.029 56 元人民币折算。
　　3. 1991 年德国马克汇率按 1 马克 = 3.208 8 元人民币折算。
　　4. 1991 年法国法郎按 1 法郎 = 0.944 元人民币折算。

日本 1988 年高速铁路票价，为普通客车基本价加上高速加价得出，高速加价与基本价的比值为 61.7%~84.6%，各线不同；高速铁路票价约为航空票价的 76.4%（东京—新

大阪）和84%（东京—博多），越远递减以加强竞争能力；普通工薪人员的日平均工资，大约相当于450 km高速铁路的票价。这个票价水平公众是可以接受的，据1993年统计，东京新大阪间公共运输完成的旅客运量中，高速新干线承担了88%，航空承担了12%，选择公共汽车的旅客比重极小。日本东海道新干线的票价是不断调整的，自1964年10月投入运营，到1989年4月的25年中，先后调整了17次，平均一年半调整一次。

德国高速铁路的1991年的票价，一等车票价约为二等车票价的1.5倍。ICE高速列车的票价较IC快速列车票价，二等车提高26%，一等车提高30%，是根据乘车舒适度提高、旅行时间缩短等因素确定的。

法国高速铁路1991年的票价，也是基本票价加上高速加价拟定的，高速加价一般为基本票价的20%~65%，根据不同发车时间、客流分布情况，机动灵活地调整加价幅度，以平衡各次客车的客流量，提高客座利用率，表1.28中所列票价，是按高低加价的平均值填列的。法国高速铁路票价一等车约为二等车的1.5倍。

中国高速动车组票价的计算规则是：火车票票价等于分段线路上每段基价×里程总和，并根据线路情况适当给予折扣或者上浮或者递远递减，并附加一定的其他费用。

几个关键词是基价、里程、分段、折扣、上浮、递远递减、其他费用、票价表。

（1）基价。

基价是由线路和车辆等级（运行速度）共同决定的，如果车体允许最高运营速度大于等于线路最大运营速度，则基价以线路速度为基准计算；如果车体允许最高运营速度小于线路最大运营速度，则基价以车底速度为基准计算。一般情况下：

① 在200 km/h的速度下，一等座基价大约是0.37元/km，二等座基价大约是0.30元/km。

② 在300 km/h的速度下，一等座基价大约是0.74元/km，二等座基价大约是0.46元/km。

如果线路等级低于200 km/h，一般情况下按200 km/h计算，部分城际线路会根据地方实际情况确定基价。

注：以上数值为约数，官方没有公布特别精确的计价数值，并且由于现有G（高铁）/D（动车组）车曾经在降速时统一下调了5%的费率，所以官方数字无法直接用于票价计算。

如果线路等级是300 km/h（如京沪、京广高铁），则G车跑300 km/h的速度时，二等座按0.46元/km收费，D车跑200 km/h的速度时，二等座按0.30元/km收费。

如果线路等级是200 km/h（如杭福深客运专线宁波以南），则G车、D车都跑200 km/h的速度时，二等座都按0.30元/km收费。

举例：

G131次，济南西—曲阜东区间，全程按照300 km/h标准收费，里程129 km，计算票价应为 0.46×129，约 59 元，实际票价 59.5 元。

D257 次，济南西—曲阜东区间，全程按照 200 km/h 标准收费，里程 129 km，计算票价应为 0.30×129，约 39 元，实际票价 39.5 元。

G326 次，厦门北—泉州区间，线路等级是 200 km/h，虽然是 G 字头，但全程按照 200 km/h 标准收费，里程 71 km，计算票价应为 0.30×71，约 21 元，实际票价 20.5 元。同区间的 D 字头车与 G 字头车同价，因为线路等级相同，车速也相同。

（2）里程。

里程是指线路计价里程。需要特别指出的是，计价里程不一定等于实际线路长度，而是由铁路内部使用的一张里程表查表得出的。

目前，所有的里程数都以铁路部门公布的《客运运价里程表》为准。新开行一趟车的时候，铁路内部都会有该车途经的线路（以文件形式发布，有些可以在网上搜到），一般格式为××月××日起，开行×××次，从××到××，经由××线、××线，计价里程就是根据开行公告里的运行线路，查表获得的。

（3）分段。

当一趟车跨越不同的线路时，可能会有不同的运行速度，此时票价一般是两段线路分段票价之和，不同区段的票价分开计算。

比如前面说的 G326 次，全程是厦门北—北京南，其中厦门北—福州区间按 200 km/h 基价计算，福州—北京南（走合福—京沪高速）以 300 km/h 基价计算，全程票价是 71.5＋719＝790.5 元。类似跨线车还有北京南—青岛的 G 车，北京南—济南区间以 0.46 元/km 计价，济南—青岛区间以 0.30 元/km 计价。

（4）折扣。

常年打折的票包括京哈之间的 D/G 车、沪宁城际等。具体折扣比例看各地的情况，没有特别统一的标准。折扣与递远递减不是同一个概念，递远递减的车票上没有"折"字。

（5）上浮。

有折扣，就有上浮，目前笔者了解的上浮最多的就是广铁集团，广深区间的车票价比其他地方同速度同距离的票价要高很多。甚至如果有其他过路车经过这一段，这一段的票价也可能会上浮，可以理解为多收过路费。广州到深圳 147 km，C 字头票价 79.5 元，平均 0.54 元/km。作为对比，京津城际 120 km，票价 54.5 元，平均 0.45 元/km；沪宁城际全程 301 km，全程 139.5 元，平均 0.46 元/km。

有些线路会被定义为城际线路，这些线路也会有不同程度的上浮，并且定价较为随意。除广铁外其余线路很少见到票价上浮的情况。

（6）递远递减。

如果乘车里程非常长，那么随着距离的增加，票价的基价会有所降低。以北京—广州的 G65 次为例，全程都是 300 km/h 的线路：

北京西—石家庄，128.5 元，281 km，0.46 元/km；
北京西—郑州东，309 元，693 km，0.45 元/km；
北京西—武汉，520.5 元，1 229 km，0.42 元/km；
北京西—长沙南，649 元，1 591 km，0.41 元/km；
北京西—广州南，862 元，2 298 km，0.38 元/km。

通常情况下，递远递减是以 500 km 为分界。但并非所有线路所有车次都遵循这个原则，比如上海虹桥—成都东的 D636 次，就不符合递远递减的原则：

D636/637 次上海虹桥—成都东，以合肥南为起点（南京南—合肥南区间基价有上浮）：
合肥南—汉口 105.5 元/359 km = 0.293 87 元/km；
合肥南—宜昌东 191 元/651 km = 0.293 39 元/km；
合肥南—重庆北 353 元/1 204 km = 0.293 19 元/km。

目前能稍微总结出一些规律的是大部分 G 车都按递远递减的规律计价，大部分 D 车都没有。但具体情况最好查看官方公布的票价。

（7）其他费用。

其他费用里包括客票发展基金（有些地方叫纸张费）之类的，一般都在 1 元左右。

（8）票价表。

票价表是实际的执行票价，所有线路的票价最终都是查表得出而的，基价×分段里程的算法只是铁路部门在定价过程中的参考，实际购票时仍然按照票价表为准。

例如：京沪高铁早期的票价如表 1.30 所示。

表 1.30　京沪高铁早期的票价表　　　　　　　　　　单位：元

	北京南	廊坊	天津南	沧州西	德州东	济南西	泰安	曲阜东	滕州东	枣庄	徐州东	宿州东	蚌埠南	定远	滁州	南京南	镇江南	丹阳北	常州北	无锡东	苏州北	昆山南
上海虹桥	555	530	510	475	440	400	375	345	325	310	280	255	215	190	165	135	105	90	75	50	35	25
昆山南	535	515	490	460	420	380	355	325	305	290	260	235	195	170	140	115	85	70	55	25	15	
苏州北	525	505	480	445	405	365	345	315	290	275	250	220	180	155	125	100	70	55	40	10		
无锡东	515	495	470	435	395	355	330	305	280	265	240	205	165	140	115	85	55	40	25			
常州北	495	470	150	415	370	335	310	280	255	240	210	180	140	115	85	60	30	15				
丹阳北	480	460	435	400	355	320	295	265	240	225	195	165	125	100	70	45	15					
镇江南	470	450	425	385	345	305	280	250	230	210	180	150	110	85	55	30						
南京南	445	420	395	360	315	280	255	225	200	180	150	120	80	55	25							
滁州	420	400	370	335	290	255	230	195	170	155	125	95	55	30								

续表

	北京南	廊坊	天津南	沧州西	德州东	济南西	泰安	曲阜东	滕州东	枣庄	徐州东	宿州东	蚌埠南	定远	滁州	南京南	镇江南	丹阳北	常州北	无锡东	苏州北	昆山南
定远	395	370	345	310	265	230	200	170	145	125	95	65	25									
蚌埠南	375	350	325	285	245	205	175	145	120	100	70	40										
宿州东	340	315	285	250	205	165	135	105	80	60	30											
徐州东	310	285	260	220	175	130	105	70	45	30												
枣庄	285	260	230	190	145	100	75	40	15													
滕州东	270	245	215	175	130	85	60	25														
曲阜东	245	201	190	150	100	60	30															
泰安	215	185	160	115	70	25																
济南西	185	160	130	90	40																	
德州东	145	115	90	50																		
沧州西	95	70	40																			
天津南	55	30																				
廊坊	30																					

由于保险费的扣除，所以现在的票价已经不是这个表里的价格了。由于不再收取保险费导致票价下降，某些路段会出现分段购票价格小于整段票价价格的情况，比如徐州东—蚌埠南区间，票价是 69.5 元，但徐州东—宿州东是 29.5 元，宿州东—蚌埠南是 39.5 元，分段买比买全程少 0.5 元，这种情况在其他线路上也有。这是因为早期 G 字头车票价以 5 元方式取整（看上面的票价表就知道了），扣除保险费以后票价就变得很奇怪了（甚至部分线路上会有 D 车比 G 车贵的情况）。

第二章

中国高速铁路之路——既有线提速战略规划与实践

一、国外铁路列车速度的发展

纵观世界各国铁路的发展历程，从根本上说，就是一个不断创新、不断发明、不断提高列车运行速度，以满足社会经济发展需要的过程。

铁路的行车速度是随着经济发展和科技进步逐步提高的；特别是第二次世界大战以来，世界发达国家经济复苏，对交通运输提出了新的更高的要求。便捷的公路运输、高速的航空运输的大发展，打破了铁路的垄断地位，使运输进入了竞争的时代。各种运输方式的激烈竞争，迫使铁路改变技术停滞、速度落后和在竞争中处于衰落的状态，重新认识提高铁路速度的意义，提高铁路客运速度便成为铁路求生存、图发展的重要举措。

在不同经济发展水平的地区，铁路采用不同层次的技术和装备，使世界各国铁路旅客列车速度都有不同程度的提高。1948—1962 年间，世界各国旅客列车平均技术速度增加了 12 km/h，增长最快的是法国，平均增长了 25 km/h，如表 2.1 所示。特别引人注目的是，一些国家在经济发达地区各大城市间的运输中，首先改造客货运输繁忙的既有干线，使旅客列车最高速度提高到 140~160 km/h。1963 年世界铁路列车达到这种速度的营业里程线路总长度达 13 000 km，继而又发展修建了高速铁路。

20 世纪末，世界上铁路客运最高速度达到 200 km/h 及以上的国家，有欧洲的法、德、意、英、俄、奥、西班牙、瑞典等国，亚洲的日本，美洲的美国，共 10 个国家。铁路客运最高速度达到 140~160 km/h 的有 16 个国家，欧洲有 9 个，澳洲的澳大利亚，北美的加拿大，北非的埃及和摩洛哥，亚洲的中国、韩国和印度。印度于 1969 年开始，把主要干线客运最高速度提高到 120 km/h，80 年代初提高到 130 km/h，1988 年提高到 140 km/h，1995 年达到 160 km/h。

表 2.1　一些国家客车平均技术速度（km/h）统计

国　　家	1948 年	1955 年	1962 年
法国	29	92	104
联邦德国	47	76	90
英国	73	83	85
美国	81.5	86	84
荷兰	59	74	82
比利时	65	73.5	81.5
瑞士	69.5	72	79
意大利	66	73	78.5
瑞典	69	73	78
加拿大	57	66	67
民主德国	38	54	65
日本	64		
西班牙	47.5	54	58
苏联	33	42	54
中国	29	37	48
世界平均	50	57	62

美国铁路以货运见长，也曾尝试在东北走廊进行旅客运输提速和高速铁路的发展工作。其速度也曾经是世界领先的。例如，伯灵顿铁路 1934 年生产柴油列车组先锋者和风号（1934 年）的极速达 181 km/h，从丹佛到芝加哥（1 633 km）仅耗时 13.5 h，如图 2.1 所示。联合太平洋铁路 1934 年的 M10000（柴电列车组）的极速达 160 km/h，如图 2.2 所示。

图 2.1　伯灵顿铁路先锋者和风号（1934 年，柴油列车组）

第二章 中国高速铁路之路——既有线提速战略规划与实践

图 2.2 联合太平洋铁路 M10000（1934 年，柴油列车组）

第二次世界大战后美国高铁还在不断尝试中。第二次世界大战中铁路业高度发达，当然不少有识之士也意识到了铁路很快要面临挑战。于是整个铁路业在 20 世纪 50 年代都像打了鸡血一样，拼命地堆豪华、堆技术，以期望留住客户。

通用汽车（GM）的 AeroTrain（1956 年），外形和通用当时开发的汽车外观设计神似（流线型），有太空科技感觉，分配给岩岛、宾州、纽约中央和联合太平洋使用，极速达 110 mile/h（160 km/h），如图 2.3 所示。

图 2.3 通用汽车（GM）AeroTrain（1956 年）

纽约中央铁路 M-497 黑甲虫喷气式机车（1966 年），配有两台 J-47 喷气式发动机，直线加速极速可达 300 km/h，如图 2.4 所示。

图 2.4　纽约中央铁路 M-497 黑甲虫喷气式机车（1956 年）

1956 年，美国通过州际高速公路法之后，兴建了四通八达的高速公路，伴随着汽车与航空业的迅速发展，美国的铁路运输业，尤其是客运业务逐步萎缩。

联合飞机公司的 UAC Turbo Train（1968 年），配有 6 台 PT-6 涡轮螺旋桨发动机，采用无变速器，机械直连，极速达 279 km/h，在美国铁路中曾投入商业运营，如图 2.5 所示。

图 2.5　联合飞机公司 UAC TurboTrain（1968 年）

Turboliner（1973 年）配有两台透博美卡涡轴发动机，极速达 200 km/h，用于芝加哥—圣路易斯线路，如图 2.6 所示。

巴德 Metroliner（1969），为美国第一列电联车，曾想和初代新干线竞争，跑东北走廊线电气化线路（华盛顿特区—波士顿），设计极速为 241 km/h，填补了 Turbo Train 和 Acela 之间的空白，但很难跑到极速，最后的下场是当作大地铁通勤（AEM-7 + Amfleet 传统组合也比其强），如图 2.7 所示。

图 2.6　Turboliner（1973 年）　　　　图 2.7　巴德 Metroliner（1969 年）

20 世纪 80 年代后，人口和居民收入的不断增长，刺激了旅游业的发展。城市间的航空和汽车运输的晚点、阻塞现象日益严重。在大都市地区、机场周围，每逢节假日或坏天气，这种现象更为突出。运输服务质量的下降对旅客、承运人及广大公众都产生了不良影响。为了扭转并消除这种趋势，需要不断地增加运能，如扩展机场或新修公路，但这又会引起环境污染等其他问题。

到了 20 世纪 90 年代，美国出台了一系列法律，如 1991 年的《美国联合地面运输法》，1993 年的《高速铁路发展法》，1994 年的《快速铁路法》以及下一代高速铁路发展规划，这些都表明美国交通部已经着手考虑高速地面轨道运输的价值问题。

在美国，提速铁路是指在既有铁路线上提高城际客运铁路速度的系统，提速范围包括最高时速为 145 km、177 km、200 km、240 km 四个等级。在较低的提速区以内燃牵引为主，较高提速区主要采用电气化，也可以采用非电气化方案。

1994 年 11 月，美国颁布了快速铁路发展法后，批准了 1.84 亿美元用于对高速走廊进行规划和技术改进的经费。但此项目进展迟缓，实际用于计划、管理及技术改进的费用仅为 6 781 万美元。

美国运输部于 1997 年完成了美国高速地面运输的可行性研究，根据全国布局和具体地域等参数，分别对 11 条走廊和路段的 8 种高速地面运输方案的运输指标、运营效率、效益和成本比较等 108 项指标进行了详细的分析、对比和预测。研究表明：在研究的 11 条走廊中，多数走廊的年运营收入除满足未来运营和维修支出外，还能收回一部分初期投资。对东北走廊和帝国走廊延伸线的提速方案评估表明，该方案具有最佳的投资回报率。在各种方案中，只有提速铁路时速 145 km 和时速 177 km 的方案，其社会效益大于政府承担的成本费用。如果进行中等规模的初期投资，时速 200 km 以下的三种速度选择最具潜力。

美国铁路客运公司（Amtrak）在其所有的东北走廊线路上开展客运业务，该走廊是美国人口密度最大的运输市场之一，自华盛顿哥伦比亚特区南端延伸穿过紧密连接的一系列城市，包括巴尔的摩、威尔明顿、费城、纽约和波士顿等。美国铁路客运公司在纽约和华盛顿之间占有最大的运输市场份额，大约为 45%，公司一直为建立一个从华盛顿到波士顿的无平面交叉的走廊而努力。

华盛顿—纽约—波士顿（732 km）之间的东北走廊从 1978 年开始进行改造工程，工程的重点是大规模换铺或新铺混凝土枕，采用高速道岔，并对曲线进行改造；在纽黑文—波士顿之间进行电气化、信号以及行车控制设备的改造。另外，华盛顿—纽黑文之间的平交道口全部被取消，纽黑文—波士顿之间的 16 处平交道口被封闭或设置防护装置，剩下的 11 处平交道口被列入改造计划之内。

为实现铁路升级，美国铁路客运公司对东北走廊的整体服务以及设施等方面都进行了改善，更新客票预售系统，对 4 000 多名从业人员进行提高顾客服务水平的培训，对华盛顿、费城、纽约、波士顿等车站进行了重新装修。

为了达到时速 240 km 的速度，美国铁路客运公司对线路的某些部分进行了升级，到 1999 年底，整个东北走廊完全实现了电气化。这条铁路线成为美国唯一的一条电气化城际铁路线，也是该公司在美国客运量最大的一条客运专线。

第一代提速列车的速度达到了时速 193 km，其商业名称为 Metroliner 特快。为了与北美航线争夺繁忙的"东北走廊"市场，美国铁路客运公司策划在华盛顿与波士顿之间推出"超速特快"客运服务。该计划的核心是在东北走廊引进新的高速列车。采用的新型高速列车 Acela 为机车推挽牵引方式，为提高曲线通过速度，在车辆部分安装了车体倾摆装置，该列车有 4 辆普通车、1 辆一等车，最中间为咖啡车。虽然法国 TGV 的制造商和阿尔斯通（Alstom）参加了 Acela 设计和制造财团，但 Acela 与 TGV 不是一个车型，许多部件都不相同。著名的阿西乐特快（Acela Express，2000 年）是 TGV 的美国版本，号称当年的世界第一速，设计极速 240 km/h，如图 2.8 所示。

图 2.8　著名的阿西乐特快（2000 年）

美国又研制了 JetTrain 列车（2001 年），由于采用柴油喷气混合动力，结果在两动一拖下，极速才 265 km/h，如图 2.9 所示。

图 2.9　JetTrain 列车（2001 年）

1993 年，美国铁路曾在运输繁忙的纽约—华盛顿既有线改造后分别试验过 X2000 摆式列车和 ICE 列车，为在华盛顿—纽约—波士顿之间运营高速列车设备收集资料、编制规章做准备。在东北走廊改造过程中，美国铁路客运公司获得了 20 辆新的高速摆式列车（时速 240 km），用于既有线路上的运营。东北走廊有很多曲线，特别是在纽约和波士顿之间，选择摆式列车可以保证旅客的舒适性。

国外铁路在提高旅客列车速度的同时，也努力相应提高货物列车的速度，以适应货主的需要并减少客运的扣除。目前，快运货物列车最高速度达到 120 km/h 的有法国、德国、美国和俄罗斯等国，西欧不少国家货运最高速度都在 100 km/h 左右，法国少数特快货物列车的最高速度达到了 140～160 km/h。

二、国外铁路提高既有线列车速度的技术决策

（一）列车速度目标值的选择

普遍认为，铁路既有线列车提速的目的是：缩短旅行时间，提高与其他交通工具的竞争力，增加铁路收入。世界铁路在 190 多年的发展过程中，许多国家积累了既有线列车提速的丰富实践经验，值得学习和借鉴。

（1）瑞士布莱顿博士等认为，在飞机平均速度为 600 km/h（等待、转机和办理登机手续等需 90 min），汽车平均行驶速度为 80 km/h，铁路的等待、换车时间为 30 min 的条

件下,在距离 300 km 以内时,如果铁路的平均速度达不到 100 km/h,则无法与汽车竞争;在距离 500~600 km 时,如果铁路的平均速度达不到 250 km/h,将不能与飞机竞争。

(2)欧洲经济委员会(ECE):

1985 年 5 月,对铁路行车速度进行了定义,规定最高运行速度:客运高速专线为 300 km/h,客货混运高速线为 250 km/h,既有线为 160~200 km/h。

(3)日本运输省技术审议会:

1991 年 6 月提出的《展望 21 世纪技术政策》中,有关铁路既有线改造的速度规定:1990—2000 年实现既有线的最高速度为 160 km/h 左右,21 世纪实现 200 km/h。

(4)苏联研究结论:

对客货混运的既有线,客车最高速度可在 200 km/h 以内,而用有轨机车车辆实现的客运专线技术可实现客车最高速度在 350 km/h 的范围内。

综上可见,世界上对繁忙铁路干线的提速,速度目标值大多在 140~160 km/h。如华盛顿—波士顿的东北走廊,伦敦—爱丁堡的东海岸干线和莫斯科—圣彼得堡(列宁格勒)干线,其距离分别为 733 km、443 km、650 km。

若要将速度目标值提高到 200 km/h,则要相当大的投资。如华盛顿—波士顿的东北走廊,计划投资 21.9 亿美元,其中改造线路为 8.06 亿美元(桥梁为 2.52 亿美元,电气化为 2.52 亿美元,信号为 3.23 亿美元,通信为 900 万美元,其他为 5.5 亿美元),以实现华盛顿—纽约 361.7 km 的最高时速 201 km,旅行时速 157.3 km。华盛顿—波士顿特快列车的平均旅速也仅为 102.5 km/h。英国东海岸的 443 km 干线,线路改造花费 5.46 亿英镑,实现最高时速 210 km。苏联莫斯科—列宁格勒(今圣彼得堡)650 km 干线,最高时速从 160 km 提到 200 km,共花了 20 年(1964—1983 年)时间,平均旅速为 130.4 km/h,平均改造费用为 3 400 万卢布/km。

采用摆式列车可在不改造或少改造线路的条件下,使列车最高速度达到 160~200 km/h,这是 30 多年来开辟的既有线提速的一条新途径。意大利、西班牙、瑞典、瑞士等国都已相继采用。我国广深线也已采用。

(二)既有线客车提速也要提高货车速度

由于列车速度不同,为会让快速列车要占用很多的能力,因此客车提速后扣除系数急剧增大,要减少这种扣除,最有效的办法就是提高货车速度,以便更合理地铺画列车运行图。世界各国资料如表 2.2 所示。

表 2.2 一些国家既有干线改造后客货车最高速度　　　　　单位：km/h

国别	客运最高速度			货运最高速度		
	特快	快车	慢车	特快	快车	慢车
苏联	160~200	100~130	120	100		
法国	200	140~160	100~140	140~160	100~120	80~90
联邦德国	160	120~140	120	120	100	80
英国	160				90	
美国	201	130~170	140	100~120	89	
瑞典	200	160				90

从表 2.2 中可以看出，当客车最高时速达到 160~200 km 时，货运列车时速为 80~140 km。苏联与我国相似，在繁忙干线客货流量都很大，重量、密度并重。所以，在莫斯科—列宁格勒（今圣彼得堡）客车提速至 160~200 km/h 时，货车速度为 100 km/h，列车质量为 3 800 t，列车对数 1975 年为 80 对，1990 年增至 114 对。

（三）既有线提速宜分步实施

各国铁路实践证明，既有线上客车最高速度为 140 km/h 时，运营机车车辆、线路和通信信号设备等改造工程量较小，投资少，见效快。最高时速为 160 km 时，可利用现有的技术装备，稍许改造线路断面，改进机车车辆的走行部分，提高牵引力和制动力，并应采用自动闭塞等。最高时速提到 200 km 时，对既有客货混运的线路，需要改善线路断面，采用多显示机车信号，更好地提高制动力（如采用电阻制动、磁轨制动）以及将平交道口改为立交等。

苏联就是这样做的，在莫斯科—列宁格勒（今圣彼得堡）既有线全长 650 km，1958—1963 年 4 月客车最高时速由 120 km 提高到 160 km，旅行时速从 82.3 km 提高到 119 km，到 1975 年提高到 130.4 km。

（四）既有线提速不是单一追求提高最高速度

铁路运输系统通常由以下四个部分组成：

（1）基础设施（固定设备）：铁路运输的固定设施部分，如铁路线路、路基、轨道、车站、枢纽站等，即为铁路运输网络部分。

铁路运输网络是由节点（枢纽站等）和连线（公路、航道等）组成的。现代交通运输网络具有立体性，即不再是单一结构，而是五种运输方式相互补充、相互配合、相互

(2) 载运工具（移动设备）：交通运输的移动设施部分，如铁路机车、货车、客车等。

(3) 管理与控制系统：机车车辆管理控制系统（主要指技术方面的管理与控制，如行车调度与控制等）与交通流量管理控制系统。

(4) 交通流：物流和客流两部分，即社会经济发展对运输业运送货物和旅客的需求产生的交通流量。

铁路运输系统是一个复杂的系统工程，这个铁路系统工程又是由工务工程、牵引供电工程、通信信号工程、机车车辆（动车组）、运营调度指挥、运输服务、运营维护管理等各个子系统组成的。在铁路运输系统规划与建设时必须加强其各个子系统的系统集成设计，研究处理好子系统之间的协调配套关系，使各个子系统既能独立运作，又能协调运作，形成一个完整的运输大系统。

从国内外铁路既有线列车提速实践来看，提速涉及铁路交通系统的各个组成部分，提速是一项系统工程。提高客车速度需要考虑以下主要因素：

一是要提高机车车辆移动设备、地面固定设备（路基、轨道、线路、桥梁、站场、供电和信号设备）的性能、养护维修水平等硬技术能力，包括采用加大机车动力、制造新型列车（如流线型列车，改善列车空气动力特性）、改进制动性能、优化最高速度目标值，以及加大曲线半径、改善道岔结构、降低坡道值和加强桥梁结构强度和可靠性、增加隧道净空面积等技术措施。

二是要修改完善营业政策、改善运输设备条件、编制相应列车运行图、制定相应安全保障措施，即提高软技术能力，包括停车站的设置、接续、列车间速度差、待避和列车交会技术措施等方面。

以上各种因素对旅行速度的影响程度是随不同线路区段而异的，应当特别注意解决占该线路区段距离长度比重大的一些因素。如日本的三条既有线最高速度提高到120 km/h，影响提速的各种因素的程度，即影响距离占全长线路的比重见表2.3所列。

表2.3 各种限制速度的因素所影响距离占全程的比重（%）

线 路	影 响 因 素				
	最高允许速度值	曲线限制	信号限制	加、减速度	其他限制
中央线（八王子—小渊泽）	2.9	54.3	10.8	16.2	7.9
湖西—北陆线（山科—敦贺）	56.1	6.7	6.0	1.6	3.4
北陆段（敦贺—金泽）	35.0	19.6	7.5	16.3	3.9

从表 2.3 可以看出，对于中央线（120 km），提高最高允许速度不如提高曲线速度效果明显。湖西—北陆线（88.6 km）则以提高最高允许速度和坡度限制效果最好。对于北陆线（130 km），除提高最高允许速度外，提高曲线限制、坡道限制和加、减速度都有明显效果。总之，对于不同线路区段，首先要掌握各种限制速度的因素所影响距离占全程的比重情况，抓住效果最好并适合该线路区段情况的因素来制定提速政策，尤其不能单一追求列车的最高速度。

各国既有线提速证明，列车最高速度相同，但旅行速度相差很大。最典型的是瑞典的舍夫德—哈尔斯贝里和摩洛哥的拉巴特—达尔贝达（卡萨布兰卡）两条铁路，列车最高速度为 160 km/h，而旅行速度分别为 142.3 km/h 和 108.3 km/h，相差 34 km/h。芬兰的塞纳求基—帕尔卡诺与埃及的开罗—西迪加贝尔，列车最高速度同是 140 km/h，而旅行速度分别是 103.2 km/h 和 101 km/h，相差 29.2 km/h。而且芬兰的这条铁路的旅行速度比很多国家最高速度为 160 km/h 铁路的旅行速度都高得多。而旅行速度的提高才是提高列车速度的真正目的，只有旅行速度的提高才对旅客有吸引力，经济效益才显著。20 世纪 80 年代初，联邦德国研究指出，旅行速度由 100 km/h 提高到 130 km/h，每年可增加约 10 亿马克的经济效益。

三、中国铁路运输速度的发展

（一）中国铁路运输速度发展历程

旧中国铁路先天不足，基础薄弱，不仅数量少、分布偏，而且标准低、质量低，多为日、俄、英、德等外国承修和经营，设备五花八门，同一条线路标准也不统一；同时管理分割，运营落后，铁路行车速度低。新中国成立后，党和政府对铁路的发展十分重视，铁路建设取得了很大成就，铁路科技水平有了很大提高。由于设备更新、技术进步，我国铁路行车速度有了一些变化，如表 2.4 所示。

表 2.4 我国铁路列车旅行速度（km/h）变化情况

年度	货物列车		旅客列车	
	技术速度	旅行速度	技术速度	旅行速度
1949	36.5	25.5	34.9	28.2
1952		25.5		33.4
1957	37.2	25.2	43.1	34.8
1962	39.1	26.1	46.2	

续表

年　度	货物列车		旅客列车	
	技术速度	旅行速度	技术速度	旅行速度
1965	42.0	28.1	47.8	38.5
1970	44.4	30.3	52.6	42.1
1975	43.6	28.5	52.8	42.2
1980	43.5	28.7	54.2	43.4
1985	43.3	28.1	55.1	43.9
1990	44.0	29.2	56.6	46.3
1995	44.3	30.2	58.3	49.0
1996	44.1	30.4	58.7	49.5
1997		31.4		53.3

我国铁路列车速度不高的原因分析：

由于提高行车速度的举措 20 世纪 70 年代才提上议事日程，所以新中国成立以来铁路行车速度提高缓慢，如表 2.4 所列。以旅客货主得到实惠的旅行速度分析，1949—1970 年的 21 年间，旅客列车由 28.2 km/h 提高到 42.1 km/h，增加 13.9 km/h；货物列车由 25.5 km/h 提高到 30.3 km/h，增加 4.8 km/h。提高幅度较大，主要原因是 1949 年的速度水平很低，而当时新造的机车功率加大，旅客列车仅编挂 12 辆左右，货物列车牵引吨数也仅有 1 000～2 000 t，且线路维修质量有很大提高，区间通过能力也较为富裕，所以提高速度较易实现。

1970 年以后，货物列车的旅行速度因提高牵引吨数的客观需要和区间通过能力接近饱和的实际困难，所以徘徊不前，1995 年仅达到 30.2 km/h。旅客列车的旅行速度，由 1970 年的 42.1 km/h 提高到 1985 年的 43.9 km/h，15 年提高 1.8 km/h，增加很少。其主要原因是旅客列车陆续扩编，客运机车功率相对偏小；加之区间通过能力接近饱和，为了扩大运能，有的旅客列车不得不按平行运行图运行，所以总体上提高很慢。

1986—1995 年的 10 年间，旅客列车的旅行速度由 43.9 km/h 提高到 49.0 km/h，增加了 5.1 km/h，这与大功率电力、内燃机车大批投入运营，且短途普通旅客列车因公路分流而减少，旅客特别快车比重加大有关，使速度提高略有加快。

20 世纪 80 年代以来，铁路运输能力日趋紧张，大力提高运能成为铁路运输的中心任务，为此不得不将提高行车速度置于次要地位。这反映在自 1983 年铁道部首次颁布实行的《铁路主要技术政策》上。

1983年《铁路主要技术政策》指出"逐步提高列车重量,增加行车密度,在此基础上适当提高行车速度"。

1988年《铁路主要技术政策》指出"大力提高列车重量,积极增加行车密度,适当提高行车速度",以实现"大重量、高密度、中速度"的运输模式。

1993年修订《铁路主要技术政策》时,才把提高速度放在应有的地位,而改为"大力提高列车重量,积极增加行车密度,努力提高行车速度",以实现重量、密度、速度的优化组配。同时提出,"在沿海经济发达、客流集中的东部走廊,发展最高速度250 km/h及其以上的高速客运专线","繁忙干线上旅客列车最高速度140 km/h,货物列车最高速度90 km/h","其他线路上旅客列车最高速度逐步提高到80 km/h～90 km/h"。

2000年修订的《铁路主要技术政策》中则有"普遍提高行车速度,积极增加行车密度,合理确定列车重量","提高列车速度是提高铁路运输质量及技术发展的重点。继续实施提速战略,扩大提速范围。在经济发达、客流集中的运输通道,修建速度300 km/h左右的高速铁路,其线、桥、隧等主要固定设施要预留进一步提高速度的条件。以客运为主的快速铁路旅客列车最高速度200 km/h,繁忙干线旅客列车最高速度140～160 km/h,其他线路旅客列车最高速度120 km/h。快运货物列车最高速度120 km/h,普通货物列车最高速度90 km/h"。

我国铁路的客货运速度还是很低的。到1995年,货运最高速度仅75 km/h左右;客运最高速度,除准高速的广深线达到160 km/h外,其他繁忙干线仅110 km/h左右。旅客列车的旅行速度,特快列车最高的仅86 km/h左右,有的仅50～60 km/h,直快列车最高的仅60 km/h左右,有的仅40 km/h左右。在高速公路和民用航空的激烈竞争中,很多铁路干线客运量都有不同程度的流失。

(二)中国既有铁路实施大提速的必要性

1. 国民经济发展需要铁路大提速

我国当时正处在新一轮经济增长周期,国民经济发展势头迅猛,对交通运输的需求与日俱增,迫切需要铁路提供强有力的运输支持。但当时铁路运输的紧张状况对国民经济发展形成了严重的"瓶颈"制约,而且这种状况将随着经济增长显得更加突出。解决铁路运输的"瓶颈"问题,近期必须从实际出发,走内涵扩大再生产之路,立足现有基础扩充运力,尽最大努力挖掘运输能力,提高运输效率。

2. 铁路大提速是铁路部门义不容辞的责任

我国综合交通运输经过多年来的建设与发展,已经发生了很大的变化,运输方式间竞争愈演愈烈，铁路在运输市场中的主导地位不断受到冲击。尽管铁路面临航空、公路、水运等运输方式的激烈竞争，但由于我国铁路依然是国家重要基础设施和国民经济的大动脉，其发展必须优先考虑国家利益和社会利益，这使得铁路公益性任务难以减弱，虽然铁路经营性目标较之前有所突出，但我国铁路仍处在社会性目标和经营性目标混合且社会性目标为主的约束条件下。在铁路产业公益性目标非常突出的前提条件下，铁路部门主导是义不容辞的责任。

世界铁路史表明，在铁路产业运输能力不适应全社会日益增长的运输需求的情况下，特别是在市场经济本身无力承担铁路产业建设发展任务的情况下，一般都需要由某一具有高度公益性质的公共机构来供给，采取公共治理方式来建设铁路网络和供给铁路运输产品，社会公众的利益、旅客货主的利益、国民经济发展的利益等都通过公共机构和公共治理加以实现。美国铁路从1840年开始进入大规模建设和经营阶段，铁路是当时最重要的基础产业，也是当时最重要的经济部门，美国联邦政府通过公共机构向铁路赠送了大量土地，提供了铁路勘测费用，减免了铁路物资进口税，以及为铁路贷款及债券担保等。可以说，美国铁路的高速发展是公共治理方式下公共部门间接参与的结果。法国高速铁路和日本新干线建设也都需要政府的大规模投入。我国铁路当时的基础设施建设和大提速是由铁道部这一公共机构来直接供给的，与美国公共部门的间接供给有所差异，但其公共提供和公共治理的共性却是一致的。实际上，日本和韩国的铁道建设公团、运输设施整备事业团等公共企业的设立，就是为了能够按照公共治理方式由公共提供新干线业务。法国近年来开始大规模建设高速铁路，其中的大部分投资也是由政府来承担的。

我国特殊的国情、路情无疑加重了铁路产业的公益性，更需要由铁道部这样的公共机构来提供。我国是大陆型国家，人口数量众多，20世纪90年代中期春运高峰日旅客发送量达到了430多万人次；我国工业布局和资源分布空间结构不平衡，货物运输能力普遍紧张，日申请车皮数量只能满足50%左右，西南地区甚至只有17%左右。当时预测，2020年，我国铁路旅客发送量将达到40亿人次，全国铁路货物发送量将达到40亿吨，平均每个公民每年乘坐火车次数不足3次，铁路运输在可预见的将来仍然是我国国民基本出行和工业化发展的骨干支撑力量。从整体上和全局上来看，这种经济社会背景约束导致了铁路运输资源的高度稀缺性，由铁道部这一公共部门集中社会资源提供铁路运输这种公共产品就是一种必然的结果。我国铁路大提速工程作为一项缓解铁路运输能力稀缺性的重要措施，其内核具有高度的公益性和社会性，由铁道部来供给有其必然性。这也是铁路大提速会以运输安全为中心，以适应旅客货主需求为中心，却提速不提价，把提速带来的实惠让利于广大旅客货主的原因。

3. 提速是铁路企业生存发展的客观要求

铁路作为国民经济和社会发展的重要基础设施，经过多年的发展，虽然资产和实力比较雄厚，但是历史包袱沉重，设备陈旧老化，技术装备落后。加快科技进步，提高服务质量，改善旅客的乘车环境，是"人民铁路为人民"的服务宗旨的具体体现。

1997年以来，铁路运输收入年均增长100多亿元，但每年的盈利微乎其微。实施大面积提速调图，将进一步增强铁路的市场竞争能力和自我发展能力，提高铁路的经济效益，使铁路在竞争激烈、变化迅捷的市场经济中，不断调整、掌握主动、适应挑战，为铁路跨越式发展创造良好的经营环境。

随着经济发展和社会进步，广大旅客货主对运输质量，特别是快捷性、舒适性提出了更高的要求。通过连续六次大面积的提速调图，不断提高铁路运输质量，进一步缩短了客车旅行时间，增开的夕发朝至、直达特快列车、大宗货物直达列车等，进一步适应了旅客货主高质量的运输需求，提高了人们的生活质量。

4. 提速是增强铁路市场竞争能力的有效手段

铁路提速有利于发挥铁路快捷高速的运输服务特点，是铁路最引以为自豪的核心竞争优势。铁路大提速本质就是对铁路运输资源质量的提升，是铁路运输产品质量的改进，是增强铁路企业核心竞争力的具体手段。

我国铁路产业迫切需要通过大提速来优化基础设施，改善运输装备技术水平，提高铁路产业市场竞争力。统计数据显示，我国铁路客货周转量的市场份额已经由1980年的60.5%和71.1%下降到目前的36.3%和54.6%，美国铁路货运市场占有率从20世纪20年代的75%下降到目前的40.3%，客运市场占有率不足1%。日本1987年民营化改革时，国铁客运市场占有率仅为13%，目前占到了28%。应该说，随着工业化和运输化的发展，其他运输方式逐渐对铁路产业形成了严峻的挑战，只有通过提速工程才能提高铁路产业的竞争能力，保持铁路产业在中长途客货运输市场上的优势。法国现有的3条高速新线和列车运行网络，承担了一半以上的旅客周转量，日本4条新干线约承担了铁路旅客周转量的1/3，德国的高速铁路也承担了50%的旅客周转量。可以说，通过修建高速铁路和既有线提速方式，铁路线路、桥梁等固定运输资源的轴重承载能力不断提高，机车车辆等可移动运输资源的交路和周转率日益改善，为市场提供的运输产品更加优质，因而现在世界各国的铁路运输市场份额呈现出不断扩大的趋势。

随着市场经济的发展和人民生活水平的不断提高，人们对运输快捷、便利、舒适的要求日益提升。通过连续六次大规模的提速，铁路在适应市场需求方面取得了重大突破。全路以提速为支持，以市场为导向，开发了快速列车、夕发朝至列车、旅游列车、假日列车、行包专列、"五定"班列等运输新产品,较好地满足了旅客货主的需求,大大增强了铁路运输的市场竞争能力,不仅巩固扩大了铁路在中长途运输中的优势,而且在短途运输市场竞争中,也取得了一些主动。1997年提速调图后,直通客运量大幅度增长,旅客周转量持续攀升,运输收入不断创历史新高。1999年全路提前一年实现扭亏;2000年继续扩大扭亏成果,实现了盈利目标。

同时,广深准高速铁路的建成,为实施大规模提速储备了技术,积累了经验。我国先后在沪宁、京秦、沈山、郑武等繁忙干线及铁科院环行试验基地多次成功地进行了提速试验,取得了多项试验成果,掌握了与旅客列车时速 160～200 km 等级相适应的一整套技术。事实证明,提速大大加快了技术创新的步伐,每一次大提速,铁路技术创新都迈上了一个新台阶;同时,技术进步的加快也为实施提速提供了强大的支持。

5. 通过提速促进铁路技术装备水平的提高

铁路提速首先需要改造与行车相关的设备,需要自行投入巨大的资金。提速前,大部分线路使用的是 25 m 或 50 m 长的短钢轨,这既降低了旅客的舒适度,也容易对钢轨、车轮、轴承等造成损害。提速后,线路全部采用无缝钢轨,目前最长的无缝钢轨已经达到 30 km。在基础线路改造中,小曲线半径线路要全部改造成大半径曲线或直线,更换的提速道岔全部为新型大号码道岔,具有电动操作、平稳、快速等特点。

6. 既有线提速是提高铁路网质量,加快构建快速铁路网的重大举措

中国铁路的路网规模不大,铁路技术装备质量和技术水平不高,要跟上世界铁路客运高速化、快捷化发展的大趋势,加快构建快速铁路运输网络,必须要对既有铁路进行大提速改造。中国铁路既有线大提速的实践过程和丰硕成果充分说明,一个行业要走在时代的前列,一刻也离不开理论指导,一项决策要站在历史高端,一刻也不能离开理论思维。

(三)中国铁路既有线六次大提速战略规划与实践

1. 提速准备

铁路提速是一个系统工程,需要涉及机车、车辆、工程(轨道、路基、桥梁、隧道、车站)、供电(牵引接触网、变电所)、通信、信号、运输服务等子系统的整体技术配套。首先要有大功率和大制动力的机车车辆。其他子系统必须与其相互配合才能达到提速的目标。

1952年，四方机车车辆工厂仿制成功中国第一台"解放"型蒸汽机车，中国不能制造机车的历史从此结束。

1958年，中国开始制造内燃机车，先后有"东风"等3种型号机车最早投入批量生产，1969年后相继批量生产了"东风4"等15种新机型。从1960年至1980年，东风型柴油机车作为中国铁路内燃牵引动力的主力之一。

1969年，"韶山1型"电力机车投入使用，这是中国铁路使用的第一代国产干线客、货两用电力机车，车型代号 SS_1。"韶山1型"电力机车以毛泽东的故乡韶山命名。

1990年，在改革开放的春风吹拂下，深圳已然崛起，成为继广州之后广东第二大中心。此时，广州到深圳之间的通勤化运输势在必行，于是，一条构造速度160 km/h的客货分开四线铁路出现于广深之间，称为广深铁路。为了配合广深铁路开行160 km/h级别客运列车的计划，铁道部决定责成株洲电力机车厂及戚墅堰机车车辆厂分别研制最大运行速度170 km/h的准高速电力机车和内燃机车，两家工厂不辱使命，均于1992年前后竣工了新型机车，分别为韶山8型电力机车及东风11型内燃机车。

1991年12月，我国第一条准高速铁路在广深线开工建设，迈出了中国铁路提速之路。为适应运输市场的客观需要，自1994年起一些繁忙干线开始努力提高行车速度。

1994年7月1日沈阳大连间开行辽东半岛号列车，由2节 DF_4 型内燃机车（额定功率3 240 kW，最高速度145 km/h，油箱储量9 000 L 轴式，C_0—C_0，轴重23 t）牵引16节客车，实现了100 km/h的旅行速度，如图2.10所示。

图 2.10 DF_4 型内燃机车（大连机车厂生产，最高速度145 km/h）

1994年12月22日，广深准高速铁路投入运营，开行了最高时速160 km的列车，由 DF_{11} 型内燃机车（机车标称功率3 040 kW，最高运行速度为170 km/h，轴式 C_0—C_0，柴油机型号 16V280ZJA,油箱储量 6 500 L,轴重 23 t)牵引 8～9 节客车,实现了 124 km/h 的旅行速度。广州至深圳由 2 h 48 min 压缩到 1 h 12 min,大大缩短了旅行时间。如图 2.11 所示。

图 2.11　DF_{11} 型内燃机车（戚墅堰机车车辆厂生产,设计速度 170 km/h,1992 年）

1995 年拟定的"九五"计划也把"重视解决客运问题"以及"从实际出发,因地制宜、区别对待,采取普遍提高与局部突破相结合的方针",把提高旅客列车速度作为四大战略部署之一。

1995 年 6 月 28 日,铁道部召开部长办公会议,确定铁路提速的原则、目标与实施原则,决定到 2000 年,铁路将在京沪、京广、京哈等繁忙干线进行旅客列车行车 140～160 km/h 提速试验,然后进行技术改造,并制定了我国铁路既有线提速的基本原则:

(1) 速度目标值:旅客列车最高时速 140～160 km,货物列车最高时速 85 km。

(2) 客货列车同时提速。

(3) 原则上既有线的平、纵断面不予改造,个别处所改造后能取得较大提速效果的予以改造。

(4) 安全是第一位的,所有设备及行车组织在提速过程中必须确保安全。

1995 年 11 月,在京秦线上,试验用 DF_{11} 型内燃机车,牵引经过改装的双层客车 12 辆,总重 776.4 t,最高时速达 175.7 km。从此以后,我国开始了繁忙干线旅客列车提速战略的实施。

首先,在沪宁线上进行提速试验。经过对机车车辆、线路、桥梁等设备改造和加强后,我国于 1996 年 4 月 1 日在沪宁线上开行了最高时速 140 km 的"先行号"列车,由

DF_{11} 型准高速内燃机车牵引 11 节准高速客车，总重 585 t，最高时速达 173.5 km，旅行时速 108 km；此后，10 月 1 日又把最高速度提到 160 km/h，旅行时间由 4 h 缩短到 2.5 h，旅行速度达到了 121 km/h。

其次，1996 年 7 月 1 日，北京和秦皇岛间也开行了最高时速 140 km 的"北戴河"号快速列车，由 DF_{11} 型机车牵引 12 节双层客车，总重 776.4 t，最高时速达 175.7 km，旅行时速 110.8 km。使北京—北戴河的旅行时间由 3 h 38 min 缩短到 2 h 30 min。

1996 年 6、7 月间，在沈山线上试验用 DF_{11} 型内燃机车，牵引 25 型客车 6 辆，总重 306 t，最高速度达 183.5 km/h。

1996 年 10 月 8 日，由北京经京秦、沈山、沈大线到大连，开行了编挂 12 辆新型双层客车、最高时速 140 km 的长距离、跨局界的快速列车，运行时间缩短近 5 h。

1996 年 11 月，在京广线郑（漯河）武段电气化铁路上，用 SS_8 电力机车[额定功率 3 600 kW，最大速度 170 km/h，轴式 B_0-B_0，受电制式 AC 25 kV、50 Hz（国内统一，不再赘述），轴重 21 t]，牵引 7 辆客车，总重为 395 t，实现了最高速度 185 km/h，如图 2.12 所示。

图 2.12　SS_8 电力机车（株洲电力机车厂生产，最高速度 170 km/h）

1996 年 10 月 3 日，铁道部提速领导小组制定了《"九五"期间全路提速规划》，把速度目标值更具体为：京沪、京广、京哈三大干线快速旅客列车为 140~160 km/h，一般旅客列车为 120 km/h，货物列车为 80~85 km/h。这标志着已将提高行车速度作为铁路发展的战略任务，加快实施。

除了机车以外,车辆也必须满足提速的需要。为此研制的 25 型客车,是中国铁路第一代车长 25.5 m 的试验性铁路客车,最初在 1965 年研制起步,1979 年设计了车体长 25.5 m、车辆定距 18 m 的新结构四轴全钢客车,由于车体长 25.5 m 的特征而定型为 25 型客车。车宽 3.2 m,最初车高与 22 型客车一致,为 4.28 m。25 型客车车体钢结构为无中梁薄壁筒形整体承载的车体结构,由底架、侧墙、车顶和端墙等部分焊接而成,在侧墙、端墙、车顶钢骨架以及底架钢骨架上分别焊接侧墙板、端墙板、车顶板和波纹地板及平地板,形成上部带圆弧,下部为矩形的封闭壳体。壳体用纵向梁和横向梁、柱加强,采用了空气调节、大车窗以及新型转向架。

1993 年,25 型系列客车定型为中国铁路主型客车。25 型客车分别有 25.5 m 轻型高速列车组、25.5 m 广九空调列车组、25 型干线空调客车、25 型三茂客车、25 型双层空调客车等。随后 25 型客车也发展了系列产品,从车型上分为 25A 型、25B 型、25D 型、25G 型、25Z 型、25K 型、25T 型等一系列车型。

至 1994 年,25 型客车系列全面投产,开始替代 22 型客车。另外,还有一类是由英国进口的 25-O 型客车。25B 型车,一般为绿色,没有空调,构造速度 120 km/h,转向架使用弹簧减振。25G 型车(改),一般为红色,有空调,构造速度 120 km/h,转向架使用弹簧减振。25K 型车(快),为蓝色,有空调,构造速度 160 km/h,转向架使用气压减振。25T 型车(提),为白色,有空调,构造速度 200 km/h,转向架使用气压减振。

其中,主要车型为舒适稳定的 25G、25K 型客车,使得中国铁路干线的客运速度突破 100 km/h,如图 2.13 和图 2.14 所示。

图 2.13　25G 型客车(构造速度 120 km/h,供电制式 AC 380V 或 DC 600V)

图 2.14　25K 型客车（构造速度：160 km/h，供电制式：AC 380 V 或 DC 600 V）

2. 提速战略的实施

1）第一次大提速（1997 年 4 月 1 日）——始于京沪、京广、京哈三大干线

1997 年 1 月，在北京环行试验线上，用 SS_8 型电力机车，牵引 1 节试验车、2 节客车，实现了最高速度 212.6 km/h，在我国铁路上首次达到了 200 km/h 的高速指标。这些试验，对改进机车车辆性能和加强线路设施，取得了大量的宝贵资料，为我国在繁忙干线上推广客运 140~160 km/h 的最高速度，提供了保证行车安全和设施完善配套的决策依据。

1997 年 4 月 1 日起实施的新列车运行图，大量开行了最高时速 140 km、旅行速度在 90 km 以上的快速列车，增开了很多旅游列车和特快列车，使重要干线的客运速度有了较大幅度的提高，既有线客运提速的势头方兴未艾、形势喜人。其主要特点及收获：

首次大面积提速，面对众多从来未遇到的难题和大量基础性工作，在短时间内中国机车车辆工业和科研院所联合攻关研制出第一批 96 台提速机车和 266 辆提速客车，工程总公司、通号总公司所属的 10 个工厂，生产了几百台电动转辙机、近 1 000 组提速道岔、1 000 多套道口预警设备和近万根道岔枕木。各铁路局和集团公司数万职工，夜以继日按期完成了提速道岔更换、曲线超高调整、补砟、桥梁的加固，新型道口报警设备安装和培训道口监护人员的工作。

主要干线客车速度全面提高，线路允许时速达 120 km 的线路延长 1 398 km，其中时速 140 km 的线路延长为 588 km，时速 160 km 的线路为 752 km。

新运行图实现了客货同步增长的目标。统计资料显示，提速当年，客运周转量较 1996

年增长了 6.7%，运输收入增长 10.1%，客货收入获得双丰收。中国铁路提速得到路内外的一致肯定。

2）第二次大提速（1998 年 10 月 1 日）——速度更高、范围更大

1998 年 6 月 15—24 日，在京广线漯河—许昌间，进行了时速 200 km 的提速试验，检验机车车辆提速能力和安全性能，最高试验时速达 240 km，为第二次大提速提供了科学依据。

第二次提速，在运力资源配置上大胆创新，京九线以货运为主，京广线以客运为主。京广、京沪、京哈三大主要干线快速列车最高运行时速达到 140 km，非提速区段的快速列车运行时速也普遍达到了 120 km。夕发朝至列车从第一次提速时的 64 列增加到 228 列，提高了 2.5 倍。

以北京为中心，1 500 km 范围内均可实现 15 h 内到达；1 000～1 500 km 夕发朝至；500 km 范围内朝发夕归，1 天内往返。在京津、京石间，每天 10 多班，采用动车组的城际特快崭露头角。

旅游列车、假日列车、民工专列、球迷专列应运而生，加上行包专列、"五定"班列、集装箱班列、冷藏快运和大宗直达列车，形成了新的铁路运输产品系列。

线路允许时速达 120 km 的线路延长 6 449 km，其中时速 140 km 的线路延长为 3 522 km，时速 160 km 的线路为 1 104 km。

经过两次提速，中国铁路旅客周转量 3 年年均增长率达到 6.8%，超过了公路、民航、水运的增长速度，直通客运量每年递增 10.2%，客票收入每年增长率达 11.9%。3 年累计增加收入近 500 亿元。铁路一举甩掉戴了 5 年的亏损帽子，提前 1 年实现了 3 年扭亏为盈的目标。

3）第三次大提速（2000 年 10 月 21 日）——提速范围扩大到西部的陇海、兰新线

世纪之交，在中央做出了西部大开发战略之后，铁道部又做出了第三次全面提速的决定。

第三次提速重点集中在我国西部地区的陇海、兰新线，以及京九线和浙赣线。这样做的结果：一是支持和服务于西部大开发，方便我国东西部地区的人员往来和物资交流；二是有利于经济结构的调整，为西部地区加快技术进步、改变传统产业创造运输条件；三是使亚欧第二大陆桥成为一条安全快捷的铁路大通道，加强对外经济贸易和往来，促进对外开放。陇海、兰新线穿越茫茫戈壁、漫漫荒沙、黄土高原，自然环境恶劣，基础工程艰巨。

铁路第三次大面积提速还包括京广、京沪、京哈、京九和浙赣等六大干线的全面提速。第三次大提速后，线路允许时速达 120 km 的线路延长 9 581 km，其中时速 140 km

的线路延长为 6 358 km，时速 160 km 的线路为 1 104 km。备受旅客、货主欢迎的夕发朝至列车、特快列车、旅游专列、行包专列和"五定"班列等精品列车数量增加，品牌效应更加显著。根据客流变化，铁道部允许各有关铁路局以变应变，实施旺季、淡季两套编组方案，自我调节直通旅客列车的编组，以期在满足旅客出行和保证货物运输的前提下减少能耗，降低成本；与此同时，对列车等级和车次重新进行了分类，并做了较大调整，将铁路客车的 7 个等级调整为 3 个等级，即特快（T 字头）、快速（K 字头）、普通。400 多个较大车站可办理相互异地发售车票业务，同时全国铁路实行计算机联网售票。

4）第四次大提速（2001 年 10 月 21 日）——范围进一步扩大到西部的成都地区

2001 年 10 月 21 日，我国铁路又进行了第四次大提速。提速范围主要是京九线、武昌至成都（经汉丹、襄渝、达成线）、京广线南段、浙赣线、沪杭线和哈大线，涉及 17 个省市和 9 个铁路局，提速里程 4 257 km，使我国提速总里程达到 1.3 万千米，基本覆盖了全国主要地区。

通过提速，全路旅客列车平均旅行时速达到 61.92 km，比 2000 年平均提高 2 km/h，其中特快列车平均技术时速 92.67 km。此次提速扩大了长途旅客列车能力，不少列车运行时间进一步压缩。全路共开行旅客列车 1 194.5 对，其中特快列车 188.5 对。

线路允许时速达 120 km 的线路延长 13 166 km，其中时速 140 km 的线路延长为 9 779 km，时速 160 km 的线路为 1 104 km。

为了应对山区铁路的提速需求，我国研制了韶山 7C 电力机车（额定功率 4 800 kW，最大速度 120 km/h，轴式 $B_0-B_0-B_0$，轴重 23 t，具有更强的曲线通过能力），能够更好地适应坡道牵引，有助于山区提速。成都铁路局和西安铁路局辖下有相当数量的客运列车使用 SS_{7C} 牵引，如图 2.15 所示。

图 2.15 韶山 7C 电力机车（构造速度 120 km/h）

第四次大提速，使提速资源得到有效利用。一是哈大线、京广线南段电气化工程均在新图实施前开通，但都作为提速的重点线路进行了安排，使得电气化开通之日就是提速实施之时；二是单线铁路第一次实现真正意义上的提速；三是合资铁路公司管辖的线路第一次纳入了提速工程，如达成线等；四是山区铁路列车运行速度有所提高，提速范围进一步扩大，如浙赣线、襄渝线等列车运行速度都有较大提高；五是京九线再次实施提速，北京至深圳旅行速度缩短 5 h。

第四次大提速对我国铁路发展产生了重大而深远的影响。提速成为铁路增强运输市场竞争能力的手段，成为加快铁路技术创新步伐的推进器，成为拉动铁路整体工作上水平的强大动力。

5）第五次大提速（2004 年 4 月 18 日）——范围进一步扩大到西部的成都地区

在前四次铁路大提速的基础上，第五次铁路提速着重客运产品的全面升级，除新增客车外，重点提高列车等级，全面优化客车开行方案。提速线路网络达到 16 000 km，其中时速 160 km 及以上的线路达 7 700 km。在扩大前几次提速成果的基础上，停产 25K 型客车，大量生产 25T 型客车（图 2.16），在京广、京沪、京哈线开行夕发朝至直达特快列车。

图 2.16 25T 型客车（构造速度 200 km/h，转向架使用气压减振）

研制投运的主要机车为：韶山 7E（大同机车厂生产，额定功率 4 800 kW，最高速度 170 km/h，轴式：C_0—C_0，轴重 21 t，在相当一段时间担任陇海线的主力，主要配属西安、兰州铁路局），如图 2.17 所示；韶山 9（额定功率 4 800 kW，最高速度 170 km/h，轴式 C_0—C_0，轴重 21 t，主要配属沈阳局，性能在韶山系列中首屈一指），如图 2.18 所示；韶山 9 改进型（SS_9-0004/0044 至 0213，韶山系列最强的存在，仅在沈、京、武、上、广五个路局配属，曾经的霸王，采用独立供风系统，采用立式主变压器，采用标准化司机室，采用中间走廊、流线型车体、美观优雅的红白涂装），如图 2.19 所示；东风 11G（额定功

率 $2\times 3\,610$ kW，最高速度 170 km/h，油箱容积 $2\times 7\,500$ L，专门为夕发朝至直达特快列车量身定制，能够一次性加油运行 1 500 km 以上，京沪铁路主角），如图 2.20 所示。

图 2.17　韶山 7E 电力机车（大同机车厂生产，构造速度 170 km/h）

图 2.18　韶山 9 电力机车

图 2.19　韶山 9 改进型电力机车

图 2.20　$DF_{11}G$ 型内燃机车（最高速度 170 km/h）

为适应中国既有线提速战略规划实施的需要，我国先后试验研制出多种型号的机车车辆。其主要途径和类型有：

（1）自主创新研制 160 km/h 等级动车组。

① DDJ1 型"大白鲨"第一代高速铁路电动车组。

在"九五"国家科技攻关计划中，"时速 200 km 电动列车组"正式被列入发展项目。从 1998 年起，铁道部发起了联合研制时速 200 km 的高速列车的任务，株机厂承担动力车研制。1999 年 3 月，时速 200 km 电动列车组在株机厂试制成功，经铁道部确认，正式定型为 DDJ1 型。1999 年 5 月 26 日，株洲电力机车厂彩旗飘扬，一台蓝白相间的子弹头电动车缓缓驶出厂房，接受人们的"检阅"。这台动车因其酷似鲨鱼的外形，被人们亲切地称为"大白鲨"，如图 2.21 所示。1999 年 8 月，"大白鲨"被派往广深铁路进行上线试验，试验中创造了 223.2 km 的瞬间时速。1999 年 9 月 27 日，"大白鲨"在广深铁路载客试运营，每天担当 2 对来往深圳和广州东的广深城际列车，成为我国第一列时速 200 km 的商业营运列车。DDJ1 型"大白鲨"是我国第一代高速铁路电动车组，它的商业运营标志着我国真正跨入准高速铁路运输时代。

图 2.21 DDJ1 型"大白鲨"电动车组（株洲电力机车厂生产，最高速度 200 km/h）

② NZJ1 型"新曙光号"准高速内燃动车组。

NZJ1 是中国铁路的准高速内燃动车组车型之一，属于动力集中式，采用推拉式设计。为满足铁路中短途客运提速需要，1998 年铁道部下达研制"180 km/h 级别准高速内燃车组"的任务。动车组由戚墅堰机车车辆厂、南京浦镇车辆厂及上海铁路局联合研制，利用了东风 11 型准高速内燃机车和 25K 型双层客车的成熟技术，是 1998 年度铁道部重点科研攻关专案之一，如图 2.22 所示。

图 2.22 NZJ1 型"新曙光"双层内燃动车组（最高运营速度 180 km/h）

动车组采用双层客车设计，以头尾每端各一台柴油机车牵引，以推挽式运行。动力配置为二动九拖（应付上升客流时可增加至十节拖车），最大运用速度为 180 km/h。两台机车由戚墅堰厂设计制造，采用交-直流电传动，使用 12V280ZJ 型柴油机、ZD106A 型牵引电动机、A_1—A 轴式全悬挂转向架和流线型车体。每台机车的输出功率为 2 760 kW。其中 2 360 kW 用于牵引客车，400 kW 用于向旅客列车车厢供电（模式为 DC 600 V）。双层客车车厢由南京浦镇车辆厂研制，型号为 25DT 型，包括有硬座车和软座车。车辆采用 PW200 型转向架、上下封闭式楼梯、电动气控塞拉门和真空集便装置等新技术。

这款列车仅制造了一列，编号 NZJ1-7001，于 1999 年 8 月出厂。1999 年 10 月 1 日 NZJ1 型内燃动车组在沪宁线进行轨道动态测试，当时创下了 194 km/h 的最高运行速度纪录。试验结果显示：NZJ1 型内燃动车组能达到在 160 km/h 的既有线上按 180 km/h 运行的目标。列车随即配属上海铁路局上海机务段，并命名为"新曙光"号，由 1999 年 10 月 10 日起担当南京西—杭州、上海—南京间的客运任务，2001 年通过铁道部科技成果鉴定。到 2006 年下半年，改为运行上海南至嘉兴的 N891/N892、N893/N894 次和上海南至义乌的 N559/N560 次。直至 2007 年 4 月，中国铁路第六次大提速前，列车改属哈尔滨铁路局三棵树车辆段。2016 年封存在哈尔滨铁路局一面坡机务段内的"新曙光"号，改作铁路局红色教育基地的展品。

③ NZJ2 型"神州"号动力集中式准高速双层内燃动车组。

"神州"号动车组（Shenzhou double DMUs）即 NZJ2 型动力集中式双层内燃动车组，由大连机车车辆厂、长春客车厂与四方机车车辆厂及北京铁路局联合研制，2000 年 1 月开工，同年 7 月完工并进行机辆编组。机车标称功率 2×2 740 kW（不向列车供电）、2×2 540 kW（双机各向列车供电 200 kW），机车轴式 C_0—C_0，机车轴重 22.5 t，最高速度 180 km/h（200 km/h 试验）。

2000 年 8 月，该型车组在北京环铁和京山线试车，同年 10 月正式服役于京津城际特快。2000 年至 2003 年间共生产 5 组 10 台机车（NZJ2 0001-0005）和 4 列双层无动力拖车 40 节，于 2000 年 10 月 18 日起投入京津城际特快列车运营，机车配属天津机务段，车辆配属天津车辆段。神州号内燃动车组担当的京津城际特快由北京站开出，经由京沪铁路运行至天津站，全程 137 km，运行时间 1 h19 min，经停车站为北京站—天津北站—天津站。每日开行始 10 余对列车，硬席票价 30~35 元不等，是当时京津之间重要的出行方式，如图 2.23 所示。

图 2.23　NZJ2 型"神州"号双层内燃动车组（最高运营速度 180 km/h）

NZJ2 型"神州"号动车组是中国铁路准高速内燃动车组的主要型号之一，总体列车由动力车＋10 辆双层拖车＋动力车组成。它的前一代是 NZJ1 型"新曙光"号。神州动车组曾在 2000 年至 2007 年间作为京津城际特快旅客列车运营，2007 年"和谐号"动车组及京津城际铁路相继投入运营后，"神州"号动车组分别调配到武汉铁路局和南宁铁路局担当管内特快列车，直至 2007 年 7 月 24 日全部从京津城际退役。

2007 年 8 月，"神州"号动车组分别配属给武汉铁路局和南宁铁路局（柳州铁路局），各局获分配 5 辆机车和 20 辆车厢，分别开通管内特快和城际特快。2012 年 11 月，"神州"号在南宁铁路局退役，2013 年 4 月在武汉铁路局退役。

从 2000 年至 2008 年间，"神州"号经历了铁路由第三次到第六次大提速，见证了我国铁路的发展史。至 2013 年，最早一批的"神州"号动车组至少运用了 13 年，实际上距离列车的寿命还早，虽然它还很年轻，但越早退役越证明我国铁路发展的日新月异。据武汉铁路局相关人士分析，"神州"号退役有三大原因：一是列车更新换代太快，2008 年我国已研制出 CRH"和谐号"动车组，比"神州"号更快。"神州"号是电力动车组还未研制出以前的过渡产品，技术并非稳定成熟，也没有在全国大面积普及。但尽管如此，没有它也就没有后来的动车，继"神州"号之后，动车、高铁相继出现，"神州"号已无法满足旅客快速运输需要。二是内燃车不利于环保，如今已是接触网供电。三是这种车型不再生产，一旦需要维修，很难找到配件。

④ KDZ1A 型"春城"电动车组。

"春城"号电力动车组是中国铁路电力动车组车型之一，由长春客车厂、株洲电力机车研究所和昆明铁路局于 1999 年联合研制成功。"春城"号电力动车组是为迎接 1999 年昆明世界园艺博览会而开发制造的，也是中国大陆首列投入商业运行的电力动车组，采用交-直流电传动，最高速度可达 140 km/h，最高运行速度为 120 km/h。"春城"号电力动车组为 6 节编组，由 2 辆带司机室的头车、3 辆中间动车、1 辆中间拖车组成，其中包括 4 辆硬座车、2 辆软座车。列车由三个独立动力单元组成，每一动一拖组成一个电气独立单元，司机可在任一司机室对全列车进行操纵，牵引总功率为 2 160 kW，轴重≤18 t。"春城"号电力动车组所使用的计算机控制系统是在韶山 8 型电力机车计算机控制装置基础上研制的。列车总定员为 600 人，其中软座车采用"2 + 2"座席布置，每辆定员为 64 人；硬座车采用"2 + 3"座席布置，每辆定员为 116 人。列车采用日本 NABCO 模拟制动机，实现空电联合制动；厕所采用真空集便器；车门采用气动塞拉门。如图 2.24 所示。

图 2.24　KDZ1A 型"春城"号电动车组（最高运营速度 120 km/h）

⑤ NYJ1 型"庐山"号双层内燃动车组。

双层内燃动车组（double DMUs）是一种理想的中、短途轨道运输工具，由唐山机车车辆厂于 1998 年自行开发研制成功。此车的试制成功填补了中国铁路运输工具的一项空白。此双层内燃动车组采用进口发动机、三相交-直流传动方式、整车 PLC 控制、西门子直流传动柜。动力转向架采用单独驱动方式、TW160D 型动力转向架，非动力转向架采用 209PK 型转向架。整车组外形为流线型设计，造型美观、大方。设计编组为两动两拖固定编组。双层内燃动车组分上下两层，根据用户要求设计成为硬座车、软座车、硬卧车、软卧车。上下层间设楼梯，楼梯可为往返式或旋转式。整列设空调装置，使旅客的旅行舒适暇逸。

动力系统采用美国康明斯 QST 30 系列产品。通过联轴器使主发电机发出三相交流电。由变压器和直流传动柜组成直流系统，通过电压调节，实现牵引电机调速，从而调节车辆运行速度。车门采用塞拉门，风挡为全密封式。如图 2.25 所示。

图 2.25 "庐山"号双层内燃动车组（最高运营速度 160 km/h）

⑥ NYJ1 型"晋龙"号内燃动车组。

"晋龙"号是由四方机车车辆厂制造的内燃液传动车组，是为满足城市间短途旅客运输需要而开发设计的，是国内唯一先进的内燃液力传动动车组。动车组全列为流线型车身，鼓形车体断面，美观大方。采用两动五拖固定编组形式，前后为两节动车，中间为 5 节拖车，其中一节为软座和卧铺合造车，全列定员 590 人。动车组装车功率 $2 \times 1\,000$ kW，采用液力传动方式，前后两个动车采用重联控制，可同时操纵整列动车组。动车组最大运行速度 140 km/h，通过最小曲线半径 145 m，在 120 km/h 条件下运行时，客室内噪声小于 68dB，为旅客提供了一个优良的旅行环境。如图 2.26 所示。

图 2.26 "晋龙"号内燃动车组（最高运营速度 140 km/h）

动车组客室配置属国内一流，车门为自动塞拉门，采用密封式钢化玻璃窗、全密封折棚风挡，确保客室内干净无尘。卫生间采用玻璃钢整体地板，全部洁具均由不锈钢制造，并安装有不锈钢电茶炉，随时供应开水。客室内按"2+3"方式，布置航空式座椅，间距为1 610 mm，乘坐舒适。顶板中部设有空调静压出风口，消除了空调噪声。侧顶板与中顶板之间设置了通长的灯光带，保证了良好的照度。客室的侧顶板内设有双声道扬声器三对，为旅客提供高质量的广播服务。编组内有一辆软座硬卧合造车，软座端客室内按2+2方式设置软座座椅，间距为1 932 mm，靠背可调节，硬卧端客室内设4个包房，每个包间设上下两层4个卧铺，以满足旅客的不同需求。

2009年，两组"晋龙"号动车组退役，退出太原—运城区间运营。

⑦ NYJ1型"北亚"号内燃动车组。

长春轨道客车有限公司为哈尔滨铁路局制造的"北亚"动车组属于液力传动式单层内燃动车组，如图2.27所示。

图2.27 NYJ1型"北亚"号内燃动车组（最高运营速度140 km/h）

动车组采用两动五拖编组形式（M+5T+M，M—动车，T—拖车），前后为两辆完全相同的动车，动车采用重联控制，可同时操纵整列动车组。中间为5辆拖车，其中一辆拖车为带播音室和车长办公席的硬座车，运营速度140 km/h。动车从前至后依次布置为司机室、动力室、冷却室、辅助发电室、配电室和客室。客室为普通硬座，定员38人，并设有通过台。在1999年秋季，哈尔滨铁路局订购4列NYJ1内燃动车组，列车命名为"北亚"号，其中首两列由四方机车车辆厂生产，采用蓝色、白色车身涂装，另外两列交由长春客车厂制造，采用红色、银色车身色彩。为适应东北地区冬季严寒气候，列车设计经过抗寒改进。1999年末"北亚"号列车开始在哈尔滨至齐齐哈尔、牡丹江、佳木斯、绥芬河各地往返，四列"北亚"号列车的动力车于2011年停止使用。

⑧ "金轮"号双层内燃动车组。

"金轮"号内燃双层动车组的两节内燃动车是由中国北车集团大连机车车辆厂为兰州铁路局研制开发的,为西北地区第一列动车组列车。该动车组用于兰州至西宁、兰州至敦煌等区间的旅客运输。动车采用交-直流电传动系统、国产 16V240ZJE 型柴油机,标称功率为 2 740 kW,采用推挽重联牵引。动车组最大运用速度 180 km/h。这是第一列驶入西北高原的内燃动车组,主要用于干线客运,标称功率(单节、不向列车供电时)2 740 kW(装 D 型柴油机)、(单节向列车供电 200 kW 时)2 540 kW,轴式 C_0-C_0,持续速度 87.3 km/h,起动牵引力 342 kN,持续牵引力 204 kN,轴重 22.5 t。如图 2.28 所示。

图 2.28 "金轮"号内燃动车组 (最高运营速度 180 km/h)

⑨ "普天"号动力集中摆式柴油动车组。

"普天"号柴油动车组是由大连机车车辆厂、唐山机车车辆厂和南京浦镇车辆厂联合研制的动力集中摆式柴油动车组,于 2003 年研制成功,采用了机电式主动倾摆系统、径向转向架等新技术。

为了研究利用摆式列车在中国既有铁路上实施客运提速的可能性,并配合广深城际列车的"小编组、高密度、高速度"的公交化营运模式,铁道部、广深铁路股份有限公司于 1998 年起向 Adtranz 公司租用了一列 X2000 摆式高速列车,并于 1998 年 8 月投入广深铁路运营。X2000 列车在广深线的运营状况很好,并带来了非常可观的经济效益。

当时铁道部除了通过既有线路改造、机车车辆革新等提高旅客列车运行速度外,同时也将摆式列车视为铁路既有线提速的其中一个方向。

1999 年 4 月,铁道部科教司召开摆式旅客列车技术论证会议,明确指出中国已经具备了研制摆式列车的条件,正式组织立项研制摆式柴油动车组,前期目标是研制出一列时速 160 km、动力集中方式的"二动六拖"摆式列车。铁道部并确定唐山机车车辆厂为科研攻关组长单位，负责摆式列车总体技术条件、设计任务建议书制定、列车总成及调试，完成部分客车的设计、研制。铁道部拨款 6 000 万元人民币，唐山机车车辆厂、大连机车车辆厂、南京浦镇车辆厂、铁道部科学研究院、西南交通大学等机构也各自投入资金，合计约 1 亿元人民币，由此开始了摆式列车的研制。

摆式列车被命名为"普天"号，由 2 辆动力车、6 辆客车拖车编组而成，其中动力车由大连机车车辆厂研制，是以东风 10F 型柴油机车为基础进行设计；而唐山机车车辆厂和南京浦镇车辆厂各自制造 3 辆中间拖车，铁科院和西南交大主要负责参与倾摆系统、径向转向架、低重心轻量化车体等重点技术项目的研究。由于这是中国首次自主研制摆式列车，根据铁道部科技研究开发计划项目合同"摆式列车组总体、摆式客车研究"的要求，"二动六拖"摆式列车参考国外同类车辆的经验和按照国际相关标准进行方案设计。

2001 年 9 月，成功研制了摆式列车使用的摆式径向转向架，并在西南交通大学的滚动振动试验台上进行了动力学试验，试验临界速度达到 220 km/h 以上，运行平稳性指标达到了设计标准。此后，该型转向架被装用于一辆 22 型硬座车（YZ22 37496），于 2001 年 10 月至 2002 年 4 月编入成都铁路局管内成都至宜宾的旅客快车，在成渝铁路进行了为期半年的运行考核。与此同时，大连机车车辆厂的动力车设计方案于 2002 年 3 月通过铁道部技术评审。2003 年 5 月 27 日，唐山机车车辆厂制造的 3 辆客车竣工下线；同年 5 月 8 日，2 台动力车在大连机车车辆厂落成。5 月 27 日，南京浦镇车辆厂制造的 3 辆客车竣工下线。2003 年 7 月，"普天"号列车在唐山机车车辆厂完成编组。

列车编组为 2M+6T，营运最高速度 160 km/h，车辆长度头车 19 865 mm、中间车 25 500 mm，车辆宽度 3 105 mm，车辆高度 4 050 mm，传动方式为交-直流电，柴油机型号为 12V240ZJD-1，柴油机功率 2 000 kW，牵引功率 2×1 455 kW，装有电阻制动装置，制动功率为 2×1 700 kW。

列车的倾摆系统参考了德国铁路的 611、612 型柴油动车组，采用机电式主动倾摆控制系统，而非传统的液压式倾摆装置。倾摆驱动装置安装在转向架内，倾摆调节由一个交流电动机驱动，该系统使用设置于头车上的加速度传感器、车速传感器、陀螺仪收集数据，经过微机计算后将倾摆指令传送给机电动作器，使拖车在通过曲线时能够实现灵活倾摆（动力车不设倾摆装置），最大倾斜角为 ±8°。

"普天"号列车于 2004 年初在唐山完成了编组试验后即被封存于唐山机车车辆厂内。"普天"号列车其中两辆由浦镇车辆厂制造的软座客车，于 2014 年初由浦镇厂对车辆完成外观整修后，移交南京铁道职业技术学院保存展示，并且分别喷涂上"BRZ 001"和"BRZ 002"车辆编号。

(2) 自主研制"先锋号""中华之星号"电动车组。

在 1999 年以后的 3 年的时间里,在铁道部的统一部署下,株机厂担当起自主研发国产电动车组的大梁,先后研制出"蓝箭""中原之星""中华之星"三款动车组和"奥星"大功率交流传动电力机车。

① "先锋"号高速电动车组。

"先锋"号高速电动车组是国内首列交传动动力分布式列车,被国家计划委员会列为"第九个五年计划"的重点科技关注项目。"先锋"号由南京浦镇车辆厂研制,在 2000 年完成组装并通过了铁道部验收,2001 年 5 月出厂。2001 年 10 月 26 日至 11 月 16 日期间在广深线进行试验,创出当时中国国内最高速度 249.6 km/h。2002 年 9 月 10 日在秦沈客运专线进行的测试中,又创出最高时速 292.8 km 的纪录。

"先锋"号高速电动车组采用无摇枕转向架,轴重仅 15 t。列车最高运营速度可达 200 km/h,共有 6 节车厢,每 3 节车厢组成一个单元,其中包含 2 辆动力车和 1 辆拖车,如图 2.29 所示。列车设有一等软座车 1 节,二等软座车 5 节,编组总定员 424 人。"先锋"号于 2007 年 7 月 7 日起到 2009 年 9 月 30 日开始担当成渝(成都—重庆北)城际特快列车,经由达成铁路、遂渝铁路运行,最高营运速度被降至 160 km/h。"先锋"号现在已经退出成渝线城际列车运行,而其地位被新配属重庆北客运段的 CRH_1 型动车组代替。

图 2.29 "先锋"号电动车组(最高运营速度 200 km/h)

② DJF1 型"中原之星"交流传动电动车组。

DJF1 型"中原之星"动车组为动力分散型、交流传动电动车组,是中国铁路的交流传动准高速电力动车组车款之一,适用于中、短途快速旅客运输,由株洲电力机车厂、四方机车车辆股份有限公司、株洲电力机车研究所三家单位联合研制生产。该动车组使用 JD112 型交流牵引电动机及 IGBT 牵引逆变器,乃中国少数采用动力分布式的动车组,也是首款使用 IGBT VVVF 元件的车辆之一。首列动车组于 2001 年 10 月生产下线,配属郑州铁路局,用于京广铁路的郑州站与武昌站之间。

中国铁路 DJF1 型电力动车组总长度为 373 988 mm，MC 车长 27 000 mm，TP 车、T 车、M 车、M 车、T 车长 25 500 mm，电化方式为单相交流 25 kV、50 Hz，自重≤56 t（空载），电传动方式为交-直-交，持续制牵引功率 3 200 kW（扩编前）、6 400 kW（扩编后），最高营运速度 160 km/h，制动方式为再生制动，最大电制动力 392 kN，轮缘再生制动功率 7 200 kW，座位 MC 车为 68 人，TP 车、T 车为 98 人，M 车、M 车、T 车为 108 人。

"中原之星"交流传动电动车组如图 2.30 所示。

图 2.30 "中原之星"交流传动电动车组（最高运营速度 160 km/h）

③ DJJ1 型"蓝箭"号交流传动电动车组。

"九五"（1996—2000 年）期间，国家重点科技攻关项目"高速铁路实验工程前期研究"和"200 km/h 电动旅客列车组和动力分散交流传动电动车组研究"正式开始，并先后研制了 DJJ1（蓝箭）和先锋号高速电力动车组。

至 2000 年初，铁道部正式向国家计划委员会提交《270 km/h 高速列车产业化项目报告》，同年下半年，国家计委以"计高技〔2000〕2458 号"文件正式批准立项，中国具有完全自主知识产权的 270 km/h 高速列车正式列入国家高新技术产业化发展计划项目，并将列车命名为"中华之星"。2001 年 4 月，铁道部下达《270 km/h 高速列车设计任务书》，"中华之星"高速列车正式展开研发。2001 年 8 月 18 日，"中华之星"项目通过了技术设计审查，进入试制阶段。

"蓝箭"号交流传动电动车组是"中华之星"高速列车的前身，由我国自行研制，是为满足广深线"小编组、高密度、高速度"的公交化客运要求，由株洲电力机车厂、株洲电力机车研究所、长春客车厂和广铁集团于 2000 年共同研制的新一代交流传动高速电动旅客列车组，是中国第一台动力集中式交流传动高速动力车。

这种新型电力动车组经铁道部确定，正式定型为 DJJ1 型，"D""J""J"三个英文字母分别代表电力动车组、交流传动、动力集中。DJJ1 型电力动车组采用"一动六拖"的 7 辆编组，由一辆动力车和 6 辆软座拖车组成，最高运营速度为 200 km/h。动力车的主要结构与同期相关项目 DJ 型电力机车大致相同，均采用关键部件国外采购、机车整机国内生产的方式，交流传动系统采用 Adtranz 公司的进口产品，包括大功率 IPM 牵引变流器、异步交流牵引电动机、分散式"MITRAC"计算机控制系统。

编组形式：基本编组为 1 动 5 拖 1 控制车（M+5T+TC），两列连挂编组为 2 动 10 拖（M+10T+M），基本编组定员为 421 人，连挂编组定员约 800 人，持续功率 4 800 kW，最大速度 220 km/h。"蓝箭"设计最高时速为 305 km。该机车在广深、广九线投入运营，运营的速度将从 160 km/h 提高到 200 km/h。该车于 2014 年 7 月 31 日退役，如图 2.31 所示。

图 2.31 "蓝箭"号交流传动电动车组（最高速度 220 km/h）

④ DJJ2 型"中华之星"交流传动电动车组。

"中华之星"电动车组是我国自行设计、拥有完全自主知识产权的高速电动车组，是采用交流传动系统、动力集中型的电动车组。设计时速为 270 km，最高试验速度 >300 km/h，满座能够承载 726 名旅客。2003 年初，该电动车组在秦沈客运专线进行正线试验时，曾创造了 312.5 km/h 的当时"中国铁路第一速"。

该车是由国家计委立项，铁道部主持，中国北车集团和中国南车集团参加研制，由铁道部组织机车车辆制造工厂、科研院所、高等院校联合攻关共同研制，主机厂包括株洲电力机车厂、大同机车车辆厂、长春客车厂和青岛四方机车车辆厂。

"中华之星"前身是行驶在广深铁路上的"蓝箭"号，与"蓝箭"电动车组一样，由首尾两辆电动力车以前拉后推的方式牵引，属于动力集中型动车组设计。列车组成：由 2 辆动力车和 9 辆拖车组成，中间拖车包括 2 辆一等座车、6 辆二等座车、1 辆酒吧车。

采用了交-直-交电力牵引，使用 JD128 型交流牵引电动机及 TEP28WG01 型 GTO 牵引逆变器，采用计算机网络控制、动力再生制动加电制动的直通式数字制动机等先进技术，体现了中国机车车辆制造技术的最高水平。"中华之星"动车组的车头外形是根据空气动力学原理设计的，酷似"鸭嘴兽"的双拱流线型机车头，列车密封性能良好。国家"八五"计划中对高速列车动力学问题进行了大量的理论和实验研究，"中华之星"是这些研究成果的具体体现。"中华之星"动车组的高速受电弓、真空断路器、GTO 器件、去离子水泵、高速轴承和螺杆空气压缩机等部件是从国外进口的，以弥补国产器件的不足。

"中华之星"动车组列车于 2003 年开始试验运行，进行线路运行考核，总运行里程达到 53.6 万千米，随后"中华之星"正式配属沈阳铁路局，于 2005 年 8 月 1 日正式投入服务，来往于辽宁沈阳至河北山海关之间的线路上，运行临时准高速班次，车次为 L517/8 次。由于列车属试验性质，经过近两年时间、50 万千米的模拟载客运输试验后，车辆已于 2006 年 8 月停止运营，如图 2.32 所示。

图 2.32 "中华之星"号高速电动车组（设计最高运营速度 270 km/h）

这个时期其他研制的提速机车还有：

① "长白山" 2 列：2003 年研制完成即被就地封存。2005 年用来进行了 2 次"提速 200 公里/小时综合试验"（目的是考核新线路并非考核车辆），在成渝线试验后即被封存。该车为 200 km/h 动力分散型高速列车，与德国 ICE_3 车辆相近，最高试验速度达到 224 km/h。

② "奥星" 3 台："奥星"高速电力机车，于 2001 年开始研制，为 200 km/h 客运电力机车，功率 4 800 kW，最高试验速度达到 240 km/h，2005 年完成 100 万千米运行考核。

③"天梭"1台:"天梭"高速电力机车,运行了10万千米。该车于2002年研制成功,为200 km/h客运电力机车,功率4 800 kW。

由此可见,中国在20世纪后半叶和21世纪初期,就如何提高铁路既有线运营速度的技术难题展开了一系列行之有效的探索研究,尤其在牵引动力方面(如何提高机车牵引动力和制动性能,如何在保证安全稳定的前提下提高机车车辆的运营速度等方面)集中投入了巨大的人力、物力和社会资源,也取得了丰硕的成果,为后续中国高速铁路的深化研究奠定了坚实的理论和实践基础。

2004年4月,国务院专门下发了文件,就引进消化吸收再创新、中国铁路如何实施高速列车的国产化,提出了"引进先进技术、联合设计生产、打造中国品牌"十八字方针的要求,包含了如何实现的途径、要达到的目标。到2007年,铁道部按照党中央、国务院的这一要求开展准备实施工作。

这主要因为:一是改革开放20多年以来,国家的经济实力强了,铁路的实力也强了,已经有足够的经济实力和技术实力来做这件事情。二是从1997年开始实施第一次大提速,把中国铁路的客车通过五次大提速从时速100 km提高到160 km,中国在机车车辆、通信信号、运营管理等一系列的技术方面做了大量的理论探索和技术储备,使我们能够做这件事情。三是中国铁路在引进消化吸收再创新,国产化生产高速列车、生产动车组的时候,集中力量、集中资源办大事,把国内所有的生产资源、科研资源、研发资源,包括资金全都集中起来,使得我们能够在集成创新和引进消化吸收再创新的时候,始终掌握主动权,处于一个优势的地位,所以在很短的时间里便完成了这样一个庞大的系统工程。

6)第六次大提速(2007年4月18日)——速度提高达250 km/h

从2007年4月18日起,全国有超过6 000 km铁路的列车运行速度将超过时速200 km,主要城市间的运行时间将大大缩短。第六次铁路大提速,铁道部投资600亿元,范围覆盖17个省市。提速后,时速200 km线路延展里程将达到6 003 km,分布在京哈、京沪、京广、陇海、武九、浙赣、胶济、广深等干线,其中京哈、京广、京沪、胶济线部分区段时速达到250 km,届时北京到上海只需要9 h 59 min。时速120 km及以上线路延展里程达到2.2万千米,比第五次大提速增加6 000 km。其中,时速160 km及以上提速线路延展里程达到1.4万千米,分布在京哈、京沪、京广、京九、武九、陇海、浙赣、兰新、广深、宣杭等干线。

提速之后,预计铁路的货运能力将增长12%,客运能力增长18%。第六次大提速和前几次大提速有一个不同点,即提速分三个阶段逐步到位。其原因是在扩大前几次提速成果的基础上,大量采用时速200 km以上的动车组,而这些动车组需要陆续出厂逐步安排开行。计划到 2008 年底，投入运营 120 组以上动车组，能够开行动车组列车在 600 列以上。

铁道部于 2006 年，通过引进加拿大庞巴迪、日本川崎、德国西门子、法国阿尔斯通等四国高速列车制造技术，制造了和谐号系列动车组。

（1）CRH_1：中车四方（联合加拿大庞巴迪-鲍尔 BSP）生产，原型车是庞巴迪为瑞典 AB 提供的 Regina 列车。最高运营速度 200 km/h，最高试验速度 250 km/h。8 辆编组，可两编组连挂运行动力配置为 2（2M+1T）+（1M+1T），车辆长度为 26 950 mm，中间车辆长度为 26 600 mm，车辆宽度为 3 328 mm，车辆高度为 4 040 mm，轴重≤16 t。如图 2.33 所示。

图 2.33　CHR_1（最高运营速度 200 km/h）

（2）CRH_2：中车四方（联合日本川崎重工）生产，原型为日本新干线 E2-1000。编组形式为 4M+4T，8 节编组，最高运营速度 200 km/h（具备提速到 300 km/h 的条件），最高试验速度 250 km/h，编组长度及质量为 204.9 m 及 345 t，头车车辆长度为 25 700 mm，中间车辆长度为 25 000 mm，车辆宽度为 3 380 mm，车辆高度为 3 700 mm，轴重≤14 t。如图 2.34 所示。

图 2.34　CHR_2（最高运营速度 200 km/h）

（3）CRH_3：北车唐山机车厂（联合德国西门子）生产，原型为 ICE_3。编组形式为 2(2M＋1T)＋2T，8 节编组；最高运营速度 330 km/h，最高试验速度 380 km/h，编组长度及质量为 200 m 及 380 t，头车车辆长度为 25 675 mm，中间车辆长度为 24 775 mm，车辆宽度为 2 950 mm，车辆高度为 3 890 mm，轴重≤15 t。如图 2.35 所示。

图 2.35　CHR_3（最高运营速度 330 km/h）

（4）CRH_5：中车长春客车厂（联合法国阿尔斯通）生产，原型为法国阿尔斯通为芬兰国铁提供的 SM_3 型。8 辆编组，可两编组连挂运行。动力配置为（3M＋1T）＋（2M＋2T），最高运营速度为 200 km/h（具备提速到 300 km/h 的条件），最高试验速度为 250 km/h，编组长度及质量为 211.5 m 及 451 t，头车车辆长度为 27 600 mm，中间车辆长度为 25 000 mm，车辆宽度为 3 200 mm，车辆高度为 4 270 mm，轴重≤17 t（动）/16 t（拖）。如图 2.36 所示。

图 2.36　CHR_5（最高运营速度 200 km/h）

中国和谐号系统动车组的技术参数如表 2.5 所示。

表 2.5 中国和谐号系统高速动车组技术参数

参　数	CRH_1	CRH_5	CRH_2	CRH_4	CRH_3
	适合城际	适合改卧铺	适合长途座车	高速座车	高速座车
国内厂家	BSP	长春	四方	四方	唐山+长春
国外技术提供方	加拿大庞巴迪	法国阿尔斯通	日本川崎重工		德国西门子
原型号	瑞典 AB 的 Regina	芬兰国铁 SM_3 型	新干线 E2-1000	CRH_2	德国 ICE_3
编组形式	8 辆	8 辆	8 辆	8 辆	8 辆
动力配置	2（2M+1T）+（1M+1T）	（3M+1T）+（2M+2T）	4M+4T	6M+2T	2（2M+1T）+2T
编组质量/t	420.4	451	359.7	365.9	380
车体形式	不锈钢	中空型材铝合金	中空宽帽铝合金	中空宽帽铝合金	
编组长度/m	213.5	211.5	201.4	201.4	200
定员/人	668	620+2（残疾人）610	610		
总牵引功率/kW	5 500	5 500	4 800	7 200	8 000
动轴数	20	10	16	24	16
单电机功率/kW	275	550	300		500
吨均功率/(kW/t)	13.08	12.19	13.34	19.67	21.05
人均功率	8.23	8.84	7.87		
运营时速/km	200	200	200	330	330
试验速度/(km/h)	250	250	250	380	380
启动加速度/(m/s^2)	0.6	0.5	0.406	0.444	
转向架轴重/t	≤16	≤17（动）/16（拖）	≤14		15
车辆宽度/m	3.328	3.200	3.380	3.380	2.950
车辆高度/m	4.040	4.270	3.700	3.700	3.890
车门处地板高/m			1.300	1.300	
车厢天花板高度/m			2.277	2.277	
适应站台高低/mm	500～1 200	500～1 200	1 100～1 200	1 100～1 200	

续表

参数	CRH₁ 适合城际	CRH₅ 适合改卧铺	CRH₂ 适合长途座车	CRH₄ 高速座车	CRH₃ 高速座车
中间车长度/m	26.600	25.000	25.000	25.000	24.775
头车长度/m	26.950	27.600	25.700	25.700	25.675
转向架轮径/mm	915~835	890~810	860~790	860~790	
转向架轴距/m	2.700	2.700	2.500	2.500	2.500
转向架中心距/m			17.500	17.500	17.375
每组造价/元			1.3 亿		2.2 亿

四、中国铁路提速的战略思考

（一）中国特定的铁路路情决定了提速的特殊性和复杂性

截止到 20 世纪 90 年代，中国铁路营业里程居世界第三位，完成的货物发送量和客运周转量居世界第一位，货运周转量居世界第二位。中国铁路营业里程虽然只占全世界的 6%，但却完成了全世界铁路工作总量的将近 1/4，运输密度为世界之最，铁路运输效率非常高。京沪、京广、京哈、京九、陇海、浙赣等六大铁路主要干线的运输能力已经饱和，长期处于超负荷运转状态。以京沪线为例，这条铁路以占全国铁路 2% 的营业里程，完成了全路 10% 的旅客周转量和将近 8% 的货物周转量，是世界上客货运输最繁忙的干线。

中国铁路具有世界上最高的运输强度，运输能力高度饱和，在线路上客货共线运行，不同等级列车混跑。在高强度的运输中，不同等级列车的速度、密度、重量对运输组织、轨道结构、信号系统和牵引动力等技术和装备的要求截然不同，实施提速所面临的情况十分复杂，处理不好不仅会降低效率，还会给行车安全带来严重影响。

中国铁路是客货共线，不同种类列车共线运行，客货争占线路能力的问题十分突出。实施提速，快速的客车要不断越过慢行的货车，必然造成列车密度的下降，列车速度与密度相互影响。重载列车对线路的破坏力大，而快速客车则对线路的平顺性要求很高。

列车的"重量、密度、速度"是扩能提速提效中相互关联的三个重要因素。长期以来，中国铁路进行技术装备更新的扩能改造都是遵循提高列车重量和增加行车密度的原则，对列车速度的储备能力不足。实施提速，原先的"重量、密度、速度"的匹配关系不能适用。列车速度提升的影响，不仅涉及行车组织，而且关系到铁路各方面的基础设施、线路轨道标准、牵引动力、车辆性能、机车车辆制动能力、行车安全设施、道口防护等各个方面都必须进行提速改造。

在中国铁路上实施提速工程，是对铁路原有运输模式的重大突破，是从"大重量、高密度、中低速度"的运输模式向"快速度、大重量、高密度"运输新模式的重大转变。这一转变在中国和世界铁路发展史上都是极为罕见的。中国铁路大提速必然打破原有的运输模式，通过科学的管理、先进的技术装备和高效的运输组织，探索出一条中国特色的、实现列车速度、密度、重量最佳匹配的既有线提速挖潜改造之路。

（二）坚持走中国特色的提速之路

提高我国既有铁路客货列车的行车速度，应借鉴国外铁路提速的成功经验，审时度势，必须从我国的国情、路情、民情出发，需要与可能、近期与远期相结合，重点考虑以下几方面问题。

1. 在高强度运输前提下提速，必须兼顾速度、密度、重量

当时，我国铁路线路里程数量少，客货共线，运输强度居世界之首。在大量开行重载列车的情况下，又要将旅客列车时速提高到 160～200 km，难度很大。快速与重载对技术装备要求不同，相互制约，甚至相悖，必须不断研究、探索和实践，逐步形成具有中国自己特点的技术体系和管理办法，而不能照搬照抄外国的运输模式。

2. 立足于挖潜改造，注重投入产出

由于我国铁路投资有限，提速改造不可能有大量资金投入，必须将投入产出摆在突出的位置。全路应立足于在核心部位积极采用新技术，重视发挥已有装备的潜力，一般不搞大的工程，达到以较少投入在较大范围内提高列车速度的效果。

3. 坚持走自主研究与引进国外先进技术相结合的道路

为了提速，一方面要积极引进先进技术特别是我国迫切需要的高新技术，尽快缩小与国外铁路的差距；另一方面必须坚持自主开发，主要技术装备应具有自己的知识产权。我国铁路对机车车辆及其技术装备的需求量巨大，依靠进口是难以满足需求的，实际上关键技术也很难买到。针对我国铁路提速的实际需要，铁道部积极组织自主研制，先后开发了一系列提速机车、新型内燃（电力）动车组、提速客车，以及适应提速需要的信号系统、轨道结构和安全装备，并掌握了核心技术的自主知识产权。只有高度重视自主开发，才能在较短的时间内以较少的投入，大幅度地提高我国铁路的技术装备水平，为我国铁路大面积提速创造更好的条件。

4. 在路网规划和铁路设计中要客货并重

过去在计划经济体制下重生产轻生活，铁路建设长期以来以货物运输为主线来研究线路走向、设计能力和技术标准，这种设计思想在经济不很发达、人民生活水平较低的过去，还是无可非议的。但是随着改革开放和市场经济的发展，人民生活水平提高、运输需求增长、质量要求提高，铁路界的传统观念也要随之改变。

客运增长速度尽管会受票价调整而有所波动，但总的趋势高于货运。从客货运列车占用平图能力上看，全路 1994 年旅客列车已占用平图通过能力的 45%，京广、京沪、京哈三大干线客运繁忙区段已高达 57%。从铁路运输收入的比重上看，1994 年客运收入已占总收入的 36.1%，上海局和广州局客运收入已超出货运收入。

由此可见，铁路规划和设计必须把客运放在应有的地位，在路网规划中要重视客运通道的建设，特别是裁弯取直的通道建设。在铁路设计中，新建铁路应把远期客运提速作为拟定最小曲线半径、缓和曲线长度等线路标准的依据。如最小曲线半径，在平原丘陵地区对可以发展为双线铁路与以客运为主的干线，不宜小于 2 000 m、1 600 m，单线铁路不宜小于 1 200 m，以分别适应 160 km/h、140 km/h 和 120 km/h 的最高速度；山岳地区不宜小于 600 m、400 m，以适应 100 km/h 和 80 km/h 的最高速度。

5. 在客运需求上既要满足量的增长又要适应质的提高

过去铁路的旅客运输在各种运输方式中居于垄断地位，旅客出行非铁路莫属，几乎很少有选择余地，铁路设计主要考虑满足数量的要求，铁路只要能把旅客运走就是完成客运任务。随着人民生活水平的不断提高，对运输质量如快速、方便、舒适等要求越来越高，高速公路、民用航空的发展，又给旅客提供了选择旅行方式的较大余地，铁路要适应旅客需求，必须重视运输质量的提高，以满足不同层次旅客的多种要求。

客运提速以节省旅途时间是客运质量的重要标志，已成为铁路发展的长期战略任务。

在方便旅客方面，如减少旅客购票排队时间，改善车站购票难的现象都有待逐步解决。旅客列车扩编对增大客运能力作出了重大贡献；但对那些客流量很大的繁忙干线，也应逐步创造条件探索旅客列车少编多开的可能性，以减少旅客候车时间，吸引更多客流。

在提高客运服务质量上，如开水供应、餐车价格、质量等等，都亟待加以重视，切实加以改善；其中领导重视、人员素质、规章制度和群众监督可能是相当重要的。

我国铁路发展应当以扩能为中心，提高客运速度要考虑扩能需要，不能太多地影响铁路通过能力。货运速度要力争和客运速度协调提高，才能收到既提高速度又适当增大通过能力的双重效果。

(三)提高客运速度要统筹兼顾

1. 繁忙干线需要提速,一般干线也需要提速

不少繁忙干线因面临平行高速公路的竞争,旅客流失比较明显,因之提速问题更容易得到铁道部和铁路局的重视和支持,这是完全必要的。一般干线客运速度更低,特快列车的旅行速度仅 50~60 km/h,也存在客流流失的潜在危机,也需要提高客运速度。当然两者提速的幅度不同,采取的措施各异,一般干线需要的投入要少得多,可以大范围普及推广,所以不能忽视一般干线的普遍提速问题。

繁忙干线提速的目标一般为 140~160 km/h,需要进行土建工程的相应改造,如少量曲线半径的加大、缓和曲线的延长、正线道岔的更新、信号设备的改制、平交道口要改为立交等;提速列车的机车车辆也要更新,需要相当大的投入,在铁路建设资金紧缺的情况下,应当选择线路条件较好的路段率先实施。这些提速列车的开行具有示范作用,既可发现提速中的问题,又可总结提速经验,为将来逐步普及奠定基础。繁忙干线通过能力都比较紧张,提速列车开行对数少时,总体效果并不显著;开行对数多时,势必要使扣除系数增大,降低总的列车对数。若要不降低总的行车量,则需要相应提高货物列车的行车速度,在运输能力紧张、货物列车需要重载的前提下,难度是较大的。因之,在资金紧缺、能力紧张且新型机车车辆数量不足的情况下,在既有线上大面积推广大幅度提速的措施是有一定困难的。

一般干线上,采用挖掘潜力办法,在基本不改建土建工程的前提下,采用功率较大的电力、内燃机车,将客运速度适当提高还是大有可为的。特别是那些能力有富裕的干线,如兰新线、宝成线成都阳平关段,已建成复线或二线即将铺通,提高客运速度不会影响线路能力,更有提高客运速度的独特优势。

2. 提高客运速度的同时,要相应提高货运速度

旅客列车与货物列车的速差过大,则曲线外轨超高设置困难,且客车扣除系数增大,不利于提高行车密度;一般认为货车与客车的速度比不宜小于 0.6。据此匡算,当客运速度达到 200 km/h、160 km/h、140 km/h、120 km/h 时,货运速度宜相应提高为 120 km/h、95 km/h、80~85 km/h、70~75 km/h。

3. 新建铁路要满足远期提速需要

新建铁路要按远期客运速度需要,拟定线路标准。在主要繁忙的通道上,远期宜修建客运专线,以提高最高速度为主要目标。

新建铁路的曲线半径选择,要为远期客运提速创造条件,平丘地区要尽量设置大半

径曲线，一般不宜小于 2 000 m，以适应 160 km 时速行车；山丘地区曲线半径尽量不小于 400 m，以适应 90 km 左右的时速；小半径曲线应尽量集中设置，以免客运列车频繁地加速、减速，降低旅行速度。

曲线半径大小要和纵断面坡度协调，因为上坡时行车速度受机车牵引力制约不会很高，下坡时行车速度受到制动条件限制，不能超过制动限速；曲线半径和线路坡度相匹配是经济合理的决策。

新建铁路的站间距离可适当加长，以适应客运提速和货运重载的双重需要。信号机布置应按新定的主要技术政策规定，予以加长。

（四）提高客运速度要依靠科学技术

既有线上提高客运速度，要力争节省投资、讲究经济效益，对土建工程不能大拆大改，而应当把更新机车车辆作为基本举措，还可考虑采用摆式客车来提高曲线半径限速。要加大技术决策中的科技含量，体现科教兴路的思想。

既有铁路因铁路建设资金紧缺，不能为了提高客运速度而大量改建线路，加重投资负荷；而只能主要依靠更新机车车辆，改进闭塞设备，完善行车组织，去实现提高客运速度的目的。某些路段改建困难，可以保持现状限速运行。

既有铁路提高客运速度，要以提高旅行速度为主，使旅客得到实惠；要以提高最高速度为辅，以尽量减少铁路的投入，提高铁路的经济效益。

提高客运速度的关键是提高客运机车的功率和构造速度，并改进客车的制动装置。新造机车车辆的构造速度，一般要达到 140~160 km/h，机车功率不宜小于 3 200 kW，以适应扩编和提速的双重要求；客运列车的制动限速制约了客运速度的提高，应从改进客车制动装置和加长新建铁路的制动距离两个方面研究解决办法。动车组构造速度可达 200 km/h。

摆式客车可提高曲线限速 35% 左右。山区铁路最小曲线半径多为 300 m，有的仅 250 m，且曲线毗连数量很多。加大曲线半径，投资巨大，很难实现；在基本不改建线路标准的前提下，采用摆式客车提速，是经济合理的决策。

客运速度提高是一个逐步发展的过程，速度目标值要根据国家财力可能与旅客客观需要分期拟定。实现拟定的速度目标要考虑土建工程等固定设施与机车车辆等移动设备的协调配套，以较少的投入取得预期的经济效益。

（五）提高客运速度要区别对待

提高客运速度不能一刀切。客运速度要根据不同类型铁路、不同地形条件划分路段分别拟定。客运提速的目标值，平丘地区客运繁忙的双线铁路可定为 160～200 km/h，其他双线可定为 120～160 km/h；一般单线可定为 120 km/h，山区单线可定为 80～100 km/h。

一条铁路地形条件不同的路段，曲线半径和线路坡度不同，所能实现的速度也不相同，应分路段拟定其速度目标值。2006 年颁布的《铁路线路设计规范》（GB 50090），除规定了各级铁路的最高行车速度外，还提出当沿线运输需要或地形、营业条件差异较大，并有充分技术经济依据时，可分路段选定旅客列车设计行车速度，被称为"路段设计速度"。

要制定提高客运速度的激励机制。对运营部门来说，原有的一些激励机制，都不适用于客运提速，如提高客运速度后，能耗（煤、电、油）要加大，成本要提高，行车安全保障体系更要加强，保证正点率的难度更大等。为了使客运提速能长期持续地成为运营部门全体职工的自觉行动，建立铁路客运提速的激励机制是必要的。

（六）由铁道部来主导铁路提速资源配置是必然选择

铁道部是全国铁路资产的管理者，也是铁路运输经营的监管者，铁路局经济效益的好坏直接关系到铁路产业的兴衰，直接关系到铁道部国有资产管理的绩效考核，也直接关系到铁道部运输调度指挥中心、财务等职能部门的业绩成果。因此，无论是从国有资产管理的角度，还是从现实市场竞争的角度，铁道部都能够感受到来自方方面面的压力，包括铁路局经济效益的压力、铁路产业维持简单再生产和扩大再生产的压力、国家公益性线路建设的压力等等。特别地，随着我国加入世贸组织，铁路产业做出了开放货运市场的承诺，我国铁路产业还将面临来自国外投资者的压力。

因此，在铁道部主导下，通过连续的大提速工程来提高铁路产业的竞争力水平，完成国有资产保值增值要求也就是必然的选择。

我国铁路采用的三级管理组织与沿袭多年的路网行政划分模式，以及客货流向的空间分布，是铁道部需要直接掌控重要财政资源、人力资源、业务资源和管理资源的根本原因。如京沪之间点点直达的客运量不到客运总量的 10%，京沪沿线各车站沿途上下的客运量占 35%，来自京沪线之外的铁路运输网络结点的客运量占 55%。中国铁路第五次提速调图后，安排旅客列车 1 172 对，直通列车达到了 407 对，铁路局间分界口中，有 21 个增加了列车对数，这种大量涉及两个或多个铁路局的提速调图工程，是铁道部出面协调、组织和实施的根本原因之一。

在企业缺乏独立完成生产经营全部活动的组织结构下，铁路新建线路、技术改造、大提速等生产经营活动会涉及诸多铁路局利益，会经常性地出现效益外溢到其他铁路局这种正外部性不可内部化的情况。在投资等行为具有明显的外部性的情况下，直接由某一铁路局负责是难以实现的。如 2003 年，我国铁路全行业基本建设投资完成 528.6 亿元，完成新线铺轨 1 575 km，复线铺轨 223 km，电气化铁路投产 617 km，另外运输设备更新改造完成投资 128.7 亿元。涉及整体铁路网络的提速工程，投资数额大，在投资成本与收益难于细化到各个铁路局的情况下，只能通过铁道部适度采取集中配置的措施来分配投资成本与利润，通过资源集中规划来消化提速带来的成本增长。通过大提速构建覆盖全国的快速客运网络等一系列活动，只能由铁道部主导来实现。

（七）中国铁路提速的速度目标值优选

中国铁路提速是顺应历史、改革机制、谋求发展的需要，在不同时期、不同运输条件下，采取不同的措施，做到重点突破、远近结合、客货结合、一线几速。现在既有线提速，应以市场需求为导向，以提高服务质量为重点，结合线路实际，提高经济效益，在少投入、多产出、少动土建工程、多从移动设备改造和提高科技含量方面来进行。因此，在制订提速目标值时，应客货结合、远近结合。

1. 旅客列车速度目标值

我国铁路提速可采取分三步走战略。

第一步：实现 140~160 km/h 的速度目标值。

这一步的速度目标值考虑了以下几个因素：

（1）在既有繁忙干线上提速，既要考虑货车速度，又要考虑客车速度，但两者速差不能过大，速度差过大，将影响能力。中国客货列车是在同一线路上混跑，货车速度在不超过 85 km/h 时，客车的提速最高在 160 km/h 为宜。

（2）既有线的改造，如果要求改造的速度高于 160 km/h，则会造成投入加大，也没有必要。

（3）世界上各经济发达国家，对既有线改造也采用了 160 km/h 以下的速度，如美国、苏联、日本等。

（4）从机车、车辆和信号等的硬件生产来看，客车提速的第一步速度目标值在 140~160 km/h 也是合适的，可以运用比较成熟的技术。

第二步：实现 200 km/h 及以上速度目标值。

这一步速度目标值主要考虑中国要发展客运专线。秦皇岛—沈阳铁路开创了中国第一条客运专线，这是中国修建铁路的方向。很多干线客货混跑、能力饱和，想提速也提不起来，因此，修建客货分流的客运专线已成当务之急。这种客运专线，既可以缓解能力的不足，又可以组织客货分流，解决货运能力的不足。它的速度目标值，既不像高速铁路那样要求过高，又有别于运行速度的一般铁路，还可以解决客车速度太低的问题。继秦沈客运专线之后，我国已大规模建设石家庄—太原、郑州—西安、武汉—广州、哈尔滨—大连客运专线等。

第三步：实现 300～350 km/h 速度目标值。

这一速度目标值主要考虑了以下因素：

（1）中国将修建高速铁路，运营速度定为 300～350 km/h，这不是改造既有线路所能达到的速度。中国铁路提速、修建秦沈客运专线，都是为修建高速做准备，这是中国铁路现阶段的最高目标。

（2）世界各经济发达国家已经在高速铁路方面领先于我们，他们的实践证明，在轮轨式的高速铁路中，300～350 km/h 的运行速度是比较适宜的，因此，采用已有成熟经验，不会走弯路。

2. 货运列车速度目标值

中国铁路提速是客货列车同时提速。这一决策的确定，是考虑了我国铁路客货混跑，必须避免由于速度差过大而影响能力的问题。其次，客车要求速度高，货物列车市场上同样要求速度高，以加速货物的送达。但是中国铁路客车提速已经进行了 10 年，而货运列车提速进展缓慢，原因何在？一是货车数量众多，改造较困难；二是货车提速转向架的研究改进需要时间。

第一步：实现 80～90 km/h 速度目标值。

货车提速的第一个目标值定在 80～90 km/h，是根据中国货车的当时现状提出的。当时的货车所用转 8A 型转向架是我国 20 世纪初研制成功的三大铸钢转向架，约占货车总数的 78%。转 8A 型转向架结构简单、便于制造、对线路适应性能好，但在运用中，特别是运行速度超过 80 km/h 时，出现了抗菱刚度较低、不能保证转向架正位、空车动力学性能较差、零部件磨耗严重、车辆横向动力学性能和曲线通过性能差等问题。因此，改造转 8A 型转向架是实现货车提速目标值的关键所在。

第二步：实现 90～120 km/h 速度目标值。

这一速度目标值是考虑快运货车提速的需要提出的。随着市场经济的建立，附加值高的货物需要快速送达，有些货物列车速度要达到才能满足需求，因此需要重新研究试制新的货车转向架。各国提高列车走行性能的研究，都是以开发转向架为先导，以轮轨关系系统研究为基础。稳定性是评定转向架走行性能的最重要指标。这是中国提速工作中要下功夫解决的关键问题。

3. 既有铁路提速的基本原则

不同的提速阶段将有不同的原则，在 1995 年中国铁路实施提速战略时就提出了提速的基本原则，有些原则是一直要坚持的。

(1) 既有线提速，是在充分利用既有设备，经过少量技改，更换提速道岔，加大牵引能力，采用新型客车，改进管理方式，以各区段的实际条件提高最高行车速度，有效地提高旅客列车的旅行速度，适当提高部分货物列车旅行速度，达到提高运输质量和经济效益的目的。

(2) 提速工作要精打细算，节约投资。选择条件好的区段先行改造，取得线路提速资源，逐年增加快速客运机车、快速客车的数量，逐步扩大最高速度为 140～160 km/h 的快速客车比例，取得更好的社会、经济效益。

(3) 提速必须确保安全，尤其是旅客列车的绝对安全，速度在 140～160 km/h 的区段要对线路进行封闭，道口要尽量改为立交，机车车辆等设备要保证万无一失。

(4) 既有线提速，必须发挥铁道部、铁路局两个积极性，路局要按照铁道部的统一规划，充分发挥主观能动性，根据财力、物力和市场需求，加大路局管内线路改造的投入。

五、既有线提速中的技术决策

(一) 道口改造技术决策

既有线提速，安全是至关重要的问题，特别是道口安全必须采取多种措施加以解决。过去，列车运行速度较低，既有线上保留着大量的无人看守的平交道口。当列车速度提高以后，与横过道口的车辆相撞的概率增加，即使是有人看守的平交道口，报警距离不变，由于列车速度提高，从报警到列车到道口的时间缩短了，也有可能机动车辆还没出清道口，火车就到了，易发生事故，给人民的生命财产造成损失。因此，在既有线提速中，对平交道口的改造采取了各种措施，以保安全。

1. 拆并部分道口

在既有线上原有的平交道口中，有一部分其存在是不合理的。一是太密，在有的线路上不到长度范围内设三四个道口，有的不到长度范围内设两个道口。因此，对这种情况下的道口，要与地方基层单位和群众进行商量，取得谅解，拆除一些道口，或把两个靠近的道口进行合并。二是车流量太少的道口，在三大干线（京广、京沪、京哈）提速过程中，进行适当处理。

2. 平交改立交

在既有线提速中，解决平交道口安全问题的最彻底办法，就是把平交道口改为立交道口。改为立交的条件：一是机动车流量大，一般要考虑立交；二是旅客列车运行速度在 140 km/h 及以上，而且快速列车密度较大时，要把平交道口改为立交；三是平交道口改为立交还要取得地方政府的积极配合。国家规定，在铁路线上面的正桥，由铁路负责投资修建，引桥及道路由地方政府负责。

在三大干线提速中改造的立交多用简易的顶涵，有 4 m×4 m、4 m×5 m、4 m×6 m 几种，事先预制成涵管，然后从线路下面顶入。施工时上部轨道结构用军便梁固定，下面顶进施工较为方便。这种能通过机动车辆的涵管造价便宜、施工简便，适用于农村车流量不太大，而且很少有超限货物通过的简易立交。

3. 设立有人看守及监护道口

有些道口机动车流量很大，本应进行平交改立交，但是由于地形所限或动迁量太大，地方配套建设投资有困难，一时无法实现修建立交。这种道口必须昼夜派人看守，并按道口标准设置标志、预警及通信设备。

另外有一种道口，机动车流量不大，尚不需修建立交。但考虑客车密度大、速度高，道口必须确保安全。因此，这类道口要派人昼夜监护，也可组织地方群众监护。

（二）机车技术对策

1. 研制 DF_{11} 型快速客运内燃机车

1）DF_{11} 型机车主要特点

DF_{11} 型机车是为提速研制的客运内燃机车。它以其功率大、速度快、技术新的优势，已成为我国铁路繁忙干线客运提速的主型内燃机车。其主要特点为：

（1）功率大。DF_{11} 型机车是当时国内单机功率最大的客运内燃机车。柴油机装车功率 3 610 kW（4 910 马力）。

（2）速度快。最大运用速度 170 km/h，最高试验速度达 186 km/h。

（3）技术新。率先采用了许多新技术。

① 准高速架悬式转向架，包括轮对空心轴式两级弹性六连杆驱动装置、高柔度圆弹簧旁承、新型单元制动器三大新技术。

② 计算机控制系统，包括恒功励磁控制，防空转防滑行控制，故障诊断、显示和保护。

③ 轴温监测。

④ 电空制动。

⑤ 速度监控。

2）DF_{11} 型机车主要技术参数

轴式	$C_0—C_0$
轴重	23 t
计算整备质量	138 t
机车标称功率	3 040 kW
柴油机装车功率	3 610 kW
机车速度（按动轮直径半磨耗计算）	
最大速度	170 km/h
最大恒功率速度	160 km/h
持续速度	65.6 km/h
机车轮周牵引力	
最大起动牵引力	245 kN
持续牵引力	160 kN
通过最小曲线半径	145 m

3）DF_{11} 型机车运用区段及所发挥的作用

DF_{11} 型机车 1992 年研制成功，南到广深、东到京沪、北到京沈、西到兰新，主要担当繁忙干线客运提速列车和准高速列车的牵引任务。

（1）为广深准高速铁路的顺利开通作出了贡献。

1994 年 12 月 22 日，由 DF_{11} 型机车担当牵引动力的广深准高速列车顺利开行，广州—深圳的运行时间由 2 h 压缩到 67 min。

（2）为既有线客运提速试验作出了贡献。

1995 年 10 月，DF_{11} 0005 号机车牵引试验列车在沪宁线的最高试验速度达到 173.5 km/h。

1995 年 11 月，DF_{11} 0005 号机车牵引试验列车在京秦线的最高试验速度达到 175.7 km/h。

1996 年 11 月，DF_{11} 0019 号机车牵引试验列车在沈山线的最高试验速度达到 183.7 km/h。

这三次提速试验的成功，为我国铁路既有线客运提速打下了良好的基础。

（3）率先担当牵引快速旅客列车。

1996 年 4 月 1 日，DF_{11} 型机车牵引我国第一列快速旅客列车"先行"号在沪宁线投入商业运行。运行时间从一般列车的 4 h 12 min 缩到 2 h 48 min。

1996 年 7 月 1 日，DF_{11} 型机车牵引"北戴河"号快速列车在京秦线投入商业运行。运行时间从一般列车的 3 h 38 min 缩短到 2 h 30 min。

(4) 已成为京沪、京沈等干线快速旅客列车的主要牵引动力。

DF_{11} 型机车现已配属广深、上海、济南、北京、山海关、郑州、嘉峪关、柳园和乌鲁木齐机务段，担当快速列车的牵引任务。

4) DF_{11} 型机车在提速中显示出的技术优势和发展前景

DF_{11} 型机车在提速中充分显示出了以下几大技术优势：

(1) 功率大，起动加速快。这大大缩短了列车运行时分。

(2) 动力学性能优良。这表现在对线路的动作用力小、牵引电动机振动加速度小，因而可靠性高、机车高速运行平稳性好三个方面。

(3) 机车控制技术先进，基本质量可靠。

这些技术优势，预示着 DF_{11} 型机车将有良好的发展前景，当时即已被选为兰新线提速列车的牵引动力。

2. 研制 SS_9 型快速客运电力机车

这是"八五"国家重点科技攻关项目。SS_9 型机车的试制成功，解决了电气化区段客运提速用牵引动力的需求。

SS_9 型机车于 1994 年完成了 2 台样机，2 台样机共计运行考核 20 万千米。

1996 年 5 月至 10 月，样机在北京环行铁道试验线上进行型式试验，最高试验速度达到 187 km/h，各项性能指标符合设计任务书要求。1996 年 11 月在郑武线的郑州—漯河间通过了提速试验和动力学性能试验，正线最高试验速度达到 185.3 km/h，创既有线路的运行最高纪录。

1997 年 1 月，在北京环行铁道试验基地进行了高速综合性能试验，SS_9 型机车创造了最高试验运行速度 212.6 km/h 的纪录，成为当时中国铁路机车第一速，使中国铁路机车冲过了国际高速标准线，进入了高速领域，成为铁路机车发展史中的一个新里程碑。SS_9 型机车在高速试验中表现了良好的技术状态和技术性能。

SS_9 型机车为适应铁路提速需要于 1997 年 4 月前已生产 35 台，供郑州—武昌间牵引快速列车之用。

3. 时速 200 km 动车组的引进消化吸收再创新

1) 引进国外高速动车组的必要性

2004 年 1 月 7 日，国务院常务会议讨论并原则通过了《中长期铁路网规划》，明确了我国铁路网中长期建设目标和任务，描绘了至 2020 年的铁路网宏伟蓝图，提出在铁路技术装备方面，到 2020 年，以客运高速、快速和货运快捷、重载为重点，使我国铁路机车车辆技术达到国际先进水平。

实现上述目标,机车车辆装备制造业面临三项艰巨的任务:一要稳定既有机车车辆产品的性能和质量;二要积极完善机车车辆型谱,充分体现交流传动技术的优势;三要面向提速和高速发展需要积极开展新产品研制。要达到这些目标,根本上要培养铁路装备制造业的创新能力、培养创新人才。

在高速列车方面,国外走过了几十年的发展历程,经历了几代车的研制,新一代高速列车均采用交流传动。并且随着目标速度的提高,时速 270 km 以上的高速列车均采用动力分散型高速列车。过去我国在高速技术方面的探索,实际上仍是以德国第一代动力集中型高速列车为主。

面临铁路装备制造业的现状,面临国际铁路机车车辆技术的飞速发展,面临《中长期铁路网规划》的发展要求,通过引进技术消化吸收推动自主创新,是铁路机车车辆装备制造业实现跨越式发展、迅速缩短与国外先进水平差距的一条正确道路。

引进国外高速动车组,满足高速客运专线运输需要,是铁路引进技术的一部分。在几年内,依靠自主技术实现高速客运是不现实的,但是我们在高速列车方面已经进行了十多年的探索,具备了一定的基础,引进高速动车组一方面将直接满足运输需要,另一方面通过对引进技术消化吸收,可以在设计、工艺、标准、可靠性、性能分析等全方位提升国内高速列车的认识水平,并在此基础上进一步通过项目促进国内创新产品的开发。

2) 高速列车转向架国产化实施方案

(1) 借鉴先进设计思想,稳定和改善既有产品性能。国外高速动车组技术经过了几十年的历程,并且随着 20 多年来交流技术的发展,各国高速动车组都形成了几代产品。各国分散动力的高速动车组均具各自特点,例如日本高速动车组的轻量化、低轴重,德国高速动车组的先进传动技术,法国高速动车组的相对集中动力,等等。通过引进技术,吸引国外机车车辆先进设计思想,体会其中的技术诀窍,针对国内机车车辆在提速当中暴露出的性能与可靠性方面的问题,提出稳定和改善产品性能的技术措施。

(2) 提升工艺水平、完善标准化与质量保证体系。十多年来,国内铁路机车车辆工艺装备水平有了很大的提高,但工艺设计水平相对滞后。先进的设计思想需要先进的工艺水平来实现。国内机车车辆在提速当中所暴露的问题,有些是系统集成的问题,有些是设计方面的问题,但是不断出现的一些部件可靠性问题实际上很多与工艺设计水平有关。

例如我们可以通过参照德国第一代高速列车,设计出高速动力车转向架,掌握其设计思想,但是我们无法掌握其工艺设计思想。又比如,在铁道部引进美国径向转向架项目中,国内企业收获最大的不是径向转向架的设计本身,而是工艺设计水平的提高,它将惠及企业的所有产品。除了设计与工艺之外,机车车辆产品可靠性还决定于标准化与质保体系。通过引进,借鉴国外先进标准和质量保证体系,完善国内铁路机车车辆装备工业标准化与质量保证体系也非常重要。

(3) 以项目推动创新，以创新求得发展。搞好引进技术消化吸收和国产化再创新，需要项目来拉动，只有围绕具体的项目才能深入开展好各项工作。因此在国产化中应强调"以项目推动创新，以创新求得发展"的思想。铁路机车车辆装备工业，在国产化与自主创新方面要取得大的成就，首先要确定具体的目标，根据目标确定具体的项目，以项目推动各项工作的开展。引进高速动车组为我们提供了一个很好的平台，我们已在高速列车方面进行了有益的探索，尽管还存在很多问题和不足，但应坚持以高速列车的研制为战略目标，以推动铁路的技术进步和创新。

(4) 以引进为契机，研制国内第一代高速列车。我国在"十一五"期间开展了"国内第一代高速列车"研制。围绕这个重点项目制订各项科学研究和研制计划，以此推动铁路全面技术进步和创新，争取在"十一五"末期形成标准性成果。根据我国在交流传动、提速和高速方面的前期工作，这样一个目标是可以达到的。其中充分消化吸收引进高速动车组的技术，也是实现国内第一代高速列车研制项目的重要内容。

六、中国铁路快速网建设构想

"八五"期间中国修建了广深准高速铁路，使旅客列车运行速度达到 160 km/h。"九五"期间中国铁路组织大提速，对京广、京沪、京哈、兰新、陇海等干线普遍改造，提高列车速度，博得了社会的好评。1999 年，铁道部决定修建 160 km/h 以上速度的秦沈客运专线。所有这一切都说明，中国铁路在下决心改变列车速度长期徘徊在 100 km/h 左右的状态，追赶世界高速先进技术，使铁路在国民经济建设中当好先行官，使铁路企业扭亏为盈，在运输市场中发挥更大的作用。

根据中国经济的发展，中国铁路快速网的建设要经历四个阶段。

（一）第一阶段：改造既有线，将旅客列车速度提到 140~160 km/h

我国从"九五"时期开始即着手开展这一决策的实施，如沪宁线提速、京秦线提速、沈山线提速。经过实践后，逐步扩大到京沪、京广、京哈三大干线大部分区段提速，相继在陇海、兰新、京九线等线改造提速。各铁路局对提速积极性很高，争先恐后在西安—宝鸡、大连—沈阳、济南—青岛、上海—杭州等线组织提速，改革运输组织方法，压缩技术作业时间，千方百计提高客车运营速度，提高在运输市场上的竞争能力。

1. 为什么要在这一历史时期改造既有线提高列车速度呢？

(1) 这是国家经济发展、人民生活水平提高的需要。人们不仅要求能坐上火车，而且要求火车开得要快、服务质量要高。时间就是金钱的观念开始被人们认识。

（2）国家由原来的计划经济体制改为建设社会主义的市场经济体制。长期以来，以计划经济为代表的铁路运输业受到了很大的冲击，特别是高速公路像雨后春笋般地出现，铁路在运输市场中所占的份额下降，客、货运周转量占现代化运输比重从 1980 年的 60.5%、71.7%，下降到 1990 年的 34.9%、54.6%，货源、客源丢失，前景堪忧。铁路如不提速，将无竞争能力。

（3）铁路连续 5 年亏损 180 多亿元。建设市场经济体制，运输市场中的铁路，再也不是过去的皇帝女儿不愁嫁了，一些高附加值的货物，一些旅客为了在市场竞争中取胜，把目光转向了航空、高速公路。因此，铁路要生存、要扭亏、要发展，就必须提速。也可以说提速是在市场竞争条件下，为了自身的生存发展被逼出来的。

（4）追踪世界科技进步的需要。自日本 1964 年高速铁路投入运营以来，到 1998 年已经 34 年。在这 34 年中，法国、德国、西班牙等国家，相继在高速铁路方面取得了新的成绩，法国高速列车试验速度达到 515.3 km/h，而中国列车速度还在 100 km/h 徘徊。我们要承认这个落后，当然更主要的是要着手改变这种落后。因此，中国铁道部在 1995 年 6 月 28 日做出了在繁忙干线提速的决策，是适时的，是正确的。

2. 这一阶段实施提速的特点

（1）先从繁忙干线提速，因为主要干线都存在运量大，客货争能力、总的能力不足的问题。当时力图通过提速，既达到争夺市场之目的，又可增加能力，缓解主要干线能力不足的矛盾。实践结果表明，后一目的没有达到。

（2）原则是少投资、少动土，对既有线更换提速道岔，对桥梁进行加固，提高线路维修养护质量，就把旅客列车速度提起来。

（3）先易后难，既有线原来平面条件好、曲线半径大的地段，换完提速道岔后就提速，花钱多、改造量大的先不提速，并非全线提到一个速度标准。

（4）先客后货。线路提速资源有了，先把客车速度提起来，但货车改造（转向架）尚需大量投资和时间。货物列车一时很难全部提速，运行速度相差较大，同一线路上客车跑 160 km/h，货车跑 75 km/h 左右。

（5）这一阶段提速，不全是靠改造线路、机车、车辆取得的成果，而是注意了运输组织的改革，着眼于旅行速度的提高，不是一味追求瞬时运行速度，而是注意压缩技术作业时间，如压缩换挂机车时间、停站次数等时间，使旅客时间得到了压缩。开行"夕发朝至"列车，深受社会欢迎。

3. 这一阶段提速存在的问题

通过这一阶段提速后，铁路运输取得了企业的经济效益。从 1997 年到 1999 年，客运增收了 180 多亿元。但尚有一些问题需要研究解决，例如：

（1）山区铁路如何提速。

（2）客货列车速度差过大，影响线路通过能力的充分发挥。

（3）货车如何提速。

4. 这一阶段的预期工作成果

既有线提速在 1996 年到 2000 年工作的基础上，进一步扩大提速范围，做好以下 5 项工作：

（1）扩大繁忙干线的提速范围，进一步压缩旅客列车旅行时间。在三大干线（京沪、京广、京哈）上进一步对既有设备进行改造，把大部分线路的速度提到 140～160 km/h。

（2）其他干线相继提速。这些干线包括陇海线、兰新线、京九线、哈大线、湘黔线、浙赣线、滨洲线、滨绥线……

（3）支线和山区铁路提速。这些干线包括杭州—上海、济南—烟台、沈阳—大连、杭州—宁波、西安—宝鸡、成都—重庆、南昌—九江……

（4）发展摆式列车。整体引进价格太高，要以引进关键技术自己生产为主，减少线路的改造，节约投资，以摆式列车解决小半径线路旅客列车提速问题。

（5）组织货车提速技术攻关，重点解决转向架问题，逐步在"十五"期间把货物列车速度提高到 90 km/h，快运货物列车速度提高到 120 km/h。

（二）第二阶段：新建铁路，提高速度目标

中国自有铁路以来，新建铁路的容许运营速度均在 120 km/h 以下。新中国成立后，新建了几十条铁路主要干线，其质量都有很大程度的提高，但速度目标值一直没有变化。直到广深铁路开始突破，在中国铁路建设史上，第一次修建了 160 km/h 的新线，当时人们称为"准高速"。

1. 提高建设新线的速度目标值技术条件已经具备

铁路列车的速度，是一个国家各种技术水平的综合反映。工业生产水平的高低决定生产的机车和车辆运行速度的高低。如新中国成立初期我们只能生产蒸汽机车，利用蒸汽机车把列车的速度掫高到 160 km/h、200 km/h 是不可能的。后来技术进步了，工业生产水平提高了，我国能够生产内燃机车、电力机车，提速才成为可能。

机车的生产水平又取决于炼钢技术水平，我国生产不了轴承钢，就制造不出轴承，所以车辆和机车的轴只能采取滑动摩擦的轴瓦，在使用轴瓦的条件下，要让列车跑 200 km/h 也是不可能的。

铁路列车跑得快还要有一套通信信号技术来保证，还要有一套制动技术来保证。列车速度高低对信号和列车制动的要求是不同的。过去用的是地面信号，现在用的是色灯信号、机车信号，地面不设信号机。这些技术的进步、工业制造水平的提高，使列车提速具备了条件。

线路是列车提速的基础。列车跑 120 km/h、160 km/h、200 km/h 速度，对线路平纵断面、路基、道床厚度、桥梁、隧道、轨道、扣件的技术标准要求是不一样的。经过几年来对既有线的改造，中国积累了修建速度 200 km/h 新线的经验和技术，随着运输市场竞争的需要和提高人民生活水平提高的要求，中国再建新铁路，必须把速度提高到 160～200 km/h 作为一个重要问题加以考虑。因为筑路、建桥等技术条件已经具备。

2. 提高新建线路速度目标值重点应解决的问题

首先，要考虑平面技术条件，放大曲线半径。大量的提速实施使我们深深体会到，曲线半径小而且均匀分布，是限制既有线提速的主要因素。所以，在修建新线时要尽量把曲线半径放大，而且避免小曲线半径分散使用，做到具备几十千米范围内能提速的条件。

其次，要考虑纵断面技术条件。在新建的准高速线路中，要选好坡度，避免出现双机坡，否则在运营中既浪费机力，也浪费人力。当然坡度并非限制速度的重要条件，它可以用动力来调节。坡度大要想保持速度就必须采用大功率机车来牵引，但这会造成动力的浪费或运输组织工作的繁复。

3. 根据铁道部"十五"建设要求，"强化八纵八横，构筑快速网络，扩大西部路网，提高线路质量"

这主要是以适应运输市场为前提，加快繁忙通道客货分线，完善区际通道，提高综合运输能力。建设计划包括：新线 6 000 km，既有线复线改造 3 000 km，既有线电气化 5 000 km，地方铁路新建 1 000 km。

按照这个计划逐步形成的八纵为：京哈通道（北京—哈尔滨间）、东部沿海通道（沈阳—大连—烟台—无锡—杭州—温州—厦门）、京沪通道（北京—上海）、京九通道（北京经深圳达九龙的复线运输）、京广通道（北京—广州全线电气化）、大湛通道（大同—洛阳—湛江）、包柳通道（包头—重庆—柳州扩能改造）、兰昆通道（兰州—昆明电气化）。

八横为：京兰通道（北京—呼和浩特—兰州）、煤运北通道（大同—秦皇岛、神木—黄骅）、煤运中通道（太原—德州、长治—济南—青岛）、煤运南通道（侯马—月山—新乡—兖州—日照）、路桥通道（连云港—兰州—乌鲁木齐—阿拉山口）、沿江通道[上海（启东）—南京—芜湖—九江—武汉—重庆]、沪昆通道（上海—株洲—贵州—昆明）、西南出海通道（昆明—南宁—茂名—广州—深圳）。

4. 在"十五"期间将建设、改造既有线为快速通道

这些通道是：北京—上海—杭州通道、北京—广州通道、北京—哈尔滨通道、连云港—兰州通道、兰州—阿拉山口通道、哈尔滨—大连通道。还有，继续修建秦沈客运专线，改造京秦、大秦线为 200 km/h，形成京秦客运专线。

争取京沪高速在"十五"期间开工，力争建成南京—上海段。

进行天津—沈阳间电气化改造，形成京哈与京沪快速客运大通道。

沈阳—大连改造为快速客运通道。

北京—九龙改造为快速大通道。

进行丰沙、京包、包兰线提速改造，提高经呼和浩特、银川至兰州的客运速度。

在新线建设中，除考虑完善路网外，还要考虑新线的提速。在西南铁路建设中要考虑西南铁路的快速通道。如新建遂渝线、渝怀线要加大线路的半径，建成西南客运快速通道。这两条新线应按（大部分）速度 140～160 km/h 或 200 km/h 来设计、建设。这样成都出来的客流经达成、遂渝、渝怀、湘黔的怀化至株洲段，可上京广，去沪杭，形成西南客运快速通道。

在西北线路改造中，要考虑兰州—宝鸡复线的快速通道（按 140 km/h 设计、施工）。从西北现状看，兰新复线提速，陇海线的郑州—徐州段已提速，郑州—西安段已提速，整个线路速度卡在兰州—宝鸡段。如果宝兰复线改造不提速，将制约兰新线、陇海线提速效益的发挥。

（三）第三阶段：建立全国快速铁路网

中国的高速铁路在短时间内难以形成网络。但中国的铁路快速网既包括 300 km/h 及以上速度的快速线，也包括速度 160～200 km/h 的快速线，由这两种线路构成铁路快速运输网络。这也是中国铁路特色决定的。原来的既有线路应改造到 160 km/h 或 200 km/h。然而在中国既有的 6 万多千米线路中，这只是少数区段，所以前期的提速是一段一段提，我们尚不可能也没有必要把所有既有线都花巨资改造为提速线路。因此在新建线路中要考虑提速的需要。中国的路网尚不完善，路网的通过能力还满足不了运量的要求，无论是提高运能还是提高速度，都要建设新的路网，而在新的路网中，必然要建设快速路网。

1. 改造既有线继续提速

中国当时的既有线提速，是根据中国当时国情、国力（财力、物力）提出来的，将

来随着运输市场的竞争，国力的增强，中国必须在新的干线上继续提速，这需要根据市场的需求，根据国力、财力、人力的可能而随时做出决定。至 2050 年，中国既有线改造将达到提速之目的，设想以下既有线必须进行提速改造：

哈尔滨—牡丹江	张家口—呼和浩特
哈尔滨—齐齐哈尔	呼和浩特—银川
哈尔滨—佳木斯	太原—焦作
长春—白城子	济南—青岛
长春—吉林	北京—南昌
四平—通辽	郑州—襄樊
四平—梅河口	杭州—南昌
沈阳—本溪	南昌—长沙
天津—秦皇岛	株洲—贵阳

2. 新建快速提速线

（1）延长京沈客运专线至哈尔滨。在秦沈开通后，京秦改造完成，形成北京—沈阳的客运专线，但不能就此停止，要延长京沈客运快速线到哈尔滨，速度与京沈匹配，构成京哈客运专线。

（2）修建京沪高速铁路。京沪线现有能力已经饱和，即使电气化也增加不了多少能力，修建京沪高速势在必行。可分步实施：先建成沪宁段高速，然后再修建京宁高速，预计在"十一五"中，把京沪高速修通。

（3）修建京广高速铁路。京广线是中国铁路客货运输主要干线，运能和运量矛盾突出，实行客货分流已势在必行。因此要加快京广客运专线的修建，以便改善客运条件和增加既有线的货运能力。京广客运专线，已经在"十五"筹划开工建设，分段实施。

（4）修建重庆—怀化快速通道。这条线已于 2000 年开工，局部地段建设速度可超过 120 km/h，地形困难地段，为避免投资过大，可保证 120 km/h。这条西南唯一的客运快速通道一定要建成，这样由成都出发，经过遂宁到达重庆，由重庆到怀化，由怀化到株洲，南可通京广，东可达沪杭。

（5）修建上海到杭州客运专线。华东地区客流密集，人口密度大，沪杭既有线为软土路基，客货互争能力，因此，尽快修建沪杭客运专线是客观需要。

（6）修建郑州—徐州客运专线。

(四)第四阶段:发展摆式列车快速网

1. 摆式列车在国外的运用实践

意大利 Pendolino、西班牙 Talgo 和瑞典 X2000 摆式列车在 20 世纪 80 年代的成功经验和既有线路提速的欲望,引起了欧美许多国家对摆式列车的极大兴趣。进入 90 年代,随着计算机、通信和控制技术的飞速发展,摆式列车的技术也日趋成熟,包括已拥有高速铁路的德、法、意、日在内的各国铁路开始看好摆式列车的广阔运用前景,纷纷以各种方式来发展和运用摆式列车,并取得了较好的经济、社会效益。从这些国家的运用经验来看,摆式列车主要适用于曲线较多、通过能力相对较富余的山区线路。而线路标准较高的主干线和新建的高速铁路则不能有效地发挥摆式列车的优势,因此不宜采用。目前多数欧洲国家运用的摆式列车的单向的运行里程一般在 100~800 km。因为 800 km 运行里程一般为欧洲铁路单程的上限,而 100 km 以下则难以体现出其效果。实践证明,摆式列车的运行速度越高,站间距离越长,越能发挥其优势。

根据欧洲国家的运用经验,摆式列车的主要缺点是购置和维修费用高于普通列车约 15%,用于摆式列车的线路通常也要进行一次大的整修。但比起新修线路来说,其投资是微不足道的。从运用情况看,由于其提高速度 30%,缩短旅行时间约 25%,因而增加了对乘客的吸引力,故其经济社会效益是极为可观的。如瑞典由于采用 X2000 摆式列车,旅客数量平均每天增加了 900 人。德国的 VT610 则使客流量在非上下班时间增加了 20%~30%,在上下班时间增长了 10% 左右。美国 Amtrak 公司购买的 18 列加拿大庞巴迪公司和法国阿尔斯通公司联合设计和制造的美国飞人号摆式列车,于 2000 年开始交付使用。该车用于波士顿经纽约到首都华盛顿的东北走廊铁路,全程 734 km,最高速度为 240 km/h。它使纽约—波士顿的旅行时间由 4.5 h 缩短为 3 h,纽约—华盛顿的旅行时间由 3 h 缩短为 2.5 h。英国 GNER 公司向 Fiat 公司订购的 8 列 11 辆编组的摆式列车,于 2000 年开始在东海岸干线伦敦—爱丁堡上运行;另外的 55 列由 Fiat 公司与阿尔斯通公司联合制造的 7 辆编组摆式列车也于 2001 年用于西海岸线。

2. 摆式列车在中国的运用实践

作为一种尝试,中国的广深铁路集团公司于 1998 年向瑞典租赁了一列 1 动 6 拖的摆式列车,每日共两次往返于广州—深圳(139 km)和 1 次广州 九龙(181 km),运行时间分别为 55 min 和 92 min。全年走行总里程约为 55 万千米,平均日行程超过 1 500 km。尽管在该线路上公路运输较为发达,但铁路仍能同公路在客运市场的激烈竞争中平分秋色,这为正在市场化的中国铁路运输的未来树立了典范。该列车的年收入近 1 亿元,扣除租金约 1 500 万元及运营维修等费用,利润极为可观,远远超过我国的准高速列车和欧洲多数国家的平均水平，取得了较好的经济效益和社会效益。当然，应该看到，摆式列车在广深铁路上取得的成就，不仅归功于采用了先进和舒适的高速摆式列车，还应归功于相应的高质量配套服务。X2000 摆式列车在广深铁路运行几年来，以其运行快速和平稳、舒适的乘坐环境、良好的车内设施和经过严格培训的高素质乘务队伍得到了乘客的普遍认可。同欧洲国家一样，摆式列车在广深铁路的成功经验，在中国铁路中也引起了极大的反响。

3. 摆式列车在中国的发展前景

中国是一个多山的国家，山地、高原和丘陵约占国土面积的 70%，既有山区线路的等级一般较低且曲线多。因此，发展摆式列车在中国有着极为广阔的前景。当时，国内的一些铁路局和铁路公司已预测到摆式列车的广阔运用前景，正纷纷进行运用摆式列车可行性的论证。与此同时，一些机车车辆厂也在进行摆式列车的前期研制和开发。

我国西部十省市面积占全国的 57%，山地和丘陵占了相当大的比例；到 1999 年，通车铁路约为 16 400 km，铁路营业里程仅占全国的 23%；铁路网的密度为 0.3 km/100 km^2，仅为全国平均值的 40% 和美国的 12%。其中重庆市与云、贵、川三省铁路里程为 7 240 km，这些铁路大部分都分布在山区，因此，曲线占了相当大的比例。仅以成渝、黔渝、成昆及贵昆等主要干线为例，其线路就有一半左右是曲线，且大多数的曲线半径都小于 800 m，最小曲线半径不足 300 m。在这些线路上，旅客半径不足。在这些线路上，旅客列车的运行速度大都低于 80 km/h，国内的两次大提速几乎与这些地区无缘。为发展自然条件落后和交通相对闭塞的西部地区经济，国家于 2000 年提出了西部大开发的战略决策。综观美国等发达国家的经验：地区要大开发，铁路首当先行。随着经济的不断发展，社会生产和人们的生活节奏加快，时间价值也会大大提高。高速客运在这些地区对人们愈来愈具有吸引力。铁路的现状，将有可能对西部开发起到限制的作用。为实施西部大开发，除铁路路网需要大力发展外，还必须在现有的条件下挖掘潜力，提高运输能力和效率。但在这些地区，通过改造线路来提速，无论是在经济上还是在技术上都是难以实现的。与此同时，在西部的一些地区，不断发展的高速公路和航空运输，也使铁路面临十分严峻的挑战，西部地区旅客列车提速已到了刻不容缓的地步。

参照欧洲国家摆式列车的运营经验，摆式列车在中国会更适用于山地和丘陵占大部分面积的西部地区。在这些曲线较多的地区，采用摆式列车是目前世界上在这类线路上提速最为有效的方法。例如，现有的成渝铁路是新中国成立后修建的第一条铁路，最小曲线半径 285 m，全线共有 77 处。该线全长 505 km，旅客列车的运行时间约为 10.5 h。而高速公路全长约 340 km，旅行时间约为 3.5 h。尽管乘坐公路客车的票价是铁路硬座票价的 2 倍左右，但结果仍然还是大量的客流通过高速公路来输送。铁路在运输市场上的占有份额从过去的近 70% 下降到 30% 左右。

在经过多年的论证后，铁道部决定研制和开发我国第一列最高速度为 160 km/h、具有自主知识产权的摆式内燃动车组，并下达了相应的科技研究开发计划项目。该车采用 2 动 6 拖的编组形式，装备有目前国际上先进的机电式倾摆装置和径导向转向架，于 2002 年投入使用。

七、铁路大提速的经济效益和社会效益

（一）通过提速提高铁路经济效益

据统计，铁路经过 6 次大提速后，客车平均运行速度提高了 25%，特快列车最高时速提高到了 140~160 km，广州—深圳最高时速已经达到 200 km。铁路经过 6 次大提速后，开行了"夕发朝至"列车、"城际列车"等快速列车，使距离 2 000 km 左右的城市，1 天即可到达。在提速的同时，安全正点率、服务质量也在明显提高，做到了提速与提高服务质量同步进行。提速后的铁路客流大幅度攀升。据统计，提速后客流年均增长 6.8%，超过了公路、航空和水运的增长速度。客票收入年均增长率为 20%。铁路在与航空、公路、水运竞争中的优势越来越得以显现，增强了铁路的市场竞争能力和自我发展能力，提高了铁路的经济效益，为铁路跨越式发展创造了良好的经营环境。

（二）铁路大提速使整个社会受益

铁路大提速不仅仅是列车速度的提高，同时也全面提高了工作效率和质量，提高了管理水平，缩小了与世界先进水平的差距。1993 年以前，人们出门 80% 靠坐火车，铁路是人们外出选择的主要运输工具。20 世纪 90 年代以来，我国客运市场逐步形成铁路、公路、民航三方竞争的局面，铁路在竞争中，市场份额逐步下降。1994 年铁路客运量降至最低点。1996 年，公路客运量首次超过铁路。随着京沈、京沪高速公路的全线贯通，全国国道主干线已建成过半，高速公路网正在形成。北京—沈阳、北京—上海、成都—重庆、广州—深圳、济南—青岛等大城市间，都可通过高速公路出行。高速公路的快速发展，使运输市场竞争更加激烈，也给铁路运输带来了巨大的压力。同时，广大旅客货主对运输质量和服务质量，特别对快捷性和舒适性提出了更高的要求。

铁路实施提速调图，进一步缩短了客车的旅行时间，开行"夕发朝至"列车、直达特快列车，增加大宗货物直达列车等，适应了旅客货主对铁路运输高质量的要求。通过 6 次大提速，铁路在许多方面有了明显的改进和提高，使整个社会从中受益。

(三)提速促进了安全基础的加强

几年来,为了实施提速,全路完成了大量的提速基础工程:更换提速道岔、Ⅲ型轨枕、优质道砟,改造小半径曲线、平交道口,延展无缝线路长度,在线路两侧设封闭栅栏,推广大型养路机械,整治线桥隧病害,使线路基础得到了明显加强;购置配备新提速机车客车,更换202、206型转向架;改进检修手段,提高检修能力和水平,使移动设备的性能和质量得到了明显提高;推广应用一批功能先进的监控装备、检测设备,加强了对移动设备和固定设备的动态监控和检测;加强人员培训,提高了职工适应提速需要的技能。

(四)提速推动了铁路运输改革

全路以提速为契机,积极调整生产,撤并一批行车站段,改革客车乘务制度,实现了减员增效。提速也促进了经营方式的转变,"我开车,你来坐"的封闭型生产组织方式发生了变化,运输企业开始注重研究市场,按照市场需求来配置运力资源、调整产品结构。几年来运行图编制工作不断改进,推动了运输组织的改革,优化了运力资源的配置,挖掘了运输潜力,提高了运输效率。提速促进了观念的转变和服务质量的提高,提速的实践使干部职工进一步认识到,决定企业生存发展的是市场,而要赢得市场就必须改变以自我为中心的"铁老大"形象,提高服务质量,满足旅客货主的需求。

(五)铁路大提速改善了铁路运输资源的内在素质

铁路大提速是顺应社会经济发展需要、改善铁路技术装备水平、应对市场竞争的反映。我国铁路无论是按国土面积计算,还是按人口计算,其路网密度都落后于发达国家,而铁路承担的负荷却高居世界首位。2002年我国铁路运输密度为2 869.06万换算吨/km,而居第二位的俄罗斯仅为1 854.14万换算吨/km。我国产业结构所处的阶段决定了铁路运输市场跟国外有所不同,适宜于铁路运输方式承担的大宗货物份额占很大比重,也就是说,铁路运输市场占国内运输市场的份额比重很大,特别是铁路货运占全国运输市场的份额达54.6%。第五、六次大提速前,全国铁路货运遇到了空前的紧张局面。煤炭、粮食、化肥等重点物资的运输都受到了相当的影响。不仅运送重要物资的线路能力紧张,像进出关、进出川的线路和六大铁路干线都全面告急。全国总缺口近2/3。煤炭、有色金属行业是当年铁路运力瓶颈的最大受损者,有些货物滞留车站不能及时发出,给客户造成损失,一些企业甚至还出现了以运定产的现象。由于铁路运输资源的高度稀缺性,而铁路运输企业又没有能力和激励去提供社会需要的基础设施投资和技术改造,因此,由铁道部这一公共部门集中社会资源来供给铁路运输这种公共产品就是一种必然的选择。

我国铁路大提速工程作为一项缓解铁路运输能力稀缺性的重要措施，其内核具有高度的公益性和社会性，也是应对民航、公路、水运等运输方式间竞争，发挥比较优势充分争夺市场份额的结果。

从20世纪90年代初起，铁道部开始进行提速试验，广深铁路、沪宁铁路、沈大铁路等繁忙干线的提速试验相继取得成功。铁路大提速给铁路运输业带来了前所未有的喜人前景，获得多方面的赞誉，提升了铁路的正面形象。经过第六次大提速，全国大部分铁路提高了以往停滞不前的货车运行速度，据测算整个铁路货运能力提高了12%以上，铁路客运能力增长了18%以上。自1997年到2006年，全国铁路旅客发送量从9.33亿人增长到12.6亿人，增长34.7%；货物发送量从17.20亿吨增长到28.72亿吨，增长66.9%；换算周转量从16 838亿吨公里增长到28 579亿吨公里，增长69.7%。提速的成功在客运方面的体现更为显著，提速后乘坐长途列车的旅客人数创造了历史最高纪录，产生的经济效益十分可观。通过六次提速，铁路产业竞争能力明显增强，运输收入连年大幅度增长。

铁路行业在进行大提速的同时，也为优化运输产品奠定了物质基础和技术基础。如：在客运方面，增加了夕发朝至和朝发夕归的列车数量；在货运方面，增开了特快行包邮政专列、冷藏快运专列和集装箱快运专列、"五定"班列、大宗货物直达列车和远程直达列车、重载列车；在设备方面，采用了新型车辆、优化了列车编组、调整了软硬座及卧席比例；在运输组织方面，进一步优化了客车到发时刻和站停时间。

铁路提速的外部效益体现在下面两个方面：一方面，截至2007年初，随着铁路路网规模的扩大、路网结构的完善和路网质量的提高，特别是随着几次较大范围的铁路扩能提速工程的实施，铁路产业在保持运价基本不变的前提下，通过提速加大了铁路产业的竞争力，获得了良好的经济效益与社会效益，这些总效益并没有完全合理地划分给各相关的铁路局。另一方面，铁路提速调图的成果基本被各铁路局无偿享用了，铁路提速、信息化建设、调度指挥跨局调整、生产力布局整合等重大举措是有利于各铁路局提高市场竞争力、扩大其占有的运输市场份额的，但由于没有合理的成本收益测算机制，大提速工程具有类似于"公共物品"的性质，也就是说，铁道部提供的提速等产品具有较大的社会效益，由铁道部供给有其内在必然性。

八、铁路大提速的若干启示

（一）铁路大提速工程成功的要素

中国当时正处于经济起飞阶段，处于工业化和运输化阶段，铁路超前发展更有其逻辑上的必要性和紧迫性。我国铁路以占世界铁路6%的营业里程，完成了占世界铁路近

25%的总运输量；京沪、京广、京哈、陇海和浙赣等六大主要干线能力利用长期处于饱和状态。在建设客运专线等需要较长时间的情况下，通过大提速这种内涵式扩大再生产方式，可以在短期内以较少的投入，产生较大的产出，在储备高速铁路技术的同时，也在很大程度上缓解了我国铁路运输能力不足与社会经济发展之间不适应的矛盾。

领导有力、组织严密是铁路提速的成功保证，也是改善铁路运输资源、优化铁路运输组织的重要保证。铁道部领导将铁路大提速作为铁道部的核心任务来抓，从提速工程试验、提速资金筹措、既有线基本建设和更新改造、提速组织管理、安全控制，到提速项目监管考核、平推式验收，甚至到新闻发布和市场营销等活动，铁道部都参与领导和组织。

同时，各铁路局按照路网的总体要求，舍小顾大，确保了大提速工程的如期实施。若没有各个铁路局的密切配合与上下协调，铁路大提速是难以实现的。铁路提速涉及铁路基础网络改造、移动设备配置、运输组织管理、列车开行方案、车底周转运用以及运营养护维修等诸多生产环节，具有"牵一发而动全身"的系统性特征。有效协调好铁路系统内部的统一运输生产，加强固定设施与移动设备的密切协作，是铁路提速成功的主要因素之一。

（二）技术改造是铁路大提速高效实施的物质基础

技术改造资金的有效投入是铁路提速成功的重要因素，也是铁路提速资源得以拓展的重要保证。铁路提速对铁路的某些技术创新要求很高，技术创新和技术改造是必要保证。铁路提速不仅要求在软件方面配合一致，如司机、维护、运营和培训标准的统一性，还要在硬件上达到相当的条件，如高度配套的先进调度技术，保证列车、线路、动力供应和信号设备等的整体统一性，先进的列车运行控制及检测系统、列车状态监测与诊断系统、环境检测与报警系统、事故应急处理系统等的安全保障体系。

铁路提速，不是简单地将列车开快一点，而是要进行较大的资金投入和设备的技术改造。列车提速每向前迈进一步，都要求技术创新率先达到一个新水平。每一次大提速，都是用新的技术改造老铁路的过程，通过连续提速，我国铁路基础设施和整体装备水平得到了大幅提高。六次提速，提速机车和车体基本全部更换为我国自行研制的新型快速列车，部分线路进行了电气化改造，线路更换了我国自行研制的具有国际先进水平的4 500组新型提速道岔，大批线路桥梁进行了加固维修，提速线路两侧设置了安全防护栏等。基础线路改造中，将小半径线路全部改造成大半径或直线，使列车运行的离心力和平顺度得到了有效控制和保证。更换的道岔，全部为达到国际先进水平的新型大号码道岔，具有电动操控、自动锁闭和平稳、快速转换等功能。安装配置了车地一体的监督装置，能够在快速行车下测量车辆的脱轨系数、超载、偏载、车门开闭、车轮探伤等运行情况，并具备报警功能，使行车安全始终处于动态监控之下。列车调度采用先进的CTC、TDCS等列车调度指挥系统，提速列车的安全性更加有了保障。

如果没有铁路基本建设、机车车辆购置更新和技术改造的紧密配合和有机衔接，就不可能有如此大规模的提速线路等基础设施的迅速形成，铁路安全性、快速送达等运输服务的优势发挥将受到限制。提速不同于新建铁路，基本采取对既有线路基础设施进行设备更新和技术改造，并使用新型快速列车，其资金的投入远远低于新建铁路。通过小半径曲线改造、CTCS2列控系统、平交改立交、线路封闭、行车安全和信息化建设等项目的实施，充分发挥了技术改造投资少、见效快、充分利用既有技术装备的特点，从技术储备上和资金保障上满足了铁路大提速工程的要求。

提速是手段，通过改善运输资源质量来提高客货运输能力是目的。通过铁路大提速这种内涵式扩大再生产方式，我国铁路客运能力增加了18%以上，货运能力增加了12%以上，全路的运输能力得到了大幅度提高。总之，铁路大提速产生了良好的经济效益和社会效益，对国民经济和社会发展起到了重要的作用，进一步适应了国民经济和社会发展对铁路快速、高效、便捷、舒适的客货运输多样性需求。

中国铁路提速战略的实施，在国内外引起了很大的反响。其提速规模之大，涉及范围之广，运行效率之高，在中国运输生产力发展史上前所未有，在世界上也是罕见的。铁路大提速是我国运输生产力领域的重大技术创新，是运输组织和运输管理的重大创新，是我国运输生产力领域的重大经营创新，实现了运输生产力领域的安全控制创新。中国铁路通过实施提速战略，适应了市场经济发展的要求，加快了铁路走向市场的步伐，焕发了铁路新的生机，展现了铁路新的形象，探索出了一条中国特色的运输生产力创新之路，对我国铁路的发展产生了重大而深远的影响。

第三章

奔向高速——秦沈客运专线规划与建设

一、秦沈客运专线规划与建设背景

（一）秦沈客运专线诞生背景

中国自 1978 年实施改革开放政策起，到 20 世纪 80 年代初期，国民经济有了较大发展，东北地区老工业基地的经济增长很快，对煤炭等能源需求大增，东北三省特别是辽宁南部的大连附近，严重缺煤炭，1981 年预计煤炭需求将达 1 400 万吨，以后会更多。而进出山海关的铁路通道的运输能力趋于饱和，如北京—山海关铁路运出关煤炭的能力，1981 年铁路部门承诺运输 1 200 万～1 400 万吨。到 1981 年底统计：京山线北段开行客车 26 对/d，全线年运输能力达 2 400 万吨，全年实际运煤达 1 677 万吨；1987 年行开 5 对组合列车、实施大包干推动，全年开行 36 对客车，全年运输 3 600 万吨货物，全年实际运煤达 2 166 万吨。另外一条进出关铁路运输通道——北京至承德铁路的运输能力也很紧张；1987 年运煤出关达 1 500 万吨；另外沈阳、丰台西编组站实施技术改建，可多开组合列车，当时预测 1990 年将开行 38 对客车，全年运输 4 500 万吨货物。后来据统计显示，京山线实际运煤 2 386 万吨、京承线实际运出关煤达 1 856 万吨。

出关运煤通道包括京沈、京通和京承（锦承）三条线路。据统计，1985—1997 年出关煤运量一直保持在 2 000 万吨以上，之后受经济结构调整等因素影响，呈下降趋势，后来随着东北地区煤炭需求增长，又逐渐回升。可见，在 20 世纪 80 年代后期，进出关的铁路通道的运输能力已严重不足，迫切需要研究规划和建设新的运输通道。1986 年，铁道部开始研究扩大秦皇岛至沈阳铁路的输送能力，安排铁三院负责编制研究报告，可研报告在专家们评审时没有达成一致意见，建议进一步研究论证。当时的决策者一直在建新线还是改造既有线之间摇摆，直到 1987 年才终于决定建新线。可是又开始在建设客运专线还是货运专线，或者建设客货混行铁路之间摇摆不定。

90 年代初期，全国都在研讨是否规划建设京沪高速铁路的课题，支持和反对的人都不少，两派僵持不下，一时难以做出科学合理的决策。秦沈客专的申报和修建，铁道部一直非常低调，因为当时中国的高速铁路采用何种技术还存在争议，把它说成 160～200 km/h 的标准，而且回避了高铁的名称，只称之为客运专线，换一个名字以"客运专线"名义可以避免招致不必要的麻烦。客运专线就非常合适，客车要跑得快，速度要求比较高，而货车要多拉货，往往对速度有限制，客货不分离就会互相干扰，从而影响线路的通过能力。因此，为了提高效率，客货分线就显得尤为重要，世界上的高速铁路往往都是客运专线。

到 1995 年，铁道部终于决定建设时速 160 km 的秦皇岛到沈阳客运专线，最小曲线半径 1 500 m，困难地段 1 200 m。中铁三院开展了秦皇岛—沈阳客运专线铁路的可行性研究工作。从 1995 年开始到 1998 年 10 月完成了该线可行性研究，这是中国第一条时速 200 km 的双线快速铁路客运专线。

但是按照这个标准建设，世界上无非是又多了一条跟广深准高速铁路一样的线路而已。1998 年，情况发生变化，铁三院根据铁道部的授意开始按照曲线半径不小于 2 500 m 进行设计。

秦沈客专正式开工时，铁道部最终决定按照最小曲线半径 3 500 m、困难处 3 000 m 进行建设。这时，秦沈客专已经有了质的变化，因为秦沈客专的技术标准提高到了设计时速 200 km，预留时速 250 km。

中国第一条理论上的高速铁路正式诞生了！

秦沈客运专线的历史沿革为：

1986 年，对铁道部秦沈客运专线（时称秦沈铁路）项目进行了可行性研究。

1998 年 7 月，国务院批准开建秦沈客运专线，该项目被列为国家重点建设工程。

1999 年 8 月 16 日，秦沈客运专线全路段动工建设。

2001 年 5 月，秦沈客运专线进入铺轨阶段。

2002 年 6 月 16 日，秦沈客运专线完成铺轨。

2003 年 10 月 11 日，秦沈客运专线建成通车。

2006 年 12 月 31 日，秦沈客运专线纳入京哈铁路。

（二）秦沈客运专线工程

1. 线路走向

秦沈客运专线位于中国辽西走廊，西南端与京山铁路、京秦铁路、大秦铁路相连，东北端与哈大铁路、沈吉铁路、沈丹铁路、苏抚铁路衔接,为串联关内和关外的通道。线路起于河北省秦皇岛市秦皇岛站,东出山海关,途经绥中、兴城、葫芦岛、锦州,穿越辽河平原,经凌海、台安、辽中,止于辽宁省沈阳市沈阳北站,如图 3.1 所示。

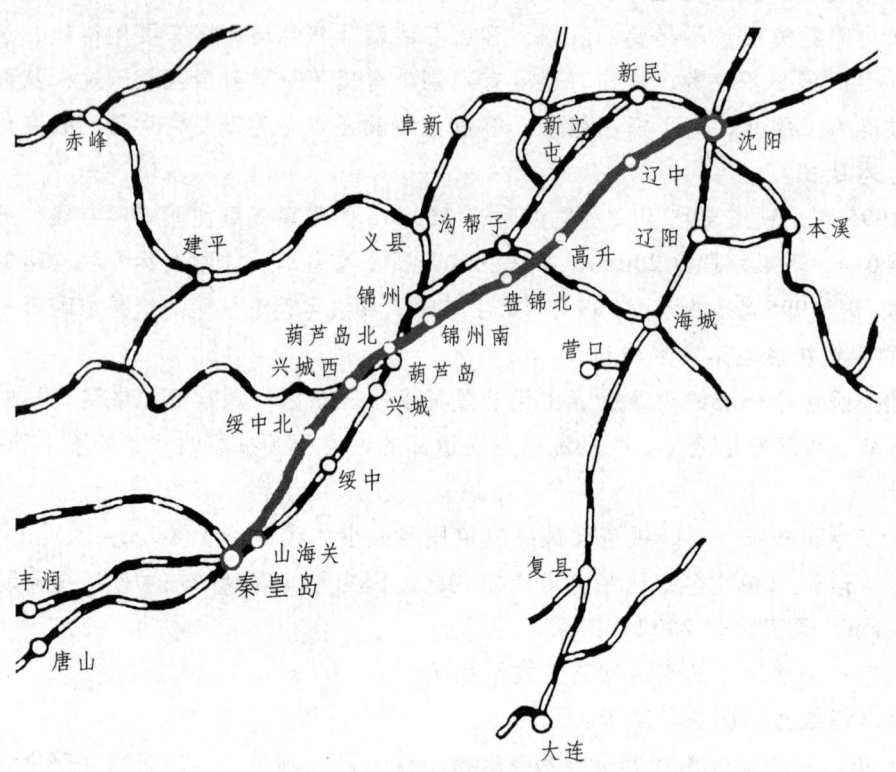

图 3.1　秦沈客运专线线路示意

2. 主要设计技术标准

该线南起秦皇岛,北至沈阳,全长 405 km,共设 13 座车站,设计速度 250 km/h,列车最高运营速度 210 km/h。1999 年 8 月 16 日全线开工建设,2002 年 6 月 16 日完成全线铺轨,2003 年 10 月 11 日竣工运营,2006 年 12 月 31 日并入京哈铁路。该线的轨道类型为有砟轨道、无砟轨道(部分)、无缝钢轨;正线间距为 4.6 m;最小曲线半径为 3 000 m(困难地段)、3 500 m(一般地段);最大坡度为一般 9‰、特殊 12‰;牵引质量为 860 t;闭塞类型为自动闭塞;信号系统为 GSM-R(无线通信)、CTCS-2(调度指挥)、综合调度集中。如表 3.1 所示。

表 3.1 秦沈客运专线设计技术标准

设计速度	250 km/h
轨道类型	特级道砟有砟轨道、无砟轨道（部分）、无缝钢轨
轨道标准	1 435 mm（60 kg/m 的重型钢轨）
正线间距	4.6 m
最小曲径	3 000 m（困难地段）、3 500 m（一般地段）
最大坡度	一般 9‰、特殊 12‰
到发线有效长	650 m
牵引质量	860 t
闭塞类型	自动闭塞
信号系统	GSM-R（无线通信）、CTCS-2（调度指挥）、综合调度集中
列车运行控制方式	自动控制
动力方式	接触网供电：50 Hz、单相工频交流 27.5 kV

3. 沿线车站

秦沈客运专线车站由南至北依次为：秦皇岛站、龙家营站、山海关站、东戴河站、绥中北站、兴城西站、葫芦岛北站、高桥北站、锦州南站、凌海南站、盘锦北站、台安站、辽中站、皇姑屯站、沈阳北站。如表 3.2、图 3.2～图 3.8 所示。

表 3.2 秦沈客运专线沿线车站概况表

序号	站名	里程/km	车站位置	隶属单位
1	秦皇岛站	0	秦皇岛市海港区迎宾路北端	中国铁路北京局集团有限公司
2	龙家营站	8	秦皇岛市龙家营村	
3	山海关站	16	秦皇岛市山海关区南关大街1号	
4	东戴河站	23	葫芦岛市绥中县东戴河新区	中国铁路沈阳局集团有限公司
5	绥中北站	79	葫芦岛市绥中县城郊乡西园子村	
6	兴城西站	暂缓开通	兴城市羊安乡台子后头村	
7	葫芦岛北站	138	葫芦岛市连山区锦郊街道	

续表

序号	站名	里程/km	车站位置	隶属单位
8	高桥北站	在建	葫芦岛市南票区高桥镇	中国铁路沈阳局集团有限公司
9	锦州南站	181	锦州市松山新区东海大道	
10	凌海南站	在建	锦州市凌海大凌河街道向阳村北侧	
11	盘锦北站	241	盘锦市盘山县甜水镇孙家村	
12	台安站	290	鞍山市台安县杜家窝堡村	
13	辽中站	321	沈阳市辽中区蒲西街道孙家万村	
14	皇姑屯站	401	沈阳市皇姑区天山南路21号	
15	沈阳北站	404	沈阳市沈河区北站路102号	

图 3.2　秦皇岛站

图 3.3　山海关站

图 3.4　绥中北站

图 3.5　葫芦岛北站

图 3.6 台安站

图 3.7 锦州南站

图 3.8 沈阳北站

4. 主要工程概况

线路为南西—北东走向,秦皇岛至凌海间为剥蚀丘陵区,凌海至沈阳间为冲积平原。沿线分布大量软土、松软土地层和盐渍土、膨胀土及受地震影响液化地层等不良地质,共有软土、松软地层 121.8 km。地震液化地层 11.9 km。主要工程数量:路基土石方 5 000 m³,桥梁 272 座计 62 km,正线铺轨 818 km,设中间站 6 个(缓建中间站 6 个),铺设通信干线光缆 915 km,牵引变电所 7 个,接触网导线 1 052 km,电调中心和行车指挥中心各 1 处,房屋 11.9 hm²,污水处理厂 7 个,声屏障 11 处共 1.36 hm²。秦沈客运专线建设为我国高速铁路设计、施工及技术装备选型提供了技术依据,在山海关至绥中北区间先期修建了 66.8 km 综合试验段。

线路平纵断面特征为:① 运营长度:上行 404.633 km,下行 404.640 km;② 正线建筑长度:上行 392.524 km,下行 393.043 km;③ 直线长度:234.637 km,占全长的

57.99%；④ 曲线长度：169.97 km，占全长的 42.01%；⑤ 展长系数：1.073；⑥ 紧坡地段长度：74.674 km，占全长的 9.23%；⑦ 拔起高度：上行 979.17 m，下行 1 009.70 m；⑧ 线间距：站内正线与区间正线线间距均为 4.6 m，曲线不考虑加宽，左右线平面按同心圆设计；⑨ 竖曲线：新线地段竖曲线半径为 15 000～20 000 m，并成段采用。

5. 设施设备配置

1) 车辆设施

2003 年至 2006 年期间，秦沈客运专线主要使用韶山 9 型电力机车和"中华之星"电动车组；现阶段主要运行和谐型系列电力机车以及和谐号电力动车组。

（1）"中华之星"电力动车组。

"中华之星"电力动车组是中国自主研制的动力集中式高速列车，构造速度 270 km/h，最大功率 9 600 kW，设有一等座、二等座和酒吧车厢，如图 3.9 所示。

（a）中华之星动车组　　　　（b）韶山 9（改造）机车

图 3.9　秦沈客运专线上运营的中华之星动车组和韶山 9（改造）机车

（2）韶山 9（改造）型电力机车。

韶山 9（改造）型电力机车是中国自主研制的一款准高速机车，构造速度 170 km/h，具有牵引力大、启停快、不空转以及运行平稳等特点，适合在干线铁路牵引多编组旅客列车高速行驶；该型号机车装有 DK1 型列车制动装置控制车辆的起动和减速、停车，排风迅速、下闸准确并且降速平稳；每台机车均装有由日本日立公司研制的车载无线电台，可直接联系相距数千千米的行车调度员，能直接把行车调度员电话指示命令经车载电话传真机打在纸带上，使调度命令内容一目了然。

2）运行系统

（1）牵引系统。

秦沈客运专线采用中国自行设计、适用于 200 km/h 等级的简单链形悬挂接触网，并在山绥试验段架设了 22 km 长、300 km/h 等级的简单链形悬挂和弹性链形悬挂的接触网；采用中国自主开发的弓网受流技术模拟软件仿真计算；全面使用额定张力放线车，使接触网铺设基本实现一次到位；采用中国自行研制的牵引变电所安全监控及综合自动化系统，实现牵引变电所的无人值守、远动控制和自检自诊断功能，提高牵引供电的安全性、抗干扰性和可靠性。

（2）通信系统。

秦沈客运专线通信网是一个集有线及无线通信为一体的信息采集、传输与处理的综合通信系统，在技术上具有先进性、兼容性、高可靠性和可扩展性；首次采用数字集群技术及光纤射频直放技术以解决区间公务通信，替代了传统通信设计中采用的干线电缆、区间通话柱及区间电话转接机的区间公务通信模式；其客运自动化系统首次实现全程联网信息共享、全程集中图像监控、全程集中广播功能。

（3）信号系统。

秦沈客运专线信号系统是集行车指挥系统（CTC）、列控联锁一体化系统（SEI）、信号集中监测系统、车站信号设备局域网等各种信号设备的综合系统，大量采用数字化、网络化、遥控和遥信技术，达到远程集中控制、指挥、管理和维修目的；取消传统的地面通过信号机，以机车上的车载速度显示信号为行车凭证。

二、秦沈客运专线技术特点与创新

秦沈客运专线是我国自行设计修建的第一条双线电气化客运专线。与同步建成的北京至秦皇岛提速改造工程一起，构成了京秦沈快速客运通道，使北京—沈阳间的运行时间从 9 h 缩短到 5 h。同时，既有沈山线的货运能力得到了充分释放，可以大大缓解沈山线长期紧张的货运压力，对东北地区及沿线经济发展和社会进步将起到重要作用。

（一）主要专业设计技术特点

行车速度达到 200 km/h 以上的快速铁路与普通铁路具有本质上的差异，其路基、轨道和桥梁承受的列车动力作用远大于普通铁路，而轨道的不平顺对快速行车引起的列车振动也远比相同条件下普通速度的列车严重，即旅客感受的舒适度因速度的提高而恶化。亦由于速度的提高，通信、信号和电气化工程乃至运输管理等方面的技术要求完全有别于普通铁路。其主要原因是：高速铁路轨道的平顺受刚度条件控制。因此，秦沈客运专线各主要工程的设计必须考虑基于快速列车运行的以下主要技术特点。

1. 轨道工程技术特点

秦沈客运专线设计的轨道除必须保证高速行车的安全外，还须满足旅客乘坐舒适的严格规定，既要轨道达到高标准的平顺，又要平衡高速列车运行的稳定性。因此，必须设计开发研制新型轨道结构。

1）轨道结构

秦沈客运专线正线轨道以铺设有砟轨道为主，同时在沙河特大桥、狗河特大桥及跨双河公路特大桥上分别铺设了长枕埋入式无砟轨道和板式无砟轨道等新型轨道结构。无砟轨道整体强，纵向、横向稳定性较好，由于可大幅度减少维修工作量和维修成本，因而对高速列车运营特点和要求适应性强。此外，无砟轨道结构厚度较有砟轨道薄，可减轻桥梁上恒载约 40%，有利于降低跨线点结构设计高程。但由于刚度大，轨道的弹性较差，且振动、噪声大。无论长枕埋入式，还是板式无砟轨道结构，在结构设计时，类型选择后都须进行设计荷载、静力计算模型、道床（轨道）板截面设计弯矩和结构设计等计算工作，考虑使用期内最不利的荷载条件，采用较大的强度安全储备，使整体结构和部件安全可靠、经久耐用。

（1）钢轨：秦沈正线轨道工程采用 60 kg/m 非淬火 PD3 无螺栓孔新钢轨，缓冲轨采用 60 kg/m、长度为 25 m 的标准 PD3 新钢轨。全线铺设了不淬火跨区间焊接长钢轨 377.238 km，长钢轨内绝缘接头采用 6.25 m 及以上的 60 kg/m 厂制胶接轨。轨道振动计算结果表明：钢轨越重，轨道各部分的动挠度和振动加速度就越小；从轮轨冲击计算结果分析，钢轨越重冲击力越大；从钢轨纵向力分析，在列车荷载作用下，重型钢轨的动弯应力较小，有较多的强度储备来承受纵向力。

（2）轨枕：路基地段铺设Ⅲ型无挡肩高强度预应力钢筋混凝土枕，桥上采用Ⅲ型有挡肩高强度预应力钢筋混凝土枕，每千米均铺设 1 667 根。

混凝土轨枕的重量增减，对轨道各部分的动挠度影响不大，对钢轨与道床振动加速度影响甚微，但对轨枕自身振动加速度的影响较大。轨枕重量越小，振动加速度越高，且行车速度越高，加速度增幅越大。轨枕重量的增加，将导致高频冲击力增加，低频冲击力减小，有利于降低道床应力，减少道床下沉，保持轨面的平顺度，减少养护维修工作量。高频冲击力的增加，可通过减少轨枕铺设的根数来弥补。

（3）扣件：区间正线采用弹条Ⅲ型扣件。弹条Ⅲ型扣件是为高速重载而研制的无螺栓式扣件，系利用预埋于轨枕中的铁件来保持轨距、承受横向力并固定弹条，以弹条扣压钢轨，尼龙块作为绝缘部件并用于调整轨距。扣件具有零件少、装卸简便、养护维修工作量小和很强的保持轨距能力优点。由于桥上无砟轨道与桥梁是联成一体的，当它们受温度变化、列车荷载的影响，以及无缝线路钢轨附加纵向力的作用，最终这些力通过梁体传递至桥梁无固定支座的墩台上，使墩台承受附加力时，梁轨间的相对移动只能在钢轨扣件内进行。为了保证轨道稳定、钢轨的不爬行和减小线路纵向阻力，秦沈客运专线桥上无砟轨道特设计了小阻力扣件。

（4）道岔：根据道岔平面设计理论的研究可知：未被平衡的离心加速度及其增量与缓和曲线的曲率密切相关，并直接反映旅客对列车通过道岔时的舒适度适应水平。通过对道岔试验和平面设计仿真计算，考虑道岔结构刚度变化比区间大且不均匀的特点，秦沈客运专线道岔平面设计要求的主要参数为：动能损失 $\omega \leqslant 0.5 \, \text{km}^2/\text{h}^2$；未被平衡的离心加速度：$\alpha \leqslant 0.5 \, \text{m/s}^2$；适用于缓和曲线型大号码道岔的未被平衡的离心加速度增量 $\psi \leqslant 0.4 \, \text{m/s}^3$；夹直线长度 $L \geqslant 0.4V$，困难条件下不小于 20 m。

秦沈客运专线使用的 18 号和 38 号道岔，与我国既有道岔相比，技术水平全面提高。各项关键技术如道岔平面线形设计、可动心轨辙叉翼轨结构、转换设备、道岔钢轨材质、基础理论研究等方面都有了新的突破，如图 3.10 所示。

图 3.10　秦沈客运专线 38 号高速道岔

2）跨区间无缝线路

秦沈新线一次铺设跨区间无缝线路在我国铁路上尚属首次。它需要解决道岔与无缝线路焊联的相关技术，以及桥上无缝线路纵向力的传递和分布规律等前沿性课题。计算分别考虑 3 种工况：

（1）列车以 250 km/h 通过直线区段线路、桥梁及直向通过可动心轨道岔。

(2) 列车以 140 km/h 侧向通过 38 号可动心轨道岔。

(3) 列车以 80 km/h 侧向通过 18 号可动心轨道岔。

跨区间无缝线路在不同线路、行车条件下的允许温降、温升应分别计算。无缝道岔除规定锁定轨温上、下限外，还规定了铺设轨温的上、下限。根据《秦沈客运专线无缝线路设计暂行规定》，相邻单元轨条的施工锁定温差不超过 5 ℃，区间内施工锁定轨温最高、最低不超过 10 ℃。秦皇岛至沈阳间钢轨由 3 段长轨条组成，最长的一段为 200.918 km。如图 3.11、图 3.12 所示。

图 3.11　秦沈客运专线轨道无缝线路施工（无砟轨道）

图 3.12　秦沈客运专线轨道无缝线路施工（有砟轨道）

2. 路基工程技术特点

路基本身的变形及其工后沉降要有严格限制，刚度变化处须均匀、平缓过渡，以给轨道提供强度高、刚度大且稳定而又弹性均匀的良好基础。秦沈客运专线的路基是以高标准土工结构物的全新概念进行设计的，对路基和桥、涵之间，以及不同刚度的路基之间的过渡段作了特殊处理。对路基填筑材料、压实标准、变形控制、检测规定等都有更严格的要求。

1) 强化的基床结构

试验表明：级配碎石是一种可以满足基床力学要求的材料，它有比较稳定的、较大的弹性模量。当荷载控制在临界动应力以内时，级配碎石产生的塑性变形很小，即使动应力超过临界动应力，经过一定时间的反复加载，变形也能达到稳定。选用品质优良的原材料是确保级配碎石质量的基础。秦沈线基床表层首次采用了级配碎石材料，通过反复试验对比、分析，选定了较为理想的级配碎石配比。级配碎石的生产基本上做到了专业化、工厂化程度，并且摸索总结出了一套较为完整的基床表层级配碎石施工工艺、质量控制和检测程序，为今后我国高速铁路路基基床表层的施工积累了经验。如图3.13所示。

图 3.13　秦沈客运专线路基工程

2) 严格控制路基沉降变形

设计中控制路基沉降变形的一般步骤为：

（1）确定沉降控制标准：秦沈客运专线基床表层采用的级配碎石压实标准较高，表层弹性模量可达 200 MPa，弹性变形能控制在 3.5~4.0 mm 之内。运营阶段行车引起的路基累积下沉（塑性变形），根据大型模型重复加载试验，当基床表层 $k_{30} \geqslant 190\,\text{MPa/m}$，基床底层 $k_{30} \geqslant 110\,\text{MPa/m}$ 时，其塑性变形为 1~2 mm。在松软、软土地基上修建的路基，要求将其工后沉降量和沉降速率控制在允许范围内，使其不影响列车高速、舒适、安全地运行。

（2）基床表层厚度按以下两个原则确定：

① 变形控制：列车荷载作用下路基顶面变形量不大于 3.5 mm；

② 强度控制：作用在基床表层下填土的动应力不大于填土允许动应力。

(3) 确定压缩层厚：软弱地基压缩层厚达到附加应力与自重应力比为 0.1 倍的深度；松软土地基压缩层厚达到附加应力与自重应力比为 0.2 倍的深度。松软土地基在压缩层范围内有 $I_L < 0.5$（硬塑状）土层时，则计算至该层；如硬塑土层下有大于 3 m 的软弱土层时，则计算至软弱土层底。对压缩层范围内的砂类土层，不计算其沉降量。

(4) 总沉降量计算：总沉降量计算中不计算次固结沉降，但应考虑主固结沉降的影响。主固结沉降的计算一般采用分层总和法。桩土复合体的沉降量计算则采用复合模量法。针对秦沈客运专线沿线软弱地基的分布情况，设计中采取了相应的地基处理措施，此处不再赘述。

3）动态设计控制工后沉降

由于土体为非线性结构，其成层性与假设不可能相符，也由于施工的加载速率、土体所受的应力水平、设计取样和试验等诸多因素影响不可能与计算值相符。为了有效地控制工后沉降量及沉降速率，必须进行动态设计，即对所埋设的沉降观测设备按规定频率及精度进行观测，形成地基沉降-时间-荷载的变化曲线，经过分析、推算、修改设计，循环往复直至竣工。采用动态设计是解决这一问题非常重要的手段。秦沈客运专线全线共设置了 720 个观测断面，设计提出了观测控制标准和随施工进程而要求的观测频次及观测精度，一方面控制填土速率，及时绘制填土-时间-沉降曲线；另一方面避免施工控制不当而产生过大附加沉降。

另外，根据沉降观测资料及沉降发展趋势、工期要求等，采取相应的辅助措施，如调整预压土高度，确定预压土卸荷时间，提出基床底层顶面抬高值，以及铺轨前对路基进行评估，合理确定铺设上部建筑时间等，确保铺轨后路基工后沉降量与沉降速率控制在允许范围内。

通过对 638 个观测点 2 年多的观测，路基的工后沉降平均为 1.74 cm，沉降速率平均为 1.06 cm/a，远小于设计值。试验所测路基和过渡段的变形、动应力都达到秦沈线设计要求。证明秦沈线路基和过渡段的设计方法正确、填料选择合理、填筑工艺科学，施工质量良好。

4）轨下基础刚度变化处设置过渡段

秦沈客运专线路基与涵洞、路堤与路堑过渡段均采用级配碎石填筑。路桥过渡段共采用 3 种过渡段形式：

(1) 以级配碎石过渡形式为主，基床表层以下范围采用级配碎石分层填筑，填筑压实标准为地基系数 $k_{30} \geq 150$ MPa/m、孔隙率 $n < 20\%$。

(2) 在 20 处软土地段的大、中桥其两端过渡段的基床表层上铺设钢筋混凝土搭板，搭板一端置于桥台尾端预留的搭板槽内，槽内预埋连接钢筋，搭板置于基床表层上。

(3) 在 4 个过渡段试验性地采用了加筋土路堤形式，基床表层以下用 A、B 组粗粒土分层填筑，其间分层铺设土工格栅。

5) 铺架前进行路基质量评估

秦沈客运专线大部分桥梁为预制梁，梁的结构尺寸及重量均较大，为保证运架梁通过地段路基的安全与稳定，对运架梁车走行的高填方、软基地段及桥头，以及基床表层进行了影响程度、稳定性检测与评估，确保了箱梁运架的顺利完成。同时，为保证铺轨前路基工后沉降量、路基表层质量达到设计要求，分段对全线路基的施工质量状况、沉降观测分析、表层抽检、地质雷达检测等工作，进行了铺轨前的质量评估，排查了质量隐患。

3. 桥梁工程技术特点

秦沈客运专线上的桥梁除了应具备普通铁路桥梁的功能外，还必须满足桥上高速行车对轨道高平顺性和稳定性的特殊要求，为此，将静力设计转为静、动力设计。桥梁设计采用了新型结构并考虑了足够的竖向刚度、横向刚度和抗扭刚度；预应力混凝土梁既考虑了徐变引起的上拱变形，又考虑了制梁限制温差，以达到保持轨道的良好平顺、减小车桥相互动力响应的目的，使桥梁的内在质量、外形外观及尺寸精度都达到前所未有的高水平。

在设计过程中，通过对常用桥跨结构形式进行了综合技术经济比选，确定了以 24 m 跨度作为常用梁跨，16 m 及以下梁跨选用 T 形梁，20 m 及以上梁跨选用箱形梁。运用车辆力学与桥梁结构动力学的研究方法，将车辆与桥梁看作一个联合动力体系，以轮轨接触处为界面，分别建立桥梁与车辆的运动方程，确立两者间的几何相容条件和相互作用力平衡条件。通过车桥耦合动力响应仿真分析和大量的结构研究及反复的设计修改，对设计成果进行了验证和评价。秦沈客运专线设计的 27 种梁型，当列车以 200 km/h 速度通过时，均能满足桥梁动力特性和列车走行安全性指标要求，可以认为：设计成果的刚度与设计速度相适应，达到了比较适宜的动力学性能。

由于箱型梁自重大、梁体宽，国内原有的架桥机不能满足施工需要。国内外多家部门、公司参与运架设备的研究，并设计出了多种运梁车、架桥机，为秦沈线桥梁施工提供了设备上的保障。根据施工组织安排，受运架设备条件的制约，有些工点不能采用架桥机架设施工，为此专门研究、设计了刚构连续梁、钢混结合连续梁，其中刚构连续梁在国内铁路是首次采用。如图 3.14 所示。

图 3.14 秦沈客运专线桥梁工程施工

4. 通信工程技术特点

秦沈线通信工程具备技术上的先进性、兼容性、高可靠性和扩展性等优点，主要由基础网、业务网、支撑网、通信电源、通信线路以及客运管理信息系统等构成。其表现为：

（1）利用单模光缆开通同步数字传输系统以及同步数字传输及接入系统。

（2）利用同步数字传输及接入系统，解决红外轴温监测系统、信号列控监测、集中监测系统、牵引变电远动系统、电力远动系统组网通道。利用数字专用通信系统设备，解决调度电话系统、站间行车电话等专用通信系统组网。

（3）首次采用 800 MHz 频段 TETRA 信令标准的数字集群移动通信系统，主要解决移动人员之间、移动人员与固定用户、灾害抢险人员之间及与灾害指挥中心之间的话音通信。预留列车客运服务、机车工况等信息向地面传输数据的通道。

（4）采用 A 制式、450 MHz 频段、具有数话同传功能的无线列调通信系统。主要解决调度集中的指挥方式，调度总机与车载台、基地台和移动台采用有线、无线相结合组网的方式，构成光同步数字传输。

（5）沿线设置光纤射频直放系统设备，解决列车无线调度电话系统、TETRA 数字集群移动通信系统的弱场区问题。

（6）传输系统设置网元管理系统、通信集中监测系统等。

（7）客运管理信息系统。根据秦沈客运专线的特点，以高速化、管理自动化、服务现代化为设计原则，建立了完善的、先进的客运管理信息系统网络，主要有通告显示网络、列车到发通告系统、客运广播系统、旅客引导显示系统及客运电视监视系统，实现了秦沈客运专线客运信息管理现代化，并首次实现全程联网信息共享、全程集中图像监控、全程集中广播等功能，提高了客运管理能力和服务水平，改善了旅客旅行环境。

5. 信号工程技术特点

秦沈线区间取消了传统的地面通过信号机，机车上的车载速度显示信号成为行车凭证。取消地面信号机在我国尚属首次，这是我国铁路信号领域的一个重大技术创新。

秦沈线信号系统是集合了行车指挥系统（CTC）、列控联锁一体化系统（SEI）、信号集中监测系统、车站信号设备局域网等各种信号设备的综合系统。该系统大量采用数字化、网络化、遥控遥信技术，其中列控联锁一体化设备、车载超速防护 TVM430 系统、SEI 集中监测系统是引进法国 CSEE 公司的最新系统，在我国铁路领域首次采用。TVM430/SEI 系统联调及与国产设备之间的接口联调，对于秦沈信号系统整体功能的实现具有重要的作用；SEI 系统虽然在法国地中海线成功运用，但需要在引进过程中，根据秦沈线特点及有关规范进行修改，并与相关国产设备的接口双向匹配，例如控车切换方案、SEI 与既有线结合、SEI 与 CTC 系统及室外接口设备的结合等。通过测试联调信号系统综合试验，实现全线信号系统功能，确保顺利开通和运营期的安全与可靠。

6. 电气化工程技术特点

弓网关系始终是设计师们重点攻关的一大课题。牵引供电和接触网悬挂系统是客运专线实现 200 km/h 及以上速度目标值、保证电力机车良好受流和列车安全运行的关键，亦是高速电气化铁路设计的重点和难点。

(1) 牵引网供电方式：秦山地区采用 AT 供电方式，正线及沈阳枢纽采用带回流线的直接供电方式。采用 AT 供电方式，供电臂长度一般为 40 km 左右，在同等末端电压水平下，较直供方式减少一座变电所，且减少了电分相数量，有利于高速行车。

(2) 供电电压等级：电力系统向山海关牵引变电所的供电电压为 110 kV（最高工作电压为 126 kV），其余所的供电电压为 220 kV（最高工作电压为 252 kV）；牵引变压器向接触网供电电压为 27.5 kV（最高工作电压为 31.5 kV）。接触网额定电压为 25 kV，额定频率为 50 Hz。

(3) 牵引变电所：决定牵引变电所分布的 2 个因素是：近期要满足功率因数 0.9、速度为 140 km/h 的中速列车按 5 min 追踪运行时，接触网末端工作电压不低于 20 kV；列车按设计速度运行时牵引网不能太复杂。采用单相变压器供电，使得牵引变电所主接线大为简化。单相接线后，主变原边的断路器、流互、压互等设备数量可节省 1/3；变电所一次投资较平衡接线约降低 25%，较三相接线降低 10%。实际设计方案比选中应用动态不平衡概念，分析电力牵引的带电运行概率 P 值，表明单相变压器所产生的负序影响是十分小的。因此，单相变压器供电具有广泛的应用价值。由于牵引变电所的供电直接影响电气化铁路供电系统的可靠性，秦沈客运专线设计中对牵引变电所安全监控和综合自动化系统、结构模式、高可靠性的系统装置进行了深入研究。设计中确定 3 项指标：①供电的可靠性；②牵引供电的自动化；③牵引变电所无人值守。全线新建牵引变电所 7 座、分区所 7 座、开闭所 1 座、接触网开关控制站 3 处、牵引供电调度所 1 处。秦沈客运专线综合自动化系统基于网络通信、分层分布和集中组屏方式，设计采用了我国自行研制的牵引变电所安全监控及综合自动化系统，实现了牵引变电所的无人值守、远动控制和自检自诊断功能，提高了牵引供电的安全性、抗干扰性和可靠性。

（4）高速接触网悬挂系统：设计中对接触网悬挂类型、接触网-受电弓系统受流质量评价标准、系统设计参数、平面布置精确设计技术、道岔区布置方式、锚段关节及锚段关节式电分相、支柱装配形式等进行了系统研究和科技攻关。如图 3.15 所示。

图 3.15 秦沈客运专线接触网铺设恒张力作业车施工

新线采用全补偿简单直链形悬挂，300 km/h 试验段（下行）采用全补偿简单直链形悬挂和（上行）全补偿弹性直链形悬挂。通过对接触线张力、跨距、结构高度、预留弛度等参数的选择，经计算机对简单链形悬挂和全补偿弹性链形悬挂弓网模拟仿真分析和受流质量评定，不论全补偿简单链形悬挂，还是全补偿弹性链形悬挂，在承力索张力相同的情况下，一定范围内提高接触线张力，对减小最大接触压力，增大最小接触压力，减小接触压力偏差、离线率、抬升量均有利，使受流质量明显提高。两种悬挂形式离线率和最大离线时间均满足离线标准。弹链较简链受流质量要好。

7. 山绥综合试验段

在山海关至绥中北站间全长 66.8 km 的范围内设置综合试验段，即山绥综合试验段。通过综合试验，把秦沈客运专线的各项科研专题和线桥工程、牵引供电、弓网系统、通信、信号设备的设计与测试等密切结合起来,进行国产 200 km/h 等级机车车辆逐档提速的综合试验。在以设计速度运行时,线路及车辆各项实测参数均满足规范要求,行车安全性及平稳性良好,实现了我国铁路工程建设水平的一次飞跃。

(二) 秦沈客运专线技术创新

在秦沈客运专线建设中,设计工作始终得到了铁道部领导的关怀和指导,铁道部专门成立了秦沈铁路客运专线科技领导小组,组织全路科技优势力量,对 24 项路基、桥梁、跨区间无缝线路和"四电"工程科研课题进行攻关并取得突破,填补了国内铁路建设的一系列空白,为高质量、高水平地建设秦沈铁路客运专线奠定了技术基础。秦沈客运专线主要技术创新成果有:

1. 路基工程

路基基床表层首次采用了增设一层 0.6 m 级配碎石,路桥过渡段采用级配碎石填筑的处治措施。软土路基和松散土路基采用了排水固结法和粉喷桩等处理措施,严格控制路基工后沉降,提高了路基、桥梁的工后沉降标准。采用高于普通铁路的路基填筑压实标准和施工工艺并研制使用新的路基质量检测装置,以确保路基质量。

2. 轨道工程

秦沈客运专线首次新线一次铺设跨区间 60 kg/m 钢轨无缝线路和 38 号道岔,部分特大桥采用无砟轨道,提高了轨道结构的刚度、均匀性,保证了线路的平稳性。

3. 行车调度指挥与信号系统

信号设备是保障行车安全、提高运行效率的关键。中国在秦沈铁路上首次采用车载速度显示信号作为行车凭证,取消了传统的区间地面通过信号机,这是中国铁路信号发展史上的重要里程碑。

信号综合系统主要由列控联锁一体化系统、列车运行指挥系统和信号集中监测系统组成。设计中广泛采用数字信息技术、网络技术、现代通信技术、遥控和遥信等先进技术,形成以车站信号计算机局域网为基础、以专用通道构成的计算机专用广域网为骨架、以调度所和综合维修基地信号计算机局域网为龙头的信息和资源广泛共享的综合信号系统,以达到远程集中控制、集中指挥、集中管理和维修的目的。

4. 通信与运输自动化管理系统

秦沈客运专线通信网由基础网、业务网和支撑网构成,是一个集有线及无线通信为一体的信息采集、传输与处理的综合通信系统,在技术上具备先进性、兼容性、高可靠性和可扩展性，并首次采用了数字集群技术及光纤射频直放技术用以解决区间公务通信，替代了传统通信设计中采用的干线电缆、区间通话柱及区间电话转接机的区间公务通信模式。

秦沈客运专线客运自动化系统主要由通靠显示网络、列车到发通靠系统、客运广播系统、旅客引导显示系统及客运电视监视系统组成，实现了秦沈客运专线信息管理现代化，并首次实现全程联网信息共享、全程集中图像监控、全程集中广播等功能，极大地改善了客运管理与服务水平和旅行环境。全线设置数字调度通信、数话兼容无线列调和集中监测监控系统，首次采用双径路光缆，组成具有自愈保护功能的光传输、800 MHz 的 TETRA 数字集群公务移动通信系统，并采取了区间光纤射频直放技术。

5. 牵引供电远动系统

保证电力机车良好取流和列车运行安全的关键，是高速电气化铁路的重点和难点。秦沈客运专线采用了中国自主开发的"弓网受流技术模拟软件"仿真计算，全面使用额定张力放线车，使接触网铺设基本实现一次到位，在高速列车运行下，弓网受流质量良好。牵引变电所是电气化铁路的牵引供电系统中的关键设备。秦沈线采用了中国自行研制的牵引变电所安全监控及综合自动化系统，实现了牵引变电所的无人值守、远动控制和自检自诊断功能，提高了牵引供电的安全性、抗干扰性和可靠性。

电气化工程采用单工频交流制，直供带回流线供电方式，全线按远动化设计，实现遥控、遥测、遥信和遥视自动化功能。采用牵引变电所远程安全监控装置和具有联锁、闭塞功能的列车运行安全防护系统。

秦沈客运专线在铁路工程技术方面跨上一个新的台阶：一是研究制定了一整套技术设计施工新标准；二是实现了高速铁路关键技术的新突破；三是工程管理上升到了一个新水平；四是秦沈客运专线首次采用客货分线规划与建设，实现了全新的运输组织模式，形成了大能力客运通道。

三、秦沈客运专线工程技术综合试验研究

秦沈客运专线是我国铁路建设中跨世纪的标志性工程之一。为使有关的新材料、新工艺、新技术和新装备在秦沈客运专线中使用，促使科技和工程密切结合，推进铁路传统产业的高新技术化，部客运专线科技攻关领导小组决定建立秦沈客运专线工程技术综合试验段，其起点为山海关站（DK15+908），终点为绥中北站外 2 km 处（DK86+800），全长 66.8 km。

（一）建立工程技术综合试验段的目的与意义

（1）把秦沈客运专线的各项科研专题和线桥工程、供电、弓网系统、信号设备的设计、施工、监理和测试等密切结合起来，并在综合试验段建成后，结合国产 200 km/h 等级机车车辆进行逐档提速的综合性试验，试验速度预计达到 250 km/h。确保全线开通时运营速度达到 160 km/h 及以上。

（2）综合试验段建成后，在部分区段内进行更高试验速度的综合试验，测试在列车动载作用下线桥工程、供电、弓网系统、信号设备和机车车辆的各项动力力学参数，为今后建设高速铁路积累资料，做好准备工作。

铁道部客运专线科技攻关领导小组研究决定：同意《秦沈客运专线综合试验科技攻关实施方案》，批准科技攻关项目暂定 24 项（其中 19 为站前项目，分别是路基专业 5 个、桥梁专业 7 个、轨道专业 7 个）。

（二）路基工程技术综合试验

1. 路基工程设计与研究中存在的主要技术难题

（1）如何保证路基的工后沉降不超过 15 cm，桥台后不超过 8 cm，第一年沉降速率不超过 4 cm。

（2）在列车动应力影响范围内，路基刚度对列车运行平稳的影响。

（3）路基质量的长期稳定性及运营条件变化对列车运营的影响。

2. 路基测试主要目的

（1）结合秦沈客运专线路基设计、施工、监理和测试等工作，验证秦沈路基设计及研究中采用的新材料、新工艺、新技术和新装备能否确保全线开通时以 160 km/h 的速度运营及达到设计要求。

（2）通过试验，取得高速铁路路基设计和施工中如何解决沉降、动应力及长期稳定等问题的资料，为今后建设高速铁路做准备。

（3）通过路基项目试验，对秦沈线 200 km/h 及 250 km/h 的列车运行试验提出评估意见，对秦沈 200 km/h 及京沪 300 km/h 暂行规定提出修改和补充意见。

3. 路基专业试验项目（共 5 项）

（1）软土路基工后沉降控制试验。

（2）路基施工工艺、质量检测方法和标准试验。

试验里程：DK30＋000—DK40＋000。

参与单位：铁三院、建科院、铁科院、铁十二局。

试验目的：检验路基施工工法；确定路基质量检测方法和标准。

试验内容：土样调查，填料、固化剂、石灰、粉煤灰的室内试验；对路基进行填筑试验，对改良土进行施工工艺、施工方法、施工机械的选择试验；路基质量快速检测试验。

一般填料地段：A. 室内试验：填料的物理性质试验，击实功能试验；土样在饱和条件下的压缩曲线，设计压实度下的固快强度、压缩曲线；路堤填成后原状土的压缩曲线，固快强度试验；B. 压实土检测数据（K_{30}，k，n_a，ω）之间的关系分析；C. 收集各工程局分包段试铺碾压段的方案布置、工艺流程，总结提出填料试铺碾压试验细则；D. 总结各分包段的 K_{30} 操作方法，提出标准的 K_{30} 操作细则；E. 补充路堤本体沉降观测及后期的沉降观测设备；F. 填土压实度、地基系数快速动测方法的测试比较。

改良土填筑地段：A. 原土料的室内试验：物理力学性质、击实功能试验；B.改良土配比的优选试验，击实试验；C. 设计压实度下改良土的压缩，无侧限，固结快剪 c、φ，冻融，干湿循环，弯折（beam）试验；D. 施工工艺（施工机械，混合、摊铺、碾压）试验；E. 质量控制[k、K_{30} 等，平面、竖向（N_{10}、容重）均匀性检测]；F. 列车运行条件下路基表面动应力、动变形检测；G.在基床改良土下部埋设动、静土压力计，测定应力扩散与一般填土有无差异。

(3) 路桥过渡段设置方法试验。

试验里程为：DK44+000—DK46+000。

参与单位：铁三院、北方交大（现北京交通大学）、铁十九局。

试验目的：A. 检验两种过渡段设计形式的效果；B. 提出施工工艺及施工质量检测方法。

试验内容：A. 两种形式过渡段施工工艺以及施工质量检测试验；B. 沿纵横向静、动刚度、路堤应力和沉降的测试。

主要研究问题：A. 土工格栅加固与级配碎石过渡段动刚度的大小；B. 土工格栅对过渡段路基刚度的影响；C. 不同过渡方式与桥梁、涵洞及不同轨道结构相连时，对列车运行平稳性的影响；D. 不同过渡方式时路堤本体压缩沉降的差异；E. 不同过渡方式对轨道稳定性的影响。

(4) 土工合成材料加筋技术处理路基。

(5) 不同基床表层结构及路基、轨道动态试验。

试验里程为：DK44+300—DK45+600。

参与单位：铁科院、长铁院、铁十九局。

试验目的：检验并选择合理的基床表层结构。

试验内容：A. 对不同厚度（路堤 40 cm、50 cm、60 cm、70 cm、路堑 40 cm、60 cm）基床表层地段（每段长 200～300 m）的路基进行测试；B. 在施工过程中，路基（含基床及基床表层）各层土基本性质和地基系数的测试；C. 施工完成后，降水条件下基床表层渗透特性的测试及力学性质变化的测试；D. 在列车运行条件下，路基动刚度、弹性变形、塑性变形、应力传递及路基振动特性的测试。

4. 路堤地段主要研究问题与研究内容

1）研究问题

（1）不同基床表层厚度对下部填土动应力的影响。

（2）不同基床表层厚度对路堤累积变形的影响。

（3）不同基床表层厚度对阻水效果的影响。

（4）不同基床表层厚度对上部线路刚度的影响。

（5）不同基床表层厚度对路堤振动和轨道稳定性的影响（试运行期间，开通后另行安排）。

（6）动应力在路基本体内的分布及传递。

2）研究内容

1）在施工过程中，路基本体及基床下部填土特性、原状土模量（E_{50}）测试、击实试验。

（2）在施工过程中，级配碎石 K_{30}、n_a、k 值的对比检测。

（3）基床下部填土表面埋设土壤湿度计。

（4）模拟降雨条件下（不同雨量、强度），基床表层地基系数的变化，下部基床土的含水量变化。

（5）在一个标准断面不同深度处埋设动、静土压力计，土层应变计。

（6）在轨底安装测力垫板。

（7）在路基表面安装加速度计、位移计。

5. 路堑地段主要研究问题与研究内容

1）研究问题

（1）有无基床表层对线路刚度的影响。

（2）有无基床表层对列车运行平稳性（冲击力）的影响。

（3）有无基床表层对轨道稳定性的影响。

（4）下层刚度对级配碎石基床表层（K_{30}）的影响。

（6）比较路堑地段与路堤地段动应力的差异。

2) 研究内容

(1) 测定基底及换填土物理性质。

(2) 测定基面填土的压实度、K_{30} 等指标。

(3) 测定级配碎石的 K_{30}、n_a 等各项指标。

(4) 安装轨底垫板,测定轮重。

(5) 在基床表层顶面埋设动土压力计、位移计,测定路基表面的动力、动应变。

（三）桥梁工程技术综合试验

桥梁作为客运专线的重要组成部分,其主要功能是确保桥上轨道长期、稳定的高平顺性,并使列车能够安全、舒适地高速通过。这对桥梁提出了更为严格的要求。

1. 客运专线铁路桥梁的特点

(1) 桥梁所占比例大,高架和长桥多。

(2) 桥跨刚度大、变形小、整体性好。

(3) 桥梁下部结构应有较大的纵、横向刚度。

(4) 桥梁应有良好的耐久性,结构便于检查。

(5) 桥上无砟桥面逐步替代有砟桥面。

(6) 桥梁结构尽可能与周围环境相协调。

2. 客运专线铁路桥梁主要结构形式

(1) 一般采用刚度大的结构形式。

(2) 以混凝土桥为主。

(3) 箱梁形式、双线桥面居多。

(4) 尽可能采用标准化设计。

(5) 桥墩以重型为主,乃至采用空心墩。

(6) 支座形式以盆式橡胶支座为主。

(7) 结构形式的选择应与施工方法和工期相结合。

3. 客运专线铁路桥梁的施工特点

(1) 梁跨需预架。

(2) 施工多样化。

(3) 施工控制要求严格。

4. 客运专线铁路桥梁综合技术试验内容

（1）桥梁动力性能综合试验。
（2）桥梁纵向力综合试验方案。
（3）双线整孔简支箱梁综合试验。
（4）多片式 T 梁综合试验。
（5）桥涵基础工后沉降试验研究方案。
（6）涵洞洞顶不同填土厚度试验。
（7）预应力混凝土简支箱梁静载试验。

5. 客运专线铁路桥梁综合试验实施

1）桥梁动力性能综合试验
（1）试验方案：见表 3.3 所示。

表 3.3　客运专线铁路桥梁动力性能综合试验方案

分包号	主持单位	承担单位	参与单位	桥名
桥包 1	铁科院	长沙铁道学院（现中南大学）	铁十二局、铁十九局、铁五局、铁四局	跨 102 国道 1 号大桥、沙河特大桥、跨 305 国道特大桥
桥包 2		西南交通大学	铁十九局、铁十四局、铁四局	祝总坟大桥、跨阜锦州公路特大桥、跨兴阎公路特大桥
桥包 3		铁道科学研究院	铁十二局、铁十九局、铁三局	六股河特大桥、石河 2 号特大桥、跨 102 国道 3 号大桥
桥包 4		北方交通大学	铁十六局、铁十七局、铁十八局	狗河特大桥、周流河特大桥、辽河特大桥

（2）桥梁动力性能综合试验目的。

通过桥梁动力性能综合试验，评估高速列车过桥时的行车安全性、旅客乘坐的舒适性及桥梁结构的动力性能，对桥梁设计规范和参数进行检验，并为今后高速铁路的桥梁设计积累经验。

（3）桥梁动力性能综合试验的主要内容。

① 列车通过桥梁时的行车安全性。
② 列车通过桥梁时旅客乘坐的舒适性。
③ 桥跨结构的动力性能。
④ 桥墩的动力性能。
⑤ 桥梁支座的动力性能。

(4) 桥梁动力性能综合试验达到的目标。

① 测到了桥跨（梁）结构的固有自振频率。

② 获取了在列车速度 5 km/h、80 km/h、120 km/h、160 km/h、200 km/h、250 km/h 及 250 km/h 以上时的下列各项数据：跨中竖向、横向加速度，跨中竖向位移及相应的冲击系数，梁端横向加速度、位移，梁体、桥面板和墩身应力及相应的冲击系数，梁体扭转角，墩顶的横向位移，支座的纵向、横向位移及竖向压缩量，钢轨应力，轨道不平顺谱，机车和客车的竖向、横向振动加速度，测力轮对的脱轨系数，车桥耦合计算结果与实测结果的对比分析。

③ 提出列车通过桥梁时的行车安全性、旅客乘坐舒适性及桥梁动力性能评估报告。

④ 根据综合试验实测资料检验桥梁设计中的有关规定和参数，并提出相应的修改意见，为《时速 200 公里新建铁路线桥隧站设计暂行规定》和《京沪高速铁路线桥隧站设计暂行规定》的修改提供依据。

2) 桥梁纵向力综合试验

(1) 桥梁纵向力综合试验方案：见表 3.4 所示。

表 3.4 客运专线铁路桥梁纵向力综合试验方案

分包号	主持单位	承担单位	参与单位	桥名
桥包 5	铁科院	铁科院	铁十九局、铁三院、北方交大、铁四院	沙河特大桥
桥包 6		桥研所	西南交大、铁十四局、铁三院	家屯大桥

(2) 桥梁纵向力综合试验的目的。

根据实桥测试资料，验证墩台顶纵向水平线刚度和墩台制动力和伸缩力的设计计算，并提出有关参数的修改意见。

(3) 桥梁纵向力综合试验主要内容。

收集了解桥位地质资料和桥梁基础类型；测试桥梁下部结构纵向水平线刚度；测试墩台混凝土弹性模量，梁跨随气温的纵向位移量变化，墩顶随气温的纵向位移量变化，支座纵向位移性能，钢轨制动力、伸缩力，梁轨相对位移量，墩台制动力、伸缩力。

(4) 桥梁纵向力综合试验的方法。

① 选择桥端（固定支座桥台侧）五孔梁范围内墩台作为试验对象。

② 收集了解桥位地质资料和桥梁基础类型，为测试、计算和分析提供依据。

③ 墩身混凝土灌筑后，制备混凝土弹性模量试件，进行下部结构纵向水平线刚度测试，同时进行混凝土弹性模量测试。

④ 梁跨架设和桥上无缝线路铺设后,进行下部结构纵向水平线刚度测试,支座纵向位移测试以及混凝土弹性模量测试。

⑤ 选择与无缝线路锁定时梁体温度相比温差较大时测试梁长变化、墩顶位移及相应的墩台、钢轨伸缩力。

⑥ 通过室内制动力模拟试验,确定制动力作用下墩台动刚度与静刚度的关系;列车运行综合试验时,进行列车制动试验,测试墩顶位移、梁轨快速相对位移、墩台钢轨制动力。

3)双线整孔简支箱梁综合试验

(1)双线整孔简支箱梁综合试验方案:见表3.5、图3.16所示。

表 3.5 客运专线双线整孔简支箱梁综合试验方案

分包号	主持单位	承担单位	参与单位	桥名
桥包7	北方交大	铁科院	铁十九局、铁十七局、铁专院	沙河特大桥、石河2号特大桥、狗河特大桥
桥包8		北方交大	铁十九局、铁十八局、铁十四局、铁四局	跨土何公路特大桥、六股河特大桥、周流河特大桥
桥包9		中南大学	大桥局、铁三局	小凌河特大桥
桥包10		石家庄铁道学院	铁十三局、铁三院	辽河特大桥

图 3.16 秦沈客运专线双线整孔简支梁

(2)双线整孔简支箱梁综合试验的目的。

① 通过制梁(预制和现浇)主要工艺试验,检验箱梁制造工艺。

② 通过移梁、运梁和架梁监测,验证箱梁横移、运输和架设时的应力状态。

③ 通过两年的长期监测,研究徐变上拱的发展、徐变损失、日照温度梯度。

④ 评估桥面设施的适用性。
（3）双线整孔简支箱梁综合试验达到的目标。
① 检验双线整孔简支箱梁的设计理论和有关参数。
② 检验现场制梁工艺。
③ 提出有关参数的修改意见，为《时速200公里新建铁路线桥隧站设计暂行规定》和《京沪高速铁路线桥隧站设计暂行规定》的修改提供依据。

4）多片式T梁综合试验
（1）多片式T梁综合试验方案：见表3.6所示。

表3.6 客运专线多片式T梁综合试验方案

分包号	主持单位	承担单位	参与单位	桥名
桥包11	同济大学	同济大学	铁十九局	祝总坟大桥、任家沟2号中桥

（2）多片式T梁综合试验的目的。
通过现场试验检测多片式T梁的各阶段应力状态、整体受力性能，验证多片式T梁的设计及现场联结工艺，提出有关参数的修改意见和建议。
（3）多片式T梁综合试验达到的目标。
① 检验T梁的制造工艺。
② 检验多片式T梁现场横向联结工艺。
③ 多片式T梁通过箱梁运梁车和架桥机的可靠性。
④ 验证多片式T梁弯矩和剪力的分配系数及其他有关设计参数。
⑤ 提出有关参数的修改意见，为《时速200公里新建铁路线桥隧站设计暂行规定》和《京沪高速铁路线桥隧站设计暂行规定》的修改提供依据。

5）桥涵基础工后沉降综合试验
（1）桥涵基础工后沉降综合试验方案：见表3.7所示。

表3.7 客运专线桥涵基础工后沉降综合试验方案

分包号	主持单位	承担单位	参与单位	工点里程
桥包12	铁三院	铁三院	西南交大、长沙铁道学院、铁一局、铁二局、铁五局	DK266+521（桥）、DK273+567（桥） DK241+182（桥）、DK373+238（桥） DK264+471（涵）、DK276+743（涵） DK269+844（涵）、DK267+641（涵） DK265+485（涵）

(2)桥涵基础工后沉降综合试验的目的。

通过对试验工点施工阶段、运营阶段的现场观察测试,检验桥涵基础沉降设计计算、沉降控制标准的合理性,提出有关设计参数的修改意见及较为合理的计算公式,为不良地基桥涵基础沉降设计提供依据。

(3)桥涵基础工后沉降综合试验的主要内容。

① 试验工点的补充勘探。

② 现场荷载板试验。

③ 桥涵基础沉降的施工观察及工后沉降的长期观察。

④ 桥墩及基础竖向动位移测试,检测列车荷载对沉降的影响。

(4)桥涵基础工后沉降综合试验达到的目标。

① 较为确切地了解桥涵基础的工作状态、基础的工后沉降及其随时间的发展规律。

② 不良地基桥涵基础沉降量计算办法和经济、合理的基础处理方法。

③ 列车荷载对基础沉降的影响。

④ 提出了较为合理的沉降计算公式及有关设计参数的修改意见。

⑤ 为《时速200公里新建铁路线桥隧站设计暂行规定》和《京沪高速铁路线桥隧站设计暂行规定》的修改提供依据。

6)涵洞顶部不同填土厚度综合试验

(1)涵洞顶部不同填土厚度综合试验方案:见表3.8所示。

表3.8　客运专线涵洞顶部不同填土厚度综合试验方案

分包号	主持单位	承担单位	参与单位	工点里程
桥包13	铁三院	铁三院	西南交大、长沙铁道学院、铁十九局、铁十七局、铁四院	DK40+929、DK41+890、DK47+076、DK49+689、DK55+945、DK56+379、DK56+700、DK57+790、DK69+857(单孔盖板涵)

(2)涵洞顶部不同填土厚度综合试验的目的。

测试在不同涵洞洞顶填土厚度下,高速列车运营的安全性和旅客乘坐的舒适度以及高速列车对涵洞结构的冲击作用。

(3)涵洞顶部不同填土厚度综合试验的主要内容。

① 高速列车运营的安全性和旅客乘坐的舒适度。

② 钢轨应力沿线路纵向的变化。

③ 涵洞洞顶动土应力沿线路纵向的变化。

④ 高速列车对涵洞结构的冲击作用。

（4）涵洞顶部不同填土厚度综合试验达到的目标。

① 提出符合客运专线速度要求的涵洞洞顶最小填土厚度的合理值。

② 确定不同涵洞洞顶填土厚度下列车活载对涵洞结构的冲击系数。

③ 为《时速200公里新建铁路线桥隧站设计暂行规定》和《京沪高速铁路线桥隧站设计暂行规定》的修改提供依据。

7）预应力混凝土简支箱梁静载试验

（1）预应力混凝土简支箱梁静载试验方案：见表3.9所示。

表3.9 客运专线预应力混凝土简支箱梁静载试验方案

分包号	主持单位	承担单位	参与单位	桥名
桥包14	铁科院	铁科院	铁专院、房山厂、大桥局、铁十二局	房山试验梁、月牙河特大桥、六股河特大桥

（2）预应力混凝土简支箱梁静载试验的目的。

① 通过制梁工艺试验，检验箱梁制造工艺。

② 通过移梁、运梁和架梁监测，验证箱梁横移、运输和架设时的应力状态。

③ 通过静载试验检验箱梁的设计与施工质量。

④ 通过两年的长期监测，研究徐变上拱的发展、徐变损失、日照温度梯度。

（3）预应力混凝土简支箱梁静载试验达到的目标。

① 通过一系列工艺试验，检验箱梁的制造工艺和设计相关参数。

② 通过静载试验，研究宽桥面板和宽底板箱梁在预施应力和外荷载作用下的应力分布与变形，分析双线整孔简支箱梁整体与局部的静载受力特点，验证箱梁的抗裂安全性。

③ 通过长期观察，研究混凝土箱梁徐变随时间的发展规律、徐变终极值、梁体徐变上拱及日照温度梯度，为宽箱梁设计资料。

（四）秦沈客运专线三次综合试验

为了保证秦沈客运专线的顺利建设，同时也为了给我国高速铁路的设计、施工及技术装备选型提供技术依据，秦沈客运专线开工后先期修建了一段66.18 km长的综合试验段——山海关至绥中北试验段，线桥设备和接触网都按300 km/h速度要求进行设计，并布置了线路、路基、路桥过渡段、不同类型桥梁、道岔，不同填土厚度的涵洞，不同基层表层结构、噪声振动、不同悬挂形式接触网，接触网支柱等测试工点。

铁道部分别于2001年和2002年在秦沈线山绥综合试验段和全线组织进行了三次大

规模的实车综合试验，对线路、轨道、道岔、路基、路桥过渡段、桥梁、涵洞、接触网、机车车辆和通信信号等进行了全面测试。

2001年12月，在第一次综合试验中，采用了国产的"神州"号动力集中型内燃双层动车组，编组为2M+4T，最高速度达到了210.17 km/h，如图3.17所示。

图3.17 秦沈客运专线综合试验的"神州"号动力集中型内燃双层动车组

2002年9月，铁道部组织进行了第二次综合试验。试验采用的是我国生产的第一列动力分散型电动车组"先锋"号，其由2个动力单元组成，每个动力单元由两辆动车和一辆拖车组成，即2M+1T，全列6辆编组，总长158.4 m，定员424人，最大轴重15.0 t。该动车组采用了先进的交-直-交传动技术，总功率为4 800 kW，有16个动轴，轴功率为300 kW。试验中，动车组以270 km/h及以上的速度持续运行了11.7 km，并创造了292 km/h的最高运行速度。"先锋"号动车组在以上述速度持续高速运行下，其安全性、平稳性仍符合有关标准要求，证明国产动车组的性能稳定。如图3.18所示。

图3.18 秦沈客运专线综合试验的"先锋"号动力分散式电动车组

2002年11月至12月，采用国产动力集中型动车组"中华之星"进行了第三次综合试验。"中华之星"动车组是"十五"国家高新技术产业化发展项目，为动力集中型，全列编组11辆，为2M＋9T，其中一等车2辆，二等车6辆，餐车1辆，全长272.9 m，定员772人；该车首次采用了铝合金车体技术，9辆拖车中，4辆为铝合金车体，5辆为钢制车体；该车采用了先进的交-直-交传动技术，总功率为9 600 kW，每个动车功率4 800 kW，最大轴重19.5 t；最高速度300 km/h，运营速度270 km/h。"中华之星"动车组是我国时速270 km/h等级的第一列动车组。试验中，"中华之星"2M＋9T全编组，试验速度达到了305.9 km/h；采用2M＋3T编组，创造了321.5 km/h的中国铁路最高运行速度。并且，以200～250 km/h的速度进行了秦沈线全线拉通试验。其中：绥中北—台安间226 km的线路，试验最高速度达251.7 km/h，运行时间为1h；绥中北—皇姑屯325 km的线路运行时间为1h31 min，平均速度为214 km/h。如图3.19所示。

图3.19 秦沈客运专线综合试验的"中华之星"动力集中型电动车组

三次综合试验中，在高速运行下，无砟轨道和38号道岔的各项动力参数均符合安全评判标准；桥梁的跨中竖向挠度、横向振幅等动力参数均满足有关规定；路基动应力及动变形低于设计值，状况良好；动车组的安全动力学性能、牵引性能、制动性能都符合有关规范要求，平稳性指标达到优良标准；弓网受流性能良好。试验中，轨道检查车对轨道几何状态进行了检查，轨道不平顺的偏差值都符合200～250 km/h和300 km/h的国际高速铁路的管理标准，说明轨道平顺性好，施工质量优良。三次综合试验的结果证明，秦沈客运专线的工程质量达到了设计要求，完全能够满足速度200 km/h及以上的列车的安全、平稳地运行。

四、秦沈客运专线修建意义与经验启示

（一）秦沈客运专线修建的意义

1. 实现了铁路运输客货分流，构成了京秦沈客运通道

"九五"期间，铁路繁忙干线的旅客列车运行速度提高到 140~160 km/h。通过多次既有线提速综合试验和科技攻关，我国形成了一整套适用于中国提速的技术条件，研制出一系列具有自主知识产权的固定设备和移动设备。

全路先后实施了四次大提速，使我国旅客列车的运行速度达到了 160 km/h，全路完成的客运量、旅客周转量和客运收入年年增长。但是，由于我国铁路客货混运，既有线旅客列车提速后，客货列车速差增大，影响了线路的通过能力。而且，既有线提速受线路平面技术条件的限制，提高到一定速度后，压缩运行时分的改造投资巨大。因此，既有线提速的幅度是有限的。所以，在客货运输特别繁忙的大通道和城市间，必须积极修建客运专线，实现客货分流，才能提高铁路的运输能力和运输质量。修建客运专线，可以实施小编组、高密度的列车开行方式，充分满足旅客对铁路运输快速、安全、舒适、方便和准时可靠的需求，因而可大大提高铁路的竞争能力，是我国铁路发展的主要技术政策，也符合世界铁路发展的趋势。

秦沈客运专线建成后，主要承担分流秦皇岛（或山海关）至沈阳的直通旅客列车的任务，既有沈山线则承担全部货物列车和少量地方客流的旅客列车，从而实现了秦沈线、沈山线客货分线运输，改变了我国既有的客货混运的运输模式，既可大大增强秦沈线的客运能力，又能充分地释放沈山线长期紧张的货运能力，并且具备了适应客货运输持续发展的条件，从而彻底实现了进出关客货运输的畅通无阻，能够在很长的时期内促进东北地区的经济持续发展。

秦沈客运专线的建成通车，标志着我国铁路提速工程的重大突破。其与提速改造后的京秦线一起，构成了京秦沈客运通道，最大限度地缩短了北京—沈阳的运行时间，将带动我国铁路第五次大提速。同时，秦沈客运专线是连接哈大线和京沪线的纽带，远期可以与京沪高速铁路联通，形成我国东部沿海经济发达地区的铁路快速客运通道，对保障和推进东部地区的国民经济发展将起到重要作用。

2. 掌握了客运专线成套技术，奠定了高速铁路技术基础

速度是现代交通运输方式赖以生存和发展的基本条件之一，也是一项衡量交通运输质量的重要技术指标。1964 年，日本率先建成世界上第一条速度达 210 km/h 的高速铁路，开创了世界高速铁路的新纪元。紧随其后，法、德、意、西、比、瑞士、英等国相继新

建或改建成各有特色的高速铁路，并逐步形成高速与高速、高速与普通铁路相连接的直通运输网。21 世纪初期，世界上已投入运营的新建高速铁路达 5 210 余千米，既有铁路改建的高速铁路万余千米，高速列车通达里程已超过 15 000 km。欧盟计划在 2010 年前完成 29 000 km 的泛欧高速铁路网建设，日本计划修建 7 000 km 高速铁路。此外，韩国、我国台湾、美国、澳大利亚等国家或地区也在修建或规划修建高速铁路。与此同时，法国于 1990 年 5 月 18 日在 TGV 大西洋线创下了 515.3 km/h 的世界纪录。高速铁路的最高运营速度已从当初东海道新干线的 210 km/h 发展到 2002 年在法国 TGV 地中海线的 350 km/h。

与其他高速交通运输方式相比，高速铁路具有全天候、安全性好、速度快、运能大、能耗低、污染轻、投资省、成本低、与既有铁路可联网运营、经济效益高等技术经济优势。因此，高速铁路得到了世界各国政府和公众的信赖，已成为世界铁路发展的方向。

秦沈线三次综合试验的成功，说明了我国铁路线桥工程修建技术已进入高速领域，国产动车组能够安全平稳地高速运行，接触网结构满足 300 km/h 速度的受流条件，通信信号设备也能达到高速铁路的要求。从而证明了我国修建高速铁路，技术上是完全可行的。

秦沈客运专线的成功建成，不仅构筑了我国第一条快速、安全、舒适的客运通道，彻底解决了进出关运输能力紧张的局面，开创了我国铁路运输客货分流的新模式；更重要的是使我国掌握了具有自主知识产权的时速 200 km 等级客运专线成套技术装备，培养了大批科研、设计、施工等技术人才；同时，推动了铁路行业的技术进步，提高了我国铁路的建设和制造水平，缩短了与世界先进技术水平的差距，从而也为修建高速铁路打下了坚实的技术基础。

（二）秦沈客运专线建设经验与启示

2003 年 8 月，秦沈客运专线正式运营。实践证明，其系统设计取得重大成果，达到了国家要求的建设目标；同时，也给我们高速铁路系统设计若干启示。

（1）客专如何满足旅客舒适度要更多考虑。最小坡段长≥400 m，设计时为节省土石方工程，短坡、碎坡取得较多，列车达速运行过程中上下起伏频繁，乘客舒适度不理想；个别缓和曲线长度的取值，竖曲线和圆曲线重叠等问题，影响运行平稳性。

（2）客专如何充分考虑旅客乘车安全、方便，尤其残疾旅客便捷上下车，节省站停时间。由于列车类型未定，车厢中间开门的双层客车下层车底板高度为 347 mm，25 型单层客车车底板高度为 1 293 mm，国产动车组车底板高度 1 210~1 345 mm，难于做到站台高度与客车底板高度基本一致，不得不设为 500 mm。

（3）路基标准、基底填料、沉降、观测、防冻、排水等问题必须得到足够重视。客专对路基工后沉降要求高，尤其要改变先修桥隧后填路基的传统习惯，使路基有合理沉降压密时间，即置放期。

（4）桥涵设计应进一步重视改善耐久性，适应现场制梁或桥位制梁，桥梁结构形式应深入进行技术经济比选，并有利于检查与养护维修。

（5）每站设4组38号大号码道岔，侧向开通机会少，建设投资多，运营养护维修量大，成本高。

（6）采用双红灯防护方案，在一定程度上影响了股道有效长度和行车间隔。

（7）多专业、系统化综合工程实施中，常发生桥梁与路基、桥梁与轨道、站场与信号、站场与轨道、路基与排水、通信与运调及旅服、信号与信息化的接口界面不明，甚至设计参数的测定和提出也相互推诿，验收中发现问题各有托词的现象，这是专业接口和系统设计尤其要注意的。

（三）秦沈客运专线经济效益评价与路网意义

秦沈客运专线总投资约150亿元人民币。

（1）运价：按新线新价原则，考虑项目适当盈利及具有一定的清偿能力，参照当时新型客车的运价水平确定客运收入率：200 km/h 列车票价为 0.20 元/km，160 km/h 列车票价为 0.16 元/km，其他收入按客运收入的 15.15% 计。

（2）经济效益综合评价：秦沈客运专线项目从财务及国民经济评价来看，由于全部投资财务内部收益率为 9.0%，大于基准收益率 6%，全部投资经济内部收益率为 14.3%，大于社会折现率 12%，且投资回收期较短，其综合评价是可行的。

此线是中国首条铁路客运专线，是《中长期铁路网规划》中"八纵八横"高速铁路网的重要组成部分。2006年12月31日起，秦沈客运专线和京秦铁路、原哈大铁路哈尔滨至沈阳段合并为京哈铁路（新线），所以秦沈客运专线现在已是京哈铁路的一部分。

第四章

中国高速铁路技术体系构建与创新战略实施

一、高速铁路运输系统

一般而言,系统可以看成有相互关联和相互作用的若干部分组合而成的具有特定功能的整体。任何系统都存在三个方面需要研究的内容:实体、属性、活动。

实体:组成系统的具体对象元素。

属性:实体的特性(状态和参数)。

活动:对象随时间推移而发生的状态变化。

(一)高速铁路运输系统组成

高速铁路运输系统是一个系统工程,通常由以下四部分组成:

(1)高速铁路基础设施(或称固定设施),指高速铁路运输系统的物质部分,如路基、轨道、桥梁、隧道、车站、枢纽等工程设施。

高速铁路运输网络是由节点(枢纽站、大型站场等)和连线(铁路线路等)组成的,因此,高速铁路运输系统中的基础部分主要为其网络部分。高速铁路运输网络具有立体性,即不再是单一结构,而是新建高速铁路、既有线改建的高速铁路或其他形式高速轨道交通(如磁浮高速)等方式相互补充、相互配合、相互竞争的综合高速运输网络。

(2)高速铁路运输运载工具(或称为移动设施),指高速机车车辆、高速动车组、铁路动车组等,即高速交通运输的运输工具部分。

(3)高速铁路运输管理与控制系统。传统的管理与控制系统主要包括车辆管理控制系统与交通流量管理控制系统,主要指技术方面的管理与控制,如铁路的线路空间几何尺寸设计和引导设备等;运输量管理控制系统包括交通信号控制系统、运输量监测设备、运行规章制度等,计算机技术和新技术、新方法的飞速发展,交通运输决策支持系统的开发应用,通过信息加工与管理、仿真实验分析、数学模型与智能系统的运行、多样化的输出信息表达形式等方式，为高速运输系统规划与管理提供了必要的技术支持和重要工具。

（4）高速铁路运输流量，包括货物物流和旅客客流两部分，即社会经济发展对铁路运输业运送货物和旅客的需求产生的运输流量。运输流量的大小和分布主要受到外部环境（如社会经济发展状况、地理条件等）和科学技术水平以及人的交通行为和观念的影响等。

在高速铁路运输系统中（图4.1），系统的实体是人（路的使用者、路的管理者、路的维修者）、运载工具（高速车辆）、运输环境（气象环境、信息环境、通行条件等）。系统的属性是人的驾驶性能、人的管理水平、人的维修技术等以及运载工具的分布状态、特性、能力等。系统的活动则是人、运载工具、路、交通环境的系统协调性。

由于组成高速铁路运输系统的实体之间相互作用而引起实体属性的变化，通常用"状态"的概念来描述。研究高速铁路运输系统就是研究高速铁路运输系统状态的改变，即系统的演变。

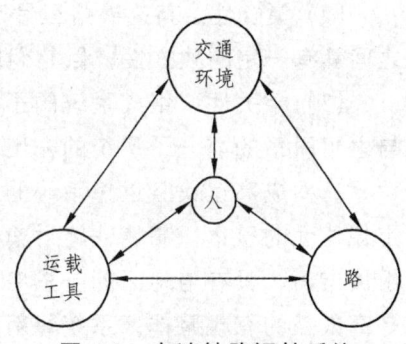

图 4.1　高速铁路运输系统

由于高速铁路运输系统是社会经济大系统中的一个重要的、独立的、以为社会提供运输服务为其主要功能的子系统，所以我们就明确了对任何运输问题的研究必须具有系统观念，采用系统分析的方法，即从高速铁路运输系统与其外部环境的相互关系和运输系统内部各元素间的相互关系来研究运输问题。因此，除了研究高速铁路运输系统实体、属性和活动外，还要研究对高速铁路运输系统的活动结果产生影响的外界因素。

高速铁路运输系统组成如图4.2所示。

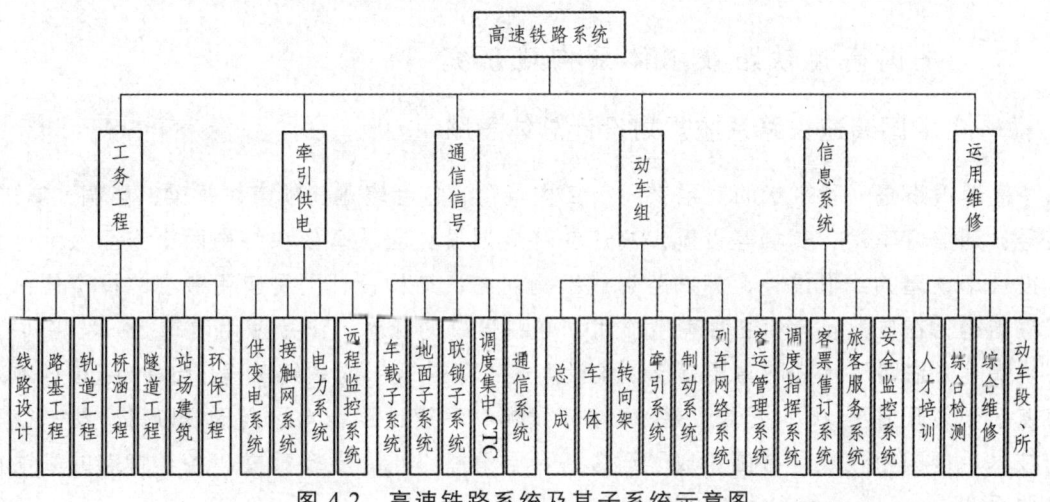

图 4.2　高速铁路系统及其子系统示意图

（二）高速铁路运输系统特征

高速铁路运输系统具有以下四个主要特征：

（1）目的性。设计和运行高速铁路运输系统是与实现一定的目的紧密联系的，即实现某些特定功能及系统优化。高速铁路运输系统具有特定的功能，也就带有一定的目的性，高速铁路正是按此目的性组成高速铁路运输系统的。

（2）集合性。高速铁路运输系统的各个组成部分（运输站点和线路等元素或子系统）之间具有一定的独立性，但它们同时按一定方式组合成一个有机整体。

（3）相关性。组成系统的子系统之间相互联系、相互作用，某一子系统的输入则是与之相联系的前一子系统的输出。为使系统正常运行，各子系统之间存在着一定的逻辑关系。构成高速铁路运输系统的全部运输站点和线路等是相互联系、相互制约和具有一定规律性的整体。高速铁路运输系统并不等于各个子系统简单相加，它是在布局和结构组成方面，具有与地区的自然条件、经济条件及功能等相适应的，符合一定规律性和具有高效益的有机整体。系统每新建或改建任意一条线路，均要受到全局因素的制约，又由于区域经济和运输需求随着时间的变化而发展；因此高速铁路运输系统规划与建设是一个动态过程。相关性包含着时间与空间两方面的特征。

（4）环境适应性。任何系统都有确定的边界和环境，系统从外部环境接受输入（包括正常输入和随机干扰），经过系统转换，再向外部环境产生输出。由于外部环境是变化的，为了使系统优化，系统要生存就必须进行相应调节使之适应环境的变化。高速铁路运输系统是社会、经济、政治、文化的总体组成部分，必须适应区域国土开发利用和经济发展规划，适应区域综合运输的条件，适应综合交通运输的发展需要。

二、中国高速铁路技术体系构建研究

（一）中国高速铁路系统规划设计总体思路

高速铁路是一种带状的三维空间人工构筑物，包括路基、轨道、桥梁、涵洞、隧道、信号、通信、车站、货场等设施。高速铁路规划设计应从几何和结构两个方面入手：几何设计即铁道的线形设计，为铁路选线勘测问题；结构设计则是应用最小的投资使铁道工程结构物在自然及运营各种荷载作用下保持良好的状态，满足使用要求。

高速是铁路现代化的重要标志，建设高速铁路是复杂的系统工程。自1964年日本东海道新干线开通至20世纪末，经30多年发展，高速铁路技术逐渐形成以日、法、德三个技术原创国为代表，各国建成了适合各自国情和路况，各自独立、各具特点的高铁技术体系。

如何建立中国的高速铁路技术体系？必须根据我国的国情路况来构建中国高速铁路技术体系，即需要考虑以下几方面的国情路况：

(1) 中国铁路网特色鲜明：路网覆盖的超长性、路网密度的单薄性、线路标准的统一性、调度指挥的集中性、地质条件的差异性、分建成网的复杂性。

(2) 中国铁路运输组织、路网结构、轨下基础、谐振式无绝缘轨道电路制式等方面与国外高铁存在较大差异，不可能完全照搬任何一国的高铁技术体系。

自 20 世纪 80 年代以来，经过 20 多年的发展，中国在学习、消化、吸收世界高铁先进成熟技术的基础上，系统总结了中国客专工程技术、科研试验成果，针对高铁建设的关键技术问题，开展了研究、试验、验证、预设计、工程设计咨询的自主创新和各系统集成研究攻关。

我们立足自我，充分利用多年来积累的技术储备，认真学习和借鉴国外高速铁路规划、建设和运营的成功经验，坚持博采众长，加强包括原始创新、集成创新、引进消化吸收再创新在内的全面自主创新，系统设计，系统集成。在此基础上，建立了中国高速铁路技术体系，取得了高速铁路设计、施工、运营一系列重要成果，走出了一条发展高速铁路的成功之路。

1. 高速铁路系统构成及集成总目标

(1) 系统构成及接口关系：高速铁路由高质量及高稳定的基础设施、性能优越的高速列车、先进可靠的列车运行控制、高效的运输组织与运营管理架构等综合集成。

高速铁路各子系统之间既自成体系，又相互关联，既有硬件接口，又有软件联系，围绕整体统一的经营管理目标，彼此兼容，完整结合，如图 4.2 所示。

为确保中国高速铁路技术体系的完整性和各子系统之间的紧密衔接，在铁道部统一领导下，国内各相关部门开展联合攻关，统筹运作、详细研究、科学论证工务工程、牵引供电、通信信号、信息系统、电动车组、运用维修各子系统的协调配合及系统优化和集成，实现高速度、高密度、高安全性。系统集成总目标是：必须按系统工程施作、加强系统设计、强化系统集成，统一协调监管高速铁路建设。如图 4.3 所示。

(2) 中国高速铁路系统集成的目标。

通过合理利用各种资源，实现优化配置，使建设高速铁路这一庞大复杂的系统在技术上达到一流工程质量、一流装备水平、一流运营管理的目标。

2. 高速铁路各子系统集成目标

1) 工务工程系统

(1) 为高速度运行的机车车辆提供高平顺性与高稳定性的轨面条件。

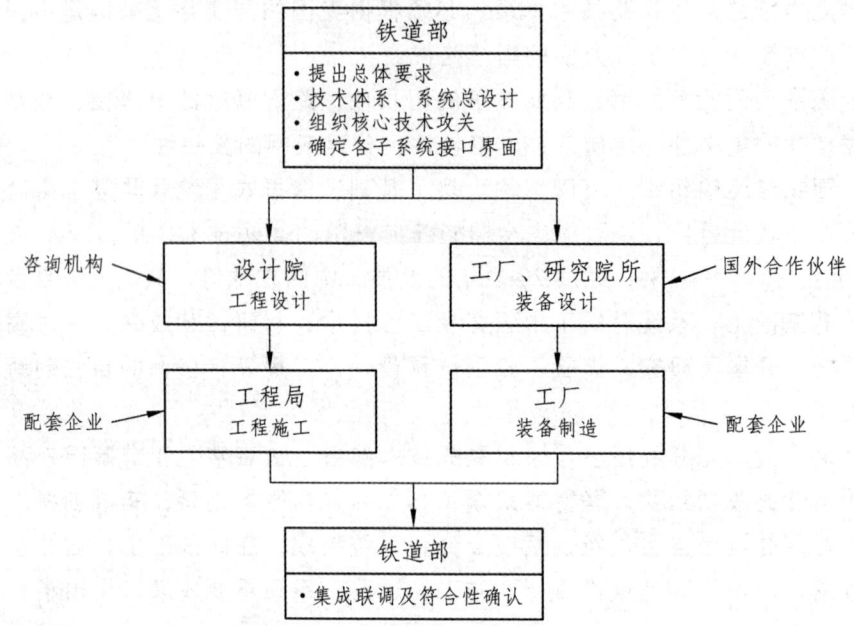

图 4.3　中国高速铁路系统集成路线

（2）保证线路各个组成部分具有一定的坚固性与耐久性，长期在运营条件下保持良好的状态。

（3）要求建立严格的线路状态检测和保障轨道持久高平顺的科学管理系统。

本子系统以原始创新为主，依靠自己的力量，建立我国高速铁路和客运专线工务工程的技术体系。

2）牵引供电系统

（1）为高速铁路列车运行提供稳定、高质量的电流。

（2）与普速列车的电力牵引相比较，其具有牵引功率更大、所受阻力更大、受电弓移动速度快、电流易发生波动等特点。

本子系统主要通过集成创新，建立我国铁路客运专线牵引供电系统技术平台。关键设备和主要配件逐步实现国产化。

3）通信与信号系统

（1）高速铁路的信号与控制系统：

① 是高速列车安全、高密度运行的基本保证；

② 是集微机控制与数据传输于一体的综合控制与管理系统（先进列车控制系统 Advanced Train Control Systems）；

③ 是以电子器件或微电子器件的集中管理、分散控制为主的集散式控制方式,分为行车指挥自动化与列车运行自动化两大部分。

(2) 高速铁路通信系统:

① 及时准确地完成指挥列车运行的各种调度命令信息的传输,是列车高速、安全运行的重要保证;

② 为旅客提供各种服务的通信;

③ 为设备维修及运营管理提供通信条件,能够满足维修人员沿线作业时的需求。

本子系统主要通过集成创新,建立我国铁路客运专线通信信号系统的技术平台。关键设备和主要配件逐步实现国产化。

4) 动车组系统

(1) 包含传统轨道列车车辆的车体、转向架和制动技术。

(2) 具有复杂的牵引传动与控制、计算机网络控制、车载运行控制等关键技术。

本子系统主要通过引进消化吸收、再创新、集成创新,建立我国铁路客运专线动车组系统的技术平台。关键设备和主要配件已经实现国产化。

5) 运营调度系统

(1) 是集计算机、通信、网络等现代化技术为一体的现代化综合系统。

(2) 对列车运行计划及基础设施维修计划进行审批和管理,指挥列车运行。

(3) 是完成高速铁路运输组织特别是日常运营的根本保证,也为完成运输生产提供有力保障。

6) 旅客服务系统

(1) 处理与旅客服务相关的事件,包括发售车票、信息采集、信息发布、日常投诉、紧急救助、旅客疏散、旅客赔付等工作。

(2) 统计分析功能,为管理层提供决策依据。

(3) 由订/售票系统、决策支持系统、自动检票系统、旅客信息服务系统等构成。

7) 运用维修系统

20世纪90年代初期,在全国建立四大工务维修、动车组检修基地(即北京、上海、武汉、广州四大基地),承担全国高速铁路检查维修工作。后来由于我国高速铁路发展迅速,运用维修系统的建立逐步推广到全国有高速铁路线路运营的铁路集团公司。

(二) 中国高速铁路系统设计基本原则

中国在学习、消化、吸收世界高铁先进成熟技术的基础上,系统总结了中国客专工程技术、科研试验成果,针对高铁建设的关键技术问题,开展了研究、试验、验证、预设计、工程设计咨询的自主创新和各系统集成研究攻关，归纳得出了以下系统设计的基本原则：

（1）符合安全适用、技术先进、经济合理要求；考虑设备兼容性，具备本线和跨线客车共线运行、正线双方向行车的运输组织条件。即应充分发挥新建线路骨干作用和既有线路网络作用，扩大服务范围，使高速、提速的成果惠及广大城镇百姓。中国铁路新线、既有线、枢纽是一张完整的路网，高速、快速客运必须覆盖更大的地区和更多的人口。

（2）线路基础设施和不易改建建筑物及设备，应适应长远发展要求；对易改建的建筑物和设备，宜按近期运量和运输性质设计，预留发展条件。

（3）最小曲线半径、最大坡度、到发线有效长度、动车组类型、列车运行控制方式、运输调度方式、追踪列车最小间隔时间，须根据行车速度、沿线地形地质条件、输送能力和用户需求等，进行经济技术比选后确定。

（4）车站位置根据沿线城市的经济、客运量、铁路运输组织、通过能力和技术作业需要，结合工程条件等综合研究确定。车站的布局、规模，根据铁路技术政策，结合城市规划等统筹考虑。

（5）选线设计宜避开高填、深挖和长路堑等路基工程，并绕避不良地质条件地段。无法避开时，采用桥涵通过或选用其他适宜的工程措施处置。

（6）路基、桥涵、隧道、轨道等各类结构物的设计要满足强度、刚度、稳定性、耐久性要求，并加强各结构物的协调和统一，使车、线、桥（或路基、隧道）的组合具有良好的动力特性，严格控制结构物的变形及工后沉降。

（7）认真执行国家节约能源、节约用水、节约材料、节约用地等有关方针政策，因地制宜地利用太阳能、风能、地热能等可再生能源，提高能源、资源的利用效率，减少污染。

（8）坚持科学用地、合理用地、统一规划的原则，在满足运输生产和安全防护要求的基础上，节约用地，少占耕地。

（9）重视保护生态环境、自然景观和人文景观；重视水土保持，生态环境敏感区、湿地的保护和防灾减灾及污染防治工作。选线、选址宜绕避自然保护区、风景名胜区、饮用水源保护区、国家重点文物保护单位等环境敏感区；通过城市或居民集中地区时，应采用适宜的速度值或降噪减振措施，满足国家环保标准和要求。路基边坡宜采用绿色植物与工程相结合的防护措施，兼顾美观与环保、水保、节约土地等要求。

（10）加强对桥、隧和路基上电缆槽、接触网、声屏障、综合接地线、通信、信号电缆过轨等设备的系统设计，充分考虑综合利用设施。

（11）按全封闭、全立交设计。设置防灾安全监控系统，根据需要对自然灾害和异物侵限等进行监测。

三、中国高速铁路自主创新发展战略

党的十六大以来,我国铁路在科学发展观的指导下,在推进铁路跨越式发展的实践中,通过原始创新、集成创新和引进消化吸收再创新,推动铁路整体技术水平跨上了一个新的平台,创造了一批具有世界一流水平的科技成果。

在机辆装备设计制造技术方面,通过技术引进和消化吸收,建立了世界上最先进的时速 200 km 及以上动车组和大功率电力、内燃机车技术平台,为自主设计制造具有国际先进水平的动车组和大功率机车奠定了基础。

在客运专线技术方面,掌握了客运专线建设和运营管理技术标准体系,掌握了桥梁、隧道修建技术,路基沉降控制技术,自主开发了无砟轨道、高速道岔、扣件和百米定尺钢轨等装备和产品,并以京津城际客运铁路为重点开展了系统集成,已经具备了修建和管理客运专线的能力。

在重载技术方面,以大秦线重载运输为平台,系统掌握了万吨级重载技术,实现了 2 万吨重载组合列车的系统集成创新,成功开行了万吨重载单元列车和 2 万吨重载组合列车,我国铁路重载运输已跨入世界先进行列。

在既有线提速技术方面,成功实施了六次大面积提速,主要干线客车运行速度达到了时速 200 km,部分干线区段达到了时速 250 km,我国铁路已掌握了时速 200 km 成套技术,形成了时速 200 km 提速技术体系,既有线提速技术达到了世界铁路先进水平。

在高原铁路建设技术方面,成功建成了具有世界一流水平的青藏铁路,在解决多年冻土、高寒缺氧、生态脆弱三大世界性工程难题上取得一系列重大突破,我国高原铁路建设技术达到世界先进水平。

在信息技术方面,自主创新形成了具有自主知识产权的 CTCS2 列控系统,列车调度指挥系统(TDCS)覆盖了全路主要车站和线路,在胶济线建成了新一代分散自律调度集中系统(CTC),客票系统、货运计划系统、货运大客户管理信息系统等进一步完善。

艰难山区、复杂地质条件下的铁路建设技术已趋成熟,芜湖长江大桥、秦岭特长隧道、北盘江大桥等一大批桥隧的建成,标志着我国桥隧建造技术和能力已跻身于世界先进行列。

截至 2005 年底,我们已经建立了比较完备的技术创新体系,科技人才队伍不断发展壮大,技术创新能力不断增强,科学技术对铁路发展的贡献率显著提高,探索了一条具有中国铁路特色的技术创新道路。

到"十五"末期,与发达国家相比,特别是与先进技术的原创国相比,我国铁路技术装备水平仍然存在较大差距。机车车辆装备技术储备严重不足,基础理论研究滞后,

产品设计、制造技术、材料工艺、自主研发和创新能力的差距明显；时速 300~350 km 的列控技术还没有完全掌握；时速 300 km 客运专线的设计和建造技术，在设计理念、施工工艺工法、原材料质量等方面还有很大差距；时速 300 km 及以上的客运专线系统集成技术尚处于起步和探索阶段；高速铁路综合检测技术和装备还处于研发阶段，先进大型养路机械还处于技术引进阶段，高速铁路综合检测、维修计划、施工作业智能一体化技术还没有起步；经营管理信息化差距较大。

铁路是国民经济的大动脉、交通运输体系的骨干。面对我国经济社会发展的迫切要求，面对世界铁路技术日新月异的客观现实，中国铁路必须立足高起点、高标准，树立全球型、开放型、学习型的观念，坚持自主创新，积极采用先进、成熟、经济、适用、可靠的技术，不断提高我国铁路技术装备水平，加快实现铁路现代化。

（一）技术创新内涵及增强自主创新能力的重要意义

1. 重要意义

进入 21 世纪，科学技术日新月异，科技进步与创新愈益成为增强国家综合实力的主要途径和方式，依靠科学技术实现资源的可持续利用、促进人与自然的和谐发展愈益成为各国共同面临的战略选择。

我国已进入必须更多依靠科技进步与创新推动经济社会发展的历史阶段。科学技术作为解决当前和未来发展重大问题的根本手段，作为推动科学发展，促进社会和谐的强大动力，其重要性和紧迫性愈益凸显。按照党的十六大精神，国务院制定了《国家中长期科学和技术发展规划纲要（2006—2020 年）》（以下简称《规划纲要》）。《规划纲要》以增强自主创新能力为主线，以建设创新型国家为奋斗目标，对我国未来 15 年科学和技术发展做出了全面规划与部署，是新时期指导我国科学和技术发展的纲领性文件。中央确定，全面实施《规划纲要》，经过 15 年努力，到 2020 年使我国进入创新型国家行列。建设创新型国家，核心就是把增强自主创新能力作为发展科学技术的战略基点，走出中国特色自主创新道路，推动科学技术跨越式发展；就是把增强自主创新能力作为调整产业结构、转变增长方式的中心环节，建设资源节约型、环境友好型社会，推动经济社会又好又快发展；就是把增强自主创新能力作为国家战略，贯穿到现代化建设的各个方面，激发全民族的创新精神，培养高水平的创新人才，形成有利于自主创新的体制机制，大力推进理论创新、制度创新和文化创新、科技创新，不断巩固和发展中国特色社会主义伟大事业。走中国特色自主创新道路，建设创新型国家，是我们党综合分析国际形势和国内发展阶段提出的重大战略决策，是推动我国经济社会发展转入科学发展轨道的正确选择。

铁路作为国家的重要基础设施、国民经济的大动脉和大众化的交通工具，是国家综合交通运输体系的骨干，具有占地少、能耗低、污染小、成本低、运量大、全天候的比较优势，在建设创新型国家，推动我国经济社会发展转入科学发展轨道中，肩负着重大的历史责任。党的十六大以来，铁道部党组坚持以科学发展观和构建社会主义和谐社会战略思想为指导，立足经济社会发展全局，明确提出并全面推进以"运能充足、装备先进、安全可靠、管理科学、节能环保、服务优质、内部和谐"为主要内容的和谐铁路建设，不断提高铁路自主创新能力，运输能力和技术装备水平得到快速提升，我国铁路现代化建设事业进入了新的历史时期。我国成功建成了具有世界一流水平的青藏铁路，在攻克多年冻土、高寒缺氧、生态脆弱三大世界性工程难题上取得了一系列重大突破，我国高原铁路建设技术达到世界先进水平；成功实施了第六次大面积提速，形成了具有中国特色的时速 200 km 提速技术体系，我国铁路既有线提速技术达到了世界铁路先进水平；通过技术引进和消化吸收，建立了世界上最先进的时速 200 km 及以上动车组和大功率交流传动电力、内燃机车技术平台；大秦线成功开行了万吨重载单元列车和 2 万吨重载组合列车，我国铁路重载运输已跨入世界先进行列；掌握了客运专线建设和运营管理技术标准体系，我国铁路已经基本具备修建和管理客运专线的能力。

在新的历史起点上，实现铁路又好又快发展，必须始终以科学发展观为统领，深入贯彻落实党中央、国务院建设创新型国家的重大战略部署，不断提高开放条件下的原始创新能力、集成创新能力和引进消化吸收再创新能力，走中国铁路特色的技术创新道路，加快推进铁路现代化进程，加快推进国家综合交通运输体系建设，为构建社会主义和谐社会，实现全面建成小康社会奋斗目标提供可靠的运输服务保障。

2. 铁路技术创新基本含义

技术创新大大推动了我国铁路运输生产力的发展，和谐铁路建设充满生机与活力。党的十六大以来，是我国铁路现代化建设步伐最快、发展变化最大、成效最为显著的时期，也是铁路为经济社会发展做出突出贡献的时期。

铁路技术创新的丰硕成果和运输生产力发展取得的巨大成就，是党中央、国务院高度重视、亲切关怀的结果，是全国铁路干部职工团结协作、艰苦奋斗的结果，是广大专家学者和铁路科技工作者开拓创新、奋力攻坚的结果，是中国铁路工程、建筑、南车、北车、通号、铁通、物资总公司和清华大学、西南交通大学、北京交通大学和中南大学等高等院校积极参与、鼎力支持的结果。

我国铁路技术创新的基本经验是：坚持以科学发展观为统领，立足经济社会发展战略全局，以提高铁路自主创新能力为目标，以掌握先进装备核心技术为重点，着力构建以铁道部为主导，以企业为主体，面向铁路运输和铁路建设主战场，产学研相结合的铁路技术创新体系和保障机制，坚定不移地走中国特色铁路自主创新之路。这一基本经验的主要内涵是：

第一，技术创新必须瞄准世界一流水平。面对我国经济社会又好又快发展的迫切要求，面对我国人口、资源、环境问题日益突出的矛盾，面对实现铁路科学发展和安全发展的客观需要，我们的正确选择，就是抓住经济全球化的机遇，从我国国情和路情出发，高标准、高起点发展客运快速、货运重载铁路，大幅提升铁路运输效率和安全可靠性，把铁路的比较优势最大限度地发挥出来，使其真正成为综合交通运输体系的骨干。无论是青藏铁路建设、既有线提速、机车车辆装备，还是铁路重载运输，以及客运专线建设等关键领域的技术，我们的目标都定位在世界一流水平，并坚持不懈奋斗，要干就是最好的，要干就必保必成。

第二，技术创新必须坚持三种创新方式的有机结合。原始创新、集成创新和引进消化吸收再创新，是自主创新的三条重要途径。推进我国铁路现代化，完全依靠自己的力量，开展原始创新固然重要，但在世界铁路快速发展和铁路高新技术已经打开国界的背景下，特别是在改变我国铁路严重制约经济社会发展这块"短板"，刻不容缓、时不我待的形势下，必须在坚定不移地推动原始创新并取得一系列丰硕成果的同时，把集成创新、引进消化吸收再创新摆在更加突出的位置，依托重点工程项目，发挥后发优势，将世界铁路先进文明成果为我所用，从而在短短三年多时间掌握了先进动车组和大功率机车，以及其他一些重要装备的核心技术，取得了令世人刮目相看的业绩。

第三，技术创新必须充分发挥铁路管理体制优势。我国铁路管理体制的最大优势在于，能够统筹运用国内各种资源，集中力量办大事。对外，我们把所有市场需求集中起来，形成一个"拳头"，实现了对先进技术的低成本引进和核心技术的全面引进，确保了国家利益和铁路整体利益的最大化；对内，我们把铁路运输企业、装备制造企业、设计施工企业、科研院所等相关资源集中起来，以互利共赢为纽带，优化科技资源配置，形成了基础理论研究、应用研究开发、产品设计制造有机结合的发展格局。

第四，技术创新必须做强做大民族工业。无论是在原始创新、集成创新，还是在引进消化吸收再创新的过程中，我们不仅实现了铁路技术装备水平的快速提升，更重要的是以此为契机，围绕建设具有世界一流水平的国内装备制造业基地，把先进技术真正落户到国内企业，成功搭建了具有世界先进水平的机辆装备技术平台，快速提升了国内企业的研发、设计、制造、管理水平，培育造就了一大批具有先进理念、掌握先进技术的高级管理人才和高技能人才，极大增强了我国装备制造业的可持续发展能力，为我国铁路现代化建设提供了强大的技术装备保障。

铁路技术创新的成功实践告诉我们,只要坚定不移地走中国特色铁路自主创新之路,全面提高铁路自主创新能力,我们就一定能够不断破解铁路技术进步的新课题,不断攀登铁路科技创新的新高峰,不断开创铁路现代化建设的新局面。

(二)铁路技术创新目标、原则和总体部署

2007年9月7日,铁道部发布了《中共铁道部党组关于增强铁路自主创新能力 推进和谐铁路建设的决定》(以下简称《决定》),《决定》提出了建设和谐铁路的要求,明确了以"运能充足、装备先进、安全可靠、管理科学、节能环保、服务优质、内部和谐"为主要内容的和谐铁路建设目标任务。根据这一目标任务,确定了"十一五"期间铁路技术创新的总体目标和原则、中国铁路科技发展的十大目标以及总体部署。

1. 铁路技术创新总体目标和原则

铁路技术创新总体目标是:以科学发展观为指导,认真落实"自主创新,重点跨越,支撑发展,引领未来"的科技发展方针和"先进、成熟、经济、适用、可靠"的技术方针,以推进和谐铁路建设为目标,以增强自主创新能力为核心,坚持科教兴路战略和人才强路战略,全面推进原始创新、集成创新和引进消化吸收再创新,建立适应和谐铁路建设要求的铁路技术保障体系,培养一批具有世界先进水平的专家和创新团队,大力营造有利于科技创新的良好环境,探索一条具有中国铁路特色的技术创新之路,使铁路技术整体上达到世界先进水平,为加快实现中国铁路现代化提供强有力的技术支撑。

实现这一总体目标,要牢牢把握以下原则:一是以我为主。就是在技术引进中,要始终把转让核心技术、实现本土化生产、降低引进成本、使用中国品牌这"四位一体"作为重要前提和根本出发点,实现引进技术的集成创新和消化吸收再创新,真正掌握核心技术,形成自有知识产权。二是着眼发展。就是要有战略眼光和长远打算,坚持先进、成熟、经济、适用、可靠的技术方针,瞄准国际先进水平,实现技术水平的快速提升,尽快站在世界铁路技术的制高点上,坚决防止低水平重复和徘徊。三是服务运输。就是要把技术创新与运输需求紧密结合起来,切实把创新成果转化为运输生产力,使技术创新更好地为运输服务。四是系统优化。就是要充分考虑铁路多技术领域的特性,牢固树立系统论观念,对铁路技术创新工作进行统筹谋划,整体推进,尤其要做好客运专线技术的系统集成,保证各项技术装备有机衔接,实现系统最优、整体最优。

2. 铁路科技发展目标

根据铁路技术创新的总体目标和原则,"十一五"期间,铁路科技发展的目标为:
一是建立起我国铁路客运专线建设和运营管理的成套技术体系。系统掌握客运专线修

建技术、牵引供电技术、通信信号技术、运行控制技术、运营调度技术、旅客服务技术。

二是建立起我国动车组和大功率机车的技术标准体系。全面掌握时速 200 km 及以上动车组和大功率机车的核心技术，加快时速 300 km 及以上动车组的开发以及卧车、餐车、行李车等产品的开发，形成自主设计和制造能力，打造中国铁路动车组和大功率机车系列产品。

三是系统完善中国铁路既有线提速成套技术体系。完善既有线提速安全保障体系，确保提速持续安全稳定。在提速主要干线实现时速 200～250 km 动车组、时速 120 km 货车、双层集装箱列车共线运行，列车最小追踪间隔 5 min，列车最大密度每天超过 130 对。

四是系统掌握重载运输成套技术。研究制订重载货车技术标准，加快既有货车技术升级，在主要煤运通道开行万吨重载、2 万吨重载组合列车，主要货运通道开行 5 000 t 系列货运列车。掌握开行 3 万吨重载组合列车技术，开发轴重 25 t 及以上的新型重载货车及载重 100 t 的专用货车。

五是建立中国高原铁路成套技术体系。深化完善高原冻土工程技术，系统掌握高原铁路运营安全监控、保障技术，建立并完善高原铁路技术标准。

六是建成功能完善的铁路信息系统。以调度指挥智能化、客货营销社会化、经营管理现代化为重点，深入推进铁路信息化总体规划的实施，基本实现铁路信息化。

七是加快构建铁路安全技术体系。掌握综合检测技术、安全监测技术、安全评估技术、灾害预警技术、应急救援技术。

八是大力推广节能环保技术。全面开展资源节约和综合利用技术、环境保护技术的应用研究和推广工作，提高铁路节能环保的科技水平。

九是整合铁路行业科技资源，加强创新平台和基地建设，形成比较完善的铁路技术创新体系。

十是培养一批具有世界先进水平的专家和创新团队，在铁路基础理论和铁路应用技术领域达到世界先进水平。

3. 总体部署

2006 年以后的 5 年，我国铁路科技发展的总体部署：一是立足我国路情，确定若干重大技术领域，形成成套技术。二是明确各专业领域的关键技术，重点突破。三是超前部署铁路前沿技术和基础研究，提高持续创新能力。四是实施若干重大专项，实现重点跨越。五是制定若干政策配套措施，推进铁路技术创新体系建设。

要把原始创新作为增强铁路自主创新能力的基础。以铁路工程技术、运营安全技术、重载运输技术为重点，加强基础研究和高技术研究，力争取得重大突破。要特别重视客运专线建设的原始创新，通过科技攻关和试验，解决复杂地质条件下客运专线路基、桥梁、隧道等基础工程的技术难题。

要把集成创新作为增强铁路自主创新能力的重要方式。根据铁路发展实际，加强国外与国内先进技术装备、新技术装备与既有技术装备、不同专业技术装备间的有机融合，迅速提高集成创新能力，形成适应铁路发展需要的新产品、新产业。要以京津城际轨道交通项目和大秦铁路为依托，结合我国铁路特点，构建具有自主知识产权的中国客运专线和货运重载系统集成体系。

要把引进消化吸收再创新作为增强铁路自主创新能力的紧迫任务。结合动车组、大功率机车核心技术和重点技术的消化吸收，大力推进再创新，构建我国铁路机车车辆先进的技术体系；依托客运专线建设和引进的相关技术，经过消化吸收再创新，构建我国客运专线运输调度指挥、工务工程和铁路通信信号系统技术体系。

四、中国高速铁路自主创新战略的实施

中国高速铁路技术体系的研究探索，归纳为高铁技术创新指导思想、高铁技术创新模式、高铁技术创新成果等方面。

（一）中国高铁技术创新指导思想与创新模式

1. 高铁技术创新指导思想

中国高铁采用的创新指导思想为：以我为主，博采众长，瞄准世界一流水平，发挥后发优势，实现"弯道超车"，创出中国高铁发展新路子。

2. 高铁技术创新模式

中国高铁采用的技术创新模式为：政府部门统筹，市场机制引导，以企业为主体，政产学研用相结合，协同创新，开放创新。

1）政府统筹

由政府主管部门、行业主管颁布高铁发展规划、技术政策，激励企业技术创新。完全避免了低水平、重复性研究，发挥社会主义制度优势，整合各方资源，形成市场优势、资金优势、联合优势，集中力量办大事，这是我国高速铁路成功的重要法宝。正如2019年7月10日世界银行发布的《中国的高速铁路发展》报告的评价：长期规划与设计标准化是中国高铁成功的关键要素，中国高铁的发展经验值得别国借鉴。

2）市场引导

市场引导包括运输需求牵引、技术进步推动、市场竞争选择。

3）协同创新

企业是技术创新主体，要同科研机构、高等院校密切合作，联合攻关，取得重大突破，实现技术创新，如图4.4所示。

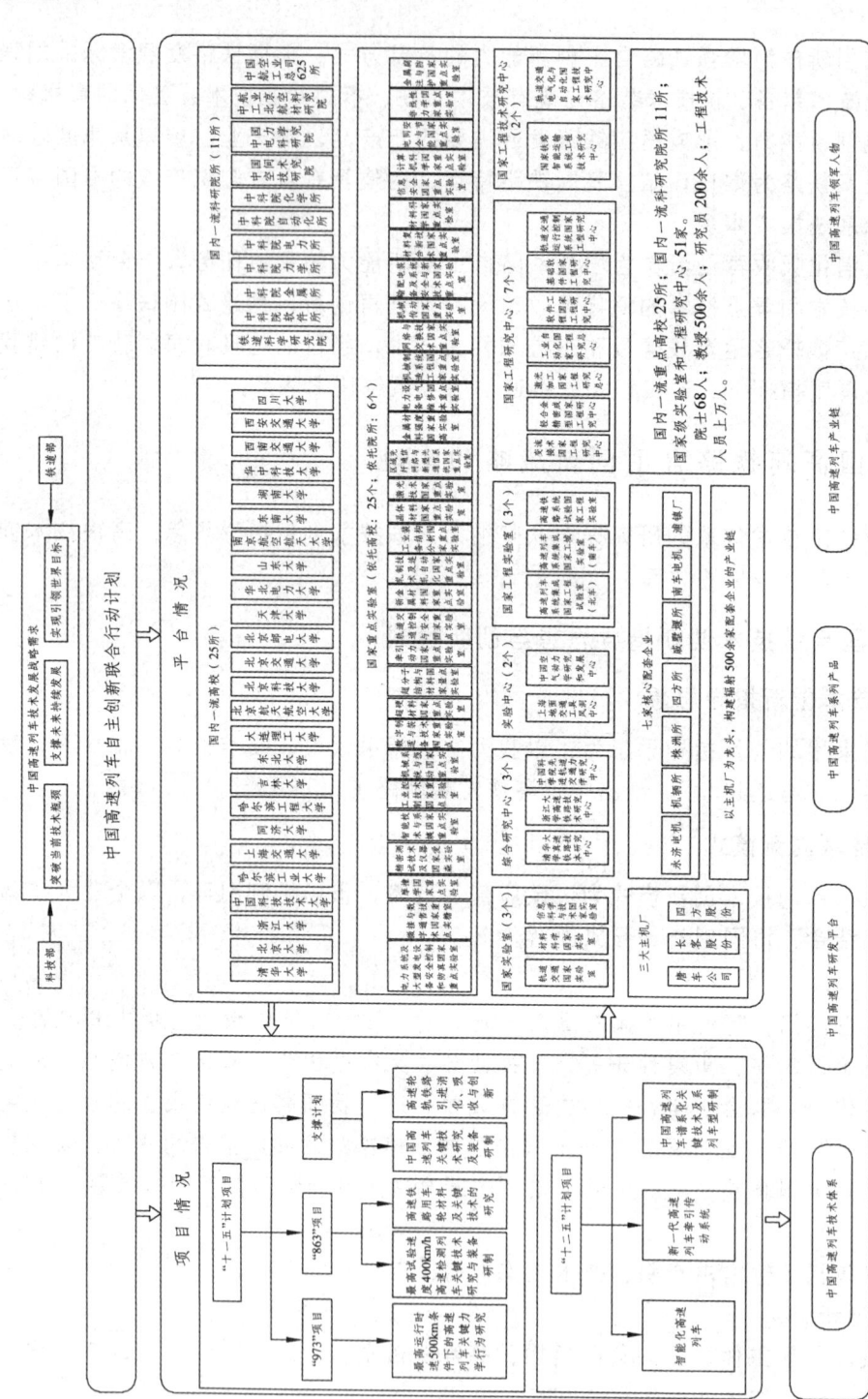

图 4.4 中国高速列车自主创新联合行动计划示意图

4)开放创新

研究制定了我国引进高铁技术的指导方针为:引进先进技术、联合设计生产、打造中国品牌。国内研究力量实行合理分工,采购 200 km/h 及以上动车组大清单向国内企业招标,外国企业只能作为国内企业的合作方,并承诺转让核心技术、分步实施国产化。

铁道部动车组技术引进的技术策略为:

(1) 统一招标、整合市场、需求量大,对外商有吸引力。市场只有一个入口,不搞"诸侯混战"。

(2) 约法三章:必须有中国合作伙伴、必须全面转让关键技术、必须使用中国品牌、本土化生产。

(3) 竞争择优:在承诺三项原则基础上对技术、经济、转让技术和生产制造等行综合评价。

自主研制的高速动车组统一采用简称 CRH(即 China Railway High-speed)命名为"和谐号",如表 4.1 所示。

表 4.1 中国高速动车组型号与技术转让和配套厂家

中国型号	中国企业		合作伙伴	
	主机厂	配套厂	外国公司	转让技术
CRH_1	BSP	四方股份、庞巴迪常州、ABB 中国	庞巴迪	Regina 型 200 km/h
CRH_2	四方股份	南方电机、浦镇厂、株洲所	川崎重工(6 企业)SPC	E2-1000 型 270 km/h
CRH_5	长客股份	大同公司、永济电机、四方所、铁科院	阿尔斯通	A220 型 220 km/h
CRH_3	唐山工厂	永济电机、铁科院	西门子	Velaro E 型 350 km/h

5)高铁系统集成创新

高铁是一个复杂的巨系统工程,包括集成技术单元创新、集成技术界面创新、系统集成创新等方面,如图 4.5 所示。

6)实验验证

为加速高铁科研成果的转化和推广应用,我国先后选取了大量在建工程的试验段开展各种高铁技术试验工作,包括京沪高铁昆山软土地基试验段、遂渝线铺设无砟轨道试验段、武广高铁武汉综合试验段、郑西高铁湿陷性黄土试验段、合宁线膨胀土工程试验段。

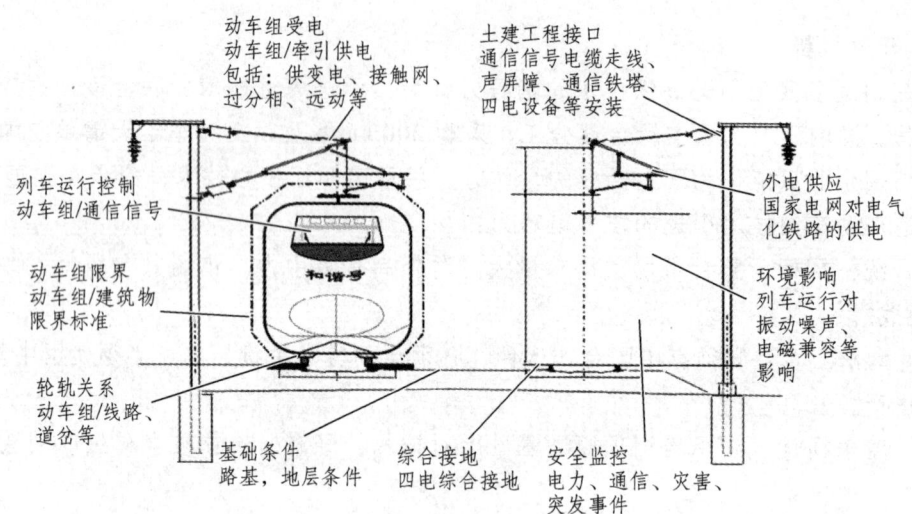

图 4.5 中国高速铁路系统集成创新示意图

此外,在已经建成的高铁线路上线开展技术试验工作,如北京东郊环形道试验线、秦沈客专及新建高速铁路。

(二)中国高铁技术创新成果

随着高铁技术创新工作的开展,我国在高铁系统工程各个方面均取得了大量丰硕的创新成果。

1. 高速列车技术系列创新成果(表 4.2)

表 4.2 中国"和谐号"CRH 系列

型号	速度/(km/h)	编组	牵引总功率/kW	轴重/t
CRH_1	200~250	5M+3T	5 300	<16
CRH_2	200~250	4M+4T	4 800	≤15
CRH_5	200~250	5M+3T	5 500	≤17
CRH_3	300~350	4M+4T	8 800	≤17
CRH380A	300~380	6M+2T	9 600	≤15
CRH380AL	300~380	14M+2T	20 440	≤15
CRH380B	300~380	4M+4T	9 600	≤15
CRH380BL	300~380	8M+8T	18 400	≤15

备注:表中 CRH380A、CRH380AL、CRH380B、CRH380BL 为自主创新成果。

2. 构建了中国高速铁路技术体系和技术标准化体系

中国高速铁路技术体系如图 4.6 所示，中国高速铁路系统及其子系统如图 4.2 所示。中国高速铁路技术标准化体系成果，主要包括：

① 高速铁路产品技术标准：593 项。
② 高速铁路技术标准：152 项。
③ 高速铁路运营技术规章：111 项。

经过 50 多年的发展，高速铁路技术逐渐形成以德、日、法三个技术原创国为代表，适合各自国情和发展状况的技术格局，成为各自独立、各具特点的技术体系。

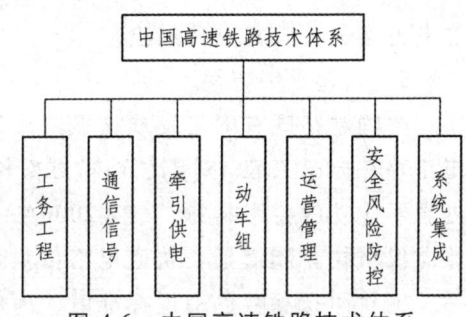

图 4.6 中国高速铁路技术体系

中国高铁按照"先进、成熟、经济、适用、可靠"的技术方针，从发展的起步阶段便瞄准世界最先进的高速铁路技术，通过原始创新、集成创新和引进消化吸收再创新，系统掌握了集设计施工、装备制造、车辆控制、系统集成、运营管理于一体的高速铁路成套技术，形成了具有自主知识产权和世界先进水平的高速铁路技术体系。

20 世纪 90 年代以来，我们在学习消化吸收世界高速铁路先进成熟技术的基础上，系统总结了多年来我国客运专线工程技术、科研试验成果，针对高速铁路建设的关键技术问题，又进一步开展了研究、试验、验证、预设计、工程设计咨询，技术装备的自主创新和各系统集成研究攻关，形成了适合中国国情路情的高速铁路自主技术体系。

1）路网结构方面

将铁路客运专线按经济社会发展需要和市场需求，分别定位为：时速 300～350 km 档次高速铁路和时速 200～250 km 以客为主兼顾货运（甚至是双层集装箱通路）档次高速铁路（这类客货混跑的线路有甬福深、石太、宁合汉、昌莆等）；环渤海、长江三角洲、珠江三角洲地区的城际轨道交通以及长吉、昌九等城际轨道交通，时速不小于 200 km；经过提速改造，东、中部地区既有线已形成的时速≤200 km 的线路。这些线路构成了一张完整的快速客运铁路网，时速 200～250 km 动车组可上时速 300～350 km 的线路运行，时速≥120 km 客车可上时速 200～250 km 的线路运行，这样的旅客列车运行模式，可获得最高的运输效率和最大的运输效益。大量旅客列车跨线运行，是中国国情、路情、路网兼容性需要的，也是欧盟希望做到而正在努力的事情，这正是中国铁路路网统一性的最大优势。

2）轨下基础方面

我国幅员辽阔，从东北平原高寒地区到珠江三角洲亚热带地区，从滨海至陇中高原、四川盆地，地形、地貌、地质、地震、气象、水文等自然特征多样。高速铁路的选线，综合交通客运站建设，软土、松软土、湿陷性黄土地基处理，大面积沉降区的工程措施，长江、黄河、珠江等大江大河的跨越，长大隧道顺利实施通过等，都需要保证轨下基础的可靠性和耐久性，其难度在世界上也是少有的，有些技术难题在高速铁路技术原创国也未曾遇见，没有成熟经验。

3）轨道电路方面

中国铁路既有网已发展谐振式无绝缘轨道电路，无砟轨道道床内部的钢筋网与轨道电路存在电磁感应，对钢轨阻抗参数构成影响，严重抑止了谐振式轨道电路的技术能力，处理不成功就会影响到"ZPW2000A＋点式＋ATP"列控系统稳定、可靠地工作。我国在赣龙线枫树排隧道延长轨道电路传输长度试验中验证，采用纵、横向钢筋间加绝缘措施后，钢轨阻抗参数已趋近标准值。为做到成熟、可靠，我们将轨下橡胶垫板、铁垫板下绝缘缓冲垫板加厚，弹条与钢轨间由铸钢轨距板改为尼龙轨距板，锚固螺栓与铁垫板间从无绝缘件改为设绝缘套等。以上措施在遂渝线开展了试验验证，关键是要解决路网兼容性问题。

正是这些新的、特殊的要求，也正是这些与国外高速铁路的差异性，中国高速铁路不可能完全照搬任何一国的高速铁路技术体系，只有立足于自我，坚持博采众长，把借鉴、消化、吸收国际上先进、成熟、可靠的技术与研发、试验验证、自主创新相结合，系统集成，才能形成符合我国国情、路情的世界一流高速客运专线技术体系，才能经得起运营的考验、历史的检验。

4）中国高速客运专线技术体系内涵

中国铁路时速 300～350 km 客运专线技术体系主要内容如下所述。

（1）运输组织。

按不同速度的本线和跨线高速列车混合运行，本线列车运行时速 300 km，跨线列车运行时速≥200 km。

列车追踪间隔时间 3 min；综合调度所集中设置，与动车检修基地和生产布局相一致。

（2）工务基础设施。

最小曲线半径 7 000 m，最大曲线半径≤14 000 m。夹直线和圆曲线最小长度一般≥$0.81 V_{max}$。区间正线最大坡度≤20‰，动车组走行线≤30‰。区间正线设计较长坡段，最小坡段长度一般≥900 m。相邻坡段坡度差≥1‰ 时，设竖曲线，竖曲线半径≥25 000 m。车站数量按大中城市、枢纽和著名旅游胜地分布设置。始发终到客站到发线数量按满足高峰小时列车密集到发的需要设置。

高速、城际、普速列车共站的车站，原则上分场布置，设必要的联络进路；站台长 450 m，站台高出轨面 1.25 m。

以无砟轨道作为主要结构形式，在地质灾害和地质活动活跃断裂带地段，以及不宜铺设无砟轨道地段，采用有砟轨道结构；无砟轨道铺设精度，高低和轨向≤2 mm/10 m，水平≤1 mm，轨距±1 mm；有砟轨道采用特级道砟，道床厚350 mm，铺设精度高低和轨向≤2 mm/10 m，水平≤2 mm，扭曲≤2 mm，轨距±2 mm。到发线采用混凝土宽枕。

采用跨区间无缝线路。采用100 m长定尺无螺栓60 kg/m钢轨。

无砟轨道采用弹性分开式扣件，节点间距≤650 mm，调高量30 mm，调距量−12/+10 mm，桥上抗拔力≥80 kN，其他地段≥100 kN。

正线道岔直向通过时速350 km，进出站侧向通过时速80 km，跨线联络线道岔侧向通过时速≥160 km。

无砟轨道正线区间直线地段路基面宽度13.6 m。严格控制路基工后沉降、不均匀沉降和过渡段差异沉降，保持路基纵向刚度的均匀性和良好的动力特性，稳定安全系数≥1.5；工后沉降量≤3 cm，路基与结构物间的工后差异沉降量<0.5 cm，工后不均匀沉降≤2.0 cm/20 m。

地基加固处理措施根据地基的物理力学性质、岩土层分布厚度及其特性、路基高度等因素优选。软土、松软土地基，以复合地基法加固为主，地基处理后须有合理的放置时间，确保本体和地基沉降变形稳定，布置沉降观测设备进行沉降观测，并实时分析处置。

采用ZK（0.8UIC）作为设计活载。桥梁结构按满足100年使用年限要求，主要措施是采用耐久性混凝土，加强构造细节设计和桥面防排水系统设计，布置合理的检查和维修设施。

在路基填方大于5 m的地段、地基处理困难地段，为节省用地，确保工后沉降控制，采用以桥代路通过。

桥梁结构采用预应力混凝土简支、连续刚构、钢筋混凝土连续框构、钢筋-混凝土连续结合梁、简支钢桁梁等，已编制了通用设计参考图。

单洞双线隧道断面有效面积100 m^2，单线隧道断面有效面积70 m^2，隧道洞口若有特殊环境要求的可设置洞口缓冲结构，隧道内设防灾与救援设施。

（3）电气化及供电。

牵引变电所的布点，接触网和牵引变电所外部电源供电方案的确定，均按满足最高时速350 km和3 min追踪运行间隔进行设计，牵引变压器的安装容量按运输需求确定。

高速正线采用2×27.5 kV（AT）供电方式，牵引变压器采用单相接线，外部电源采用220 kV，接触网标称电压25 kV，长期最高电压27.5 kV，短时（5 min）最高电压29 kV，设计最低工作电压20 kV（电压质量20~29 kV）。

牵引变电所设2台（20/2×27.5 kV）单相变压器，二者互为备用；27.5 kV设备采用户内布置方式；27.5 kV 侧母线采用电动隔离开关分段；馈线备用方式为 100% 备用。

AT 所、分区所 2 台电动隔离开关内侧设 2 台自耦变压器，互为备用。

牵引变电所、开闭所均按无人值班设计，AT 所、分区所均按无人值班、无人值守设计。

各所保护、测量、控制设备采用综合自动化系统，纳入综合调度系统中的牵引供电调度子系统。

接触网悬挂类型采用全补偿简单链型悬挂。

接触线悬挂点距轨面高度 5 300 mm，导线最低高度 5 150 mm，结构高度 1 400 mm；张力接触线 25 kN，承力索 20 kN；支柱侧面路基地段有砟轨道 3.1 m，无砟轨道 3.0 m，桥梁 3.0 m。

采用综合接地系统。接触网与通信、信号、信息等专业共用沿线敷设的贯通综合地线（截面积 95 mm^2 铜线）。车站接触网支柱与车站综合接地网相连，距综合地线 15 m 以外的支柱及其他金属物可单独接地，接地电阻 ≤10 Ω。同时，各牵引变电所、AT 所、分区所、开闭所内的接地网与沿线贯通的综合接地系统相连。

具有一级负荷的变配电所，采用两路独立电源受电，一般为两路专屏专线。

采用 SCADA 系统（数字采集监控系统），对牵引供电设备、电力供电设备及供电安全监控系统进行一体化监控管理。

（4）通信、信号及信息化。

有线通信以光纤传输、接入为基础，通过电路交换、数据交换系统，为沿线站段提供话音、数据及图像传输业务，光缆中为信号提供独立光纤，作为安全信息传输通道。

无线通信采用 GSM-R 综合移动通信系统，为列车运行控制系统提供安全数据传输通道，并提供移动环境下的话音、数据等通信业务。利用光纤接入和移动无线技术，构成具备话音、数据及图像传输的应急通信系统。

利用已建成的大秦、青藏、胶济三条线 GSM-R，研究解决互联互通问题，同时启动全路核心网的建设。沿线无线电波覆盖满足列控系统的接收标准。

设置综合网管系统、同步及时分配系统、综合监控系统。

列控系统按满足时速 350 km、列车最小追踪间隔 3 min 设计；采用基于 GSM-R 无线传输方式的 CTCS3 级（相当于欧洲 ETCS2 级列控系统）和 ZPW2000（含 UM2000 系列）轨道电路与点式应答器构成的 CTCS2 级组成冗余配置的列控系统。CTCS2 级系统与既有时速 200 km 提速线列控系统兼容，其中的轨道电路、点式应答器等在 CTCS3 级中作为列车占用检查和列车定位对标的平台。

列控系统 CTCS2 级由车站列控中心、轨道电路、点式应答器及车载列控设备等组成；CTCS3 级在前者基础上，增加 RBC 无线闭塞中心、GSM-R 无线通信网络、无线通信传输模块及车载无线接收模块等设备。

运营调度系统必须与我国的路情、运输组织方式、运营管理模式紧密结合,坚持运输集中统一指挥,坚持通道为主、兼顾区域,统筹规划、分步实施的原则。

(5) 其他。

全路前期设北京、上海、武汉、广州四大动车组检修基地,承担客运专线动车组一至五级检修,后期随着高速铁路建设规模的不断扩大,动车组检修基地也在全国布设了。客运站按需求配属动车运用所,承担动车组整备和不大于二级的检修。

沿线铁路噪声采取设置声屏障降噪的措施;结构设计、材料选择要满足脉动力检算要求。桥梁声屏障与梁部采用一体化设计。采用在轨道和梁体之间加设弹性层等综合措施减振。

铁路客站是连接铁路与城市的桥梁,是沟通铁路与旅客的纽带,是诠释铁路服务内涵的载体,是代表铁路形象的标志性建筑。铁路车站要全面、综合、系统地体现"功能性、系统性、先进性、文化性和经济性"(五性)建设理念,注重太阳能照明、地源热泵、中水的利用。

铁路建设技术体系内容丰富,在这里透视了一个速度档次的技术博大精深,也需要随着经济、社会发展、科技进步不断进行完善、提升。尤其值得强调的是,在实施过程中,一定要下功夫解决轨下基础工后沉降达标控制、无砟轨道系统精度及寿命期耐久性、列车运行控制系统可靠性、运营调度系统完整性和高效性,以及系统之间、专业之间、系统和专业之间接口集成等关键技术,以不断完善我国铁路的技术体系。

自 2004 年至 2010 年,中国用 6 年左右的时间跨越了世界铁路发达国家一般用 30 年发展的历程,形成了具有完整自主知识产权的高速铁路技术体系。以上是以无砟轨道为主的高速铁路技术体系,2019 年 12 月 30 日开通运营的世界上首条时速 350 km 的智能高铁——京张高铁是以有砟轨道为主的高速铁路技术体系的代表。

五、中国高速列车科技发展"十二五"专项规划

(一)国内外形势与必要性分析

1. 国际高速列车相关技术发展现状与趋势

世界上轨道交通技术发达国家一般按服务模式和路网技术特征对轨道交通系统进行分类,并在此分类基础上对其基础设施和列车分别进行体系化配置。一般情况下,运营速度 200 km/h 以上的导向运输系统(Guided Transportation Systems)均被称为高速运输系统,运营速度 200 km/h 以上的轮轨系统即为高速铁路。

自 1964 年日本首次开行高速列车以来，经过了 50 余年的发展，形成了以日本新干线 N700 系与 E5 系、法国 TGV 和德国 ICE 为代表的高速列车技术。高速列车的运营速度从最初的 210 km/h 提高到 320 km/h，日本新干线、法国 TGV 和德国 ICE 的运营速度分别为 300 km/h、320 km/h 和 300 km/h。

为获取安全性极限参数和进行安全评估，各国分别研制时速远高于运营列车的试验列车，试验速度逐步提高。2007 年 4 月 3 日，法国 AGV 的最高试验速度达到了 574.3 km/h，为保持技术和相关产业的领先与可持续发展提供了重要的研究、试验、数据和评估手段。

目前，世界各发达国家高速铁路的发展进入新一轮快速发展期，主要表现在如下几个方面：

（1）泛欧高速铁路网已见雏形，跨欧洲互操作技术与系统取得重大进展。

（2）适应于欧洲各类线网的轨道交通技术、装备、系统已成完整体系。

（3）建管、运营、服务与安全保障一体化技术架构已经形成并逐步实施。

（4）围绕"欧盟-国家-行业-企业-研究机构"主线已形成完备的技术创新体系、产业支撑体系、市场机制和法律机制。

（5）欧洲高速列车技术在谱系化、标准化、一体化、成熟性等方面总体上居世界前列，技术标准体系居世界制高点。

（6）日本高速铁路技术、装备、系统已形成完整体系，运输组织、安全保障与服务技术居世界前列。

（7）建立了以高速铁路为主干骨架的一体化、安全、绿色、高效、智能的泛欧轨道交通网：

① 扩能和能力保持技术发展加速；

② 高速列车形成谱系化、模块化和标准化发展趋势；

③ 运营管理、运输组织和服务技术水平不断提高；

④ 高速铁路清洁化、绿色化、智能化技术受到空前重视；

⑤ 轨道交通安全（Safety/Security）保障技术一体化（Holistic）已成技术发展趋势；

⑥ 高速铁路技术作为"走廊技术""替代技术"和"世纪技术"地位的加强。

（8）技术和装备的"清洁化""智能化"已成北美轨道交通领域的发展重点，大规模高速铁路建设已开始启动。

（9）网络化运输组织、安全保障与服务集成化技术成为日本轨道交通领域发展重点。

2. 我国高速列车技术发展历程与现状

铁路是国家重要基础设施、国民经济大动脉和大众化交通工具，对我国社会经济又好又快发展和国防起着不可替代的全局性支撑作用。大规模发展具有运能大、安全舒适、全天候运输、环境友好和可持续性等优势的高速铁路，不仅是党中央、国务院的重大战略决策，也是在能源和环境约束下解决我国交通运输能力供给不足的矛盾，带动形成一大批高新技术和相关产业及制造业提升与发展的必由之路和必然选择。

我国高速铁路和高速列车技术研究和建设经过了近 30 年的发展历程。第一阶段从 1990 年至 2007 年，经历了全国铁路五次大提速和德、日、法高速动车组的引进消化吸收；第二阶段从 2008 年至今，是以自主创新为主的阶段，其标志之一是《中国高速列车自主创新联合行动计划》的启动实施。

按照国家《中长期铁路网规划（2008 年调整）》，到 2020 年，全国铁路营业里程达到 12 万千米，复线率和电化率分别达到 50%和 60%，主要繁忙干线实现客货分线。其中，建设客运专线 1.6 万千米以上。

我国高速铁路网具有区别于欧洲和日本高速铁路的若干重要特征，主要表现为：路网规模大，覆盖地域辽阔；地理、地质、气候条件复杂多变；不同区域社会经济发展极不平衡，导致客运需求层次丰富；既有线提速和跨区域高速、区域快速和城际快速铁路等不同速度级客运专线具有完全不同的运营、需求条件，需要不同的运营模式和列车装备配套。

依托科技部和铁道部两部联合开展的《中国高速列车自主创新联合行动计划》和"十一五"国家科技计划项目，我国已建立了以政策为指导、市场为导向、以企业为主体、产学研用相结合的科技创新模式；以高速列车设计制造企业为龙头，联合国内多家高校、科研院所及高速列车零部件配套企业，发挥各自优势科技资源和产业资源，分工协作，突破高速列车关键技术，构建起高效的高速列车技术创新机制，推动我国高速铁路技术发展创新进入到一个新的阶段。在新一代高速列车设计、制造、试验过程中，国内 25 所重点高校、11 所科研院所、51 家国家级实验室和工程技术研究中心开展了广泛的技术合作与交流，快速攻克了关键技术问题，从而保证了新一代高速列车的成功研制。

2010 年 12 月 3 日，具有自主知识产权的 CRH380AL 新一代高速列车在京沪线先导段创造了 486.1 km/h 的世界高速铁路最高运营试验速度，列车各项性能指标完全满足设计要求，标志着我国高速列车技术已跻身世界高速列车技术先进行列。截至 2011 年，我国已投入运营的高速列车共计 786 标准列（8 辆编组），其中时速 200~250 km 速度级 355 列（短编 290 列，长编 65 列），时速 300~350 km 速度级 140 列，时速 380 km 速度级 133 列（短编 40 列，长编 93 列）。随着高速列车数量的不断增多，高速动车组的型号也逐渐丰富起来，由技术刚引进时单一编组（8 辆编组）、单一用途（座车）、单一速度等级的 4 种车型，发展到目前包括长短编、座卧车、多种速度等级的 12 种车型。

3. 专项实施的必要性

"十一五"期间，我国已建成 5 000 km 以上的高速铁路，居世界前列；当时计划到 2020 年，将建成 16 000 km 的高速铁路，届时我国高速铁路的总里程将位居世界第一。

实现不同速度、不同运营条件、不同运营模式下的高速列车谱系化，不仅是世界高速铁路技术的发展方向，更是我国高速铁路和高速列车装备的重大需求。我国已拥有规模居世界前列的高速铁路网，从整体上确保高速铁路的系统安全性和可持续性是我国高速铁路面临的重大挑战。

高速列车的安全平稳运行，取决于施于列车上的各种力的产生、相互作用与控制，因而高速运行条件下的列车力学行为、特性及其作用规律等构成了高速列车最重要的基础科学问题。研究并形成相应的理论和方法体系，对构造合理安全的流固、轮轨和弓网关系，以及在高速条件下使上述关系得以稳定保持的牵引、制动、材料、结构和控制技术，具有重要的基础性和全局性意义，是我国高速列车技术得以持续发展并保持领先地位的根本保障。

高速铁路作为一个由复杂技术装备组成、在复杂环境中运行、完成具有复杂时空分布特征的位移服务的整体，是一个复杂的网络化巨系统，其在不同尺度下安全行为的决定要素众多、耦合复杂、涌现丰富。因此，高速铁路安全相关要素辨识、要素间关联影响机理、涌现规律、异常行为预测及基于预警的主动安全控制，已成为高速铁路整体安全行为理解、系统安全保障和各尺度下安全保障策略形成的重大科学问题。研究并形成我国高速铁路系统安全理论和安全保障方法体系，对我国高速铁路体系化安全保障技术的形成，以及高速铁路整体安全水平保持与提高具有重要的基础性和战略性意义，也是我国高速铁路在保障安全前提下可持续发展的根本保证。

高速列车是高速铁路技术体系的核心，是国家相关高技术发展水平、相关制造能力、自主创新能力以及国家核心竞争力的综合体现。继续提高列车速度和实现高速列车谱系化、智能化是世界高速铁路技术的发展方向，也是我国高速铁路装备发展的战略需求。

研究并形成作为高速列车安全可靠运行的承载和支撑的基础设施建设、养护及服役状态检测技术体系是大规模高速铁路网能力形成、运营安全、能力保持和高效运营的全局性保障，是我国高速铁路网能力形成与保持的战略需求。

研究并形成符合我国国情的高速铁路减振降噪技术是高速列车环境友好性的保障，是我国高速铁路和谐健康和可持续发展的战略需求，是在我国大规模高速铁路网建设和运营条件下构建和谐社会的重要技术保障。

综上所述，我国高速铁路重大技术需求为：高速铁路体系化安全保障技术、高速列车装备谱系化技术、高速铁路能力保持技术、高速铁路可持续性技术。

（二）总体思路与目标确定

1. 总体思路

在"十一五"工作基础上，进一步落实科技部、铁道部《中国高速列车自主创新联合行动计划纲要》（2008 年），以高速列车谱系化、智能化和节能降耗相关技术为主线，以运营安全性、可持续性和提高我国高速列车装备适应性为重点，进行科学布局，确保我国高速列车核心装备技术在自主创新基础上的可持续发展、高速铁路整体安全水平的保持和提升、高速列车既有相关产业的技术进步和发展、高速铁路相关新兴产业的形成，进而支撑我国社会经济的高速可持续发展。

高铁专项规划整体设计思路如图 4.7 所示：

我国国民经济、社会发展与铁路行业对高速铁路和高速列车技术与装备发展有如下顶层战略需求：高速铁路运营安全性、高速列车装备自主化、高速铁路发展可持续、高速铁路建设运营高效率。

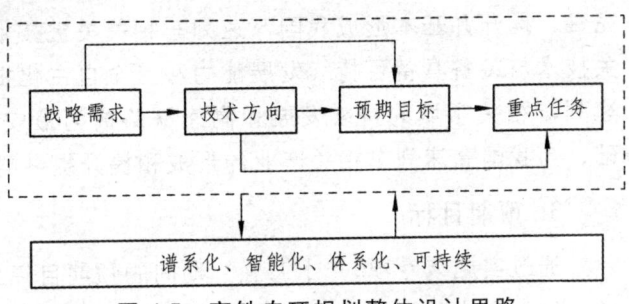

图 4.7 高铁专项规划整体设计思路

为满足顶层战略需求，"十二五"期间，我国高速铁路科技工作沿着如下四个重大技术方向展开：高速铁路体系化安全保障技术、高速列车装备谱系化技术、高速铁路能力保持技术、高速铁路可持续性技术。

根据上述战略需求所明确的四个重大技术方向，构成了专项的顶层总体布局。四大技术方向对战略需求的支撑关系如表 4.3 所示。

表 4.3 四大技术方向对战略需求的支撑关系

技术方向	战略需求			
	高速铁路运营安全性	高速列车装备自主化	高速铁路发展可持续	高速铁路建设运行高效率
高速铁路体系化安全保障技术	√		√	
高速列车装备谱系化技术	√	√	√	
高速铁路能力保持技术	√			√
高速铁路可持续性技术	√	√	√	

在专项的规划和实施过程中坚持以下原则不动摇：创新模式、优势集成；科学规划、

合理设计；需求牵引、目标导向；顶层设计、有序实施；创新支撑、应用拉动；横纵有序、适度超前。

通过国家重点基础研究发展计划（973 计划）、国家高技术研究发展计划（863 计划）和国家科技支撑计划的有序安排，做到"应用一代、试验一代、研究一代、储备一代"，使"十二五"的相关研究安排能够"承上启下"，支撑未来我国高速列车相关理论、技术与产业的可持续发展。

2. 战略目标

以高速铁路体系化安全保障技术、高速列车装备谱系化技术、高速铁路能力保持技术和高速铁路可持续技术为重点，以高速列车谱系化、智能化和节能降耗技术为核心，完善、提升并基本形成我国高速列车相关关键技术及重大装备体系，为我国高速列车相关技术与装备具备可持续发展能力和完全自主化提供核心与关键技术保障，为我国在高速列车相关领域的持续发展和高速铁路成为最安全的大容量运输方式奠定核心技术基础，为我国高速列车相关产业的形成和提升提供科技支撑。

3. 预期目标

通过实施该专项，"十二五"期间的预期目标为：

（1）形成我国先进的流固、轮轨和弓网耦合理论与分析设计方法体系，从根本上保障我国高速列车技术持续发展并保持领先地位。

（2）形成我国高速铁路系统安全理论和主动安全保障核心技术体系，从根本上提升和持续保障我国高速铁路的整体安全性和保障能力。

（3）研制有自检测、自诊断、自决策能力的智能化高速列车系统，实现我国高速列车的安全可靠运行和全生命周期能力保持与优化，全面提升我国高速铁路运力资源能力保持水平和列车运行在途服务水平。

（4）形成基于永磁电机的新型牵引传动系统技术、标准和装备体系，从根本上提高我国高速列车的可靠性、安全性和能源效率，适应并引领世界高速列车牵引传动模式的技术和装备战略转型。

（5）形成符合我国国情的高速铁路基础设施建设、养护及服役状态监测、安全评估技术、标准和装备体系，从根本上解决我国高速铁路系统的可靠性、安全性和能力生成与保持等问题，从整体上确保我国规模居世界首位的高速铁路基础设施安全性和可用性。

（6）形成适应我国高速铁路布局、设施结构和环境影响特点的减振降噪技术、标准和装备体系，从技术上确保我国高速铁路的环境友好性，从而使我国高速铁路发展和运营满足国家和谐社会构建要求。

(7) 形成我国自主的高速列车谱系化和适应性技术，构建高速列车设计制造一体化数字平台及定制化关键技术、标准和可规模产业化的车型系列，为我国高速铁路网在需求多样性和复杂地理环境下可持续运营提供完善的装备支撑。

(8) 形成我国高速列车轻量化与整车性能提升技术体系，研制新型车体、转向架、制动摩擦副以及列车安全防护结构等高速列车轻量化相关关键零部件，为高速列车装备完全自主化和整车性能提升提供基础支撑。

4. 战略需求、技术方向、预期目标的相互关系

为满足我国高速铁路发展的战略需求，根据高铁"十二五"专项实施方案整体设计思路，确定了技术方向及预期目标，三者之间的逻辑关系如表 4.4 和表 4.5 所示：

表 4.4 预期目标满足战略需求（战略需求、技术方向与预期目标三者的逻辑关系）

	预期目标	战略需求			
		高速铁路运营安全性	高速列车装备自主化	高速铁路发展可持续	高速铁路建设运营高效率
1	形成我国先进的流固、轮轨和弓网耦合理论与分析设计方法体系，从根本上保障我国高速列车技术持续发展并保持领先地位	√	√	√	
2	形成我国高速铁路系统安全理论和主动安全保障核心技术体系，从根本上提升和持续保障我国高速铁路的整体安全性和保障能力	√		√	
3	研制有自检测、自诊断、自决策能力的智能化高速列车系统，实现我国高速列车的安全可靠运行和全生命周期能力保持与优化，全面提升我国高速铁路运力资源能力保持水平和列车运行在途服务水平	√	√		
4	形成基于永磁电机的新型牵引传动系统技术、标准和装备体系，从根本上提高我国高速列车的可靠性、安全性和能源效率，适应并引领世界高速列车牵引传动模式的技术和装备战略转型		√		
5	形成符合我国国情的高速铁路基础设施建设、养护及服役状态监测、安全评估技术、标准和装备体系，从根本上解决我国高速铁路系统的可靠性、安全性和能力生成与保持等问题，从整体上确保我国规模居世界首位的高速铁路基础设施安全性和可用性	√		√	√
6	形成适应我国高速铁路布局、设施结构和环境影响特点的减振降噪技术、标准和装备体系，从技术上确保我国高速铁路的环境友好性，从而使我国高速铁路发展和运营满足国家和谐社会构建要求			√	

续表

预期目标	战略需求			
	高速铁路运营安全性	高速列车装备自主化	高速铁路发展可持续	高速铁路建设运营高效率
7	形成我国自主的高速列车谱系化和适应性技术，构建高速列车设计制造一体化数字平台及定制化关键技术、标准和可规模产业化的车型系统，为我国高速铁路网在需求多样性和复杂地理环境下可持续运营提供完善的装备支撑	√	√	√	√
8	形成我国高速列车轻量化与整车性能提升技术体系，研制新型车体、转向架、制动摩擦副以及列车安全防护结构等高速列车轻量化相关关键零部件，为高速列车装备完全自主化和整车性能提升提供基础支撑	√	√		

表 4.5 技术方向支持预期目标（需求、技术方向、预期目标三者逻辑关系）

预期目标	技术方向			
	高速铁路体系化安全保障技术	高速列车装备的谱系化技术	高速铁路能力保持技术	高速铁路可持续性技术
1	形成我国先进的流固、轮轨和弓网耦合理论与分析设计方法体系，从根本上保障我国高速列车技术持续发展并保持领先地位	√	√		√
2	形成我国高速铁路系统安全理论和主动安全保障核心技术体系，从根本上提升和持续保障我国高速铁路的整体安全性和保障能力	√		√	√
3	研制有自检测、自诊断、自决策能力的智能化高速列车系统，实现我国高速列车的安全可靠运行和全生命周期能力保持与优化，全面提升我国高速铁路运力资源能力保持水平和列车运行在途服务水平		√	√	
4	形成基于永磁电机的新型牵引传动系统技术、标准和装备体系，从根本上提高我国高速列车的可靠性、安全性和能源效率，适应并引领世界高速列车牵引传动模式的技术和装备战略转型		√	√	√
5	形成符合我国国情的高速铁路基础设施建设、养护及服役状态监测、安全评估技术、标准和装备体系，从根本上解决我国高速铁路系统的可靠性、安全性和能力生成与保持等问题，从整体上确保我国规模居世界首位的高速铁路基础设施安全性和可用性	√		√	

续表

	预期目标	技术方向			
		高速铁路体系化安全保障技术	高速列车装备的普系化技术	高速铁路能力保持技术	高速铁路可持续性技术
6	形成适应我国高速铁路布局、设施结构和环境影响特点的减振降噪技术、标准和装备体系，从技术上确保我国高速铁路的环境友好性，从而使我国高速铁路发展和运营满足国家和谐社会构建要求		√		√
7	形成我国自主的高速列车谱系化和适应性技术，构建高速列车设计制造一体化数字平台及定制化关键技术、标准和可规模产业化的车型系统，为我国高速铁路网在需求多样性和复杂地理环境下可持续运营提供完善的装备支撑	√	√	√	√
8	形成我国高速列车轻量化与整车性能提升技术体系，研制新型车体、转向架、制动摩擦副以及列车安全防护结构等高速列车轻量化相关关键零部件，为高速列车装备完全自主化和整车性能提升提供基础支撑	√	√		√

（三）重点任务与主要研究内容

1. 基础理论方面

在基础理论方面重点安排以下研究内容：

（1）高速列车关键力学行为、特征与规律研究。

依托时速 500 km 高速试验列车，开展高速列车气动行为、轮轨关系、弓网关系、车体结构振动及耦合动力学等关键力学行为研究；围绕未来更高速度高速列车的研制和运行，开展高速列车新型减阻技术、气动控制、姿态控制，以及大量新技术在高速列车中应用带来的系统动力学问题研究。

（2）高速铁路系统安全行为机理及安全保障基础问题研究。

研究高速铁路系统安全要素、要素相互作用及涌现演化行为机理分析和表达方法以及高速列车运行安全域动态估计理论，高速铁路系统失效涌现机理、失效链分析以及突发事件发生机理及时空演化规律，高速铁路系统隐患辨识、失效预测、风险评估和安全规划等主动安全保障理论方法，以及突发事件下高速铁路系统能力快速恢复机制与资源协同配置等理论。

2. 关键技术方面

在关键技术方面重点安排以下研究内容：

(1) 高速铁路重大关键技术及装备研制。

为适应并引领世界高速列车牵引传动模式的技术和装备战略转型，研究形成基于永磁电机的新型牵引传动系统技术、标准和装备体系；为解决我国高速铁路作为整体的可靠性、安全性和能力生成与保持问题，研究和发展符合我国国情的高速铁路基础设施服役状态监测和安全评估技术、标准和装备体系；为确保我国高速铁路的环境友好性，研究和发展适应我国高速铁路布局、设施结构和环境影响特点的减振降噪技术、标准和装备体系。

(2) 高速列车谱系化关键技术及系列车型研制。

为使高速列车装备满足我国多样化需求，研究形成满足我国不同地区、不同基础设施条件和不同速度等级的高速列车和常规铁路高速化关键技术、高速列车装备的国际适应性核心技术、高速列车设计制造一体化数字平台及定制化关键技术；研制高速列车系列车型、常规铁路高速化列车、我国出口型高速列车系列车型和我国高速列车定制化设计制造一体化数字平台。

(3) 高速列车系统综合节能关键技术。

在保障高速列车系统安全可靠的前提下，以大幅度降低高速列车系统能耗水平为目的，研究开发高速列车的轻量化、降低牵引传动损耗、节能型空调、车内废排能源回收、列车再生能力和黏着充分利用等关键技术，从整体上持续提高我国高速列车系统能源利用效率。

(4) 高速列车新型牵引动力系统关键技术研究。

为满足新型高速列车牵引动力需求，进行轻量化、小型化、集成化、智能化的牵引传动系统相关基础理论研究；研究和探索满足高速列车更高速度运行及谱系化发展需求的新型牵引动力、供电及受流传输、牵引传动等系统。

(5) 高速列车轻量化与整车性能提升关键技术研究。

为满足高速列车高速运行和适应广域环境条件下轻量化以及整车机械性能提升发展需求，针对轻量化先进材料体系建立、相关材料制备、高性能结构设计与制造涉及的关键技术问题开展研究。

3. 集成技术与示范应用方面

在集成技术与示范应用方面重点安排以下研究内容：

(1) 智能化高速列车系统关键技术研究及样车研制。

为全面提升我国高速铁路运力资源能力保持水平和列车运行在途服务水平，研究并集成应用传感网和物联网技术、全息化运行环境感知技术、高速列车系统数据传输与处理技术和智能化旅客在途服务技术；研制以全息化列车状态感知和动态数字化运行环境为基础，以信息智能处理与交互为支撑，具有自检测、自诊断、自决策能力的智能化高速列车系统及智能列车样车。

（2）高速运行安全性移动试验测试技术与平台研制。

为使超高速列车系统动力学、在超高速条件下列车系统动态行为和相互作用关系、列车及其边界条件的参数和性能设计等理论研究具备技术试验、验证和数据获取平台，和为开展以列车各系统参数匹配、结构强度优化、流场气压控制、振动、电磁干扰等技术研究及设计提供重要支撑，研究高速移动综合检测、试验和实时在途预警关键技术，研制最高试验速度 500 km/h 的高速试验列车和配套车载检测装备。

（3）高速铁路基础设施运维及高可用性关键技术与装备研制。

为解决我国大规模高速铁路基础设施的高效运营维护问题，应对我国高速铁路基础设施能力保持和安全保障重大技术和装备需求，依托京沪、武广、成兰和兰新等高速铁路，研究高速铁路轨道结构、桥梁结构、隧道结构、路基工程运营维护及高可用性关键技术，研制符合我国高速铁路基础设施高效运维和快速恢复系列化装备。

（4）艰险困难山区及特殊地区高速铁路建造技术与设备。

为解决在艰险山区及特殊地区修建高速铁路的技术与设备难题，依托高速铁路建设重大工程，研究在山区及特殊地区高速铁路车站分布、高速铁路高墩、大跨桥梁、不良地质隧道、路基关键技术、无砟轨道、工程材料以及防风、防灾及安全监控关键技术，研制艰险山区及特殊地区高速铁路施工系列设备。

4. 重大技术方向部署

围绕高速列车科技发展"十二五"专项规划重大技术方向，分别从 3 个方向设置了 11 项主要研究任务。主要研究任务与重大技术方向之间的对应关系如表 4.6 所示。

表 4.6 按技术方向部署的重点任务（主要研究任务与重大技术方向之间的对应关系）

序号	重点任务	技术方向			
	任务名称	高速铁路运营安全性	高速列车装备自主化	高速铁路发展可持续	高速铁路建设运营高效率
1	高速列车关键力学行为、特征与规律研究				
2	高速铁路系统安全行为机理及安全保障基础问题研究	√		√	

续表

序号	重点任务		技术方向			
	任务名称		高速铁路运营安全性	高速列车装备自主化	高速铁路发展可持续	高速铁路建设运营高效率
3	高速铁路重大关键技术及装备研制		√	√	√	√
4	高速铁路谱系化关键技术及系列车型研制		√	√		√
5	高速铁路系统综合节能关键技术			√	√	
6	高速列车新型牵引动力系统关键技术研究		√			√
7	高速列车轻量化与整车性能提升关键技术研究		√	√	√	
8	智能化高速列车系统关键技术研究及养车研制		√		√	
9	高速运行安全性移动试验测试技术与平台研制		√		√	
10	高速铁路基础设施运维及高可用性关键技术与装备研制		√		√	
11	艰险困难山区及特色地区高速铁路建造技术与设备					√

5. 重点研究任务实现路径

围绕高速列车科技发展"十二五"专项规划设置的主要研究任务,按照"高速列车装备谱系化、运营与安全保障智能化、高速铁路技术体系化、高速铁路可持续化"战略路径,具体落实各重点任务的具体实施方案。主要研究任务与战略路径之间的对应关系如表4.7所示。

表4.7 按战略路径实现重点任务(主要研究任务与战略路径之间的对应关系)

序号	重点任务		战略路径			
	任务名称		谱系化	智能化	体系化	可持续
1	高速列车关键力学行为、特征与规律研究				√	√
2	高速铁路系统安全行为机理及安全保障基础问题研究		√		√	√
3	高速铁路重大关键技术及装备研制				√	
4	高速铁路谱系化关键技术及系列车型研制		√		√	√

续表

序号	重点任务 任务名称	战略路径 谱系化	智能化	体系化	可持续
5	高速铁路系统综合节能关键技术				√
6	高速列车新型牵引动力系统关键技术研究	√			√
7	高速列车轻量化与整车性能提升关键技术研究	√			√
8	智能化高速列车系统关键技术研究及养车研制		√	√	
9	高速运行安全性移动试验测试技术与平台研制		√	√	
10	高速铁路基础设施运维及高可用性关键技术与装备研制	√		√	
11	艰险困难山区及特色地区高速铁路建造技术与设备			√	√

（四）技术路线与主要预期成果

《高速列车科技发展"十二五"专项规划》的实施将按照"需求导向确定重大技术方向，预期目标满足战略需求，技术方向支持预期目标，按技术方向部署重点任务，按战略路径实现重点任务"的整体思路，以"十一五"取得的成绩为基础，以"十二五"规划实现为重点，以"十三五"及以后为中长期目标，设计由各重大技术方向路线图组成的专项规划技术路线图，如图4.8至图4.11所示。

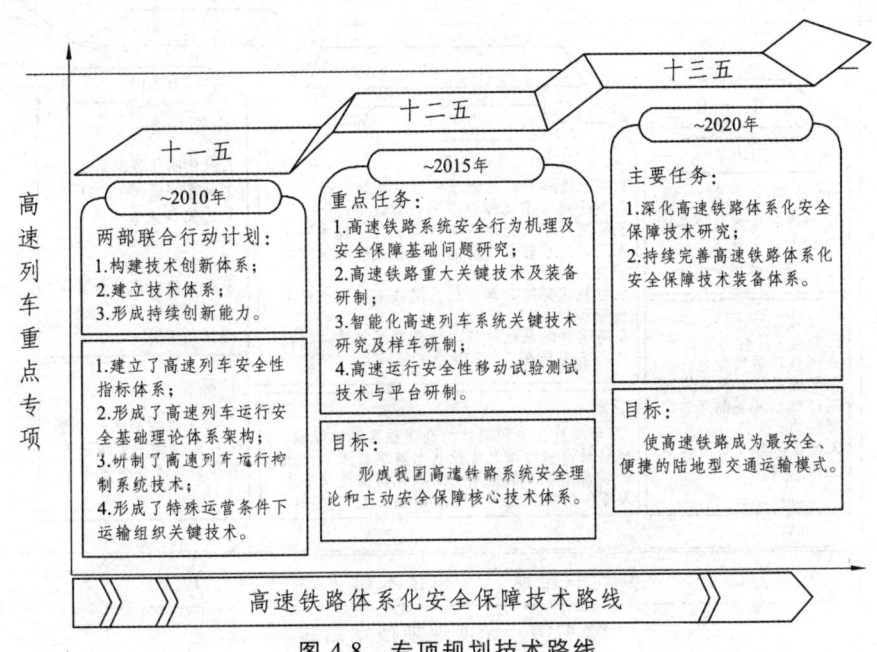

图4.8 专项规划技术路线

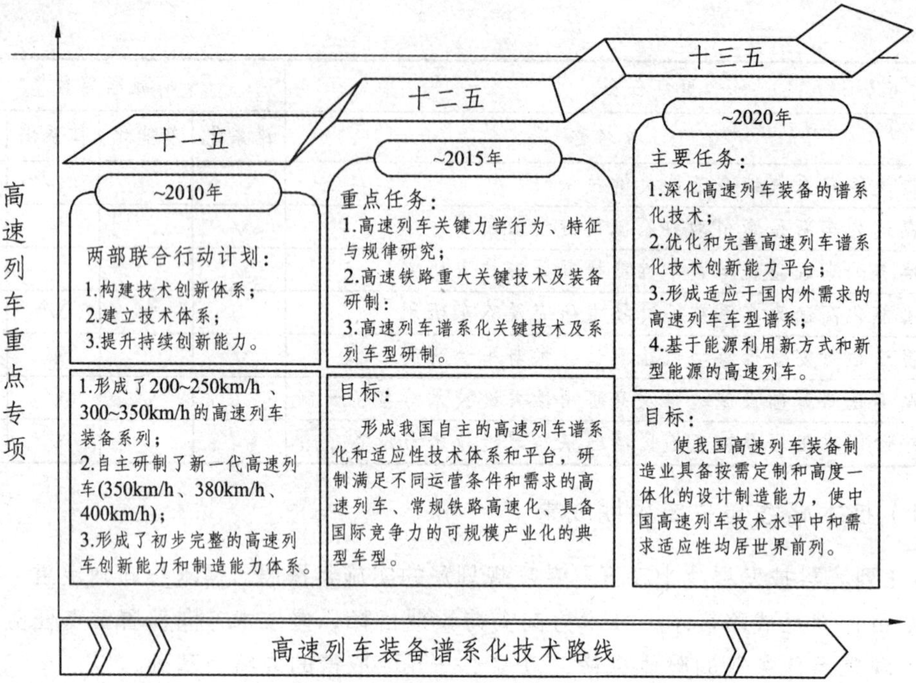

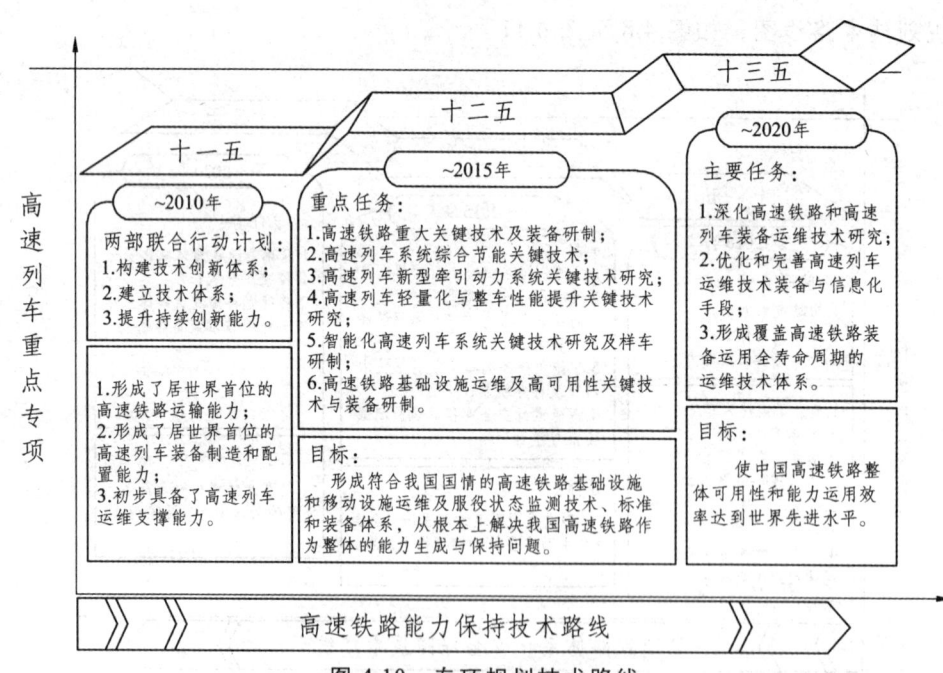

图 4.9　专项规划技术路线

图 4.10　专项规划技术路线

第四章 中国高速铁路技术体系构建与创新战略实施

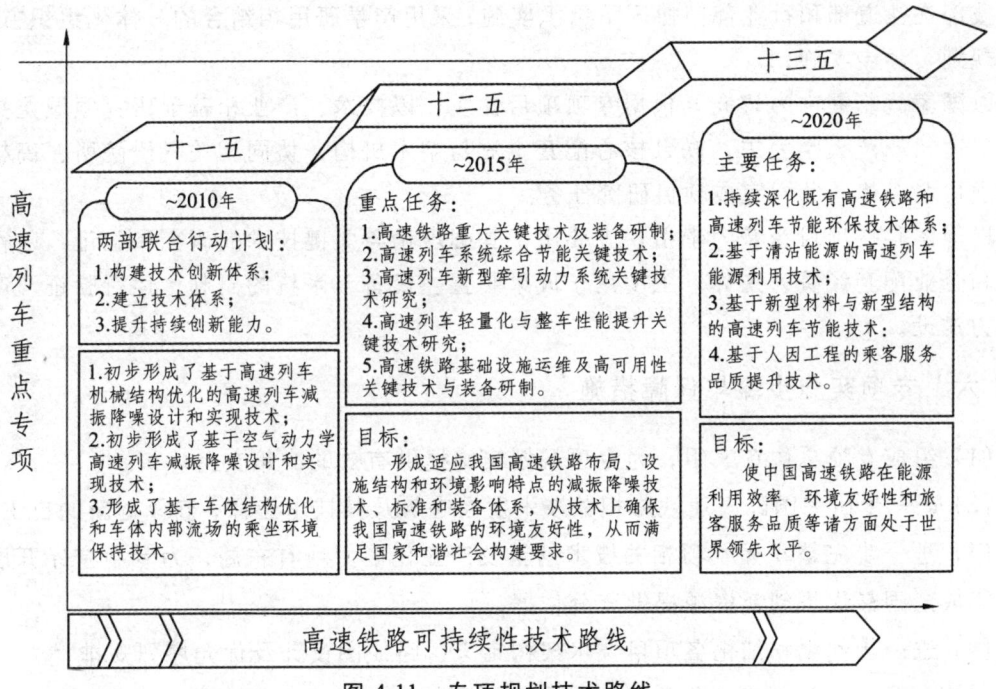

图 4.11 专项规划技术路线

通过实施《高速列车科技发展"十二五"专项规划》，预计将取得如下具有领先水平的成果：

（1）高速列车动力学基础模型、分析、设计和计算理论体系。
（2）高速铁路系统安全分析、预警与主动保障基础理论与方法体系。
（3）高速列车轻量化与整车性能提升关键技术体系。
（4）基于永磁电机的高速列车牵引传动系统技术和装备。
（5）中国高速列车元模型、谱系化技术及系列车型。
（6）高速铁路基础设施服役状态检测、综合评估及预警技术及装备体系。
（7）基于噪声源辨识的高速铁路减振降噪技术、材料、结构及装备体系。
（8）基于状态与运行环境综合感知的智能高速列车系统技术与智能列车。
（9）高速铁路基础设施运维及高可用性关键技术与装备。

（五）专项组织和投入模式

按照科技部、铁道部《中国铁路高速列车自主创新联合行动计划合作协议》（2008年）和《中国高速列车自主创新联合行动计划纲要》（2008年）所规定的联合创新机制，由科技部在铁道部和行业部门协同下组织实施,采用产学研用相结合的一体化组织方式,统筹规划,分步实施。

以国家战略需求为导向,根据专项项目性质,以技术、产业和基础研究领域龙头企业、研究机构及大学为主,联合核心配套企业与学术机构,协同相关科研院所、高校组成各项目联合体,共同完成项目研究任务。

以国家科技项目经费为牵引,主要用于基础理论与关键技术的研究和验证;以行业部门和企业配套经费为主体,主要用于成果装置、设备、系统的研制、运行验证及产业化能力建设。

(六)专项实施步骤与保障措施

(1)组成专项总体专家组,为专项规划实施提供有效的决策支持。

(2)进一步研究国际高速铁路相关技术发展态势及其技术选择,确保创新的自主性。

(3)进一步完整掌握专项相关技术创新及产业化能力现有布局,为专项有序开展时确保集成全国最优势创新资源提供充分依据。

(4)进一步优化和细化各项目技术架构定义、路线图设计及优先序列安排。

(5)充分发挥体制机制优势,创新专项和项目组织模式,最大程度集成和协同创新能力优势资源。

(6)依据国家科技计划管理改革创新总体思路及相关政策,在国家科技计划管理办法框架内,组织专项实施和进行专项实施过程监督、评估、服务与绩效管理。

六、中国铁路智能交通发展战略

(一)国外铁路数字化与智能化的发展

人工智能、BIM 等新技术与铁路融合后形成智能建造、智能装备、智能运营等成套理论和技术体系,将为实现智能铁路战略提供重要技术保证。依托智能京张、智能京雄、智能蒙华等重大工程建设,智能铁路的系统性研究成果将得以验证、应用、推广,形成既具有中国特色,又能为世界其他国家铁路发展参考的智能铁路成套理论技术体系。

通过新一代信息技术大幅提升铁路运输组织效率效益、优化客货运输服务品质、提高铁路运输安全水平成为各国铁路发展的必由之路,铁路智能化已是世界铁路发展的重要方向。在此背景下,德、英、澳、美、日等国铁路相继提出数字化与智能化发展战略规划,并制定了实施路线图和重点任务。

1. 国外铁路数字化战略

1) *Rail Route* 2050 战略规划

2011年，欧盟发布《欧洲一体化运输发展路线图》白皮书，旨在将欧洲目前的运输系统发展为具有竞争力和高资源效率的运输系统。

欧洲铁路研究咨询委员会（ERRAC）同步制定 *Rail Route* 2050，在智能移动、能源与环境、基础设施等方面，提出了一个高资源效率、面向智能化的2050年铁路系统发展蓝图，如图4.12所示。

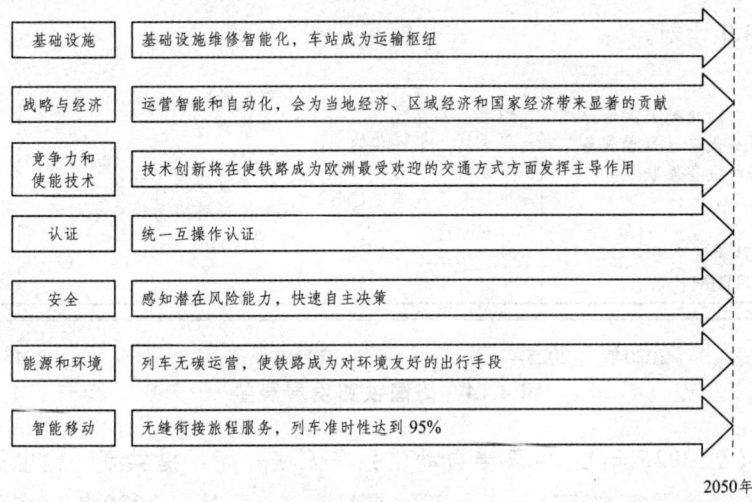

图 4.12　欧洲铁路系统发展蓝图（至 2050 年）

2) Shift2Rail 科技创新战略

数字化铁路已成为欧洲铁路一体化发展的首要任务，欧盟因此出台了一系列战略规划，在2013年提出以市场为导向的 Shift2Rail 科技创新战略，如图4.13所示。

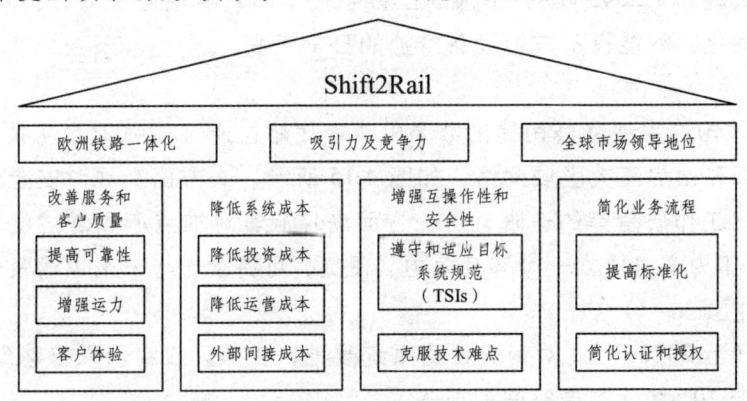

图 4.13　欧洲 Shift2Rail 战略目标

Shift2Rail 实施周期为 2014—2020 年，重点关注生命周期成本降低、路网容量增强、服务可靠性与准时性提高，最终实现欧洲铁路一体化、增强欧洲铁路的吸引力及竞争力、巩固欧洲铁路在全球市场中的领导地位等目标。

(1) 德国。

2016 年，德国铁路公司（简称德铁）与德国联邦交通部、德国铁路工业联合会联合签署合作协议"铁路数字化战略"（铁路 4.0），如图 4.14 所示。这是以提升乘客满意度为目标，深入到生产、运营、维修养护、客户交互等铁路系统各环节的技术变革，全面支撑德国运输 4.0 计划。

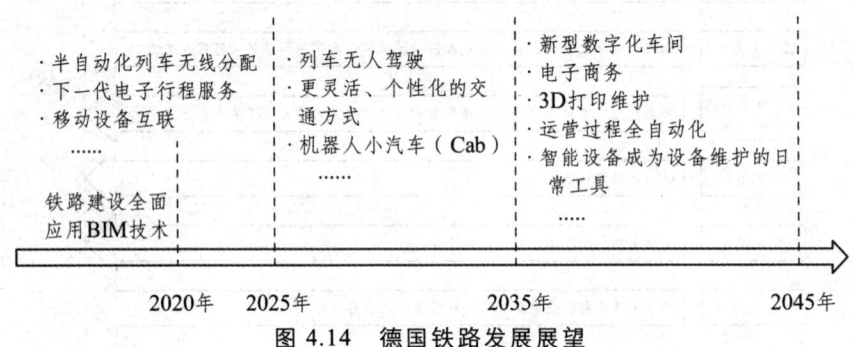

图 4.14　德国铁路发展展望

近期战略（至 2025 年）：实现半自动化列车无线分配；提供下一代电子行程服务；通过列车独特设计使乘客的移动设备与基站信号直连。同时在 2020 年底实现所有铁路建设项目应用 BIM 的规划战略。

中期战略（2025—2035 年）：实现列车无人驾驶；能够提供更灵活、个性化的交通方式；机器人小汽车（Cab）研制成功并投入使用。

远期战略（2035—2045 年）：形成新型数字化车间；实现电子商务、3D 打印维护、运营过程全自动化；智能设备成为设备维护的日常工具。

(2) 法国。

2015 年，法国国家铁路公司提出数字化法铁战略，通过加强工业互联网建设，构建连通列车、路网和站房三大区域网络，如图 4.15 所示。一方面实现对安全运输、生产效率、能源经济、工作质量等的追求，另一方面满足旅客对准点率和舒适度的需求。预期在 2031—2040 年为客户建立一个有竞争力、便捷、可持续、与未来运输紧密结合的铁路系统。

近期战略（至 2020 年）：对现有铁路系统改进，在郊区线路引入自动驾驶。推进 3D 打印技术，减少 20%零件制造时间和成本。

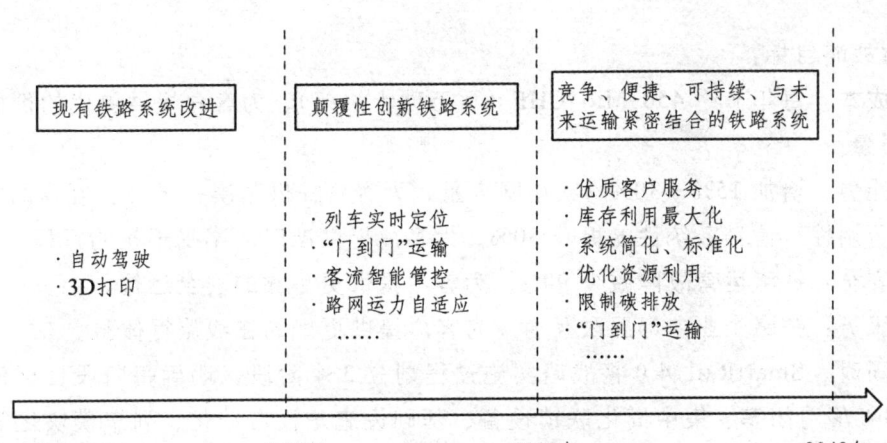

图 4.15　法国铁路发展展望

中期战略（2021—2030 年）：构建颠覆性创新的铁路系统，功能包括列车实时定位、"门到门"运输、客流智能管控、路网运力自适应等。

远期战略（2031—2040 年）：
- 为客户实时提供满足需求、可靠安全、易于访问的服务；
- 最大化路网和库存利用率以降低成本；
- 实现系统简化和标准化，缩短新技术实际应用时间；
- 通过优化资源利用和限制碳排放，完成公共服务使命；
- 将铁路系统纳入全球"门到门"运输服务，使车站变成集成服务和各项运输方式的站点。

（3）瑞士。

2017 年，瑞士联邦铁路提出瑞士 SmartRail 4.0 战略，旨在进一步提高铁路系统容量和安全性，有效地利用铁路基础设施，长期保持瑞士铁路的竞争力，如图 4.16 所示。

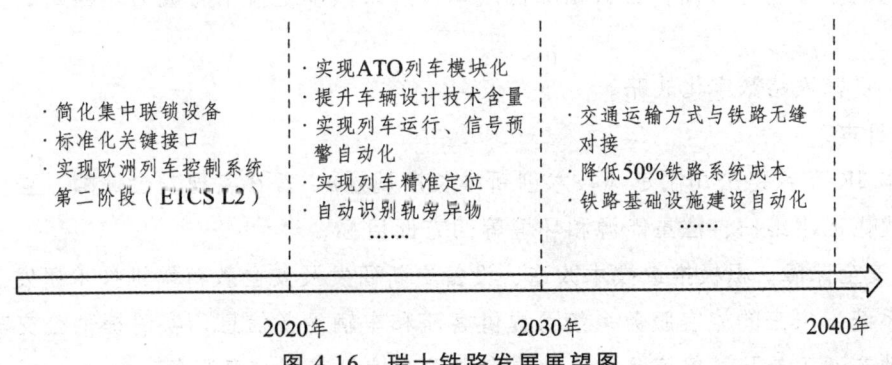

图 4.16　瑞士铁路发展展望图

具体战略目标：
- 成本：每年节约 450 Mio CHF（百万瑞士法郎），为客户提供更优的价格和更好的服务质量。
- 能力：增加 15%~30%的铁路网容量，为客户提供紧凑、灵活、互通的服务。
- 可用性：信号系统性能提升 50%，为客户提供准时、不受干扰的行程。
- 安全：铁路运营故障减少 90%，为客户提供更可靠的安全运输。
- 服务：铁路企业内部互联互通，为客户提供更好的在线旅行体验。
- 同时，SmartRail 4.0 将战略实施过程划分 3 个阶段，明确每阶段目标任务，对 ETCS L3+移动闭塞、集中简化联锁设备、基础设施建设自动化、列车模块化等技术进行规划。

（4）英国。

2018 年，英国铁路制定数字铁路战略，在人才技术与业务能力、列车运行控制、自动驾驶、交通管理与可靠性、移动通信数据互联、智能基础设施等领域布局，提出数字化铁路三阶段发展蓝图，从而实现资产可持续性、提高载运能力、增强安全性、加强用户体验、加速经济增长、改善环境等目标。

近期战略（至 2019 年）：基于现有成果，实施部署数字铁路项目（ETCS 试验轨道开发和 ETCS 车辆改装）；借鉴类似领域先进技术成果，开展创新技术，为下一阶段实施提供支撑。

中期战略（2019—2027 年）：重点关注安格利亚、伦敦东北、东南、威塞克斯和西部等五大铁路线的发展规划；确定数字铁路方案并按优先级排序；通过数字化方式大力提高受限的运力，并以较低的运营成本为铁路用户和英国经济带来更广泛利益。

远期战略（2027 年后）：随着数字化技术发展日趋成熟，预计在数字信号、智能基础设施和列车控制等方面将会大幅降低成本；未来数字化技术将成为铁路网的日常运营手段。

（5）日韩铁路数字化战略。

① 日本。

日本 JR 东铁路公司制定《技术创新中长期规划》，旨在实现安全保障、强化服务和营销、优化运用维护、注重能源和环境等四方面目标。

- 安全保障。积极推进技术改造、设备更新研发及安全教育培训技术研发。建立安全辅助系统。未来的旅客服务系统可提供客流和车辆设备信息，实时提供公交车、出租车等其他交通工具及气象等信息，为旅客提供个性化定制信息服务

- 优化运用维护。逐步推进"状态修"体系实用化,加快自动驾驶技术及利用智能机器人和人工智能的辅助技术研发。通过技术创新来改变运用和维修成本的结构,实现"人与系统"密切结合的工作模式。
- 注重能源和环境。建立从发电到输变电和配电的全过程能源管理网络平台,综合利用可再生能源和节能蓄能技术,实现 2030 年铁路能耗降低 25%、二氧化碳排放量减少 40% 的管理目标(以 2013 年为基准)。

② 韩国。

韩国铁路重点关注基础设施 BIM 技术应用,并构建面向 2030 年的铁路基础设施 BIM 发展路线图,将 BIM 发展划分为 1.0、2.0、3.0、4.0、5.0 等阶段。

BIM 1.0(至 2018 年):初始阶段,基于 BIM 的公众展示和设计审查。
BIM 2.0(至 2020 年):成长阶段,基于 BIM 的设计、工程、误差监测。
BIM 3.0(至 2022 年):成熟阶段,基于 BIM 的综合项目与设施管理。
BIM 4.0(至 2024 年):高级阶段,智能工厂和非现场组装。
BIM 5.0(2030 年后):智能阶段,智能建造 4.0 和基于人工智能的项目及设施管理。

(6)澳大利亚铁路数字化战略。

澳大利亚铁路结合本国国情与全球经济发展形势,并充分考虑物联网、大数据、人工智能等先进技术发展,从材料与制造、运行控制与管理、节能减排等方面制定铁路创新战略规划。

近期规划战略(至 2020 年):利用新方法、新手段提高铁路规划设计水平;基本实现列车少人驾驶、实现系统化全覆盖;采用列车智能化驾驶降低能源消耗。

中期规划战略(至 2030 年):重点发展先进制造业,利用高性能重载材料,克服铁路货运物理限制;利用大数据、人工智能实现铁路运行安全风险自动检测与控制;实现列车先进制动系统,实现机车交流牵引及电子电力系统改造。

远期规划战略(至 2040 年):实现铁路建设与装备材料轻量化;利用运行数据实现更高级别的铁路运行与控制;充分实现可再生能源在铁路领域的应用,降低碳排放量。

(7)北美铁路数字化战略。

① 加拿大

加拿大国家铁路公司制定了信息化发展战略并稳步落实,近期利用数字化技术对铁路运营进行多项创新实践。

- 精确化运输。为支撑"准时制"运输,建设货运服务可靠性系统,实现订单、货票、列车运行、场站作业、车辆配置、机车周转、货物联运等所有与铁路货物运输相关业务的一体化管理。

- 数字化商务。建立标准化客户服务流程，并通过电子商务、电子数据交换及客户服务系统，实现数字化商务。
- 数据城市。将数据作为关键的企业级资产，将高质量数据作为实现高质量铁路运输作业和客户服务的根本，基于统一的数据管理和企业级数据仓库前提下，构建 DataCity 系统以有效支撑铁路业务分析与决策。

② 美国。

美国铁路以货运为主，在预测性维护、客户服务等方面进行数字化技术探索。

- 2011 年，美国货运铁路启动"资产健康战略计划"（AHSI），对各铁路公司收集和存储的数据进行分析，并由此解决行业内最关键的铁路设备管理与维护问题。
- 美国 Strukton 公司开发了预测性维护和故障诊断系统 POSS，优化维修间隔，减少维修成本和故障。
- 美国 Amtrak 公司利用大数据提升乘客的互动和体验，将列车运行图与谷歌地图相结合，开发实时列车定位地图，通过该网站访客可以访问有关列车的最新信息。

2. 分析启示

国外铁路积极探索信息新技术，在铁路融合应用的发展方向纷纷制定一系列中长期战略规划，加快新技术与铁路业务场景深度融合和创新应用，促进大量项目的立项与推进，在工程建设、安全保障、列车控制等领域积极布局，如图 4.17 所示。

各国铁路的数字化和智能化发展战略主要分为 2020 年、2025 年、2035 年三个里程碑节点。在战略内容设计上呈现出如下发展趋势：

- 自动驾驶成为铁路智能化重要内容，德、法、澳及瑞士铁路均列为重点任务之一。
- 面向全球的铁路运输"门到门"服务、跨多种交通方式的无缝化运输成为未来铁路运输智能化的重要目标。法、德、日及瑞士铁路均作为战略目标之一。
- BIM 技术成为基础设施智能化的重要手段，德、韩及瑞士铁路均制定了相应目标。
- 新一代列车控制与调度系统得到多国铁路高度关注。法、德、英、澳铁路等均着力研发集中联锁、移动闭塞、ETCS、列车实时定位等新一代列车控制系统设备，以便实现装备智能化。
- 绿色低碳成为未来铁路运输的重要指标之一。法、澳、日及瑞士铁路等均制定了相应指标。

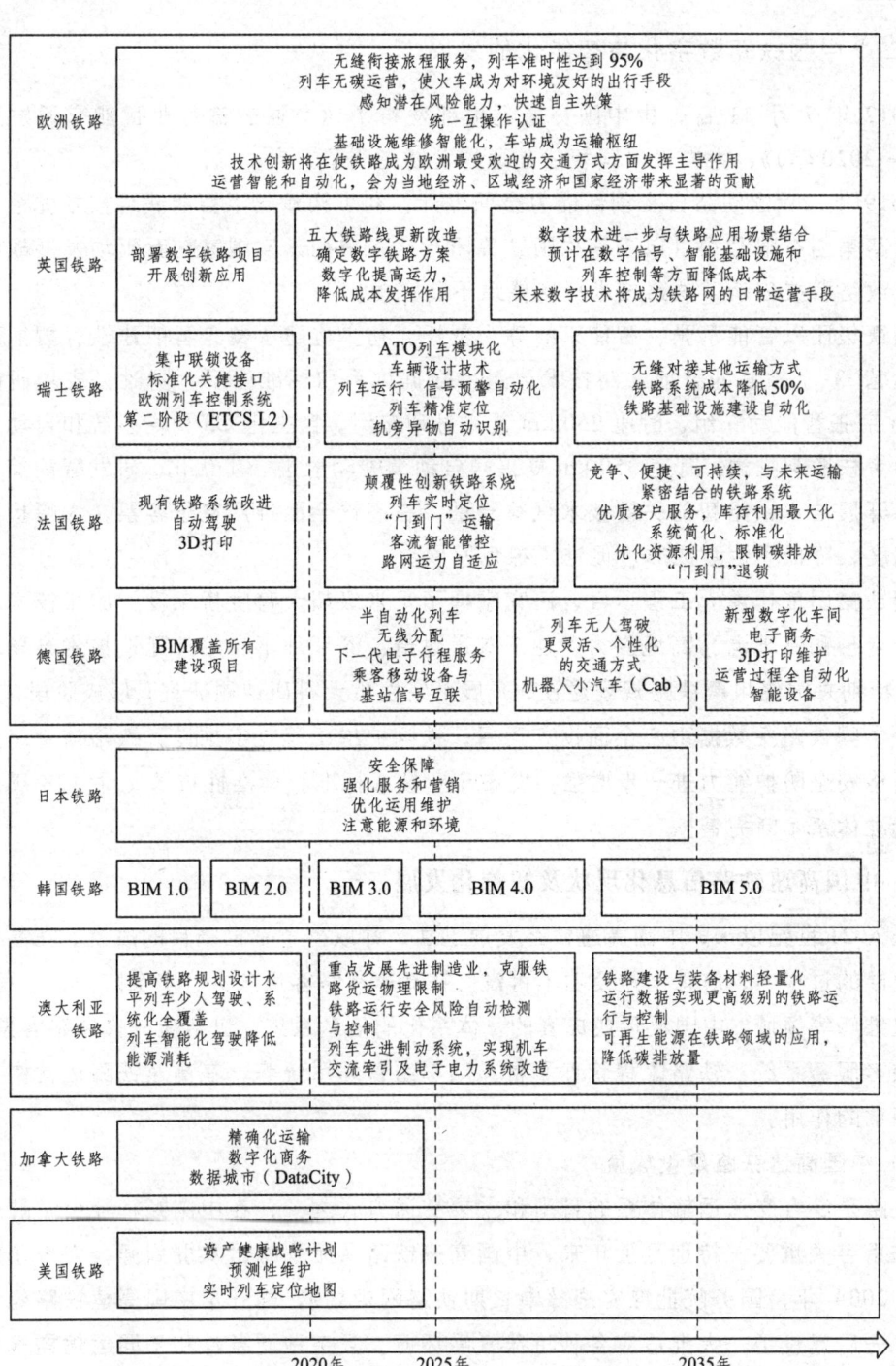

图 4.17 国外铁路智能化发展趋势对比

（二）中国铁路数字化与智能化的发展

2012 年 7 月 31 日，由中国交通运输部发布了《交通运输行业智能交通发展战略（2012—2020 年）》，为未来中国智能交通的发展指明了方向。

2019 年，我国铁路自主创新能力全面提升，初步构建起了智能铁路技术体系。中国国家铁路集团有限公司（以下简称国铁集团）认真贯彻落实国家创新驱动发展战略，积极推进铁路科技创新，铁路技术标准体系不断完善。

国铁集团以智能京张、智能京雄等为依托，初步构建了覆盖智能建造、智能装备、智能运营 3 个领域的智能铁路技术体系、数据体系和标准体系。同时，成功研制时速 350 km 京张智能动车组、时速 250 km 复兴号动车组，自主化 C3 列控系统和自动驾驶系统试用考核顺利推进，时速 350 km 复兴号自动驾驶功能进一步优化。研发智能综合调度系统，开展浩吉铁路智能关键技术试验验证。在高铁全面推广电子客票，大幅提高旅客检票速度，降低了运营成本，促进了绿色发展。

国铁集团依托重大工程项目，研究掌握了千米级超大跨度桥梁设计施工技术，攻克软岩大变形和高地温、高地应力条件下隧道建造、深埋地下车站等建造技术难题取得新进展。特别是围绕川藏铁路规划建设，开展系统性重大科研课题研究，形成阶段成果 140 余项。中国铁路主数据中心全面投入运用，铁网护栏工程扎实推进，铁路信息化应用水平和网络安全防护能力进一步增强。发布企业技术标准和标准性技术文件 138 项，铁路技术标准体系不断完善。

1. 中国高速铁路信息化现状及智能化发展

进入 21 世纪以来，中国高速铁路发展迅猛，并取得了举世瞩目的成就。在高速铁路快速发展的过程中，信息化建设功不可没。在高速铁路客运服务、安全防护、工程建设、动车组维修等领域，中国已形成成套的、体系化的信息系统，包括新一代铁路客票系统、铁路旅客服务系统、铁路工程管理平台、动车组管理系统等，在高速铁路运营中发挥了举足轻重的作用。

1）中国高速铁路建设成就

铁路是综合交通运输体系的骨干和主要交通方式之一，在中国经济社会发展中的地位和作用至关重要。特别是近年来，中国高速铁路从无到有、从弱到强，实现了跨越式发展。2004 年，国务院批准实施《中长期铁路网规划》，翻开了中国高速铁路建设的新篇章，先后建设了一大批适应各种特殊气候环境、复杂地质条件和不同运输需求的高速铁路。

在"十三五"期间,中国高速铁路保持快速发展,规划贯通哈尔滨至北京至香港(澳门)、连云港至乌鲁木齐、上海至昆明、广州至昆明高速铁路通道,建设北京至台北、呼和浩特至南宁、北京至昆明、宁夏银川至海口、青岛至银川、兰州至广州、北京至兰州、重庆至厦门等高速铁路通道,拓展区域连接线。预期到2020年,铁路网规模达到15万千米,其中高速铁路3万千米,覆盖80%以上的大城市。形成以"八纵八横"主通道为骨架、区域连接线衔接、城际铁路补充的高速铁路网。同时,中国在高速铁路的勘察设计、装备研制、施工建设和运营管理均处于国际先进水平,形成了具有中国特色的高速铁路技术标准体系,尤其是具有完全自主知识产权的"复兴号"动车组列车于2017年6月26日,在京沪高铁正式双向首发,标准时速可到达400 km,标志着中国高速铁路已达到国际领先水平。

信息化是现代化的基础,没有信息化就没有高速铁路的现代化。高速铁路信息化广泛利用于现代通信和信息技术中,构建技术先进、功能完善、经济适用、安全可靠的,具有中国特色的高速铁路信息系统,实现调度指挥智能化、客货营销社会化、经营管理现代化,为提高运输效率、扩大运输能力、优化资源配置、保障运输安全、改进服务质量、提升管理水平、提高经济效益提供支撑。

2)高速铁路信息化现状

高速铁路是一个多专业、综合的、复杂的系统工程。目前,信息化建设已全面覆盖高速铁路各个领域,对于支撑日常业务开展发挥了重要的作用。高速铁路信息化总体架构如图4.18所示。公共基础平台包括:硬件及网络平台、基础数据平台、信息共享平台及大数据分析平台。

(1)工程建设信息化。

2013年铁路总公司确定将建筑信息模型技术(Building Information Modeling,BIM)作为铁路工程建设信息化的主要技术发展方向。在此基础上,大力推进铁路工程管理平台建设。铁路工程管理平台以标准化管理为依托,以铁路工程设计、建设、运营全生命周期管理为目标,以BIM技术为核心,以建设项目为载体,按照"一门户,三平台,四维度"模式搭建,建立统一开放生态圈,实现铁路工程实体、从业人员、社会环境等各要素共生共治、协同创新,有力地支撑了铁路工程建设全过程调度指挥、施工组织、质量安全风险监控、预警和分析。

作为平台的支撑技术,BIM技术是对工程建筑物的三维数字化,突破了原有的二维模型所不具有的立体组合拼装能力,利用标准族库快捷组装进行自动化组装和基于时间的推演分析,能够适应不同项目阶段、不同项目参与方的工程建设协同应用。同时针对在工程建设过程中,产生的设计数据、施工过程数据等大量异构数据,实现基于模型化的数据集成、管理与分析。目前，铁路工程管理平台覆盖铁路总公司所有在建铁路项目，同时延伸至济青、汉十、合安九、金台等地方铁路，以及北京地铁、深圳地铁等国内城市轨道交通领域。

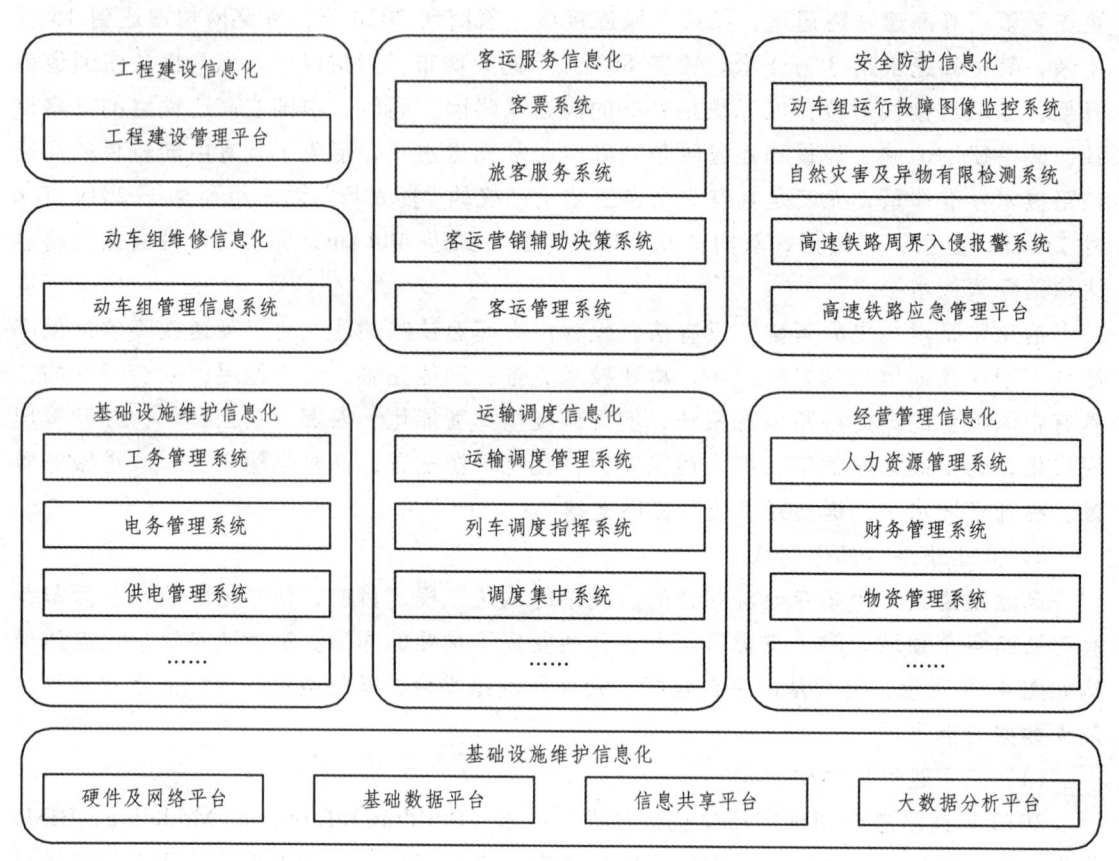

图 4.18　高速铁路信息化总体架构

（2）客运服务信息化。

高速铁路客运服务领域信息化建设已覆盖售票、营销、自动售检票、候车、列车服务等出行全流程，形成了成套的产品体系，主要包括：新一代铁路客票系统、客运营销辅助决策支持系统、铁路旅客服务系统和客运管理信息系统等。

① 新一代铁路客票系统：铁路客票系统自 1996 年开始建设，经过 10 余年的发展，先后完成 5 次大规模升级，已建成覆盖全国的超大型售票网络，即 1 个铁路总公司客票中心、18 个铁路局地区客票中心，拥有窗口、代售点、自动售票机、电话等多个售票渠道。车站和代售点售票窗口近 2.5 万个，自动售/取票机 4 000 余台，电话订票线数近 11

万线。新一代铁路客票系统包含车站服务、互联网/手机售票、电话订票、电子支付前置、列车服务、票务管理、客户关系管理、监控子系统、订餐服务,以及交易服务集成平台和数据共享集成平台,为旅客出行提供了方便服务。面向海量数据存储和超大规模并发交易的应用需求,新一代铁路客票系统广泛地采用了移动互联网、云计算平台、内存数据库及弹性计算架构等新技术,并在车票实名制、电子支付、票额预分、席位选择、通退通签等领域深入研究、持续创新,不断强化服务和运维效率,提升服务品质。

② 客运营销辅助决策系统:全面应用历史数据仓库与实时数据仓库相结合的混合数据仓库技术、基于时间序列与神经网络的客流预测模型与技术、业务主题建模技术、基于客流预测模型与票额自动分配模型的票额自动预分及预警技术、客运业务整合模型及可视化展现技术等技术手段,构建全面、灵活的数据分析决策平台,以铁路运力资源为基础,以客运市场变化为依据,为铁路客运管理部门提供有关旅客的客户分析、产品设计、产品销售以及外延相关服务的全过程营销活动决策的支撑。本系统采集全国铁路客运实际生产数据,每天加工处理原始数据 10 GB、衍生数据 20 GB,交易记录 1 200 万条、席位记录 15 000 万条、订票记录 2 800 万条,为各级营销管理人员把握市场动态、完善产品设计、优化运能利用、提升社会和经济效益提供决策支持。

③ 铁路旅客服务系统:作为铁路客运服务的窗口,针对查询、订票、进站、候车、乘车、出站等环节,为旅客提供出行全流程的信息服务,并为客运工作人员提供业务服务支撑。旅客服务系统采用 SOA 架构(Service-Oriented Architecture,面向服务的架构)设计,利用虚拟化服务技术,实现业务流程和应用服务的灵活组织编排、业务数据的动态负载均衡;自动接入调度和售票信息,实现自动调图、客运计划自动调整;基于语音识别技术、智能视频分析技术,实现旅服客运作业的智能校对和便捷操作;基于人工智能学习算法,实现旅服平台辅助决策应用;基于物联网技术,实现外声场广播模拟信号的实时监测与闭环管理;基于故障日志自动分析,实现旅服集成平台远程故障自诊断。

④ 铁路客运管理信息系统:以先进的信息技术为支撑,适应铁路快速发展的需求,覆盖铁路总公司、铁路局、客运站段等层级,满足铁路客运管理部门的值乘计划管理、在途列车监控、客运组织与作业管理、列车办公与服务管理的功能需求,规范铁路客运管理作业流程,提高工作效率。系统在基于无线网络的在途列车追踪技术、备品备件编码及标识技术、值乘计划编制及优化技术等多个方面取得了突破。

(3)动车组维修信息化。

建成并应用了动车组管理系统。该系统覆盖铁路总公司、铁路局、动车(客车)段、动车运用所的业务需求,兼容多种车型动车组技术管理,适应不同动车维修基地站场布局、工艺流程和生产组织模式,实现动车维修基地生产、作业、技术、物流、设备、安全、质量、生产成本、经营决策等信息的全路调配运用和网络化维修管理，达到"作业高效率、管理现代化、决策科学化"目标。系统采用了基于状态修、故障修、计划修的综合可靠性维修技术，以及基于动车组部件分解模型的动车组故障管理技术、动车组运用与检修计划一体化自动编制技术、动车组车载信息与基地检测信息融合应用技术、基于物联网与射频识别（Radio Frequency Identification，RFID）的动车组及关键部件全生命周期跟踪管理技术、动车组应急处理与维修知识库技术，为动车组安全高效运用维修提供了支撑。

（4）基础设施维护信息化。

建成并应用了工务管理系统、电务管理系统及供电管理系统，主要负责管理各专业日常检测监测和维修管理等相关工作，实现日常检修维修作业计划管理、检修维修调度和作业全过程管理、基础设施设备的检测监测数据管理、检测监测设备的管理等。

① 铁路工务管理系统：提供工务设备管理、状态检查、专题管理和综合展示等功能，可以及时掌握铁路工务设备的情况，准确反映轨道的质量和设备状态，及时测量出工务安全隐患，确保行车的安全性。

② 铁路电务管理系统：实现电务系统管理手段由制约型向适应型转变为目标，功能包括生产管理、安全调度、应急抢修、设备动态监测、设备维护、天窗修管理等。

③ 铁路供电管理系统：利用新一代信息技术对供电部门的日常工作进行信息化管理，为建立科学、高效的管理体系提供技术支持。主要功能包括：设备履历管理、供电调度、生产指挥管理、远动系统复视、视频系统复视、接触网巡视管理等。

（5）运输调度信息化。

运输调度是高速铁路运输组织的指挥中枢，在高速铁路信息化建设中具有非常重要的地位。我国全面建设了列车调度指挥系统（Train Operation Dispatching Command System，TDCS）、调度集中系统（Centralized Traffic Control，CTC）、运输调度管理系统（Transporting Dispatching Management Information System，TDMS）不断升级，高速铁路运输调度信息化水平大幅提升。

① 运输调度管理系统：以运输生产过程的业务流程为导向，以计划编制为基础，以运行管理为核心，组织和协调运输生产过程各相关专业调度的业务流程，对运输生产过程（列车进路、列车运行和牵引供电）进行全面监控，对主要运力资源进行综合调度，对安全状态进行全面监控和快速响应。

② 列车调度指挥系统：实现铁路各级运输调度对列车运行实行透明指挥、实时调整、集中控制，覆盖全路的现代化铁路运输调度指挥和控制系统。系统利用信息技术、网络技术、控制技术等现代科学技术手段取代了传统落后的行车指挥手段，实现了铁路运输

组织的科学化、现代化，增加运能，提高效率，减轻了调度人员的劳动强度，改善了调度指挥的工作环境。

③ 调度集中系统：在列车调度指挥系统基础上构建，由铁路局、车站两级构成。调度集中除实现列车调度指挥系统的全部功能外，还实现列车编组信息管理、调车作业管理、综合维修管理、列/调车进路人工和计划自动选排、分散自律控制等功能。

（6）安全防护信息化。

符合高速铁路安全防护信息化领域主要包括：动车组运行故障图像监控系统、自然灾害及异物侵限监测系统、高速铁路周界入侵报警系统等。

① 动车组运行故障图像监控系统。该系统是对动车组运行状态图像进行实时监控的综合联网监控管理系统，设计了规范统一的多型设备数据接口和通信协议，实现了高铁正线关键节点上多型图像检测设备的集中联网；设计了基于视觉质量差异的高分辨率图像高保真压缩方法与数据传输方案，满足了海量监控数据实时显示的应用需求；提出了动车组运行故障的图像联网诊断方法，实现了动车组关键配件运行故障隐患的高效识别和及时预警；设计了负载均衡的监控作业分配方法和状态监控方法，实现了有限时效内数据处理资源的均衡利用。该系统已应用于全路 18 个铁路局，构建动车段集中监控中心 22 个，联网接入正线运行检测设备 147 台套，实现了全路在线运行动车组的综合联网监控及应用管理，口监控运营动车组 7 000 余组次，多次发现及预报在线运行动车组的严重故障隐患，在保障动车组运行安全、维护铁路运输稳定方面发挥了重要的作用，具有良好的社会经济效益。

② 自然灾害及异物侵限监测系统。该系统是铁路行车安全的重要基础保障系统，负责对危及列车运行安全的自然灾害（风、雨、雪、地震等）及异物侵限等进行实时监测、采集、汇总、报警及紧急处置，为调度指挥及维护管理提供报警、预警信息，有效防止或减少灾害对高速铁路列车运行安全的影响。系统采用地震预警 P 波与 S 波复合自动快速识别技术、基于超声波与热场式工作原理的风监测技术、基于微波与压电式工作原理的雨量监测技术、基于激光式工作原理的雪深监测技术、基于数字强震仪的地震监测技术、基于双电网的异物侵限监测技术，为灾害信息的准确、及时获取提供技术保障。目前系统已在京津、京沪、武广等得到了广泛使用。

③ 高速铁路周界入侵报警系统。该系统利用传感器技术和电子信息技术，对非法侵入高速铁路周界的行为进行监测（阻拦），并产生报警信息。在既有人防（巡逻）、物防（防护栅栏）的基础上，通过加强技防手段，提高铁路安防水平。技防手段包括：视频监控、振动光纤、脉冲电子围栏、光波对射等。系统实现了多种类型现场设备（振动光纤、

脉冲电子围栏、光波对射等）报警信息的融合及展示，通过采用智能识别技术，有效降低现场环境引起的误报率。

（7）经营管理信息化。

我国建成并应用了人力资源管理系统、财务管理系统、物资管理系统、综合办公系统等，以统一基础数据、规范业务流程，打破部门信息沟通壁垒，实现企业经营资源的优化配置。信息系统在企业经营管理中发挥了重要作用。

（8）公共基础平台。

公共基础平台主要包括：基础硬件及网络设施、基础数据平台、信息共享平台、大数据分析平台等。

初步建成两级的信息处理平台，支撑各级信息系统的安全、稳定运行。对于总公司一级关键信息系统，建立同城双活机房，确保灾难发生时的业务连续性。

基础数据平台包括：主数据管理平台及地理信息平台（GIS平台）。主数据管理平台初步建成，实现公用基础编码及主数据的集中管理、统一服务，确保公用基础编码及主数据的规范、统一及共享。地理信息平台正在建设过程中，为用户及业务系统提供统一的国家基础地理信息和铁路专业公用地理信息服务。

信息共享平台在各业务系统之间提供数据交换及数据共享服务。目前，已面向不同业务领域建设了局部的信息共享平台，包括面向旅客服务的信息共享平台、面向安全监督的信息共享平台、TDCS与TDMS的信息共享平台以及运输信息集成平台等。

大数据分析平台提供面向全数据类型的数据接入、数据存储及计算能力，提供数据综合分析能力，支撑各领域大数据分析应用的开展，盘活数据资产，深挖数据价值，为提升铁路生产经营能力、客户服务能力和开放共享能力提供支撑。

2. 智能高铁的概念及特征

1）智能高铁的概念

高速铁路集现代高新技术于一体，是现代科技革命的重要成果。相比于普速铁路，高速铁路运行速度更快、技术条件更高、故障影响更大、生产节奏更快、环境要求更严，对于安全保障、运行效率及服务质量等提出了更高的要求，推动高速铁路信息化全面深化、系统全面集成、信息高度共享、资源充分整合、技术与业务深度融合，并向着更加自动化、智能化的方向发展。同时，信息技术日新月异，人工智能出现重大突破，进一步加快了利用新技术改造传统铁路的进程，推进高速铁路向智能高铁转型。

国外对于智能高铁研究普遍集中在铁路数字化、智能化发展。其中在战略规划方面，典型代表有欧洲Shift2Rail、德国铁路4.0、瑞士SmartRail4.0等。虽然各侧重点不相同，但是均取得了一定的成果。从中可以看出，铁路智能化已成为全球铁路未来发展方向。欧洲、日本、法国、德国、瑞士、英国等国家或地区提出了一系列战略规划以推动本国（地区）铁路转型，积极探索铁路技术发展趋势，推动一系列措施或任务在不同业务领域进行布局。

智能高铁是基于云计算、大数据、物联网、移动互联、人工智能、卫星导航、BIM等新技术，综合高效利用资源，实现铁路移动装备、固定基础设施及内外部环境间信息的全面感知、泛在互联、融合处理、主动学习和科学决策，实现全生命周期一体化管理的新一代智能化高速铁路交通系统，从而实现更加安全可靠、更加经济高效、更加温馨舒适、更加方便快捷、更加节能环保的目的。

2）智能高铁的主要特征

智能高铁的主要特征包括：为全面感知、泛在互联、融合处理、主动学习及科学决策。全面感知指对铁路运输系统中移动设备、固定设施、自然环境、其他相关要素等进行全面透彻的信息感知。泛在互联指对各类信息进行广泛、深度、安全可信的交互，实现信息的共享。融合处理指充分利用不同时间、空间的多源、异构传感器数据资源，解决数据的不一致、不完整问题，为综合决策提供充足的依据。主动学习指积累大量数据和知识，不断迭代，适应铁路外部市场和环境的变化。科学决策指基于大数据分析、知识推理等方法，从海量数据中提出决策信息，辅助运营管理和经营决策。

3）智能高铁发展

中国智能高铁建设以引领世界轨道交通发展为目标，以大数据、云计算等新技术为支撑，以智能京张高铁和京沪高铁标准示范线建设为突破口，致力于实现覆盖高速铁路规划、设计、建设、运营和维护全业务流程、全价值链条、全生态体系的智能化，强有力支撑中国高铁"走出去"战略和"一带一路"伟大倡议。随着智能高铁建设的推进，智能高铁体系架构、内涵特征、关键技术等相关研究受到关注。中国智能高铁总体框架包括：智能建造、智能装备和智能运营。智能装备包括智能列车、智能基础设施，智能运营包括智能调度、智能安防、智能养护维修、智能客运和智能经营管理（图4.19）。

（1）智能建造。智能建造是围绕工程建设实体，集成以传感器和RFID电子标签为载体的物联网及移动互联技术，完成施工现场数据的自动、按需获取，实现生产及试验现场、工作人员、管控平台及管理人员的信息互联，并且将BIM技术运用于勘察设计及建设管理的各个环节，依托BIM模型，完成设计协同、竣交付，形成工程建设质量的全寿命可追溯闭环管理体系，实现工程建设精益化管理，为业主、管理者、施工单位、监理单位等提供安全、高效、便捷的智能工程建设生态环境。

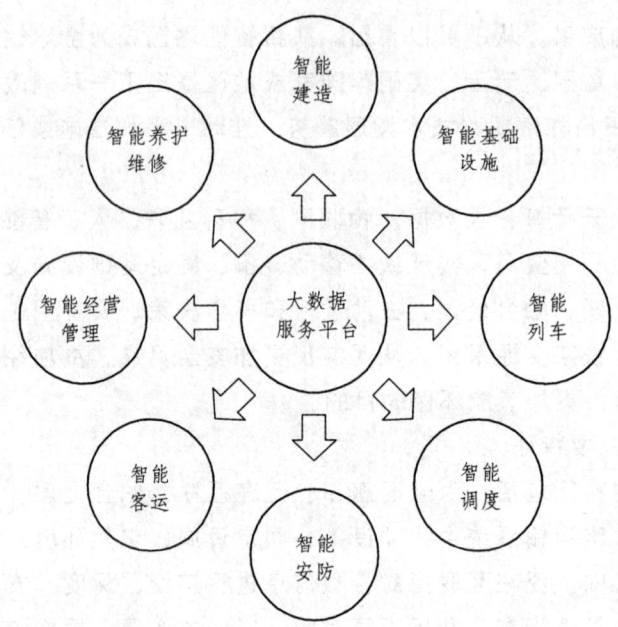

图 4.19 中国智能高速铁路总体框架

（2）智能基础设施。基于物联网、卫星导航、地理信息、大数据等技术，实现高速铁路基础设施状态的自感知、自诊断、自决策和协同互动，强化通信信号、牵引供电等基础设施的科学管理及优化配置，保持基础设施的良好使用状态，提高资产运用效率，提升经营效益。

（3）智能列车。智能列车以工作状态自感知、运行故障自诊断、导向安全自决策为目标，通过高速列车全方位态势感知技术及智能感知网络、事故预测技术，实现自动驾驶、列车联网、在途故障预警、安全状态自感知及远程运维等功能。通过车载 Wi-Fi、车内显示查询终端、智能交互终端设备，提供人性化、多样化、自助化旅行服务。

（4）智能调度。智能调度全面掌握高速铁路行车环境中各类运输生产信息，科学编制运输计划，并依据运输计划自动生成与运输资源状态相匹配的各生产作业计划；动态预演分析路网车流状态，发现实际运行与计划的偏差以及潜在的行车安全风险，实现计划调整、行车调度、资源调配的综合协调控制，确保高效、安全的行车组织。

（5）智能安防。智能安防广泛采用物联网、RFID 等技术，运用智能化、信息化手段，实现对关键运输设备不安全状态、自然灾害、作业岗位不安全行为以及安全履职情况等的全面感知；通过打造覆盖全路的一体化高速铁路运输安全监测与监管平台，实现关键运输设备不安全状态的实时监控预警、事故故障规律分析、事故故障预测与健康管理、作业过程安全监控、应急响应与处置等功能；通过搭建多级、动态的高速铁路安全风险和隐患数据库,实现安全风险管控和重大隐患排查治理双重预防,逐步形成人防、物防和技防一体化的智能运输安全保障体系。

(6)智能养护维修。应用物联网、云计算、大数据、移动互联等新一代信息通信技术和智能检测检修设备,采集基础设施及运输设备基础履历、服役状态、故障维修等全生命周期数据,掌握基础设施及运输设备劣化机理及演变规律,科学预判故障趋势,实现预测性维修,并基于设备状态自动生成设备维护计划、备品备件计划,合理优化地安排相关的人、财、物资源。

(7)智能客运。智能客运以旅客为中心,充分运用人工智能、大数据、云计算、物联网等核心技术,构建可自感知、可自调整、可自适应的高速铁路综合客运服务集成系统,围绕旅客乘坐列车全过程,预先准确感知旅客在票务、进站、候车、乘车、出站、换乘等各个客运环节的多样化、个性化出行需求,自适应地配置和优化客运生产服务资源,实现高速铁路旅客安全、快捷、舒适、绿色地出行。在智能车站方面,集成物联网、大数据、云计算、人工智能、机器人、虚拟现实等现代科学技术,以客运车站设施设备及运营环境状态感知、故障诊断、智能决策为基础,实现车站设备智能化、车站服务多样化、客运车站人员-设备-作业的协同联动,提高管理效率,提升服务质量,优化业务流程。

(8)智能经营管理。智能经营管理建立以业务流程为导向的协同工作模式和人力、财务、物资资源管理集成平台,统一基础数据、规范业务流程,实现经营管理业务在一个平台上运行,打破部门间信息沟通壁垒,实现纵向上下各级组织和横向各业务部门无缝衔接,实现企业经营资源的优化配置。

进入21世纪以来,中国高速铁路发展迅猛,并取得了举世瞩目的成就。目前中国已成为世界上高速铁路投产运营里程最长、在建规模最大的国家。高速铁路已成为中国外交的一张新名片。在高速铁路快速发展的过程中,信息化建设功不可没。在高速铁路客运服务、安全防护、工程建设、动车组维修等领域,中国已形成成套的、体系化的信息系统,包括新一代铁路客票系统、铁路旅客服务系统、铁路工程管理平台、动车组管理系统等,在高速铁路运营中发挥了举足轻重的作用。

工业化、信息化之后,智能化将是人类社会发展的必然趋势。目前,中国高速铁路正处在一个关键的转型期,高速铁路成网运营,对内要求提升运输组织效率,提高经营效益;对外要求优化服务品质,提高安全水平。高速铁路势必向着更加自动化、智能化的方向发展。未来20年,通过云计算、大数据、人工智能、卫星导航等新一代技术的广泛应用,构建基于BIM的智能建造标准、基于量子、区块链等的智能安全、旅客无障碍出行服务、面向复杂路网综合协同指挥的智能调度等体系,突破列车无人驾驶、列车移动闭塞、极端复杂情况下、高铁智能容错理论与技术、可储能源的绿色无线供电、动态近距离的列车移动追踪等关键技术，研发谱系化智能动车组、自修复型智能动车组等高速列车，建设基于信息物理系统（CPS）的智能高铁大脑，实现高速铁路建设运营全过程、设施设备全生命周期的全面自主操控、无人化。

由此可见，世界铁路大数据技术发展突飞猛进，如法铁以大数据为核心提出数字化战略，美国联邦铁路局开展数据决策，日本铁路基于大数据开展牵电设备状态修，等等。近些年，我国铁路也取得了新的进展。未来，中国高速铁路将向着创新、开放、绿色、温馨、平安的方向发展，全面建成智能高铁，并为经济社会发展作出新的贡献。

基于大数据技术的发展，中国学者提出了智能铁路的发展战略并持续不断开展了研究与实践活动，取得了不少成果。中国高铁广泛应用云计算、物联网、大数据、人工智能、机器人、下一代通信、BIM等新技术，通过对铁路移动装备、固定基础设施及相关内外部环境信息的全面感知、泛在互联、融合处理和科学决策，高效综合利用铁路所有移动、固定、空间、时间和人力等资源，以实现铁路建设、运输全过程、全生命周期的高度信息化、自动化、智能化，打造更加安全可靠、更加经济高效、更加温馨舒适、更加方便快捷、更加节能环保的新一代铁路运输系统。其中，人工智能、大数据、云计算、双网融合、物联网是智能铁路的核心技术。

2020年，国铁集团坚持以应用需求为牵引，持续深化铁路科技创新，为铁路高质量发展提供科技支撑。

一是着力抓好重点领域应用型技术创新。深化勘察设计、施工建造、客站建设等技术创新，提高铁路工程建造水平。深化高铁运维、安全保障、应急救援、运输组织和服务、经营管理、防灾减灾等关键技术研究攻关，不断提高铁路运营管理水平。同时结合我国铁路建设运营及创新实践，持续完善铁路技术标准体系。

二是加大关键核心技术攻关力度。推进铁路关键技术装备自主研制，加强新一代复兴号高速列车、新型机车车辆、高速列车轻型化技术、新一代列控技术、通信技术、牵引供电技术研发，全面增强自主创新能力。

（1）加强网络安全和信息化建设。完善网络安全管理体制机制，强化风险防控和监督检查，建设全路信息系统运维调度和应急指挥中心、铁路网络安全技术中心和灾备中心，完成铁网护栏工程建设，全面提升铁路网络安全防护能力。推进新一代铁路信息基础设施建设和应用，用好中国铁路主数据中心，整合铁路各领域应用管理信息系统，全面提升信息化运维管理水平。推进铁路业务数据共享，提升数据治理能力和应用水平，发挥大数据技术在提高企业经营管理水平中的作用。

（2）加强基础前瞻理论研究。深化高速轮轨关系、弓网关系、空气动力学、减振降噪、电磁兼容等基础理论研究，开展北斗、区块链、量子通信、5G等新技术以及新材料、新工艺在铁路领域的应用研究，强化重大综合试验验证。

第五章

中国高速铁路总体规划编制与优化研究

一、制定铁路发展战略规划的相关问题研究

（一）铁路发展规划编制必要性分析

1. 现代交通方式已经进入高速铁路时代

速度是交通运输发展的重要标志，世界交通运输发展的历史，就是一部速度不断提高的历史。高速铁路不仅提高了列车的速度，更推动了安全、舒适、便捷等运输质量的提高，提高载运工具速度和其他服务质量一直是交通运输的发展方向。

1）世界高速铁路技术原创国家均制定有高铁发展规划

自从工业革命以来，世界上的交通运输主角不断发生变化，即从水运到铁路，再从铁路到公路，而今高速和重载铁路正在取代公路成为综合运输的主角。1825 年，铁路在英国诞生以后，经历了百年铁路时代。但此后公路逐渐取代铁路成为主要的运输方式，世界进入了汽车时代。1964 年 10 月 1 日，日本东海道新干线通车，以运营时速超过 200 km 独冠全球，开启了全球高速铁路运营的新篇章。紧接着 1981 年法国高铁 TGV、1991 年德国高铁 ICE 相继推出，以运营时速 300 km 称霸陆路运输，高速铁路成为人类 20 世纪末最具革命性的交通工具。进入 21 世纪，许多国家都在积极规划、建设本国的高速铁路，如日本、法国、德国等高速铁路技术发展较为成熟的国家，在 20 世纪 80—90 年代都制定了长期的高铁发展规划。如 1992 年在布鲁塞尔召开的"欧洲铁路行车速度"会议上，欧洲铁路联盟（GEB）和国际铁路联盟（UIC）共同提出了关于欧洲高速交通的研究报告。文件中描绘了未来欧洲高速铁路的蓝图，该蓝图最终实现时将包括 35 000 km 长的线路，并预计还需要新建约 20 000 km 线路。此外，该会议还研究了国际运营线路的兼容性问题。各国铁路与国际过境高速铁路运输迫切要求机车车辆和线路设施（例如机车车辆宽度、轴重、信号系统等）的基本技术参数具有兼容性，这种兼容性被称为"国际运营线

路的兼容性"。这种兼容性是除了资金问题外最难解决的问题。另外,运营管理也是特别值得重视的问题。可见,世界全面进入了高速铁路新时代。

2)铁路技术水平的不断提高增强了核心竞争力

与其他运输方式相比,高速铁路的核心竞争力表现为五个方面,即高于所有其他运输方式的安全水平、全天候运输、强大的运输能力、优质的服务水平、巨大的社会效益。今天的铁路,包括高速和重载铁路,其建设技术、装备水平、运营管理、服务质量、运营成本和传统铁路已经有本质的不同。重载铁路以低成本、大运量,高速铁路以高速度、高安全性、高效益性、高服务质量使铁路核心竞争力得到了本质的提升。铁路的技术经济特征已经相对传统铁路有了本质的变化。只有认清这种变化,才能正确理解铁路在国民经济和综合交通运输中的地位。

3)经济发展方式的转变是推动铁路全面复兴的动力

经济发展方式的转变不仅是指生产要素数量增加、结构变化、质量改善等,更重要的是经济结构的优化、经济效益的提高、资源消耗的降低、生态环境的改善、发展成果的合理分配等。铁路与其他运输方式相比,具有占地少、效率高、节能环保、安全舒适、服务大众等特点,被喻为"绿色交通工具"。加快推进铁路建设尤其是高速铁路建设,与经济发展方式转变的要求是相一致的,在加快经济发展方式转变中能起到积极的推动作用,主要体现在以下三个方面:第一,有利于促进资源节约和环境保护;第二,有利于大幅度缩短时空距离,提高资源配置效率;第三,有利于各地区间的经济社会联系和交流,加速沿线城市的融合,实现同城效应,促使整个社会生产和消费效率提高。在这样的历史机遇下,加速铁路的高速化进程,有助于推动铁路全面复兴。

2. 中国构建高速铁路网的必要性

我国人口众多,耕地严重短缺,石油资源匮乏,能源结构以煤为主,环境污染严重,因此我国不能选择美国旅客运输依靠公路和航空的交通运输模式。在我国,高速铁路可以充分发挥其技术经济优势,发展高速铁路是我国经济及社会发展的需要,是我国国情的需要。

1)中国铁路客货运需求的发展趋势

进入21世纪后,我国城市化进程加快,城市化率每年将提高约一个百分点,这将促使城际客流快速增长。我国生产力布局的调整,特别是加工制造业向中西部转移,造成区域之间中长途客流快速增加。我国国民收入大幅度增加,百姓生活水平的不断提高,又将产生大量的旅游和探亲访友等客流。从货运需求看,由于我国总体上还没有实现工业化,特别是西部地区还处于工业化的初期或中期,能源、原材料物资的运输需求量将继续大幅增加，铁路货运量也将随之持续增长，且随着繁忙干线客货分线的逐步实现，我国铁路货运能力和服务质量将有很大的提升，将转移和诱发大量货运量。据专家测算，到 2020 年，全国铁路货物运输需求超过 40 亿吨，其后增长曲线变得平缓，而货运的结构会不断变化；客运量增长幅度远大于货运量，接近 40 亿人次，而且在 2020 年后至本世纪中叶，还会继续快速增加。

2）铁路在综合运输系统中的地位和作用

我国幅员广阔，人口数量多、分布广，区域经济发展不平衡，产业布局与资源分布极为不均衡等特点形成了高强度的区域间客货流量，决定了区域干线交通运输网络在综合运输网络中的重要性。铁路最显著的特点是载运质量大、运行成本低、能源消耗少，不但在大宗、大流量的中长距离的客货运输方面具有绝对优势，据有关专家估计全社会铁路客运量占 1 000 km 以上客运量的一半以上，而且在大流量、高密度的城际中短途旅客运输中具有很强的竞争优势，是最适合我国经济地理特征和人们收入水平的骨干运输方式。

3）中国既有铁路存在的根本问题

尽管改革开放以来包括铁路在内的我国交通基础设施获得了巨大发展，交通运输全面紧张状况得到基本缓解，但是，铁路建设投入不足，综合运输体系结构不合理，铁路运输能力依然紧张，特别是繁忙干线客货争能的局面仍很严重。从 20 世纪 90 年代中期以来，铁路通过六次提速来提高客运服务质量，通过车流径路调整，开行重载列车、快运货物列车等运输组织手段来满足不断增长的货物运输需求，铁路部门为了克服运能严重不足问题做了大量工作，度过了一个非常艰难的时期。到 21 世纪初期，铁路存在的最根本的问题是运能不足问题，只有解决这个问题，才能适应未来国民经济发展的需要，才能大幅度提高运输服务质量与效率，才能彻底改革运营管理和根本解决运输组织中存在的诸多问题。

4）中国修建客运专线的必要性

中国繁忙干线客货行车量比较接近，双线自动闭塞区段通过能力一般在 120～130 对/d，能力利用率在多年以前已经达到饱和，客货分线是大家的共识，问题是修建客运专线还是货运专线。

第一，由于我国既有线是在以货为主的基础上发展起来的，配备了技术站、货运站、专用线等货运设施，已构成相对完整的货运系统，建设客运专线，有利于释放既有线的货运能力，如果新修货运专线，则会造成既有货运设施的巨大浪费。

第二，铁路建设是百年大计，如果将既有线变为客运专线，也许短时间内可以满足客运的基本需求，但是从十年以后来看，200 km/h 水平的旅客列车速度是不能满足我国旅客运输需求的,选择货运专线,将延误我国发展高铁的战略时机。

第三,既有线提速改造的成果不会浪费。随着客货分线的实现,既有线上要开行快速集装箱班列、行邮专列等快运货物列车,部分区段一定时期内也可能开行城际动车组。我国铁路繁忙干线将实现客货分离,繁忙干线的最繁忙的区段要实现城际客运和区域客运的分离。城际客运和区域客运没有实现分离之前,当区域客运专线运能饱和,特别是高峰小时运能饱和时,也可以考虑在既有线开行部分城际动车。

第四,制定高速铁路发展长远规划才有可能使中国高铁建设发挥后发优势。采用合理的技术发展路线,学习各国的先进成熟的规划与建设管理经验,站在更高的技术平台上,构建更为科学合理的高铁技术体系。

(二)铁路发展规划编制的可行性分析

国家对发展高速铁路给予了政策上的大力支持,高铁的建设体现了国家的战略意图;铁路投融资体制改革,为高速铁路建设提供了资金保证;中国既有铁路几次大提速为发展高速铁路打下了初步基础;已开通运营的高速铁路证明我国具备发展高铁的技术能力。

1. 铁路大提速为高速铁路规划与建设奠定了基础

1985年开始的中国既有铁路技术改造,90年代初期开始的中国铁路大面积提速试验,设计时速140 km的广深准高速铁路的建成运营,使中国铁路在线路基础设施改善、技术装备进步和客货服务质量提高等方面取得了明显成效。为实施提速而研发使用的一大批机车车辆创新成果,已经初步奠定了我国制造快速客运设备的良好基础。

2. 已开通的秦沈客运专线证明我国具备发展高铁的技术能力

总的来看,中国高速铁路的建设主要是从实施既有铁路大面积提速和规划建设秦沈客运专线起步的。已经建成并且开通运营的秦沈客运专线表明,更高速度的高速铁路的规划、建设与运营是可能获得成功的,其经济效益和社会效益良好。

3. 中国经济发展的现阶段是修建高速铁路的良机

自1978年改革开放以来,中国城市化水平不断提高,土地和人工成本也在不断攀升,如果等城市化、工业化进程完了以后再修建高速铁路,其建设成本将会阶跃增加,例如我国台湾、香港地区和欧洲国家修建高铁的成本远大于我国大陆地区的修建成本。1998年亚洲金融危机发生后,中央把加快铁路建设作为拉动内需、促进增长的重要举措,为加快铁路发展提供了更好的契机。铁路在已有规划、项目、技术的基础上,迅速行动,在国家发展改革委、地方政府等有关部门的支持下,集中审批和开工了一大批重点项目,全面加快建设进度,形成如火如荼的铁路建设新局面,高速铁路网建设取得重大进展。

4. 中国高速铁路与其他国家相比主要有几个优势

第一，建设成本优势。我国铁路大量采用了以桥代路，占用土地相对较少，征地成本相对较低；我国高铁装备制造业、建筑业也具有成本优势。从开通运营的客专来看，我国高铁的建设成本每千米在 1 亿～2 亿元人民币之间，远低于国外高铁建设成本，并且建设成本呈下降趋势。

第二，网络运营优势。若我国铁路规划 2020 年后构建起较为完整的快速客运网，将使高速铁路的运营具有网络优势。基于网络的客车开行方案，最大程度方便旅客出行，以增加铁路的竞争能力。尽管区域客专中的部分区段城际初期客流相对较少，但随着高铁成网后，跨线客流的增加必然大幅增加该区段的客运量和运营效益。

5. 中国铁路的社会主义市场经济特点可使高铁规划编制成为可能

社会主义计划经济改为社会主义市场经济，仍然保持很强的计划特征，使铁路发展有编制五年计划和长期发展规划的成功经验。加之有国家的高度重视和支持，能够集中全国最新的科技力量和优质资源办大事，使编制国家层面的铁路行业发展规划成为可能。

（三）中国高铁规划编制时应注意的问题

1. 结合国情发展具有中国特色的高速铁路

交通运输的发展对于不同的国家既有共同点，又因国情不同而又各具特色。高速铁路是否适合我国国情？我国幅员辽阔，内陆深广，主要河流与运输流向不尽一致，自然地理条件决定了交通运输必须以陆上运输为主；人口众多，资源分布、产业配置和经济发展很不均衡，决定了大宗货物和大量旅客的中长距离运输是交通运输中的主要矛盾；经济尚不发达，产业结构尚处于较低的层次上，资源密集型产品仍占重要地位；运输总量中大宗初级能源、原材料产品比重大，初加工产品多，客观上要求使用运力大而费用较低的运输工具。

随着经济发展，人口城镇化趋势增强，客运的需求增长率将高于国民经济的增长率。我国人口众多，分布不均衡，人均出行次数增加 1 次，年客运发送量就将增加十几亿人次。目前人均年乘坐火车不到 1 次，而经济发展水平不如我国的印度为 6 次。改革开放和市场经济的发展，必将诱发大量潜在客流，其数量是惊人的。未来客流的特点除量大之外，还突出地表现为集中和行程距离长。客流主要集中在经济发达、人口稠密地区，集中在主要运输通道，这是生产力布局和经济发展不均衡决定的。行程距离长主要由于疆域辽阔，人口集中的城镇分布广，中长距离旅客运输需求大，且呈持续大幅度增长趋势。这样大量的、集中的中长距离客流是客观存在的，既不能转移，也难以分流。同时，由于我国社会消费水平不高，因而在解决这个问题时还必须考虑到人们有限的支付能力与日益增长的出行需求之间的矛盾，必须提供广大人民群众在经济上能够承受的交通工具。

我国铁路的基本情况是数量少、装备差、管理落后，而负荷特重（客货运输密度均居世界前列）。铁路运能与运量之间的尖锐矛盾突出地反映在大量旅客与大宗货物的中长距离快速运送上，只有解决好这一主要矛盾，才能把握交通运输全局的主动权。因此，和经济发达国家不同，他们发展高速铁路除了进一步缩短旅行时间、提高运输质量外，节约资源、保护环境、保证交通安全是其根本的出发点；而我国不仅人均资源紧缺，环境问题突出，交通安全形势严峻，而且人口众多，客运能力不足，解决运量与运能之间的矛盾是我国发展高速铁路有别于西方发达国家的出发点和立足点。

我国发展高速铁路必须和整个路网以至整个综合交通运输体系的建设和运能的提高结合考虑，这一特点也必然要反映在高速铁路的规划和建设方针、运输组织模式、最高运输速度目标值的选择、机车车辆和线路技术标准及其最佳整体匹配、安全保障体系等一系列问题上，形成我国高速铁路的特色。

综上所述，高速铁路开创了一条节约和合理利用资源、保护和改善生态环境、摆脱交通安全困扰的新途径。在我国经济与社会发展面临人口、资源、环境等不利因素制约下，发展高速铁路不但适我国国情，而且其优越性有可能得到最充分的发挥。

展望21世纪，高速铁路将成为我国发展交通运输之必需而呈现出广阔的前景。

2. 科学规划、循序实施、积极推动

我国发展高速铁路的前景十分广阔，但高速铁路是一项投资和技术难度都比较大的工程，不可能短期形成高速路网。因此，必须从综合交通运输体系和铁路自身发展的全局出发，统筹安排，科学规划，同时根据技术和经济发展的实际可能性分步骤、分阶段地循序实施。在长期规划中必须注意交通运输大通道的建设。交通运输大通道是经济和社会发展的产物，它又对经济和社会的发展起着先行和促进的作用。经过70多年的建设，我国已初步形成若干条由多种运输方式组成的运输大通道。这些通道联系各主要大城市、经济中心和资源产地，对经济发展具有举足轻重的作用，同时也是当前运输紧张的焦点所在。例如，京沪、京广、京哈三大铁路干线联结47个大中城市，人口约占全国人口的19%，工农业总产值占全国总产值的48.9%。三大干线营业里程约占全国铁路的10%，却承担了我国铁路43%的旅客周转量和37%的货物周转量。为了发挥铁路在陆上运输大通道中的主力和骨干作用，在客货运输十分繁忙，并具有大量客流的大通道上发展高速铁

路是一条最经济有效的途径，具有其他运输方式难以替代的作用。客货分线运输将使铁路固有的技术经济优势得到充分发挥，铁路的运输能力和运输质量都将跃上一个新台阶，因而将在很大程度上提高整个通道的运输能力、运输效率和质量。千里之行，始于足下。高速铁路如何起步，事关全局，十分重要。日本于20世纪60年代正确选择了客运最繁忙的东京至大阪间东海道运输大通道修建第一条高速新干线，50多年来客运量长盛不衰，始终保持以不到30%的里程完成全部新干线客运量的一半，整个通道的运输市场占有率达到80%，效益十分显著。

中国发展高速铁路不仅是为了提高铁路现代化的水平，更是为了解决客货运输紧张问题。我国铁路运输紧张的焦点在大通道，其中尤以京沪铁路为最。这条贯穿我国东部沿海4省（河北、山东、安徽、江苏）3市（北京、天津、上海），连接京、津、唐环渤海经济带和沪、宁、杭长江三角洲经济带的大干线，全长1 460 km。沿线人口占全国26.6%，工农业总产值占全国37.7%，国民收入占全国32.8%，是我国经济、社会最发达的地区。但是，长期以来由于铁路运输能力严重不足，客货滞留、运输紧张的问题一直很突出。京沪铁路客货运输密度已分别达到全国平均水平的5.4倍和3.7倍。根据当时预测，在充分发挥各种运输方式优势的前提下，到2000年，京沪铁路双向客运量将达到620多万人次，南下货运量近1亿吨，远远超过一条双线铁路所能承担运量的限度。因此，京沪扩能势在必行，而扩能的最佳方案是修建轮轨系高速铁路客运专线，使之与既有线客货分流，年客运能力（双向）可达1.2亿人次，南下年货运能力1.2亿吨以上，京沪间旅行时间可由目前的17 h缩短到7 h，将从根本上改变京沪大通道运输严重滞后的局面。

现有线路的能力已接近饱和，难以适应运输发展的需要，所以京沪高速铁路在沪宁段起步更为合适，客观条件也比较理想，应积极推动兴建，为今后发展高速铁路积累实践经验。

3. 发展高速铁路，促进铁路科技进步

高速铁路是当代世界铁路的一项具有革命性的重大科技成就，是高新技术在铁路上的集中体现，涉及电子、信息、材料、航空、能源、环保等一系列高新技术领域。所以发展高速铁路须依靠科技进步。高速铁路不仅是衡量铁路科技水平的标志，而且也体现了国家经济和科技的实力和水平。

高速行车技术是一项综合性很强的技术，它集中反映了铁路运输组织、机车车辆、工程工务、通信信号等各方面的技术成就，诸如交-直-交异步牵引传动技术，高速转向架走行技术，电空联合制动技术，高速受流供电技术，列车空气动力学和车体轻量化、气密性技术，列车故障检测、监控和维修技术，列车运行自动控制（ATC）系统，行车调

度指挥自动化（CTC）系统，综合移动数据通信网系统，高、中速列车混合运行信号兼容技术，高速运行条件下路基、轨道、桥隧结构等基础设施的技术标准及其高精度检测、监控和养护管理技术，高速铁路跨越大江大河的超大规模桥隧结构设计与施工技术，沿线环境保护技术，高速运输组织技术及其管理系统等，其核心问题则是要研究解决机车车辆与线路的协调配合，同时要采用现代信息技术建立可靠而高效的安全保障体系。在机车车辆与线路的协调配合中，机车车辆技术起着关键作用。法国在新建巴黎东南线高速铁路时，用系统工程方法寻求列车与线路的最佳总体配合，采用了常规铁路的线路结构形式与动力集中的动车组相匹配的模式，在运行速度和降低造价上都大大超过了日本东海道新干线，其关键在于采用了大功率、高性能的TGV电动车组来适应大坡度（35‰）的线路条件。

线路是高速行车的基础。高精度、稳固可靠的线路是保证高速行车安全平稳的最根本条件。因此，要通过机车车辆与线路的系统分析，正确选择线路的主要技术参数，使之既能为机车车辆提供安全平顺的运行条件，又可使工程投资和维修养护费用之总和达到最低。

在20世纪末和21世纪初期，最高运行速度250~300 km/h的高速铁路在国际上已是成熟技术，但我国当时的技术基础和工业水平与之相比尚存在相当差距。从总体上看，在相当长的时期内，我们的研究开发工作将是跟踪性的，应该博采众长，采取科研攻关与引进、消化、吸收相结合的方针，提高科技攻关的起点，加快追踪的步伐。

20世纪末，我们已是有12亿人口的大国，需要发展高速铁路的规模将十分巨大，我们在技术上不能全部照搬国外的，也不能永远依赖国外提供的技术装备。我们必须坚持自力更生精神，通过高速铁路的兴建，逐步建立具有我国自己特色的高速铁路技术体系和高速铁路新技术产业。我国已有一支力量相当雄厚的科技队伍（铁路内外）和一定的技术储备（特别是那几年大规模开展的有关广深准高速和三大干线提速的试验研究中积累的丰富经验，当时国产新型机车车辆的试验速度已创造了时速212.6 km的纪录），把全国的力量很好地组织起来攻关，大部分技术问题都可自己解决。有些技术问题如机车车辆制造中某些关键问题短期不易解决的，可采用多种方式，先引进，再消化吸收，最终还是要自己掌握制造技术，走国产化的道路。许多国家通过高速铁路技术的研究开发，促进了科技进步，带动了一大批高新技术实现了产业化。我们相信，我国建设高速铁路不仅将全面推动铁路科技的进步，使铁路技术装备、组织管理和服务质量面貌一新，大大缩短我国铁路与世界先进水平之间的差距，而且也必将有力推动社会经济的发展和相关产业的技术进步，促进综合国力的提高。因此，高速铁路及早起步，对我们追踪国外先进科技水平，缩短同国外的差距，无疑是十分有利的。

在高速铁路规划与建设上要科学合理。中国高速铁路的大发展是毋庸置疑的,但具体到每一条线路上,一定要在规划上讲究科学。特别是线路的功能定位、修建时机、速度目标值的确定,中间站和大型客站的选址与规模,动车检修基地和动车所选址与配置,区域高铁、城际高铁及既有线间分工协调都要做好科学规划。

4. 高速铁路建设上要重视工程质量和运营安全

虽然从投入运营的客专来看,我国高铁建设质量总体上越来越好,但作为百年工程,要经得起历史的考验。在高速铁路的建设中,建设、监理、施工等单位一定要严格控制工程施工质量,把施工安全管理和质量管理摆在更加突出的位置。

可以选择与路局合作。运营人员在规划和建设期就要提前介入,发现影响运输安全与效率的问题要及时修正。要重视加强施工与运营的有序衔接,搞好设备的联调联试,确保新线安全顺利开通运营。此外,还需要加大监督检查力度,开展工程项目执法监察,搞好建设项目审计,保证建设资金安全。积极采用新材料、新设备、新技术和施工成套工艺,完善铁路建设节能环保标准和措施。进一步加强与地方政府的协调配合,增强加快铁路建设的整体合力。

高速铁路运营上管理要确保安全。安全关系中国高铁的成败,高速铁路的安全保障体系,除了采用一系列的现代化技术设备,构成十分完善的安全监控系统外,在运营过程中对涉及运输安全的各个环节还必须有一套十分严密的管理制度和办法。要加强施工安全管理,特别是施工完了以后要对线路和设备技术状态进行全面检查和检测;要提高动车的检修水平,提高动车检修人员的技术水平和职业素养,严防动车走行部位故障和车体部件脱落;严防大风、冰雪天气接触网倒杆侵限;要加强列控系统的数据链管理,吸取世界各国高速铁路事故教训;要加强线路封闭检查,严防社会人员和其他物品侵入线路;要研究客货混跑客运专线行车条件和办法;要建立和完善路局和站段层面应急预案,定期演练并将其制度化;要探索适合我国路情的安全管理监察体制和模式;要加强铁路人力资源开发,打造一支适应高速铁路运营的职工队伍。

重视安全,发展环境友好型的高速铁路。随着速度的加快,必须加强对车辆抗冲击性能的研究。同时,不断研究高新技术,降低高速铁路的噪声和电磁污染,为旅客提供可持续且环境友好的出行方式。

综上所述,铁道部门与城市部门市郊铁路改造的冲突治理机制,存在外部机制与内部机制等两种选择。外部机制依赖的是外部力量,需要引入一个具有监督与惩罚能力的综合交通管理部门。而内部机制依赖的是内部力量,需要参与方建立可信的"相互威胁"和良好的"合作声誉"以实现自律与合作。就世界和中国交通运输正朝向更加综合的一体化方向的发展趋势来看，引入综合交通管理部门作为保证合作力量的外部机制，将是一个更好和长远的选择。而依赖威胁与声誉的内部机制，则可以在已存在良好"省部"关系的区域实施。

5. 高铁规划时要考虑各种运输方式的市场竞争发展趋势

1) 新形势下各运输方式运输产品的发展

高速铁路的快速发展即将带领全球进入高速铁路的新时代。面对高速铁路强大的挑战，航空运输业以及公路运输业都做出了相应的调整：引进高新科技，优化运输服务，推出新的运输服务模式。

（1）铁路运输产品的新发展。

面对高速铁路基础建设的不断完善，世界各国，特别是日本、欧洲等高铁领域的传统国家，都在高速铁路运营方面不断进行深入研究，在引进高新技术的同时，开拓思维，发展了许多新的运输服务模式和运输产品，以求为旅客提供更多更优质的出行选择。

高铁的服务产品设计，肯定是扩大自身优势，在换乘的方便性、低票价和出行时间缩短上大做文章。其中比较有代表性的事件是欧洲铁路联盟（Railteam）的形成。Railteam 是由欧洲领先的高速铁路运行商，包括 DB（德国铁路公司）、SNCF（法国国营铁路公司）、OBB（奥地利铁路公司）、SBB（瑞士铁路公司）和 SNCB（比利时国营铁路公司）以及它们的两家高速子公司（Thalys 和 Lyria）组成的联盟，其目标是为旅客提供跨越西欧国界的无缝高速火车旅行。Railteam 提供可以在欧洲进行灵活铁路旅行的全欧洲火车通票 Eurail pass。Railteam 为旅客提供多种出行路线选择，可以使得列车启程和抵达的时间更加合理，各班次的衔接也更加顺畅；同时，如果旅客因为列车日常维修服务的延误错过了换乘列车，Railteam 将保证他们能乘坐到下趟列车。由于全欧洲国家形成一个大的铁路网，旅客可以很容易地持旅行通票游览欧洲各个国家，而不需要办理跨国手续，甚至不需要换乘，这些都大大减少了旅行成本，因此 Railteam 是欧洲铁路旅行实现无缝国家化和降低成本的良好手段。

其他比较有代表性的铁路运输产品如：

① 跨国运输。目前，欧洲跨国高速铁路服务比较多，除了上面介绍的 Railteam 提供的多个国家铁路通票外，还有直达的跨国的服务。如欧洲之星（Eurostar），德铁的 Eurocity Trains、Thalys 都提供的是跨国服务。欧洲之星（Eurostar）是一条连接英国伦敦圣潘可拉斯车站与法国巴黎（北站）、里尔以及比利时布鲁塞尔（南站）的高速铁路服务。大力士高速列车（Thalys，亦译作西北高速列车）是由布鲁塞尔—巴黎的 HSL-1 线发展而来的一条高速铁路网。它由荷兰铁路、比利时国营铁路公司、法国国营铁路公司和德国铁路公司共同运营。

② 夜间车。欧洲西部各国国土面积都比较小，但是当引入跨国服务时，特别是既有线跨国服务，列车行程时间也比较长，常常会采用夜间车服务。比如，德铁到荷兰、瑞典、奥地利和俄罗斯，都提供 City Night Lien，该列车采用全新的卧铺车厢，以提供更加舒适的服务。夜间车可提高旅客运输产品的丰富性，给旅客更多的选择。夜间车服务除了通过扩大运营网络，减少出行时间和提供无缝出行环境外，还在与其他运输方式的接驳上体现高铁和铁路的优点。

③ 铁路网与公路运输的接驳（Motorail）。Motorail 提供了一种良好的无缝衔接铁路网和公路运输（主要指小汽车）的方式。这样，旅客可以在乘坐火车到达车站后，继续驾驶自己的汽车前往任何短途目的地，非常方便有效。Motorail 在德国有 12 个车站作为起点，旅客可以享受该服务到达德国的 20 个城市和欧洲的旅游景点，如意大利的阿尔卑斯山、法国南部等。该服务经常与夜间车结合，可以让旅客更加舒适地享受假期。

④ 高速铁路网与航空运输的接驳。目前，随着高速铁路网的不断修建完善，高速铁路已经建立起部分良好的可以实现与城市中心和主要机场进行无缝衔接的线路。这些线路通常是高速且舒适的，它通过对高铁车站的选址优化，与城市中心和主要机场连接起来，方便旅客换乘，尤其是国际航班的旅客，他们到达以后，就可以通过铁路前往国内的各个地方。当然，除了提供多样化的出行产品外，欧洲的铁路运营商还不断提升自己的服务产品质量，同时在价格上大做文章。

⑤ Wi-Fi 在高速铁路以及高铁车站中的应用。目前，德国 ICE 和法国 TGV 等高速铁路都在其铁路车站提供了 Wi-Fi 服务，使得旅客在旅行途中依然可以正常交流与办公，不会因为旅途而耽误工作，为旅客提供了更人性化的服务。

⑥ 高速铁路公司在票务方面的制度改革：开辟会员制，提供订票优惠以及积分服务。欧洲铁路公司在建立完善的票务制度的基础上，也推出各种优惠措施来吸引乘客。比如，DB 发售的常旅客卡，分别为 25%、50%的折扣卡，一年内有效，同时，一般欧洲的铁路公司都会给予提前预订的乘客一定的票价折扣。老人、孩子和弱势群体，购票直接就有优惠，即使是外国来欧洲的游客，也可以通过购买著名的欧洲火车通票（Eurail Pass）来降低自己在火车旅行上的花费，同时可以积累一定的旅行积分。Thalys 的票价结构很像航空票，提前越早时间订票则票价越低，反之越晚订的票其票价也越贵。因此欧洲铁路公司在制定价格政策上具有很强的亲和力。日本高速铁路公司与航空公司联合推出运输套票，采用通票制实现日本国内高速铁路与航空运输的无缝衔接，减少了旅客换乘以及相关手续，降低了运输成本，为旅客提供了一种更便捷、更具人性化的服务。

⑦ 丰富的高速铁路公司综合信息化服务。高速铁路公司的信息化服务如官方网站综合服务的完善，为旅客提供了更便捷的服务，如票务查询、订购车票、订购酒店等，免

除了旅客的后顾之忧。这一点与航空运输网站相似，高铁公司需要不断加强网站的建设维护，及时更新和完善服务信息，以提高自己的综合服务水平。

⑧ 完善的高速铁路公司赔付系统。欧洲铁路公司建立了完善的公司赔付系统，公司一方面不断提高自身的经营水平，保证旅客运输服务的准时性、准点率，另一方面对列车晚点等做出相应的赔付，以提高高铁公司的社会形象。

（2）航空旅客运输产品的新发展。

面对高速铁路的挑战，国际航空运输业积极吸收各方面经验，其主要策略为：一是在短程航段内，航空处于绝对劣势，采取"守势"和"退势"的防御战略，将运力资源主要投放在高速铁路网未覆盖区域，开辟新的航线、支线、"点到点"航线等；二是在中程运距航段上，采取"争势"策略，主动降低航空运价并开通空中快线；三是在远程航段上，采取"攻势"策略，进一步巩固远距离航段和国际航线上的优势，不断削减高铁在远距离市场的影响力。同时，航空运输还采取如下策略，为旅客提供更优质、更便捷、更安全的服务：

① 不断完善航空运输网络，扩大枢纽机场的辐射范围，延伸支线航线，优化航线，提供航程更便捷的运输服务，如"点到点"航空快线。

② 增加航空运输服务频率，为旅客提供更多的时间选择。

③ 完善航空运输与城市交通的接驳，例如机场大巴以及机场快轨的建设，增大网点覆盖范围，为旅客提供便捷的机场通道。

④ 各里程航段采取不同的竞争战略，开通空中快线，主攻中程运距航段。

⑤ 与公路和铁路运输的联合运输模式，实现了运输方式换乘的无缝衔接，通过速度互补、区位互补、客源互补、线路互补，将地面交通网与空中交通网有效连接起来，形成"地-空"立体交通网络。

（3）公路旅客运输产品的新发展。

资料显示，在高速铁路和高速公路并行线路上，高速铁路有着绝对的优势。不可忽视的是公路运输在短途出行中的灵活性和高渗透优势，其可以提供门到门的服务，而且很多城镇间公路还是唯一的出行方式，公路客运在短途市场中拥有较大的优势，尤其是在 200 km 以内短途客运市场上。可以看出，公路主要竞争方式是将重点放在没有高速铁路的城市间，同时各国的智能交通（ITS）的发展和完善也给公路运输在提升服务水平方面提供了帮助。出行需求管理系统、交通管理系统、车辆控制和安全系统、电子收费系统、导航系统等，这些都为高速公路旅客运输带来了极大的便利，有效地提高了运输效益。

2）高速铁路的市场竞争

国际高速铁路的市场竞争主要存在两种情况：一是铁路行业内，各铁路企业之间的竞争与合作；二是各运输方式之间，即高速铁路与公路和航空运输的竞争与合作。

（1）铁路行业内的竞争及发展。

随着高速铁路网络的进一步完善，世界高速铁路行业逐步向建立合作联盟的方向发展，以提高自身的行业竞争力，应对运输市场的激烈竞争。

以欧洲为例，随着欧洲各国铁路一体化建设的初步完成，欧洲各国成立了欧洲铁路公司联盟，开启了欧洲铁路运营的新模式。这样，高速铁路运营部门不再将服务对象局限于本国的高速铁路系统内，而是通过与其他国家的高速铁路企业进行合作，来吸引更多的客流，扩大服务范围。然而随着欧洲高速铁路一体化进程的进一步发展，为了维护自身的利益，欧洲各国的高速铁路企业之间的内部竞争又成为不可避免的趋势。例如，德国铁路公司曾谴责法国铁路公司的不公平竞争行为，法国政府为保护自己国内的铁路市场，不对外国公司开放，影响了欧洲铁路联盟成员企业的进一步发展，而法国铁路公司则抱怨德国铁路公司未完全脱离铁路基础设施公司，对竞争对手不利。此外，双方还因欧洲之星动车组的选用问题产生争执，德国铁路公司的 ICE_3 动车组将在英吉利海峡隧道试行，而这将同时打破法国铁路公司在欧洲之星的运输市场和运输设备使用两方面的垄断地位。因此，欧洲高速铁路企业之间是既合作又竞争的关系。总之，各国的高速铁路都是通过实现网络化运营来提高其在运输市场中的竞争力，并通过行业内部的竞争不断推动行业的整体发展。

（2）各运输方式之间的竞争及发展。

在短途出行中，由于高速铁路在出行时间上与航空运输比较接近，但是却有着更容易让人接受的票价，同时，因为高铁车站一般在市中心，有着更好的换乘方便性；因此，短途出行中，高铁相比航空，具备很多的优势。

各国的运输市场的实际数据也证明了这一点，以法航为例，出行时间 2 h 的市场，TGV 基本控制整个出行市场，占 90%~95%的份额；3 h 的市场，TGV 占 60%的份额。在 4 h 以及以上的客运市场上，TGV 占 38%的市场份额，法航占 62%的市场份额。而在日本，由于其国土面积的原因，在 1 h 内的出行中，高铁是比较有竞争力的出行方式，但出行时间超过 1 h 后，航空就占据了绝对优势。

因为当出行的时间和距离增加时，高铁在票价、出行时间和换乘方面的优势就不那么明显了，航空仍然是长距离出行的首选方式。各国的国土面积和旅客出行对时间、价格的感知度也不同，各国对于长、中和短途的市场划分也是不同的，但是可以确定的是：在短距离的出行中，相比航空，高铁将占据很大的优势；在中距离的出行中，由于高速铁路的旅行时速的不断增加，将成为航空和高铁重点争夺的市场；长距离的出行，航空有着不可撼动的优势。公路由于其高渗透性，当在有高速铁路的城市间出行时，高速铁路占据绝对优势；在没有高速铁路的城市间，其仍然是旅客出行的唯一选择。因此，公路运输占据整个运输市场的主流。从各国国内旅客出行方式划分中可以验证上述观点。法国、德国、意大利和英国，也就是欧洲国家运输市场特点相似，铁路在各国运输中占据一定地位，公路运输占据绝对优势，航空运输在国内市场出行中，由于与高铁的竞争，市场占有额比铁路低。而美国，由于国内缺乏高速铁路市场，铁路出行的可能性几乎为零，主要是航空与小汽车的竞争。日本的情况比较特殊，其国土面积比较小，同时高速铁路系统非常发达，高铁占据非常大的出行比例，航空在与高铁的竞争中仍然处于劣势。

（3）各运输方式间的合作。

三种运输方式在彼此竞争的同时还存在一定的合作。这三种运输方式之间的联合运输成为最新发展的一个趋势，其合作的形式主要有以下3种：

① 空铁联运，连接高速铁路网与航空网。

目前，欧洲国家的主要枢纽机场不仅衔接了城市轨道交通、区域轨道交通，还与欧洲高速铁路网直接或间接地进行了衔接，大型枢纽机场由此也将成为国家高速铁路网的枢纽站。法国巴黎戴高乐机场、德国法兰克福机场、荷兰阿姆斯特丹史基浦机场以及英国伦敦希斯罗机场等欧洲四大枢纽机场，已经建成或计划修建欧洲高速铁路网中的重要节点，并有由高速铁路串接多个大型机场形成综合交通走廊的趋势。

② 公铁联运，互为补充。

无论是公路运输还是铁路运输，都存在各自的优势和不足，因此在当今时代，旅客运输的发展需要将二者结合起来，充分发挥各种运输方式的优势，以实现最优的经济效益。目前高速铁路与城市道路交通的联合运输成为未来发展的一种主流形势，前述高速铁路网与公路运输的接驳（Motorail）就是公铁联运的一种形式。

③ 推行联票，方便出行。

在三种运输方式进行联合运输的基础上，铁路运营部门与其他运输方式运营商合作，推出可以在多种方式间出行的联票，减少旅客出行的购票环节，大大方便旅客的出行。如日本国内推行的铁路周游券，极大地方便了国外游客在日本的出行，持有该券的游客可以在日本的铁路（新干线、特急列车、急行列车、快车及慢车）、公共汽车和轮渡之间进行换乘而无须再次购买车票。

3）高速铁路运输产品发展趋势

（1）成网运营，构建多方式一体化运输网络。

由欧洲高速铁路的发展趋势可以看出，高速铁路成网运营是发展的必然趋势。日本虽然国土面积比较小，但却具备完善的高速铁路网络，因此，日本铁路运输承担了日本国内近30%的旅客出行任务。欧洲铁路联盟的成立，使得欧洲高速铁路网络已经初具规模,随着其他各国的加入,欧洲的铁路,尤其是高速铁路网络,将在欧洲未来的居民出行中占据相当重要的位置。中国高速铁路的发展情况与欧洲类似,前期主要以单线为主,未来几年的高速铁路网规划将以网络为旅客出行提供优质的服务。

(2) 良性竞争,促进综合运输发展。

运输市场中各种运输方式间不应该是单纯的竞争关系,而是需要详细定位自己的主要服务对象,发展联合运输,为旅客打造更方便、快捷和舒适的服务。预计三种运输方式的合作形式会越来越多样化,合作内容也会越来越多。铁路内部合作,形成统一运营的高速铁路网络;公铁联运,发挥相互优势;空铁联运,提供空铁网络的方便换乘;多方式的一体化运营,构建多方式间的互为补充的联合运营网络。

(3) 丰富的票价模式,一票制的不断推广。

票价是影响旅客出行选择的重要因素,各种运输方式在已有的运输产品中,已经形成丰富的票价的模式以吸引旅客。铁路的票价模式在越来越接近航空模式的同时,会有更多的优惠政策,以突出高速铁路在中短途运输中的优势。从发展趋势来看,一票制将会不断推广,而且一票制的形式也会不断地丰富,比如空铁的一票制、城市交通与航空的一票制,城市交通与铁路的一票制,或者某个区域内,所有交通方式的一票制。竞争不单单是不同运输方式间,还要有运输方式内部的竞争。有竞争才能推动行业不断向前发展。

(4) 推动信息化发展,不断提升高速铁路运输产品的服务水平。

随着信息化技术的不断发展,高速铁路运输产品的设计和营销都将实现信息化。目前在高速铁路的运营管理中,信息化已经发挥了非常重要的作用。随着技术的不断发展,铁路运营部门将开发出铁路通用卡、互联分销系统等信息服务,为旅客提供更方便快捷的服务。同时,运营部门还将不断引入新技术,提升服务水平。现在已经引入的 Wi-Fi 等无线上网技术大大提升了旅客在旅行途中对时间的利用,可以实现旅途中的商务办公以及娱乐休闲等。

6. 重视高速铁路网规划对沿线经济发展的影响

1964 年日本率先建成东京—大阪的高速新干线,解决了包括东京在内的关东等经济发达地区的陆路交通问题,为日本在 20 世纪 60 年代的经济腾飞作出了贡献。

(1) 高速铁路建成后,将改变沿线运力紧张状况,为沿线的经济发展提供基础性支撑。以京沪高铁为例,它连接京沪两大中心城市,分别地处环渤海经济圈以及长江三角洲经济圈。沿线经济发达、城镇密集、工业化程度和城市化水平较高,人民生活水平始终处于全国前列。但原有的京沪线运力严重不足,如按满足旅客正常需要,则铁路绝大部分能力将被客车占用，只能开行少量货车。与京沪铁路平行的干线公路，实际行车量大都超过了设计能力。随着我国国民经济的快速发展，京沪铁路越发显得不堪重负。当时预计京沪高铁建成后，其运力大的优势将充分显现出来。客货分线，货运可以提升约15%。京沪高铁实行时速 300 km 和 250 km 两种速度等级混跑列车开行模式，除北京南站到上海虹桥站全程列车外，沿线省会车站均有始发列车，大大拉近了沿途省城之间的距离。

（2）高速铁路可节约大量的旅行时间，产生时间效益，同时有利于沿线旅游经济走廊的形成。以京广高铁为例，当时测算预计开通后北京至广州全程最快仅需约 8 h（仅停靠沿途石家庄、郑州、武汉、长沙四座省会城市），将大大缩短中国南北间的陆上交通时间。而在开通前，既有京广线即北京至广州全程 2 294 km，从北京西站出发特快客车到广州需长达 29 h。这说明了高铁对沿线旅游经济走廊形成的促进作用。

（3）高速铁路有利于促进沿线经济一体化，增加劳动就业机会，有利于缩小城乡差距。如京津城际高速铁路是在京津经济一体化过程中重要表现，可将两市的路程时间缩短到半小时，形成了半小时经济圈，改变了两地人的生活观念及习惯，有力地促进两地的同城化和一体化。

二、国家中长期铁路网规划

世纪之交，随着世界各国科技和经济的飞速发展，我国宏观经济形势发生了重大变化。其主要特点有：一是商品短缺经济状况基本结束，市场供求关系发生了重大变化；二是社会主义市场经济体制基本建立，市场机制在配置资源中日益明显地发挥更为重要的作用，经济发展的体制环境发生了重大变化；三是全方位对外开放的格局基本形成，开放型经济迅速发展，对外经济关系发生重大变化。21 世纪的头五到十年，是我国经济和社会快速发展的重要时期。"十五"是实现我国第二步战略目标、向第三步发展战略目标迈进的关键时期，我国将进入全面建设小康社会，加快推进现代化发展进程，国民经济将继续保持较快发展速度，经济结构战略性调整取得明显成效，经济增长质量和效益显著提高，国际经济合作与竞争在更大范围和更深程度上展开。我国将依靠体制创新和科技创新，着力推进经济体制和经济增长方式的根本性转变，实施结构调整、科教兴国、可持续发展、西部大开发和加速城市化发展等战略。经济发展和社会进步，为铁路发展提供了进一步发挥优势的新机遇，也对铁路发展提出了更高的要求。新世纪经济社会环境对交通运输的重要影响主要体现在以下几个方面：一是国民经济持续快速增长，运输需求稳步增加；二是经济结构加速调整，运输需求呈现出高标准、多层次特征；三是实施可持续发展战略，要求交通运输结构得到合理调整；四是区域经济协调发展，跨区运输显著增加；五是对外交流扩大，外贸运输快速发展；六是运输市场快速发展，竞争更趋激烈。面对新世纪的新要求和新形势、新环境给铁路带来的机遇和挑战，铁路发展的根本出发点和思路都将发生新的变化，只有抓住机遇，深化改革，加快发展，才能顺应潮流，全面适应小康生活、国民经济和社会发展的需要。为此，铁道部组织专家进行专题研究并于1999年提出了《"十五"铁路发展规划思路》，其主要内容如下。

（一）"十五"铁路发展战略规划

1. "十五"铁路发展战略目标

"十五"铁路发展战略目标是：建立比较完善的现代企业制度，建成对国民经济发展全局起骨干作用的大能力通道，路网布局与区域经济发展相协调，主体技术装备水平达到国际20世纪90年代水平，运输能力基本适应国民经济和社会发展需要，运输质量初步满足市场需求。

增强铁路运输综合能力，提高运输服务质量。重点建设对国民经济发展全局有影响、起骨干作用的高标准、高质量、大能力铁路通道，实现高速铁路、部分繁忙干线客货分线的突破，加大科技投入，加强技术改造，复线率、电化率和繁忙干线的现代化水平进一步提高。拓展西部路网，优化路网结构，增强铁路机动能力。建成全路运输保障技术体系和运营管理信息系统，实现运营管理现代化。初步建立起安全、经济、快捷、便利、舒适的铁路运输体系，运输能力和质量初步满足不同层次客货运输市场需求。

深化铁路体制改革，加快转变经营机制。继续推进政企分开，进行企业重构，引入竞争机制，建立适应社会主义市场经济的铁路管理新体制，使铁路企业成为自主经营、自负盈亏的法人实体和市场主体，并实行现代企业制度。充分利用铁路四通八达的优势和广泛连接市场的有利条件，加快发展铁路多元经营。积极开拓运输代理、商贸、仓储、旅游、房地产、广告、外经外贸和高新技术等产业，盘活存量资产，增强吸纳运输业富余人员的能力，提高铁路经营效益。

2. "十五"铁路发展建设部署

经过新中国50年的建设，铁路路网已初具规模。未来经济的发展，运输需求将主要集中于各经济区域之间以及各大城市之间的运输通道上。从路网布局看，在路网中起骨干作用的是"八纵八横"主骨架，其具体内容如表5.1、表5.2所列。

表 5.1 铁路网"八纵八横"运输通道构成表(八纵)

序号	通道简称	通道全称	通道长度/km	通道构成
1	京沪通道	北京—哈尔滨—(满洲里)铁路通道	2 344	① 京山线、沈山线、哈大线沈阳—哈尔滨段、滨洲线; ② 京秦线、津秦、秦沈、沈哈客运专线
2	沿海通道	沈阳—大连—烟台—无锡—(上海)—杭州—宁波—温州—厦门—广州—(湛江)铁路通道	4 059	沈大线、烟台轮渡、蓝烟线、胶新线、新长线、萧甬线、宁温线、温福线、福厦线、梅坎线、广梅汕线、三茂线等
3	京沪通道	北京—上海铁路通道	1 483	① 京沪线;② 京沪高速铁路
4	京九通道	北京—九龙铁路通道	2 403	京九线
5	京广通道	北京—广州铁路通道	2 265	① 京广线;② 京广客运专线
6	大湛通道	大同—太原—焦作—洛阳—石门—益阳—永州—柳州—湛江—(海口)铁路通道	3 112	北同蒲线、太焦线、焦枝线、石门—永州、湘桂线、黎湛线、粤海通道
7	包柳通道	包头—西安—重庆—贵阳—柳州—(南宁)铁路通道	3 011	包西线、西康线、襄渝线、川黔线、黔桂线、湘桂线柳州—南宁段
8	兰昆通道	兰州—成都—昆明	2 261	陇海线宝兰段、宝成线、成昆线

注:1) 通道长度是通道起讫点的长度,客货分线时按常规铁路计。
2) 通道构成中含既有铁路、在建铁路和规划铁路。

表 5.2 铁路网"八纵八横"运输通道构成表(八横)

序号	通道简称	通道全称	通道长度/km	通道构成
1	京兰(藏)通道	北京—呼和浩特—兰州—拉萨铁路通道	3 971	丰沙线、京包线(沙城—包头)、包兰线、青藏线
2	煤运北通道	大同—秦皇岛、神木—黄骅铁路通道	855	① 大秦线; ② 神朔线、朔黄线
3	煤运南通道	① 太原—石家庄—德州; ② 长治—济南—青岛; ③ 侯马—月山—新乡—兖州—日照铁路通道	910	① 石太线、石德线、胶济线; ② 邯长线、邯济线; ③ 侯月线、新月线、新荷兖线、兖石线
4	路桥通道	连云港—兰州—乌鲁木齐—阿拉山口铁路通道	4 120	① 陇海线、兰新线、北疆线; ② 徐州至西安客运专线
5	宁西通道	西安—南京—(启东)铁路通道	1 550	宁西线、宁启线

续表

序号	通道简称	通道全称	通道长度/km	通道构成
6	沿江通道	重庆—武汉—九江—芜湖—南京—(上海)铁路通道	1 893	襄渝线渝达段、达万线、万枝(宜)线、长荆线、汉丹线、武九线、铜九线、芜铜线、宁芜线
7	沪昆(成)通道	上海—株洲—怀化—贵阳—昆明(怀化—重庆—成都)铁路通道	2 653	① 沪杭线、浙赣线、湘黔线、贵昆线；② 渝怀线、遂渝线、成达线成都—遂宁；③ 上海—怀化客运专线
8	西南出海通道	昆明—南宁—黎塘—湛江铁路通道	1 243	南昆线、黎南线、黎湛线

注：1) 通道长度是通道起讫点的长度，客货分线时按常规铁路计。
　　2) 通道构成中含既有铁路、在建铁路和规划铁路。

"八纵八横"铁路通道涵盖了我国最繁忙的铁路干线，承担了全路绝大多数的客货运输量。1998年占全国运营里程47.4%的"八纵八横"铁路通道，完成的客货周转量分别为3 177亿人公里、9 938亿吨公里，分别占全路总量的86%、81%。平均运输负荷4 164万换算吨公里/km，约为全路平均水平（2 410万换算吨公里/km）的1.73倍。

"十五"路网建设围绕已初具雏形、对国民经济发展全局影响较大的"八纵八横"路网主骨架，以提高综合运输能力为重点，加快繁忙干线的客货分线建设，加强既有线改造，完善区际通道，优化路网结构。"十五"国家铁路和合资铁路建设规模为：新线5 800 km，既有线复线2 250 km，既有线电气化2 550 km；地方铁路建设规模为1 000 km左右；预计到2005年，全国铁路营业里程将达到7.4万千米，其中复线铁路约2.5万千米、电气化铁路约2万千米。

1) 强化主要骨架

(1) 主要繁忙干线新建快速或高速客运专线。为适应东部地区客货交流量持续增长的需要，解决京沪铁路和进出关铁路运能与运量的突出矛盾，满足旅客在快速、方便、舒适等方面的巨大需求，开工建设京沪高速铁路，争取2010年前建成；加快建成秦沈客运专线，开工建设天津至秦皇岛、上海至杭州高速铁路，使京沪和京哈通道逐步成为高标准、高质量、能力强大的运输通道。

(2) 加强东部地区电气化改造。为适应列车提速和加强旅客运输、开行城际列车的需要，对东部地区城市密集带铁路加强电气化改造，完成哈大铁路、胶济铁路、陇海铁路郑州至徐州段电气化改造，开工建设京沈线天津至沈阳段，既有京沪线、沪杭线、浙赣线电气化改造，使东部地区主要繁忙干线电化成网，运输通道能力配套，提高铁路运输效率、效益和市场竞争力，实现产业结构升级。

（3）完善区际通道。进一步加强区际铁路通道建设，满足各经济区之间客货交流的需要，建成宝鸡至兰州复线、西安至南京线、南京至启东（经海安、南通）线，形成西北与华东、中南地区交流的便捷通道，加强东中西部经济联系。

建设遂宁至重庆线、渝怀线、株六复线，形成成渝地区与华东、华南交流的便捷通道，加强西南地区与中、东部地区的联系，提高西南东出运输能力，促进西南地区经济发展。

进行洛阳至襄樊铁路电气化改造，完成焦柳线石门至怀化段电气化改造，建成益阳至郴州铁路，开工建设永州至湛江铁路通道，适应晋、豫、陕客货流南下两湖、两广的需要，扩大南北铁路运输能力。

建成神木北至延安北铁路，完成西安至延安铁路扩能改造，建成西安至安康铁路，完成襄渝线襄樊至达县段扩能改造，加强内蒙古、陕西与西南地区经济联系，扩大西南北通路运输能力，促进陕北资源开发。

建成大连至烟台铁路轮渡、蓝村至烟台铁路复线、蓝村至新沂铁路、新沂至长兴铁路及温州至福州铁路，构成东北至华东地区的路海通道，完善东部沿海地区综合运输体系。

为促进以浦东为龙头的长江三角洲及沿长江地区的开发，加强沿江大中城市间的联系，开工建设宁芜铁路复线，建成铜陵至九江铁路，开工建设武汉至九江铁路复线，建成长江埠至荆门铁路，开工建设枝城至万县铁路，逐步形成沿长江铁路通道。

除此之外，要继续加快"九五"结转的其他项目建设，围绕客货营销的需要并对一些线路进行必要的补强和技术改造，适当修建一些延伸线路及联络线路，满足列车提速和运输市场的需求。

2）提高干线质量

加强既有线改造，提高区域内铁路干线质量。东北地区重要铁路干线围绕提速、安全、降低运营成本等要求进行改造，改善线路技术条件，整治病害严重的桥梁、隧道、路基等重要工点；华北、华东、中南地区铁路干线围绕客运提速要求，安排强化线路、改造小半径曲线、更换道岔及平交改立交等技改工程；西南、西北地区铁路干线围绕线路病害整治，安排保证行车安全、适当提高速度的系统改造。

3）扩大西部路网

路网建设继续向中西部地区倾斜，补充和拓展中西部铁路网络，扩大中西部路网覆盖面，促进区域经济协调发展。除完善主骨架中的区际通道外，建成内昆、水柏、达万铁路，完成内宜、盘西线电气化和青藏线西宁至格尔木段扩能改造；建设进藏铁路，促进西藏自治区经济发展，适应国防建设的需要；新建中吉乌铁路，与我国南疆铁路一起形成亚欧大陆桥的南部支线，促进新疆维吾尔自治区及西北地区经济发展和对外开放；建设泛亚铁路，开辟我国至东南亚国际新通道，打通直达印度洋的出海口，促进西南地区特别是云南省对外开放和沿线经济发展。

4）发展地方铁路

地方铁路是我国铁的有效补充，有利于扩大路网覆盖面，增强铁路辐射能力，同时对于促进地方经济发展具有重要作用。"十五"期间继续经济发展地方铁路，充分调动地方建设铁路的积极性。开工建黄桶—积金、保定—霸州、枣庄—临沂等铁路，续建沙蔚铁路、德龙烟铁路大莱龙段、准东线、广株线等项目。

（二）中长期铁路网规划的编制

1. 中长期铁路网规划出台背景

2004 年 1 月，国务院常务会议讨论通过了《中长期铁路网规划》（简称《规划》），这是国务院批准的第一个行业规划，也是截至 2020 年我国铁路建设的蓝图。《规划》的出台是基于以下经济社会及政策背景。

1）新一届政府经济社会新政策对铁路发展提出新要求

十届全国人大一次会议选举和决定任命了新一届国家机构领导人员，产生了以温家宝为总理的新一届政府。为了实现保持经济持续较快增长的目标，新一届政府提出继续保持政策的稳定性和连续性，坚持扩大内需的方针，实施积极的财政政策和稳健的货币政策，同时牢牢把握城乡协调、东西互动、内外交流、上下结合、远近兼顾、松紧适度的原则。加快铁路网建设，既是继续实施西部大开发战略，促进区域经济协调发展的需要，也是拉动内需，带动国民经济快速健康发展的需要。

2）铁道部实施铁路跨越式发展的战略

为适应全面建设小康社会的要求，当好国民经济发展的先行官，铁道部党组在认真学习十六大精神、深入调查研究的基础上，提出了实施铁路跨越式发展的战略，以加快解决我国铁路存在的主要矛盾，为全面建设小康社会提供可靠的运力支持，使铁路适应走新型工业化道路的要求。2003 年 6 月 28 日，铁道部召开铁路跨越式发展研讨会，系统地提出了铁路跨越式发展的总体思路、重点任务和工作措施。铁路跨越式发展，主要是指运输能力的快速扩充和技术装备水平的快速提高；同时以这两个重点为主线，推动其他各方面工作的加快发展，早日实现中国铁路的现代化。《规划》正是铁路跨越式发展战略的体现。

3）铁路建设成绩突出，但仍不能满足经济社会发展需要

"八五"以来，在党中央、国务院的正确领导下，我国铁路建设速度加快，路网规模扩大，能力持续提高。尤其是经过"九五"和"十五"头两年的建设，我国铁路无论是规模还是质量都有了很大改善。截至 2002 年底，全国铁路营业里程达到 7.2 万千米，居亚洲第一位、世界第三位。其中，复线里程为 2.4 万千米，电气化里程为 1.8 万千米，提速线路里程达到 1.3 万千米。

2004 年 4 月 18 日，铁路实施第五次大提速之后，新的列车运行图客运能力提高 18.5%，货运能力提高 15% 左右，但从总体来看，铁路运输能力依然不足，不能适应国民经济和社会发展的需要。具体表现在：我国路网规模总量与我国人口、国土面积和经济发展水平相比仍不相称，特别是西部地区路网单薄，不适应实施西部大开发战略和区域经济协调发展的需要；技术装备水平、列车运行速度与国际先进水平相比差距仍不小；主要干线能力紧张没有得到根本性缓解，部分地区进出通道不畅，季节性运输紧张问题突出；尤其是京沪、京广、京哈、京九、陇海、浙赣六大铁路干线能力基本饱和，大部分区段能力利用率已达 100%；运输质量尚待提高，旅客买票难、乘车难的局面没有根本改善，货物运输速度慢，到达时间难以确定。

4）与公路尤其是高速公路发展速度相比略显滞后，铁路压力巨大

改革开放以来，随着我国公路建设的突飞猛进，以及运输工具的改进，公路运量不断提高，在全社会客货运输总量中占据了相当大的比重。尤其是高速公路，从无到有，发展更为迅猛，截至 2003 年底已经突破 3 万千米。同时，民用航空也得到了较快发展，航线数量与覆盖范围不断增加，客货运量持续增长。与之相比，铁路虽然也有了很大发展，但增长速度稍显缓慢，同时在服务质量上也有一定差距，导致铁路在全社会客货运输总量中所占比重逐年下降。加快铁路网建设，提升服务水平，是铁路寻求自身发展，在与公路、民航等运输方式的竞争中立于不败之地的关键所在。

正是 2004 年 1 月通过的这份纲领性文件，促使青藏铁路提前 1 年建成通车，指导全国铁路第六次大面积提速成功实施，让大秦铁路突破世界重载运量极限，更推动京津城际铁路开通运营，开辟了中国高速铁路的新纪元。2008 年 10 月 31 日，经国家批准，《中长期铁路网规划（2008 年调整）》正式颁布实施。新规划进一步扩大了路网规模，完善布局结构，提高运输质量，体现了原规划快速扩充运输能力、迅速提高装备水平的要求。

2. 规划目标与规划原则

1）规划目标

为适应全面建设小康社会的目标要求，铁路网要扩大规模，完善结构，提高质量，

快速扩充运输能力，迅速提高装备水平。到 2020 年，全国铁路营业里程达到 10 万千米，主要繁忙干线实现客货分线，复线率和电化率均达到 50%，运输能力满足国民经济和社会发展需要，主要技术装备达到或接近国际先进水平。

2）规划原则

（1）统筹考虑与其他运输方式及能源等相关行业的发展，通道布局、运力分配与公路、民航、水运、管道等规划有机衔接。

（2）能力紧张的繁忙干线实现客货分线，经济发达的人口稠密地区发展城际快速客运系统。

（3）加强各大经济区之间的连接，协调点线能力，使客货流主要通道畅通无阻。

（4）增加路网密度，扩大路网覆盖面，为经济持续发展、国土开发和国防建设创造有利条件。

（5）提高铁路装备国产化水平，大力推进装备国产化工作。

3. 规划方案

2004 年，经国务院审议通过，我国国家铁路中长期发展目标为：到 2020 年，全国铁路营业里程达到 10 万千米，主要繁忙干线实现客货分线，复线率和电化率均达到 50%，运输能力满足国民经济和社会发展需要，主要技术装备达到或接近国际先进水平。建立省会城市及大中城市间的快速客运通道，以及环渤海地区、长江三角洲地区、珠江三角洲地区 3 个城际快速客运系统，建设客运专线 1.2 万千米以上。

规划指出，以扩大西部路网规模为主，形成西部铁路网骨架，完善中东部铁路网结构，提高对地区经济发展的适应能力。规划建设新线约 1.6 万千米。形成西北、西南进出境国际铁路通道，西北至华北新通道，西北至西南新通道，新疆至青海、西藏的便捷通道，完善西部地区和东中部铁路网络。

1）客运专线

建设客运专线 1.2 万千米以上，客车速度目标值达到 200 km/h 及以上。具体建设内容：

（1）"四纵"客运专线：① 北京—上海客运专线，贯通京津至长江三角洲东部沿海经济发达地区；② 北京—武汉—广州—深圳客运专线，连接华北和华南地区；③ 北京—沈阳—哈尔滨（大连）客运专线，连接东北和关内地区；④ 杭州—宁波—福州—深圳客运专线，连接长江、珠江三角洲和东南沿海地区。

（2）"四横"客运专线：① 徐州—郑州—兰州客运专线，连接西北和华东地区；② 杭州—南昌—长沙客运专线，连接华中和华东地区；③ 青岛—石家庄—太原客运专线，连接华北和华东地区；④ 南京—武汉—重庆—成都客运专线，连接西南和华东地区。

(3) 三个城际客运系统：环渤海地区、长江三角洲地区、珠江三角洲地区城际客运系统，覆盖区域内主要城镇。

2) 完善路网布局和西部开发性新线

规划建设新线约 1.6 万千米，主要包括：

(1) 新建中吉乌铁路喀什—吐尔尕特段，改建中越通道昆明—河口段，新建中老通道昆明—景洪—磨憨段、中缅通道大理—瑞丽段等，形成西北、西南进出境国际铁路通道。

(2) 新建太原—中卫（银川）线、临河—哈密线，形成西北至华北新通道。

(3) 新建兰州（或西宁）—重庆（或成都）线，形成西北至西南新通道。

(4) 新建库尔勒—格尔木线、龙岗—敦煌—格尔木线，形成新疆至青海、西藏的便捷通道。

(5) 新建精河—伊宁、奎屯—阿勒泰、林芝—拉萨—日喀则、大理—香格里拉、永州—玉林和茂名、合浦—河唇、西安—平凉、柳州—肇庆、桑根达来—张家口、准格尔—呼和浩特、集宁—张家口等西部区内铁路，完善西部地区铁路网络。

(6) 新建铜陵—九江、九江—景德镇—衢州、赣州—韶关、龙岩—厦门、湖州—嘉兴—乍浦、金华—台州及东北东边道等铁路，完善东中部铁路网络。

3) 路网既有线

规划既有线增建二线 1.3 万千米，既有线电气化 1.6 万千米。

(1) 在建设客运专线的基础上，对既有线进行扩能改造，在大同（含蒙西地区）、神府、太原（含晋南地区）、晋东南、陕西、贵州、河南、兖州、两淮、黑龙江东部等 10 个煤炭外运基地，形成大能力煤运通道。近期要优先考虑大秦线扩能、北同蒲改造、黄骅至大家洼铁路建设和石太线扩能，实现客货分运，加大煤炭外运能力。

(2) 结合客运专线的建设，对既有京哈、京沪、京九、京广、陆桥、沪汉蓉和沪昆等 7 条主要干线进行复线建设和电气化改造。

(3) 以北京、上海、广州、武汉、成都、西安枢纽为重点，调整编组站，改造客运站，建设机车车辆检修基地，完善枢纽结构，使铁路点线能力协调发展。

(4) 建设集装箱中心站，改造集装箱运输集中的线路，开行双层集装箱列车。

《规划》的批准和实施，标志着中国铁路新一轮大规模建设即将展开。根据《规划》，铁路部门将以客运专线、沪汉蓉通道、杭甬深通道、煤炭运输通道的部分项目为重点，积极争取开工一批新项目。

2004 年铁道部安排大中型续建项目 35 项，计划新线铺轨 859 km，投产 1 680 km；复线铺轨 290 km，投产 140 km；电气化投产 559 km。建成宁西线西合段、宁启线、粤海通道、胶新线、宝兰复线、朔黄线等 16 个项目。

4. 规划实施计划

1) "十五"建设计划调整

为贯彻实施《中长期铁路网规划》,铁道部对"十五"建设计划进行了调整。到2005年铁路营业里程达到7.5万千米,其中复线铁路2.5万千米,电气化铁路2万千米以上。具体建设项目调整如下:

建设客运专线,开工建设北京—上海、武汉—广州、西安—郑州、石家庄—太原、宁波—厦门等客运专线。建设城市密集地区城际客运系统,开工建设环渤海地区北京—天津、长江三角洲南京—上海—杭州、珠江三角洲广州—深圳、广州—珠海、广州—佛山城际客运系统。加快完善路网结构,开工建设宜昌—万州、烟台—大连轮渡、合肥—南京、麻城—六安、太原—中卫(银川)、精河—伊宁、永州—玉林(茂名)、铜陵—九江、大理—丽江、龙岗—敦煌、黄骅—大家洼铁路等新线。

加快既有线扩能改造,实施京沪线、焦柳线、黔桂线、兰新线武威至嘉峪关段、沪杭线、天津—沈阳、石德线电化改造,开工建设沪汉蓉既有段、昆明—六盘水、滨洲线海拉尔至满洲里、湘桂线衡阳至柳州复线,进行大秦线、西延线扩能改造。

加快主要枢纽及集装箱中心站建设,对北京、上海、广州、武汉、成都、西安枢纽进行改造,建设上海、昆明、哈尔滨、广州、兰州、乌鲁木齐、天津、青岛、北京、沈阳、成都、重庆、西安、郑州、武汉、大连、宁波、深圳等18个集装箱中心站。

2) 2010年阶段目标

到2010年,铁路网营业里程达到8.5万千米左右,其中客运专线约5 000 km,复线3.5万千米,电气化3.5万千米。

进一步建设客运专线。建成北京—上海、武汉—广州、西安—郑州、石家庄—太原、宁波—厦门等客运专线。开工建设北京—武汉、天津—秦皇岛、厦门—深圳等客运专线。

进一步扩大路网规模,建设云南进出境、中吉乌、合浦至河唇、赣州至韶关、龙岩至厦门、湖州至乍浦、兰州(或西宁)至重庆(或成都)、西安至平凉、隆昌至黄桶、东北东边道等铁路。

进一步提高既有线能力,建设邯济线、宁芜线、西康线、平齐线、大郑线、滨绥线等复线。

从云南入藏的滇藏线仍继续做好地质调查和技术经济分析,是否建设视研究论证结果再定。

5. 规划的主要特点

1) 实现客货分线

针对当时我国主要铁路干线能力十分紧张,除秦沈客运专线外,均为客货混跑模式,客运快速与货运重载难以兼顾,无法满足客货运输的需求,并影响旅客运输质量提高的实际情况，《中长期铁路网规划》提出，实施客货分线，专门建设客运专线，在建设较高技术标准"四纵四横"客运专线的同时，为满足经济发达的城市密集群的城际旅客运输日益增长的需求，规划以环渤海地区、长江三角洲地区、珠江三角洲地区为重点，建设城际快速客运系统。

2）改善路网分布，东中西布局合理

长期以来，我国铁路网布局一直呈现着不合理态势，特别是在广大西部地区，运网稀疏，运能严重不足，与东中部的联络能力差。为此，《中长期铁路网规划》提出，2020年前，以西部地区为重点，新建一批完善路网布局和西部开发性新线，全面提高对地区经济发展的适应能力。西部地区在加快青藏铁路等新线建设的同时，集中力量加强东西部之间通道的建设，在西北至华北及华东、西南至中南及华东间形成若干条便捷、高效的通道，形成路网骨架，满足东西部地区客货交流的需要。东中部地区新建一批必要的联络线，增强铁路运输机动灵活性。新建和改扩建新疆通往中亚，东北通往俄罗斯，云南通往越南、老挝等东南亚国家的出境铁路通道，为扩大对外交流服务。

3）提升既有能力

根据我国资源分布、工业布局的实际，结合国民经济和社会发展的需要，《中长期铁路网规划》提出，在建设客运专线和其他铁路线路的同时，加强既有铁路技术改造，扩大运输能力，提高路网质量。

第一，以京哈、京沪、京九、京广、陆桥、沪汉蓉、沪昆等7条既有干线为重点，增建二线和电气化改造，扩大既有主干线的运输能力。

第二，根据煤炭行业发展规划，结合铁路煤炭运输径路的实际，通过建设客运专线实现客货分线和对既有煤运通道进行扩能改造，形成铁路煤运通道18亿吨的运输能力。

第三，在加快新线建设和既有线改造的同时，系统安排枢纽建设，强化重点客站，并与其他交通运输方式有机衔接；调整主要编组站，建设机车车辆检修基地，完善枢纽结构，使铁路点线能力协调发展，系统提高运输能力、运输质量和运输效率，最大限度地发挥路网整体作用。

第四，在北京、上海、广州等超大城市及港口城市布局并建设18个集装箱中心站和40个左右靠近省会城市、大型港口和主要内陆口岸的集装箱办理站，发展双层集装箱运输通道，使中心站间具备开行双层集装箱列车的条件。

4）推进铁路技术创新

由于对国外高新技术的跟踪、研究、推广应用力度不够，关键技术的自主研发能力、引进技术的消化吸收能力和国产化水平不高，当时我国铁路技术装备水平总体上仅相当于发达国家20世纪80年代的水平，高速动车组的技术尚处于研发阶段。《中长期铁路网规划》提出，要把提高装备国产化水平作为"十一五"和今后铁路建设一项重要内容来抓。

以客运高速和货运重载为重点,坚持引进先进技术与自主创新相结合,快速提升铁路装备水平,早日达到或接近发达国家水平。时速 200 km 以上的机车车辆及动力组,充分整合国内资源,采取国际合作、科研攻关等措施尽快实现国产化。

重载货运机车、车辆系统引进关键技术,提升设计制造水平。适应客运高速、快速和货运重载的要求,提高线桥隧涵、牵引供电、通信信号技术水平。广泛应用信息网络技术,实现铁路信息化。装备水平的提升要与铁路体制的改革相结合,提高劳动生产率、资源使用效率和运输效益。

5) 重视国际铁路通道与国边防线路建设

《规划》将以很大力度扩大西部路网规模,形成西部铁路网骨架。其中,规划新建中吉乌铁路喀什—吐尔尕特段,改建中越通道昆明—河口段,新建中老通道昆明—景洪—磨憨段、中缅通道大理—瑞丽段,形成西北、西南进出国境国际铁路通道。同时,这些线路以及规划中的太原—中卫、临河—哈密、青藏线延伸线、东北东边道等铁路,对于加强国边防铁路建设意义重大。

6) 强调枢纽建设,以铁路枢纽带动综合运输枢纽发展

铁路点线能力不配套的问题突出,部分枢纽的改造与新线建设和既有线改造不同步,能力不足,制约了线路能力的发挥。《规划》强调在加快新线建设和既有线改造的同时,系统安排枢纽建设,强化重点客站,与其他交通运输方式有机衔接;调整主要编组站,建设机车车辆检修基地,完善枢纽结构,使铁路点线能力协调发展,系统提高运输能力、运输质量和运输效率,最大限度地发挥路网整体作用。根据《规划》拟重点完善的北京、上海、广州、武汉、成都和西安等枢纽,也将带动综合运输枢纽的发展,为各种运输方式有机衔接、协调发展创造有利条件。

7) 以人为本,提高服务质量

根据《规划》,铁路在未来一段时间的发展中,将继续大提速,并建设快速客运服务网络,缩短旅客在途时间。拟建的城际快速客运系统,将覆盖区域内主要城镇,极大地方便了所在区域城乡居民的出行。在追求速度的同时,铁路部门也将改进技术装备水平,提高科技含量,提升服务质量,保证旅客出行安全。

5. 2008 年版规划的调整内容

铁道部 2008 年 11 月 27 日公布了《中长期铁路网规划(2008 年调整)》(以下简称《调整方案》)(图 5.1)。根据调整后的方案,到 2020 年,全国铁路营业里程由达到 10 万千米以上调整为 12 万千米以上,其中客运专线及城际铁路达到 1.6 万千米以上,复线率和电化率分别达到 50% 和 60% 以上,主要繁忙干线实现客货分线,基本形成布局合理、结构清晰、功能完善、衔接顺畅的铁路网络,运输能力满足国民经济和社会发展需要,主要技术装备达到或接近国际先进水平。

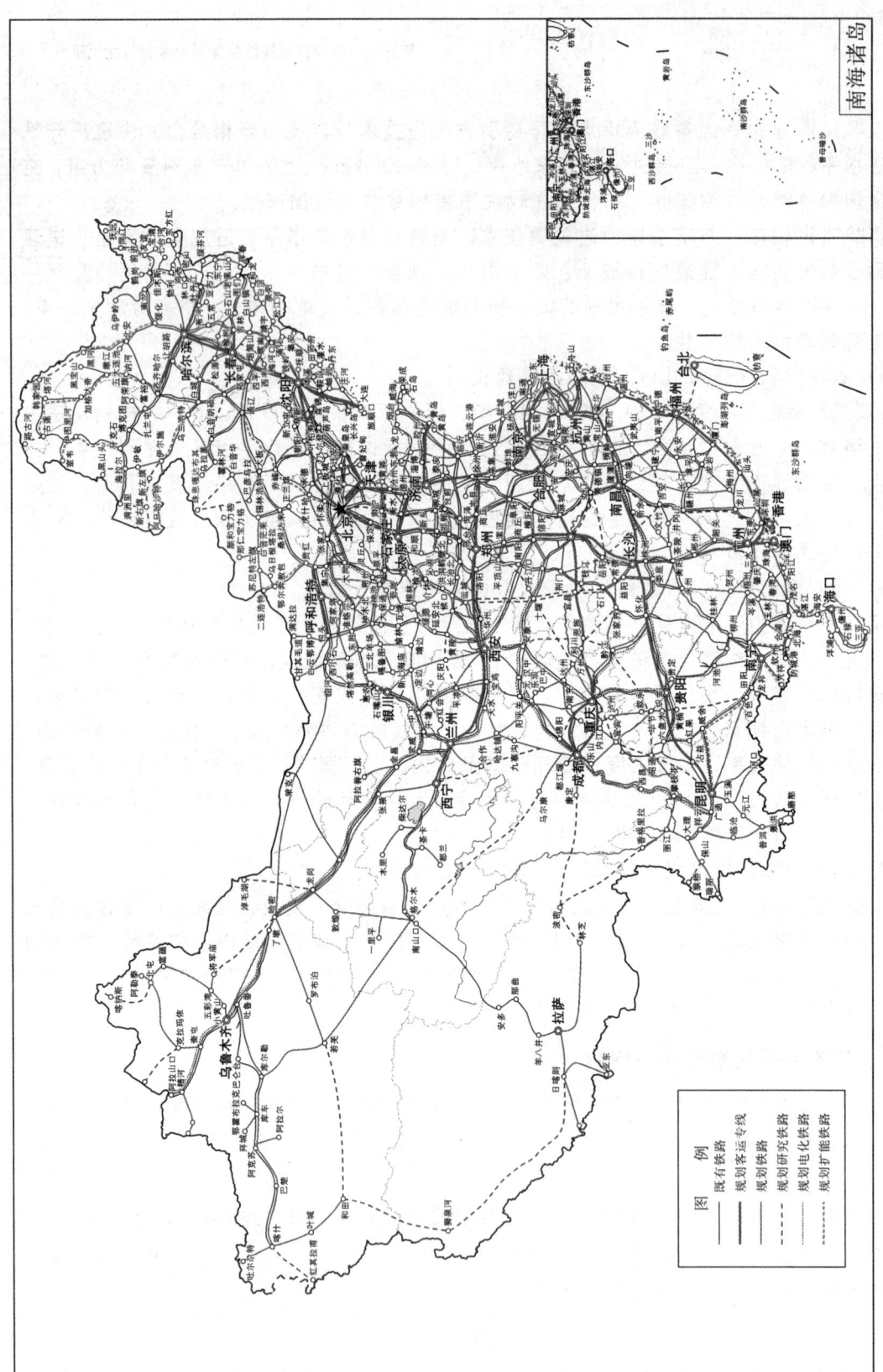

图 5.1 国家中长期铁路网规划调整示意图（2008 年）
审图号：GS（2020）5635

1)规划调整的背景

规划调整主要原因有以下几方面:

(1) 铁路运输"瓶颈制约"严重。

从当时情况来看,由于我国铁路发展长期滞后,运输能力十分紧张,限制型运输状况仍然严重。

铁路网整体能力长期紧张。按国土面积计算,我国每万平方千米有铁路81.2 km,仅为德国的9%,英国的10%,日本的11%;按人口计算,我国人均拥有铁路仅为6 cm,不到一根香烟的长度。当时铁路请求车满足率仅为35%,"一车难求"问题十分严重。铁路客车每天只能提供不足300万个席位,但当时日均输送旅客在410万人次以上。在春运、暑运、节假日等时段,"一票难求"的问题十分突出。

繁忙干线瓶颈问题突出。2008年,全路共有59条主要干线区段能力利用率超过90%,京沪、京哈、京广、京九、陇海、沪昆六大繁忙干线平均运输负荷是全路平均值的3倍,其中客运密度是全路平均值的4.8倍,能力利用已到极限。

煤运通道能力严重不足。2007年,全国铁路完成煤炭运输15.4亿吨,占总发送量的49.3%,既有线输送能力均已饱和。

西部及东北地区路网薄弱。当时,西南地区北、东、南三条对外通道中,除株六复线和宝成线阳平关至成都外,其余均为单线铁路,多为20世纪五六十年代建设,技术标准低,运输能力小,迂回性差。

(2) 原规划已不适应新的形势要求。

根据国家批准的《综合交通网中长期规划》,确定铁路网规模12万千米以上。原《中长期铁路网规划》从路网布局、技术标准、路网规模、点线协调等方面已不适应新的形势要求。

一是宏观政策发生重大调整,国家把建设资源节约型和环境友好型社会作为基本国策,建设资源、能源节约型和环境友好型交通运输体系要求进一步加快铁路发展。

二是宏观经济发展速度超过原预期速度,客货运输需求快速增长,铁路运输负荷过重的矛盾更加突出,铁路网规模总量明显不足。

三是区域经济发展加快,加上人们对发展铁路认识的提高,各省市政府对建设铁路的积极性空前高涨,不少项目已超出原规划范畴。

四是我国城镇化发展速度加快,城市带形成加快,迫切需要大能力、高密度、公交化的城市轨道交通作支撑,城际快速客运系统需要尽快补充完善。

(3) 经济社会快速发展要求铁路大发展。

经济社会快速发展,要求铁路提供充足的运输能力,满足巨大的运输需求。我国自然条件、资源分布、工业布局和人口聚集差异很大。煤炭等能源、原材料主要集中在中西部,东部地区城市密集,必然形成能源、原材料和产成品长距离、大运量的运输需求。

随着经济社会的持续快速发展,我国旅客运输需求将持续增长,预测2020年铁路客运量50亿人次,铁路货运量50亿吨。如此巨大的客货运输需求,10万千米铁路网规模远不能满足运输需要。

铁路具有全天候、大能力、低成本和节能环保等明显的技术经济优势,进一步加快铁路发展,不仅是铁路自身参与市场竞争、争取合理市场份额,实现可持续发展的需要,也是更好地落实科学发展观,建设资源节约型和环境友好型现代化交通运输体系的需要。

未来区域经济的协调发展步伐将加快,区域经济特别是中西部地区经济发展加速,各个区域间经济交流与合作的机遇不断扩大。区际运输需求增速加快,既有区际铁路运输通道运能需求与供给的矛盾将更加突出,迫切需要进一步加快区际铁路建设,形成功能强大的区际铁路运输通道。

2)《调整方案》内容

根据国务院批准的《综合交通网中长期发展规划》,2020年我国铁路网营业里程将达到12万千米以上。按此规划目标,经对国务院2004年批准的《中长期铁路网规划》进行相应调整,形成了《中长期铁路网规划(2008年调整)》(以下简称《调整方案》)。规划调整的主要内容如下所述。

(1) 发展目标。

《调整方案》将2020年全国铁路营业里程规划目标由10万千米调整为12万千米以上,电化率由50%调整为60%以上。进一步扩大铁路网规模以及提高电气化铁路比重,是为了发挥好铁路技术经济优势,更好地适应建设和谐社会以及交通可持续发展的要求。

《调整方案》提出,到2020年基本形成布局合理、结构清晰、功能完善、衔接顺畅的铁路网络。确立这一目标,主要是强调在扩大路网规模的同时,要更加注重提高布局合理性、科学界定层次结构、把握好功能定位以及做好综合交通衔接,建立符合国情、经济适用的铁路网络。

(2) 规划原则。

《调整方案》增加了三条规划原则。

一是"贯彻国家总体发展战略,统筹考虑经济布局、人口和资源分布、国土开发、对外开放、国防建设、经济安全和社会稳定的要求,并体现主体功能区规划明确的促进区域协调均衡发展的方向"。这一原则明确了铁路规划建设首先应服从国家战略,并适应经济社会发展各方面的要求。

二是"根据国家综合交通发展总体要求,线网布局、枢纽建设与其他交通运输方式优化、衔接和协调发展，提高组合效率和整体优势"。这一原则体现了建立综合交通运输体系对铁路发展提出的要求。

三是"节约和集约利用土地，充分利用既有资源，保护生态环境"。这一原则主要考虑铁路发展面临着环境和土地资源等方面条件的制约，因此应走集约发展道路，避免粗放型增长。

《调整方案》将原规划原则中第五条删去。主要是考虑随着自主创新能力的不断提高，可不再将装备国产化作为路网规划的原则。

（3）规划方案。

《调整方案》将区际干线和煤运系统建设与客运专线一并列为突出的重点。因为铁路除了提供大中城市间快速客运服务外，还应作为承担区际普遍客运、资源开发、大宗物资运输等任务的主力。

① 客运专线。

《调整方案》将客运专线建设目标由1.2万千米调整为1.6万千米以上。这主要是为了加大繁忙干线客货分线的力度，在维持原"四纵四横"客运专线基础骨架不变的情况下，增加了4 000 km客运专线，包括杭甬深客运专线向北延伸至上海，杭长客运专线向西延伸至昆明，以及蚌埠—合肥、南京—杭州、锦州—营口、南昌—九江、柳州—南宁、绵阳—成都—乐山、哈尔滨—齐齐哈尔、哈尔滨—牡丹江、长春—吉林、沈阳—丹东等连接线。

《调整方案》将城际客运系统由环渤海、长江三角洲、珠江三角洲地区扩展到长株潭、成渝以及中原城市群、武汉城市圈、关中城镇群、海峡西岸城镇群等地区。这些地区虽然经济发展水平相对较低，但均为经济社会发展的核心区域且人口稠密，城际轨道交通规划发展视地方发展情况确定。

《调整方案》不再对客运专线速度目标值进行界定。客运专线具体建设标准应结合实际情况，通过技术经济比选科学确定，不盲目追求高标准。

② 完善路网布局和西部开发性新线。

《调整方案》将规划建设新线由1.6万千米调整为4.1万千米。

一是完善进出境国际铁路通道，新增中俄通道同江—哈鱼岛段等铁路。

二是完善区际干线布局，新增重庆—贵阳、宜宾—贵阳—广州、南宁—广州、哈达铺—成都、太原—侯马—西安—汉中—绵阳、向塘—莆田、合肥—福州、阜阳—六安—景德镇—瑞金—汕头、北京—张家口—集宁—包头等铁路，研究建设张掖—西宁—成都、格尔木—成都、郑州—重庆—昆明、和田—狮泉河—日喀则、成都—波密—林芝、香格里拉—波密等铁路。

三是完善大能力煤运通道布局，新增内蒙古中西部、山西中南部煤运铁路和乌鲁木齐—哈密—兰州铁路等。

四是扩大西部地区路网覆盖面，新增乌鲁木齐—富蕴—北屯、哈密—若羌、二连浩特—锡林浩特—乌兰浩特、正蓝旗—虎什哈、昭通—攀枝花—丽江、昆明—百色、南宁—河池等铁路，研究建设安康—恩施—张家界等铁路。

五是完善中东部地区路网结构，新增哈尔滨—佳木斯、青岛—连云港—盐城、南通—上海—宁波、广州—湛江—海口—三亚、上海—江阴—南京—铜陵—安庆、怀化—衡阳、井冈山—赣州、浦城—建宁—龙岩等铁路和福州—厦门货运线。

③ 路网既有线。

《调整方案》将增建二线建设规模由1.3万千米调整为1.9万千米，既有线电气化建设规模由1.6万千米调整为2.5万千米。

一是在原《规划》十个煤炭外运基地基础上，增加了新疆地区煤炭外运基地，并重点强化"三西"地区煤炭下海和铁路直达中南、华东内陆地区通道，以及新疆地区煤炭外运通道。这一补充主要是在加强大秦线、朔黄线等既有煤运通道的基础上，开辟煤炭外运新通路，提高铁路运输保障能力。

二是将原《规划》提出的"对既有京哈、京沪、京九、京广、陆桥、沪汉蓉和沪昆等7条主要干线进行复线建设和电气化改造"，调整为"对'五纵五横'综合运输大通道内既有铁路干线进行复线建设和电气化改造"。主要是适应构建综合运输通道的要求，进一步加强通道内铁路运输能力。

三是《调整方案》提出"按照综合交通枢纽布局和城市发展规划，加强主要客货枢纽建设，注重与城市轨道交通等公交系统以及公路、民航和港口等其他交通方式的衔接，实现旅客运输'零距离换乘'、货物换装'无缝衔接'和交通运输一体化"。主要是强调铁路枢纽建设应贯彻综合交通发展的理念。

④ 实施意见。

《调整方案》不再对"十五"建设规划进行表述，仅对2010年阶段目标进行了调整。

一是将2010年全国铁路网营业里程由8.5万千米调增为9万千米以上，客运专线建设规模由5 000 km调增为7 000 km，复线率、电化率均由41%调增为45%以上。

二是将广深、哈大、沪杭甬、汉宜、合蚌、宁杭、柳南、绵成乐、哈齐等客运专线列入阶段目标。这主要是争取加快客运专线建设步伐，有效缓解繁忙干线能力紧张状况。

三是将兰州—重庆和成都、贵广、南广、丽江—香格里拉、拉萨—日喀则、重庆—利川、西小召（包头）—甘其毛道、乌兰浩特—锡林浩特、前进—抚远、沪通、南京—安庆、阜阳—六安、宿州—淮安、衡阳—井冈山铁路，内蒙古中西部、山西中南部煤运铁路，集包第二双线等一批项目列入阶段目标。这主要是为了加快完善东部地区路网布局以及促进西部大开发。

四是将西合、邯长、石长、遂渝复线、神朔黄、金温、广大、赣龙扩能等项目列入阶段目标。这主要是实施一批"短平快"项目，尽快解决部分路段"卡脖子"问题。

6. 2016 年版国家中长期铁路网发展规划

1) 规划编制背景与要求

国务院批准，由国家发展改革委、交通运输部、中国铁路总公司于 2016 年 7 月 13 日联合发布了《中长期铁路网规划》（发改基础〔2016〕1536 号，以下简称《2016 版规划》），其主要内容如下：

《2016 版规划》的总体考虑：

当前，我国正处于全面建成小康社会的决胜阶段，经济社会发展面临的新趋势新机遇，对铁路发展提出新的更高要求：

一是推进供给侧结构性改革，要求扩大铁路有效供给。

二是拓展区域发展空间，要求强化铁路支撑作用。

三是构建综合交通运输体系，要求发挥铁路绿色骨干优势。

四是贯彻总体国家安全观，要求提升铁路应急保障水平。

五是厚植行业发展优势，要求建设现代铁路基础网络。

《2016 版规划》在修编过程中，始终坚持贯彻落实新发展理念，遵循铁路发展规律，发挥铁路骨干优势作用，统筹需求与可能，兼顾经济效益和社会效益，以增加有效供给、明晰功能层次、提升服务效能、兼顾效率公平为重点，着力构建布局合理、覆盖广泛、高效便捷、安全经济的现代铁路网络，为构建现代综合交通运输体系、促进经济社会持续健康发展、实现"两个一百年"奋斗目标提供有力支撑。

《2016 版规划》坚持支撑引领、创新发展，科学布局、共享发展，层次清晰、协调优化，衔接高效、开放融合，安全可靠、绿色集约的基本原则。

2)《2016 版规划》的发展目标

（1）本次《规划》期限为 2016—2025 年，远期展望到 2030 年。

（2）到 2020 年，一批重大标志性项目建成投产，铁路网规模达到 15 万千米，其中高速铁路 3 万千米，覆盖 80%以上的大城市，为完成"十三五"规划任务、实现全面建成小康社会目标提供有力支撑。

（3）到 2025 年，铁路网规模达到 17.5 万千米左右，其中高速铁路 3.8 万千米左右，网络覆盖进一步扩大，路网结构更加优化，骨干作用更加显著，更好发挥铁路对经济社会发展的保障作用。

(4) 展望到 2030 年，基本实现内外互联互通、区际多路畅通、省会高铁连通、地市快速通达、县域基本覆盖。

3)《2016 版规划》的主要方案

(1) 规划方案包括三个部分：

① 高速铁路网。在原规划"四纵四横"主骨架基础上，增加客流支撑、标准适宜、发展需要的高速铁路，同时充分利用既有铁路，形成以"八纵八横"主通道为骨架、区域连接线衔接、城际铁路补充的高速铁路网。

明确划分了高速铁路网建设标准：

A. 高速铁路主通道规划新增项目原则采用时速 250 km 及以上标准（地形地质及气候条件复杂困难地区可以适当降低），其中沿线人口城镇稠密、经济比较发达、贯通特大城市的铁路可采用时速 350 km 标准。

B. 区域铁路连接线原则采用时速 250 km 及以下标准。

C. 城际铁路原则采用时速 200 km 及以下标准。

具体的高速铁路规划方案：

A. 一是构建"八纵八横"高速铁路主通道。"八纵"通道为沿海通道、京沪通道、京港（台）通道、京哈—京港澳通道、呼南通道、京昆通道、包（银）海通道、兰（西）广通道；"八横"通道为绥满通道、京兰通道、青银通道、陆桥通道、沿江通道、沪昆通道、福银通道、厦渝通道、广昆通道。

B. 二是拓展区域铁路连接线。在"八纵八横"主通道的基础上，规划布局高速铁路区域连接线，目的是进一步完善路网，扩大高速铁路覆盖。

C. 三是发展城际客运铁路。在优先利用高速铁路、普速铁路开行城际列车服务城际功能的同时，规划建设支撑和带领新型城镇化发展，有效连接大中城市与中心城镇、服务通勤功能的城市群城际客运铁路。

② 普速铁路网。重点围绕扩大中西部路网覆盖，完善东部网络布局，提升既有路网质量，推进周边互联互通。具体规划方案为：

A. 一是形成区际快捷大能力通道。包含 12 条跨区域、多径路、便捷化的大能力区际通道。

B. 二是面向"一带一路"国际通道。从西北、西南、东北三个方向推进我国与周边互联互通，完善口岸配套设施，强化沿海港口后方通道。

C. 三是促进脱贫攻坚和国土开发铁路。从扩大路网覆盖面、完善进出西藏、新疆通道和促进沿边开发开放等三个方面提出了一批规划项目。

D. 四是强化铁路集疏运系统。规划建设地区开发性铁路以及疏港型、园区型等支线铁路，完善集疏运系统。

③ 综合交通枢纽。枢纽是铁路网的重要节点，为更好发挥铁路网整体效能，配套点线能力，本次规划修编按照"客内货外"的原则，进一步优化铁路客、货运枢纽布局，形成系统配套、一体便捷、站城融合的现代化综合交通枢纽，实现客运换乘"零距离"、物流衔接"无缝化"、运输服务"一体化"。

上述路网方案实现后，远期铁路网规模将达到 20 万千米左右，其中高速铁路 4.5 万千米左右。全国铁路网全面连接 20 万人口以上城市，高速铁路网基本连接省会城市和其他 50 万人口以上大中城市，实现相邻大中城市间 1~4 小时交通圈，城市群内 0.5~2 小时交通圈。

《2016 版规划》的保障措施：提出了 8 个方面的保障措施，包括深化投融资体制改革、培育壮大高铁经济、科学组织项目建设、构建综合交通运输体系、强化人才科技支撑、提升可持续发展能力、健全规划实施机制、加强过程监管评估等。

《2016 版规划》总体目标：2020 年铁路网将达 15 万千米，覆盖 80%以上大城市，其中高铁 3 万千米；2025 年铁路网 17.5 万千米，其中高铁 3.8 万千米；远期铁路网 20 万千米、高铁 4.5 万千米。

高速铁路网的"八纵八横"将实现大中城市 1~4 小时交通圈、城市群内 0.5~2 小时交通圈，建设时速高铁主干道不低于 250 km（沿线人口稠密/经济较发达/贯通大城市可达 350 km）、区域铁路不超过 250 km、城际铁路不超过 200 km。

4) 《2016 版规划》中的高速铁路网规划

"八纵"通道组成有：

(1) 沿海通道：大连（丹东）—秦皇岛—天津—东营—潍坊—青岛（烟台）—连云港—盐城—南通—上海—宁波—福州—厦门—深圳—湛江—北海（防城港）高速铁路（其中青岛至盐城段利用青连、连盐铁路，南通至上海段利用沪通铁路）。连接东部沿海地区，贯通京津冀、辽中南、山东半岛、东陇海、长三角、海峡西岸、珠三角、北部湾等城市群。

(2) 京沪通道：北京—天津—济南—南京—上海（杭州）高速铁路，包括南京—杭州、蚌埠—合肥—杭州高速铁路，同时通过北京—天津—东营—潍坊—临沂—淮安—扬州—南通—上海高速铁路。连接华北、华东地区，贯通京津冀、长三角等城市群。

(3) 京港（台）通道：北京—衡水—菏泽—商丘—阜阳—合肥（黄冈）—九江—南昌—赣州—深圳—香港（九龙）高速铁路；另一支线为合肥—福州—台北高速铁路，包括南昌—福州（莆田）铁路。连接华北、华中、华东、华南地区，贯通京津冀、长江中游、海峡西岸、珠三角等城市群。

（4）京哈—京港澳通道：哈尔滨—长春—沈阳—北京—石家庄—郑州—武汉—长沙—广州—深圳—香港高速铁路，包括广州—珠海—澳门高速铁路。连接东北、华北、华中、华南、港澳地区，贯通哈长、辽中南、京津冀、中原、长江中游、珠三角等城市群。

（5）呼南通道：呼和浩特—大同—太原—郑州—襄阳—常德—益阳—邵阳—永州—桂林—南宁高速铁路。连接华北、中原、华中、华南地区，贯通呼包鄂榆、山西中部、中原、长江中游、北部湾等城市群。

（6）京昆通道：北京—石家庄—太原—西安—成都（重庆）—昆明高速铁路，包括北京—张家口—大同—太原高速铁路。连接华北、西北、西南地区，贯通京津冀、太原、关中平原、成渝、滇中等城市群。

（7）包（银）海通道：包头—延安—西安—重庆—贵阳—南宁—湛江—海口（三亚）高速铁路，包括银川—西安以及海南环岛高速铁路。连接西北、西南、华南地区，贯通呼包鄂、宁夏沿黄、关中平原、成渝、黔中、北部湾等城市群。

（8）兰（西）广通道：兰州（西宁）—成都（重庆）—贵阳—广州高速铁路。连接西北、西南、华南地区，贯通兰西、成渝、黔中、珠三角等城市群。

"八横"通道组成有：

（1）绥满通道：绥芬河—牡丹江—哈尔滨—齐齐哈尔—海拉尔—满洲里高速铁路。连接黑龙江及蒙东地区。

（2）京兰通道：北京—呼和浩特—银川—兰州高速铁路。连接华北、西北地区，贯通京津冀、呼包鄂、宁夏沿黄、兰西等城市群。

（3）青银通道：青岛—济南—石家庄—太原—银川高速铁路（其中绥德至银川段利用太中银铁路）。连接华东、华北、西北地区，贯通山东半岛、京津冀、太原、宁夏沿黄等城市群。

（4）陆桥通道：连云港—徐州—郑州—西安—兰州—西宁—乌鲁木齐高速铁路。连接华东、华中、西北地区，贯通东陇海、中原、关中平原、兰西、天山北坡等城市群。

（5）沿江通道：上海—南京—合肥—武汉—重庆—成都高速铁路，包括南京—安庆—九江—武汉—宜昌—重庆、万州—达州—遂宁—成都高速铁路（其中成都至遂宁段利用达成铁路），连接华东、华中、西南地区，贯通长三角、长江中游、成渝等10城市群。

（6）沪昆通道：上海—杭州—南昌—长沙—贵阳—昆明高速铁路。连接华东、华中、西南地区，贯通长三角、长江中游、黔中、滇中等城市群。

（7）厦渝通道：厦门—龙岩—赣州—长沙—常德—张家界—黔江—重庆高速铁路（其中厦门至赣州段利用龙厦铁路、赣龙铁路，常德至黔江段利用黔张常铁路）。连接海峡西岸、中南、西南地区，贯通海峡西岸、长江中游、成渝等城市群。

(8) 广昆通道：广州—南宁—昆明高速铁路。连接华南、西南地区，贯通珠三角、北部湾、滇中等城市群。

拓展区域铁路连接线有：

在"八纵八横"主通道的基础上，规划建设高速铁路区域连接线，进一步完善路网、扩大覆盖。

东部地区：北京—唐山、天津—承德、日照—临沂—菏泽—兰考、上海—湖州、南通—苏州—嘉兴、杭州—温州、合肥—新沂、龙岩—梅州—龙川、梅州—汕头、广州—汕尾等铁路。

东北地区：齐齐哈尔—乌兰浩特—白城—通辽、佳木斯—牡丹江—敦化—通化—沈阳、赤峰和通辽至京沈高铁连接线、朝阳—盘锦等铁路。

中部地区：郑州—阜阳、郑州—濮阳—聊城—济南、黄冈—安庆—黄山、巴东—宜昌、宣城—绩溪、南昌—景德镇—黄山、石门—张家界—吉首—怀化等铁路。

西部地区：玉屏—铜仁—吉首、绵阳—遂宁—内江—自贡、昭通—六盘水、兰州—张掖、贵港—玉林等铁路。

发展城际客运铁路：

在优先利用高速铁路、普速铁路开行城际列车服务城际功能的同时，规划建设支撑和引领新型城镇化发展、有效连接大中城市与中心城镇、服务通勤功能的城市群城际客运铁路。

京津冀、长三角、珠三角、长江中游、成渝、中原、山东半岛等城市群，建成城际铁路网；海峡西岸、哈长、辽中南、关中、北部湾等城市群，建成城际铁路骨架网；滇中、黔中、天山北坡、宁夏沿黄、呼包鄂榆等城市群，建成城际铁路骨干通道。

《2016版规划》见图5.2、图5.3所示。

"十三五"高速铁路网规划见图5.4所示。

三、中国高速铁路网的特点及技术方案的选择

（一）中国高速铁路网的特点

我国地域辽阔，人口众多，人均收入低，国家整体实力还不够强，城市和生产力布局主要集中在东中部地带并沿铁路主要干线分布。这些国情与西欧各国和日本不同，因而我国高速铁路网也有着与欧洲和日本不同的特点。

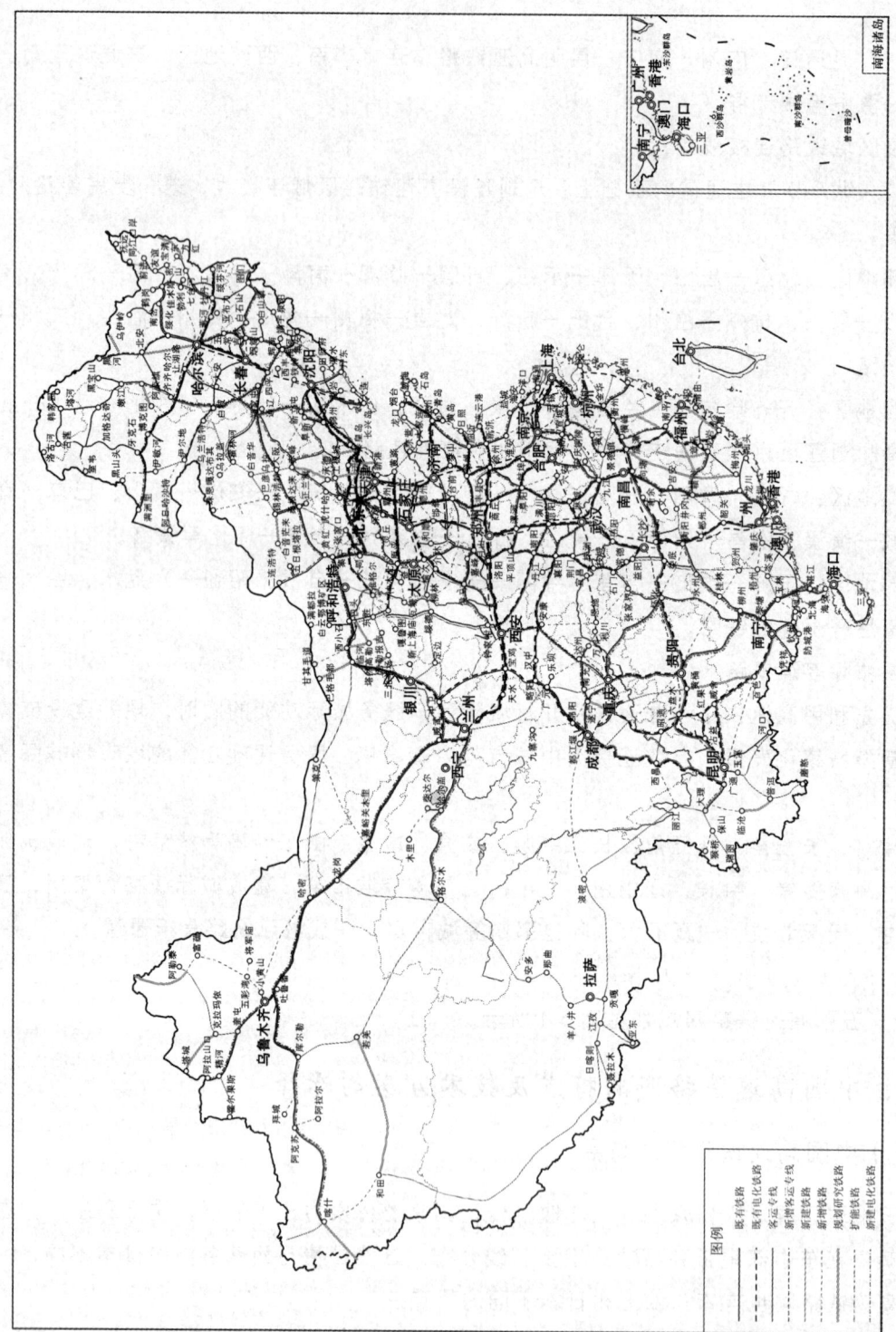

图 5.2 国家中长期铁路网规划
审图号：GS（2020）5635 号

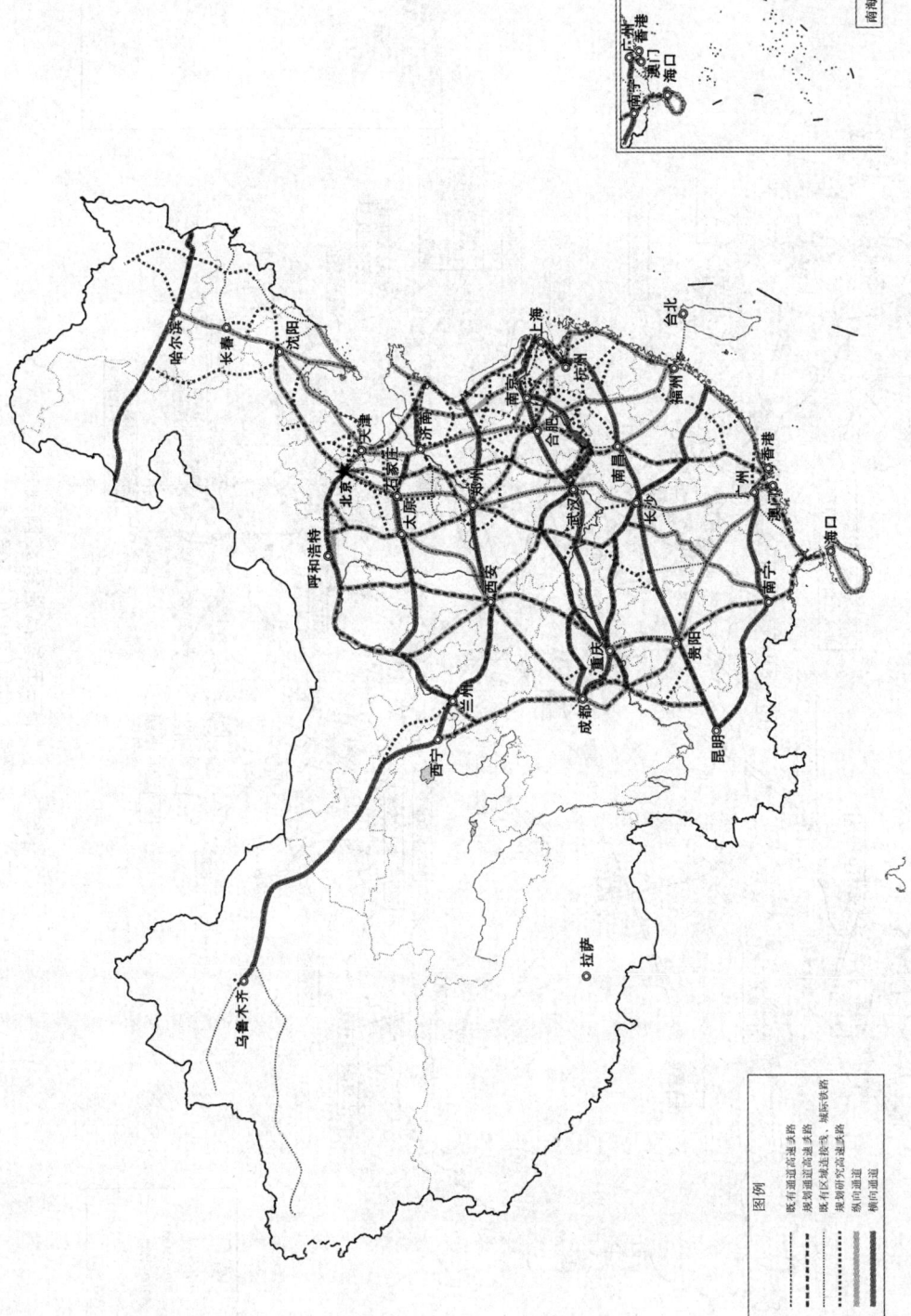

图 5.3 国家中长期高速铁路网规划
审图号：GS（2020）5635 号

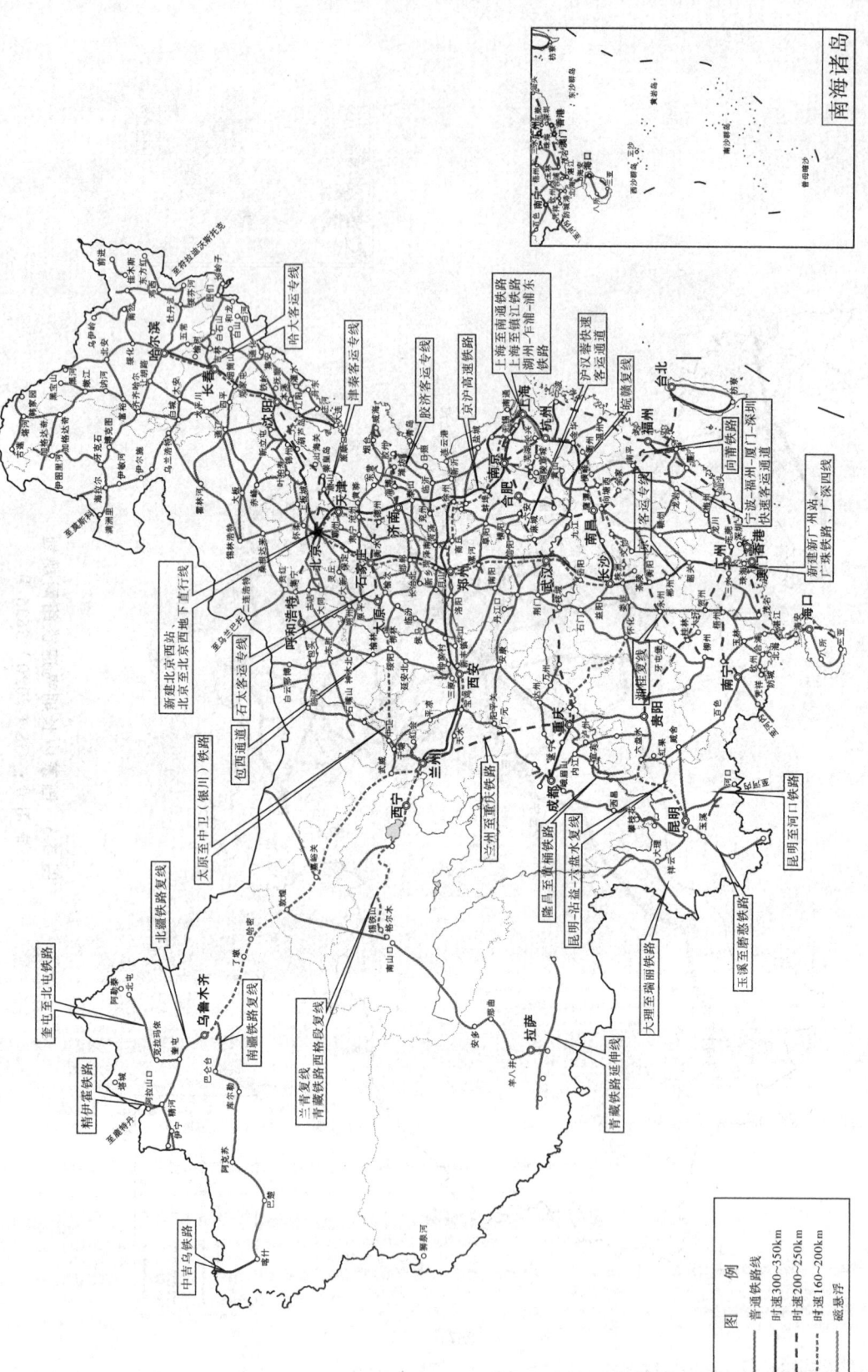

图 5.4 "十三五"高速铁路网规划
审图号：GS（2020）5635 号

1. 高速铁路网由客运专线组成

我国特别繁忙干线京沪、京广、津沈、哈大、陇海（徐州至宝鸡段）和沪杭—浙赣沿线人口密集、城市密布、工农业发达，既是客货运输的主通道，也是我国最重要的经济发展轴线。这6条干线营业里程占国家铁路的13%，完成旅客周转量占国家铁路的51%，完成货物周转量占国家铁路的36%，1999年线路平均换算密度已达8 824万吨公里/km，是全路平均水平的3.1倍，客流密度均已在2 000万人公里/km以上，超过国外修建客运专线的标准。长期以来，这6条干线一直超负荷运行，许多区段平图能力利用率已达100%。"十五"期间客货运输需求的快速增长，将使这6条铁路运输能力更为紧张，修建客运专线实现客货分线、缓解运输压力、改善服务质量已迫在眉睫。客货列车分线运行后，既有线以货运为主、兼顾普通速度的短途客运，客运专线以中、长途客运为主，旅客列车可以大幅度地提高运行速度实现高速化。因此，与其他国家不同的是，我国的高速铁路网将全部由特别繁忙干线客货分线后的客运专线组成。西欧和日本铁路以客运为主，原既有线被高速铁路取代后，业务大多萎缩甚至全线废弃。而我国高速铁路网是在运输能力不能满足需求的情况下，实行客货分线、客运专线高速化而成，高速铁路与原既有线分工不同但密切相关。

根据铁道部远期规划，21世纪中叶我国将建成哈大、京沪、京广（含广九及广澳）三条南北向客运专线和津沈、徐宝、沪杭—浙赣三条东西向客运专线，形成近8 000 km的高速铁路网。高速铁路初期旅客列车运行最高时速250 km以上；远期高速列车运行最高时速将达300 km。

2. 高速铁路网覆盖面小、网距宽

我国由于地域辽阔、城市分散、高速铁路造价高昂且国力有限，只能以北京为中心，将东中部地区大多数省会和重要交通枢纽连接起来，不能覆盖我国大部分中型以上城市。我国高速铁路将连接北京、天津、沈阳、哈尔滨、上海、南京、武汉、广州、西安和香港等10个200万人以上城市，沟通长春、大连、石家庄、郑州、长沙、济南、徐州、杭州、南昌和澳门等10个省会和重要交通枢纽，穿过京、津、冀、辽、吉、黑、鲁、苏、皖、沪、浙、赣、豫、鄂、湘、粤、陕、港、澳等19个省、直辖市和特区，覆盖266万平方千米，仅占960万平方千米国土面积的28%。据欧盟规划，欧洲高速铁路网最终规模将达3万千米；日本高速铁路网最终规模将达6 800 km。欧洲和日本高速铁路网建成后网距分别为594 km、109 km，几乎覆盖了所有中型以上城市和交通枢纽。我国高速铁路网的网距宽达2 500 km，必须采取其他措施来弥补这一缺陷。

3. 高速铁路网与快速网相辅相成

为了填补高速铁路网中的空白和莫及之处并兼顾货运，我国原规划将改造京九、京包、石太等30多条主要干线，建成约2万千米客货混跑的快速铁路网。高速铁路网和快速铁路网将覆盖我国绝大多数中等以上城市，除西藏受地形条件限制外，其他没有高速铁路的省、直辖市和自治区都将有快速铁路网沟通。可见，与西欧和日本只需建高速铁路网不同，我国除高速铁路网外还要有一个快速铁路网作为补充和延伸，快速铁路网也需要高速铁路网作为骨干支撑，两者相辅相成，缺一不可。根据铁道部远期规划，快速铁路网由复线电气化铁路组成，初期旅客列车运行最高时速为160 km，货物列车运行最高时速为120 km；远期旅客列车运行最高时速达200 km，货物列车运行最高时速达160 km。

（二）我国高速铁路运营模式特点

由于国情和路情不同，我国高速铁路的运营模式也与欧洲和日本高速铁路有着不同的特点。

1. 高中速列车跨线运行

欧洲和日本高速铁路覆盖面大，高速线上只运行高速列车。如果我国采取这种模式，高速线上不允许或仅允许部分中速列车运行，将会增加许多旅客换乘列车的次数。由于换乘的列车不可能在每一车站每一车次都衔接得很好，许多旅客乘坐高速列车节省的时间可能又在换乘中被"耗费掉"，部分车站还将因换乘旅客增加而不得不扩建或新建客运设施。

京沪高速铁路如果按现行旅客列车开行方案，不增加旅客换乘列车的次数，高速列车与中速列车数量之比大致在6：4至5：5之间，徐州至南京段甚至接近4：6。京广高速铁路线路辐射范围更大，高速列车比重更小，北京至石家庄段高速列车仅占35%。为了不断地提升旅客服务质量、增强铁路竞争能力，铁路运输应当不断地减少旅客中途换乘的次数、缩短在途时间，绝不能增加旅客换乘次数和在途时间。

我国高速铁路必须与快速铁路衔接，允许高、中速列车混跑。所以，我国铁路的运营模式为：部分高速线上的高速列车要下线在快速线上以中速运行；部分快速线上的快速列车要上高速线以中速运行，还要下快速线在普通线上以普速运行；部分普通线上的列车要上快速线以中速或普速运行。

2. 客货列车共线运行

日本新干线上只运行高速旅客列车，货物运输由常规铁路担负。法国高速铁路从1984

年起运行时速达 270 km 的邮政列车，1997 年开始运行时速可达 200 km 的行包列车。德国从 1991 年起在高速铁路上开办城市间快速货物运输业务，货物列车时速 160 km。为了满足日益增长的高附加值货物运输的需求，我国铁路必须承担城市间快速货运业务。特别繁忙干线客货分线后，既有线最高列车运行时速只能到 140~160 km，高速货运列车势必要上客运专线。为了减少快运货物在途时间、避免中途换装，部分高速线上的高速货物列车还要下线在快速线上以中速运行，部分快速线上的快速货物列车也要上线在高速线上以中速运行。

3. 高速列车和普通列车共站

为了便于高中速列车上下线和客货列车共线运行，高速铁路应优先考虑利用既有车站，无特殊情况不另建新站。利用既有车站不仅便于旅客换乘其他列车，还可以充分利用现有客运和行包设施，节省建设投资。另外，我国特别繁忙干线的主要车站大多在城市中心地区，既便于旅客乘降，又与市内交通密切衔接。如果高速铁路不能利用现有车站，不仅大大增加项目投资，还因新建车站很难再在市中心找到地皮而设在郊区，这将增加旅客换乘列车的距离和时间，加重我国城市普遍存在的交通拥挤现象。

（三）轮轨与磁悬浮高速技术方案比较

轮轨高速铁路有能力大、投资省、安全可靠等特点，尤其是轮轨高速技术与既有铁路一脉相承，可以充分利用现有轮轨技术和设备资源，而节省大量的投资；与既有铁路线下基础设施兼容，实现高速铁路网与快速铁路网的衔接，最大限度地减少旅客换乘列车的次数和时间；可以实现客货列车共线运行，充分利用既有铁路的货运设施和设备，如客运站中的行包设施、货运站、编组站等，而不必额外增加投资；可以充分利用既有车站，实现高速和普通列车共站。

中国铁路自 1881 年诞生以来，到 2000 年已经过近 120 年的建设与发展，已有近 7 万千米的线路、5 700 多个车站、200 个编组站、1.5 万台机车、3.5 万辆客车、44 万辆货车和近万亿元的固定资产，这是一笔巨大的财富，理应充分利用。我国已积累了广深准高速铁路和时速 200 km 的秦沈客运专线的规划建设，已具备生产时速 250 km 的机车车辆、通信信号等设备的能力，也完全有消化、吸收国外高速技术的能力。

拟修建的京沪高速铁路共设 24 个车站，轮轨技术设计方案能利用北京、天津、济南、徐州、南京、上海等既有车站 21 个，个别中间站因线路取直无法利用。据初步估计，我国高速铁路网约设 140 个车站，如果采用轮轨技术绝大多数可利用现有车站。与轮轨技术相比，磁悬浮技术具有能耗低、噪声小、起动快等优点。但从技术特性看，磁悬浮高速列车所采用的线路、机车车辆、电力、信号设施与轮轨技术完全不同,不能利用既有铁路资源。因此,如果我国高速铁路网采用磁悬浮技术则存在的问题是:一是无法与既有铁路衔接,实现高中速列车跨线运行;二是无法利用现有货运设施,实现客货列车共线运行;三是无法引入现有车站,实现高速列车和普通列车共站。

铁路建设和运营是一个复杂的系统工程。轮轨高速与磁悬浮高速的投资比较,不仅要看线路的造价,还应包括引进技术、试验、实验和消化吸收国外先进技术等费用,以及站场、机车车辆、通信信号、供电、检修、环保等。

京沪高速铁路是我国高速铁路网的重要组成部分,京沪高速铁路的建设方案也应从我国高速铁路网的整体进行全面比选。如果我国高速铁路网不能利用既有铁路的客货运站、编组站、机务段、车辆段、工务段以及枢纽等资源,如候车室、站台、行包房、站线、存车线、调车线、整备线、疏解线、货场、起重机械等,而另外再建一套系统,那将造成很大的浪费。磁悬浮技术与现有铁路并不兼容,也无共同之处,因此从这种意义上说,磁悬浮列车不属于铁路行业,而是介乎于铁路和航空之间的新型运输工具。如果硬将磁悬浮技术与轮轨技术比较,将使其处于很不利的境地。仅车站投资一项,磁悬浮高速就比轮轨高速多很多。我国大城市中客运站已被市内建筑和城市交通所包围,不可能再为磁悬浮列车挤出一大块地皮修建客运设施,只能另辟新站。如果我国高速铁路网中约140个车站均需新建,每个车站投资1亿元,就是140亿元。如果加上站前市政配套和辅助设施,投资还要翻番。新站势必要建在郊区,而现有铁路客运站又在市中心,这不仅增加旅客的换乘距离和时间,同时也将破坏城市布局,增加城市交通的负担。

(四)京沪高速建设值得注意的几个问题

关于京沪高速铁路,我们认为在技术比较论证中应注意处理好以下关系。

1. 先进技术与实用技术的关系

在应用技术领域,对一种技术的评价不能单纯比"新"和"先进"程度,关键还要看是否实用。铱星通信是一种非常先进的技术,但投入运营后实践证明并不实用,只能关闭。在科学技术飞速发展、高新技术层出不穷的今天,比磁悬浮还先进的技术有地面效应飞行器、真空隧道等,是否也要在京沪高速铁路方案中比选一下,或建一条试验线试一下?

京沪高速铁路每年发送旅客1亿人次,为保证乘客和沿线人民的生命财产必须做到万无一失,必须选择成熟、可靠、实用的技术。到2000年,世界轮轨技术已有近180年的应用历史,形成了非常可靠完善的技术系统。20世纪70年代,连许多设计人员都认为列车时速 250 km 是轮轨技术的极限，而 1990 年法国 TGV 列车在大西洋线上取得了时速 515.3 km 的纪录；1996 年日本在广新线上运行的高速动车组时速达 443 km。事实上，轮轨技术并未停滞不前，一直在以高新技术焕发青春：不断采用新型材料，提高列车强度、降低自重；采用交流传动技术，提高传动效率和列车速度；轮轨间实行"精密接触"，提高列车安全性和舒适度；利用气垫效应减少列车振动；改进转向架提高列车转弯性能；等。实验中的德国第四代高速列车在以 350 km 时速运行时，摇摆程度降低一半，噪声仅相当于第一代列车时速 280 km 的水平，平均每人百公里能耗仅合 2.5 L 汽油。实践证明，轮轨技术的许多资源和潜力远未开发和挖掘出来。先进技术从试验到投入应用要经过较长时间的反复实验，有的即使已投入应用，还会不断发现问题。

2. 试验、实验与实际应用的关系

西欧和日本将轮轨高速列车最高时速限定在 300 km，并非技术问题，而是出于安全和考虑票价是否为旅客所接受。提高速度是要付出代价的——阻力与速度的平方成正比、能耗与速度的 3 次方成正比。国外高速列车行程一般在 1 000 km 以内，列车时速由 300 km 提高到 500 km，节省时间不过 1 h 多点，而要成倍地减少安全系数、增加运价，大多数旅客难以接受。所以，为了保证旅客绝对安全，做到万无一失，国外高速列车从试验到投入实际运营至少需要 2~5 年，有的型号甚至试验 10 多年，还未投入运营。为了使票价为多数旅客能接受，法国轮轨高速列车的最高实验时速 1990 年就已超过 500 km，到 2000 年仍将列车最高运行时速限制在 300 km；日本东海道新干线虽然 1979 年列车实验时速就已达到 319 km，但直到 1997 年才将列车运行最高时速提高到 300 km；法国 Sernam200 高速行包列车 1997 年首次实验时最高运行时速就达 281 km，但列车运行时速初期限定为 160 km，后来才提到 200 km。在工程技术领域，试验、实验和应用有着严格的定义，决不容混淆。日本磁悬浮列车 552 km 的最高时速，仅仅是 18.4 km 试验线的试验结果；德国磁悬浮 450 km 最高时速，也仅仅是在 31.5 km 环形试验线上的试验结果。到 2000 年为止世界上还没有一条较长距离的磁悬浮线路进入商业运营。英国伯明翰机场至 600 m 开外常规铁路车站的磁悬浮线，已于 1995 年在运营 11 年后被机场大巴取代。德国柏林至汉堡 292 km、投资 59 亿美元的磁悬浮线路计划，也因资金等原因流产了。工程技术容不得半点想当然。我国浦东 33 km 磁悬浮高速示范线建成，取得设计、施工和运营经验尚需几年的时间。而且 30 多千米实验长度，还难发现上千千米实际运行中出现的各种问题。磁悬浮技术作为一种崭新的交通工具，只有进行充分的研究、试验和周密的开发、实验，才能确定其适用范围和应用领域。

3. 社会效益与企业效益的关系

修建高速铁路要讲铁路运输企业的经济效益，然而我们也应当看到铁路运输的效益更多地体现在社会上。如果建成京沪高速铁路，将有巨大的社会效益：铁路运输能力不再紧张，人畅其通、货畅其流，将有力地促进京沪经济带社会和经济发展；北京至上海将由 2000 年的 14 h 缩短至 5h 左右，全线每年仅因乘客节省旅行时间即可带来数十亿元的社会效益；经济带内人员和物资的交流增强不仅可带来很多就业机会，还为企业发展创造新的机遇，尤其是将强有力地推进京沪经济带内城市化进程。

"十五"期间我国将进入城镇化进程加速发展时期。京沪经济带连接京津唐都市圈和长江三角洲都市圈，辐射面积占国土总面积的 6%，人口占全国总人口的 1/4，国内生产总值占全国的 1/3。经济带内有 200 万人口城市 4 个，100 万～200 万人口城市 4 个，50 万～100 万人口城市 6 个，20 万～50 万人口城市 24 个，平均 34 km 1 个。京沪沿线不仅是我国工农业最发达的地带之一，也是我国最主要的旅游热线之一，每年入境的外国游客一半以上来这条热线旅游。京沪经济带内城市化进程发展很快，1990—1998 年，江苏省由 35% 上升到 58%，山东省城市化率由 42% 上升到 56%，河北省由 24% 上升到 34%，安徽省由 19% 上升到 30%，成为我国城市进程最快的地带。因此，在京沪既有线能力严重不足的情况下，早日建成京沪高速铁路，将缓解铁路运输的巨大的压力，使旅客和货主利益得到大幅度的良性体现，打开制约沿线社会经济发展进程的桎梏，对整个国民经济起到极大的促进作用。

四、《中长期铁路网规划》相关问题的深化研究

自 2002 年开始建设高速铁路以来，经过短短 10 多年的大规模建设，我国已经成为世界上高速铁路营业里程和在建里程规模最大的国家，高速铁路在我国旅客运输中发挥了重要作用。2008 年规划的"四纵四横"高速铁路已经不适应国民经济和社会发展的需要，迫切需要结合运输需求增长趋势对高速铁路规划方案进行优化完善，以指导高速铁路的健康发展。根据国家有关部委的安排，中国铁路经济规划研究院开展了 2030 年中长期铁路网规划研究，高速铁路规划是其重点研究内容。

目前，新一轮中长期铁路网规划已经颁布实施。以下是结合本次中长期铁路网规划研究成果，对中长期高速铁路规划的相关问题的系统总结和思考。

（一）中国高速铁路规划建设回顾

2004 年颁布实施的《中长期铁路网规划》，首次提出了"建立省会城市及大中城市

间的快速客运通道,规划'四纵四横'铁路快速客运通道以及三个城际客运系统。建设客运专线1.2万公里以上"。2008年对《中长期铁路网规划》进行了调整,调整后的高速铁路仍然维持"四纵四横"总体格局,内涵有局部调整,规划规模增加了4 000 km。

自2002年开始建设高速铁路以来,经过短短10多年大规模建设,截止到2015年底,我国高速铁路营业里程已达到1.9万千米,在建规模达1.2万千米。到2019年底,高速铁路运营里程已突破3.5万千米。

总体来说,中长期铁路网规划高速铁路项目已全部建成或开工建设,部分在建高速铁路项目已超出了规划范围。由于发展速度快,原来规划的建设项目前期论证时间短,论证不够充分,导致部分通道线路技术标准偏低,影响了高速铁路市场竞争优势的发挥。随着高速铁路网络规模的持续扩大,且逐步成网,近年来铁路客运量呈现近10%的快速增长。

2015年高速铁路完成的旅客发送量已经达到9.61亿人次,占全国铁路发送量的38%。高效、便捷的高速铁路带动了城市群同城化、一体化,拉近了城市间的时空距离,促进了生产要素和资源的合理流动,催生了高速铁路经济。高速铁路受到人民群众的普遍欢迎,形成了良好的示范效应,地方政府修建高速铁路的积极性高涨。从发达国家的发展经验来看,全社会年人均出行距离与人均GDP呈现正相关关系。与世界主要发达国家相比,我国人均出行距离尚处在较低的水平,随着经济社会的发展,我国旅客运输需求仍然具有巨大的增长空间。能源危机与可持续发展的要求,加上铁路技术的不断进步,高速铁路作为污染少、高效经济的公共交通工具将在我国旅客运输中发挥更加重要的作用。预测2030年前,我国铁路旅客运输需求将保持6%的年均增长速度,而铁路货运量增长缓慢。因此,完善高速铁路网将是我国未来铁路网发展的一项重要任务。

综上所述,结合铁路旅客需求增长趋势,研究高速铁路网布局方案的优化完善问题,是十分必要的,也是2016年版中长期铁路网规划研究的重点内容。

(二)高速铁路网概念的提出

我国铁路提速可分为两个阶段:第一阶段,1997—2007年,我国铁路进行了六次既有线大提速。第二阶段,自2002年开始至今,大规模新建高速铁路。在"十五""十一五""十二五"铁路发展规划中均提出了建设快速客运网的规划设想。2004年版和2008年调整版《中长期铁路网规划》,均采用"建立省会城市及大中城市间的快速客运通道"的提法。在2016年版中长期铁路网研究大纲中,将"客运快速网布局规划"作为10个重点研究专题之一开展研究。当时主要考虑从兼顾交通运输服务公平性的角度,采用目标导向法,研究客运快速网布局规划问题,而通道中具体项目是高速铁路还是快速铁路,需要综合考虑运输需求、有无既有铁路、工程条件等因素后确定。在研究过程中，考虑到目前我国高速铁路规模已经不小，且发展深入民心并得到普遍认同，将铁路网分层修改为高速铁路和普速铁路两层，取消快速铁路这一层，并首次提出了建设现代高速铁路网的概念。在规划高速铁路通道资源中，局部区段已建成或在建 200 km/h 客货共线铁路，旅客运输需求不支撑在规划期再建一条高速铁路的情况下，从投资效益角度考虑规划期利用 200 km/h 客货共线铁路。另外，在区域城市群城际铁路规划中，具有通道作用的城际铁路也纳入高速铁路网的范围。

（三）高速铁路网发展目标的选择

高速铁路网发展目标是高速铁路网规划研究的核心问题之一，发展目标决定高速铁路网的规模和布局方案。研究高速铁路网的发展目标主要从节点覆盖和通道布局两个方面开展。

1. 城市节点覆盖目标

城市是客流产生和集聚的中心，高速铁路网覆盖城市为主要目标。覆盖城市节点的选择，综合考虑城市行政等级、人口和经济规模等因素。根据《中国城市统计年鉴——2014》，截止到 2013 年底，我国共有城市 658 个，其中地级及以上城市 290 个。地级城市中，市区人口 100 万及以上的 132 个城市，市辖区人口占全国比重为 22.6%，而完成的 GDP、全社会客运量和铁路客运量占全国比重分别为 49.4%、76.7%和 73.4%；市辖区人口 50 万及以上的 238 个大中城市，市辖区总人口占全国比重 42.4%，而完成的 GDP、全社会客运量和铁路客运量占全国比重分别为 57.1%、96.7%和 90.9%。因此，本次中长期铁路网规划研究选择人口 50 万及以上的大中城市作为高速铁路网的覆盖目标。根据国家新型城镇化发展战略，城市群是我国未来城镇化发展的主要形态。因此，要充分考虑高速铁路对城市群以及大中城市的有效连通和人口密集区域的最大限度覆盖。

2. 通道布局目标

从全国铁路客运量的构成来看，省间交流量比重为 54%，省内交流量比重为 46%。省间交流量中，相邻省间交流比重达 50%，呈现相邻省间交流量最大，依距离递远递减的特征，再加上通过运量，相邻省间交流量相对较大。随着城际铁路网的发展，省内交流量比重呈现上升趋势。从区域间交流来看，跨区域间交流量比重为 23.4%，区域内部交流量比重为 76.6%。区域间交流量超过 1 000 万人，从大到小排序依次为华东—中南、华北—华东、华北—东北、华北—中南、中南—西南、华东—西南，分别为 5 759 万人、4 141 万人、2 921 万人、2 724 万人、2 073 万人和 1 412 万人，分别占跨区域交流量的

23.3%、16.7%、11.8%、11.0%、8.4%和5.7%，上述合计约占跨区域交流量的76.9%。因此，未来我国应形成主要城市群间、客流集中的区域间多条高速铁路连通，相邻省会间便捷通达、纵横交错的高速铁路网。

综上分析，本次规划研究提出中长期高速铁路网布局的总体目标是：未来我国将形成以国家级中心城市为中心覆盖全国主要城市、以省会城市为支点覆盖周边的高速铁路网。高速铁路网基本覆盖省会城市以及大中城市；区域间、省会城市间形成纵横交错、便捷通达的高速铁路主通道；区域内形成地级城市便捷通达省会和必要的地级城市互通的区域高速铁路网。

（四）高速铁路网的布局思路和方法

影响高速铁路布局的主要因素包括国家战略、城市和人口分布、经济发展水平、旅游景区和既有高速铁路布局等。在系统分析既有高速铁路网络布局的基础上，采用问题和目标双导向以及分层规划的总体思路，对高速铁路布局方案进行优化完善。

1. 总体思路

按照高速铁路网的发展目标，研究提出了高速铁路网布局的总体思路：按照国家区域协调发展战略要求，以国家城镇体系规划和城市群规划为依托，综合考虑城市行政等级和规模、人口分布和经济发展水平，利用相关路网布局理论，分层分类布设，形成高速铁路概念网；结合既有高速快速铁路网布局，综合考虑规划期实现可能性及地区研究方案，对高速铁路概念网进行线位对照、布局优化、专家筛选、通道功能和技术标准匹配分析，从中提炼出高速铁路网规划初步方案。

2. 布局原则

高速铁路网布局应遵循以下原则：

一是高速铁路连接省会和50万以上人口城市，国家级城市群间至少布局两条高速通道，有条件的相邻省会间实现高速铁路便捷连接，区域性高速铁路覆盖省会周边的主要大中城市。在经济发达、人口稠密地区分层布局城际铁路。

二是在保持规划传承性基础上，综合考虑优化和覆盖，高速铁路网在原规划"四纵四横"高速通道基础上适度扩充和扩大内涵，按照国家战略和城市群发展需要重点增加中西部地区高速铁路通道骨架和必要的斜向通道，丰富完善高速铁路网。

三是充分利用既有高速快速铁路，适度新增高速铁路。对覆盖效果显著但存在多方案选择的，以最大限度利用既有高速铁路为原则；在满足覆盖目标条件下，部分路段可能存在共线优化条件的，优化线位布局，提升路网利用效率；对已有快速铁路覆盖城市，在对既有快速铁路能力适应性和通道便捷性分析的基础上，结合网络结构、功能定位、覆盖效果等优化新增高速铁路。

3. 布局方法

高速铁路网布局采用分层叠图的方法顺次展开，各层次节点的选择重点考虑城市行政等级、城市人口分布、城市经济发展水平和城市客运量等对高速铁路布局有关键影响的因素，各层次网络的布设重点考虑区位交通结构、线位重要度以及带状高密度人口城市的有效覆盖等因素。

1）节点选择

城市节点的层次取决于其在政治、经济、社会等方面的功能，对路网连接提出了不同的要求。在国家城镇体系规划中，国家级中心城市是城镇体系中最高层级的城市，在全国具有引领、辐射和集散功能，应纳入到第一层级节点；省会城市作为区域中心城市，应纳入到第二层级节点；省辖地级城市（考虑全国大中城市几乎都是地级城市，不再单列）具有建设高速铁路的必要条件，可纳入到第三层级节点。另外，个别人口密度相对较大且呈带状连续分布的城市以及国家 5A 级旅游景区城市也具有纳入高速铁路网节点的可能。

2）网络布设

根据节点层次，高速铁路网布局规划采用逐层展开、分层叠图的方法，各层次网络的布设以区位交通理论、线位重要度和最优树布设理论为依据，按照自上而下便捷连通的原则，力求网络的全覆盖性和通达性。

4. 高速铁路概念网的生成

高速铁路概念网是基于高速铁路形成机理而形成的节点连接航空线网。根据前述各层次节点选择，高速铁路概念网可分为四个层级来分层布设叠图：第一层级为国家中心城市间相互连接；第二层级为国家中心城市向周边省会城市辐射连接；第三层级为以省会城市为中心向省辖地级城市辐射连接；第四层级为带状高密度人口城市以及国家 5A 级旅游城市的连接。在以上四层级的基础上，按照国家级城市群向区域性、地区性城市群辐射及有效串联补充概念网；最后结合既有网布局和各省市区规划将概念网进行实线化。

（五）高速铁路网布局的优化和完善

1. 布局优化方法

高速铁路网布局优化主要遵循以下原则和方法：一是以既有高速快速网布局为基础对新增线路进行优化，重点考虑既有通道的分流和补强、新增通道扩大网络覆盖和区域高速网的补充；二是符合国家战略要求、国家战略发展相关纲要或指导意见中明确的高速铁路项目纳入中长期规划；三是已开展前期研究且共识度较高的项目，国家、中国铁路总公司、地方政府和企业主推并承诺有资金支持的项目，在路网中具有通道作用、对路网优化完善具有重要意义的项目，有助于提高路网整体效益、项目覆盖带状人口密集地区、方案比选优势较大的项目纳入中长期规划；四是工程条件复杂、经济效益差、实施可能性不大或有较好替代方案的项目以及重要度较差的项目予以剔除；五是对区域性高速铁路进行协调性分析，将工程难度大、存在少量货运需求的铁路调整为快速铁路；六是已纳入区域城际铁路网规划的城际铁路项目，原则上不在高速网中重复出现。

2. 高速铁路网的优化完善

高速铁路网优化完善主要从既有通道分流和补强、新增通道扩大覆盖以及区域高速快速网补充三个方面展开。

1) 既有通道的分流和补强

既有通道的分流。从近年来已建成高速铁路的运营情况看，京沪、京广通道未来有可能出现能力紧张情况，有必要构建新的高速通道进行分流。在充分利用既有、在建高速快速铁路的基础上，通过适度规划新增高速铁路，东西两侧形成新的通道，对京沪、京广通道进行分流。

既有通道的补强。通过利用在建项目和适度新增规划项目，形成高标准沿江新通道；沿海通道向北延伸到丹东，向南延伸到北海、防城；陆桥通道向东延伸至连云港。

2) 新增通道扩大覆盖

按照高速铁路的覆盖目标，通过充分利用已建成或在建高速快速铁路，适度规划新增有客流支撑的高速铁路，新增加京九、呼和浩特至南宁、北京至兰州、包头（银川）至海口（三亚）、北京至西安至昆明、重庆至厦门、兰州（西宁）至广州等高速通道。

3) 区域高速快速铁路补充

在实现跨区域通道分流补强和扩大覆盖的基础上，在各区域内补充区域高速铁路，进一步扩大高速铁路网的覆盖面。以城际铁路为基础，构建以省会城市为中心，东中部地区连接区域内地级城市，西部地区连接周边地级城市的区域高速铁路网。为方便运输组织，适当修建联络线，增加高速铁路网的机动灵活性。规划建设盘锦至朝阳、宜昌至郑万高铁、小碧经清镇至白云至龙里等联络线，沟通京沈与秦沈高铁、沿江与郑万高铁间的便捷联系等。

2016年版《中长期铁路网规划》研究历时约一年半，无论从研究的广度、深度，还是研究方法创新上均优于以前的规划，也取得了较好的效果。

目前,《中长期铁路网规划》已经颁布实施,对于指导我国高速铁路科学有序发展具有重要意义。在规划实施过程中,既要保持规划的权威性,以规划为依据,同时也要深化项目前期研究,选择合理的建设时机、技术标准和实施方案,才能真正实现铁路科学和可持续发展。

需要指出的是,国家高速铁路规划方案的编制是依据当时的国情和路况以及国家科技水平、社会发展阶段为基础,经过许多部门专家长期深化研究的成果体现,而且该规划方案需要长期不断升华、不断补充完善。

第六章

中国高速铁路规划与建设经验成果概览

如前所述，我国高速铁路规划与建设是从既有铁路提速开始的。20世纪90年代，铁路面临着与高速公路和航空运输的竞争，为了大量吸引客流，铁路提速势在必行。我国于1991年开始对广深铁路进行技术改造，于1994年12月建成。该铁路设计速度目标值为客车时速160~200 km，货车100~120 km，为双线电气化铁路，客货共线，最小曲线半径为1 400 m，最大限制坡度8‰。修建广深准高速铁路是在我国铁路发展快速运输迈出的第一步，为中国高速铁路建设积累了经验。广深准高速铁路建成投入运营后，经不断配套完善，又从瑞典引进X2000摆式列车，客车的实际运行时速已超过200 km。同时也为研究筹建京沪高速铁路打下了基础。

自1997年4月1日以来，中国已经进行了6次既有铁路大面积提速调图。在线路基础设施改善、技术装备进步和客货服务质量提高等方面取得了明显成效，特别是第5次大面积提速调图，大幅度增加和利用时速160 km提速线路资源，进一步提高了固定设备质量和移动设备技术水平，积累了丰富的技术管理和运输组织经验，为中国铁路第6次向既有线时速200 km的提速目标平稳迈进打下了坚实的基础。对既有线进行必要的改造，提速到时速200 km，是世界上发达国家铁路的普遍做法，有成功的经验可以借鉴。从中国铁路来看，与国际标准接轨，2007年既有线列车时速提高到200 km，实践证明，在技术上是可行的，在经济上也是合理的。部分既有干线提速目标达到时速250 km，与未来客运专线、城际铁路等结合起来，将形成中国铁路快速客运网络。

中国铁路发展快速和高速运输主要采用以下几种方式：

(1) 对既有铁路研究改造措施，发挥原有线路能力，在不进行大的土建工程的条件下，提高行车速度。

(2) 对路网中的繁忙区段进行重大改造提高速度，适合客货共运。

(3) 选定路网中客运量大的干线路段，修建客运专线。

中国铁路运输能力十分紧张,负担过重。高速铁路的建设,必须考虑到国情、路情,要与扩能结合起来,通过合理组织客流、车流,充分发挥新建高速线与既有线的作用;根据技术先进、适用和经济合理的原则,确定速度目标值。不能为高速而高速,而要把提高速度与增加运能,节省旅行时间,方便旅客,适应运营模式,确保安全,有利环保,降低能耗,节约投资和运营费用,提高效益,缩小与先进国家的差距等因素结合起来,经过综合论证后确定。

运输繁忙的大通道,是建设高速铁路的首选场所。为缓解大通道运能紧张状况,修建高速铁路是有效途径。特别是连接大经济区、大城市的主要干线,尤能发挥高速铁路的优势。发展高速铁路的宏伟蓝图,已遍及欧洲、亚洲、北美和澳大利亚。可以说,高速铁路代表了世界铁路现代化发展的大趋势。

自20世纪90年代以来,中国一直密切跟踪世界高速铁路技术的发展,研究并制定了中长期铁路网规划。

中国高速铁路发展之路可以用四句话来概括,即:做出重大决策、编制发展规划、探索创新模式、强化工程管理。

一、做出重大决策

从1990年铁道部提出京沪高速铁路线路方案构想,到2008年1月京沪高速铁路开工建设,历时整整17年,经历了反复论证,最终将发展高速铁路确定为国家战略。其间经历了以下三大研究阶段,开展了三大问题的争论,探索了三大工程实践。

(一)三大研究阶段

1. 工程技术研究阶段(1990年至2002年)

继续跟踪世界高速铁路技术,开展高速铁路基础性技术研究。1993年由国家科委、计委、经贸委、体改委和铁道部(简称"四委一部")共同组织完成了《京沪高速铁路重大技术经济问题前期研究》。1998年后,高速技术体系论证又重点转向了高速轮轨技术体系、高速磁浮技术体系的研究论证。

2. 重大技术突破阶段(2003年至2007年)

(1)通过广泛开展国际工程咨询(特别是针对三个高铁技术原创国日本、德国、法国的国际高速铁路技术工程咨询),研制得出了《京沪高速铁路设计暂行规定》,确定了京沪高速铁路设计方案。

(2)通过1997年到2007年的中国铁路既有线6 000 km大提速规划与实践,掌握并建立了速度 200 km/h 的成套铁路技术体系（固定设施技术规范、技术标准、运营养护管理办法、机车车辆、牵引供电、通信信号等移动设备技术规范、技术标准等）。

（3）通过系统性研究，编制高速铁路工程技术规范，研究形成中国高铁技术体系，包括系统集成技术、工程建造技术、高速列车技术、列车控制技术、客站建造技术、运营维护技术等。实现高铁目标，高速铁路系统规划设计尤为重要，它是高速铁路建设项目的龙头和灵魂。

我国在构建高速铁路技术体系时，重点参考了两个典型实例的经验与教训：一是德国科隆—法兰克福高速铁路系统规划与建设经验；二是中国大秦客运专线规划与建设实践经验。

1）科隆至法兰克福高速铁路系统设计启示

20 世纪 70 年代初期，德国计划在最大居民区和经济区莱茵/鲁尔—莱茵/美因间修建新线，以减轻沿莱茵河两岸运输负荷已饱和的两条双线铁路的运输压力。

预可研新线客货列车共线运行，客车速度 300 km/h；货运产品是运载卡车的快速驼背运输、固定编组、200 km/h 的直达货物列车。为此，线路最大坡度由开始的 18‰ 减小为 12.5‰，牵引质量由 1 200 t 提高到 2 500 t。

70 年代中期，情况发生变化，德国开始研究科隆—法兰克福之间的选线方案，并研究莱茵/美因机场连接线（该线在交通政策方面得到很高评价）。

到 80 年代中期，德国制定交通线路发展规划时，重新确认这条新线：原则上定为客运专线，线路走向紧靠 A3 号高速公路，设置去机场的连接线及连接威斯巴登和法兰克福铁路总站，速度 250 km/h，最大坡度 25‰，最小曲线半径 3 250 m。

80 年代末期，为响应欧经委高铁定义并适应竞争需要，加大选线灵活性，德国确定该线速度 300 km/h，最大坡度 40‰，与 80 年代中期方案相比，约节省工程投资 10%（按 2002 年价计）。

采用陡坡线路，要求列车具有较大起动力，当一个动力转向架发生故障时，列车仍必须以最大的功率起动，达到牵引电机冷却装置容许的最大速度；要求精确分析在制动过程中有关设备的发热和冷却情况，把制动力自动分配到各制动系统。通过反复研究，20 世纪 90 年代中期找到了线路-列车匹配的解决方案，即采用动力分散式动车组 ICE_3 型列车。这就是研发、设计、制造 ICE_3 型速度 330 km/h 列车的依据。

采用陡坡线路，科隆—法兰克福高速铁路系统设计取得显著成果，大坡度和新线全部采用无砟轨道，采用单电流制和多电流制结构的 ICE_3 列车，尽管没有装备 ETCS 系统，但考虑了互联互通技术标准中若干重要因素。

系统设计结合了穿越德国中部山脉的地形、地貌、地质条件，妥善处理了需求关系、轮轨关系、车控关系、弓网关系、互通关系，实现了运营目标，总体上展示了高速铁路的当时水平。

2）中国第一条客专——秦沈客运专线系统设计的启示

该线南起秦皇岛起，经绥中、兴城、锦州、北宁、新民，北至沈阳，全长 405 km，共设 13 座车站，设计速度 250 km/h，列车最高运营速度 210 km/h。1999 年 8 月 16 日全线开工建设，2002 年 6 月 16 日完成全线铺轨，2003 年 10 月 11 日竣工运营，2006 年 12 月 31 日并入京哈铁路。该线的轨道类型为有砟轨道、无砟轨道（部分）、无缝钢轨；正线间距为 4.6 m；最小曲线半径为 3 000 m（困难地段）、3 500 m（一般地段）；最大坡度为一般 9‰，特殊 12‰；牵引质量为 860 t；闭塞类型为自动闭塞；信号系统为 GSM-R（无线通信）、CTCS-2（调度指挥）、综合调度集中。车辆设备：2003 年至 2006 年期间，秦沈客运专线主要使用韶山 9 型电力机车和"中华之星"电动车组；现阶段主要运行和谐型系列电力机车以及和谐号电力动车组。

在秦沈客运专线建设过程中，铁道部成立了科技领导小组，对 24 项路基、桥梁、跨区间无缝线路和"四电"工程科研课题进行科技攻关并取得突破，主要技术创新有：

A. 路基基床表层首次采用了增设一层 0.6 m 级配碎石，路桥过渡段采用级配碎石填筑；软土路基和松散土路基采用了排水固结法和粉喷桩等处理措施，严格控制路基工后沉降；采用高于普通铁路的路基填筑压实标准和施工工艺并研制使用新的路基质量检测装置。

B. 轨道结构首次新线一次铺设跨区间 60 kg/m 钢轨无缝线路和 38 号道岔，部分特大桥采用无砟轨道。

C. 行车指挥实现调度集中，信号采用列控、联锁一体化设备，区间不设地面通过信号机，以车载信号为行车凭证；全线设置数字调度通信、数话兼容无线列调和集中监测监控系统，首次采用双径路光缆，组成具有自愈保护功能的光传输、800 MHz 的 TETRA 数字集群公务移动通信系统和区间光纤射频直放技术。

D. 建立具有全程联网、信息共享和全线集中视频监控、集中广播功能的先进客运管理信息系统。

E. 电气化工程采用单工频交流制、直供带回流线供电方式，全线按远动化设计，实现遥控、遥测、遥信和遥视自动化功能；采用牵引变电所远程安全监控装置，具有联锁和闭塞功能的列车运行安全防护系统。

该线全面探索和积累了高速客运专线的修建技术和经验。

2003 年 8 月秦沈客运专线正式运营。实践证明，其系统设计取得重大成果，达到了国家要求的建设目标；同时，也给我们高速铁路系统设计若干启示。

A. 客专如何满足旅客舒适度要更多考虑。最小坡段长≥400 m，设计时为节省土石方工程，短坡、碎坡取得较多，列车达速运行过程中上下起伏频繁，乘客舒适度不理想；个别缓和曲线长度的取值、竖曲线和圆曲线重叠等问题，影响运行平稳性。

B. 客专如何充分考虑旅客乘车安全、方便，尤其残疾旅客便捷上下车，节省站停时间。由于列车类型未定，车厢中间开门的双层客车下层车底板高度为 347 mm，25 型单层客车车底板高度为 1 293 mm，国产动车组车底板高度为 1 210~1 345 mm，难于做到站台高度与客车底板高度基本一致，不得不设为 500 mm。

C. 路基标准、基底填料、沉降、观测、防冻、排水等问题必须得到足够重视，客专对路基工后沉降要求高，尤其要改变先修桥隧后填路基的传统习惯，使路基有合理沉降压密时间，即置放期。

D. 桥涵设计应进一步重视改善耐久性，适应现场制梁或桥位制梁，桥梁结构形式应深入进行技术经济比选，并有利于检查与养护维修。

E. 每站设 4 组 38 号大号码道岔，侧向开通机会少，建设投资多，运营养护维修量大，成本高。

F. 采用双红灯防护方案，在一定程度上影响了股道有效长度和行车间隔。

G. 多专业、系统化综合工程实施中，常发生桥梁与路基、桥梁与轨道、站场与信号、站场与轨道、路基与排水、通信与运调及旅服、信号与信息化的接口界面不明，甚至设计参数的测定和提出也相互推诿，验收中发现问题各有托词的现象，这是专业接口和系统设计尤其要注意的。

3）高速铁路系统设计总体原则

A. 符合安全适用、技术先进、经济合理要求。考虑设备兼容性，具备本线和跨线客车共线运行、正线双方向行车的运输组织条件。即应充分发挥新建线路骨干作用和既有线路网络作用，扩大服务范围，使高速、提速的成果惠及广大城镇百姓。中国铁路新线、既有线、枢纽是一张完整的路网，高速、快速客运必须覆盖更大的地区和更多的人口。

B. 线路基础设施和不易改建建筑物和设备，应适应长远发展要求；对易改建的建筑物和设备，宜按近期运量和运输性质设计，预留发展条件。

C. 最小曲线半径、最大坡度、到发线有效长度、动车组类型、列车运行控制方式、运输调度方式、追踪列车最小间隔时间，须根据行车速度、沿线地形地质条件、输送能力和用户需求等，以及经济技术比选后确定。

D. 车站位置根据沿线城市的经济、客运量、铁路运输组织、通过能力和技术作业需要，结合工程条件等综合研究确定。车站的布局、规模，根据铁路技术政策，结合城市规划等统筹考虑。

E. 选线设计宜避开高填、深挖和长路堑等路基工程,并绕避不良地质条件地段。无法避开时,采用桥涵通过或选用其他适宜的工程措施处置。

F. 路基、桥涵、隧道、轨道等各类结构物的设计要满足强度、刚度、稳定性、耐久性要求,并加强各结构物的协调和统一,使车、线、桥(或路基、隧道)的组合具有良好的动力特性,严格控制结构物的变形及工后沉降。

G. 认真执行国家节约能源、节约用水、节约材料、节约用地等有关方针政策,因地制宜地利用太阳能、风能、地热能等可再生能源,提高能源、资源的利用效率,减少污染。

H. 坚持科学用地、合理用地、统一规划的原则,在满足运输生产和安全防护要求的基础上,节约用地,少占耕地。

I. 重视保护生态环境、自然景观和人文景观;重视水土保持,生态环境敏感区、湿地的保护和防灾减灾及污染防治工作。选线、选址宜绕避自然保护区、风景名胜区、饮用水源保护区、国家重点文物保护单位等环境敏感区;通过城市或居民集中地区时,应采用适宜的速度值或降噪减振措施,满足国家环保标准和要求。路基边坡宜采用绿色植物与工程相结合的防护措施,兼顾美观与环保、水保、节约土地等要求。

J. 加强对桥、隧和路基上电缆槽、接触网、声屏障、综合接地线、通信、信号电缆过轨等设备的系统设计,充分考虑综合利用设施。

K. 按全封闭、全立交设计。设置防灾安全监控系统,根据需要对自然灾害和异物侵限等进行监测。

L. 统筹运作、详细研究、科学论证工务工程、牵引供电、通信信号、信息系统、电动车组、运用维修各子系统的协调配合及系统优化和集成,实现高速度、高密度、高安全性。

3. 实现跨越发展阶段(2008年至今)

一批 200~250 km/h 及 300~350 km/h 的高速铁路开通运营;2010 年 10 月 26 日沪杭高铁最高试验速度达 416.6 km/h;2010 年 12 月 3 日京沪高铁最高试验速度达到 486.1 km/h。

(二)三大问题的争论

1. 要不要修建高速铁路的争论

有些专家不赞成修建京沪高速铁路。其理由为:京沪铁路技术改造潜力很大,不需要修建京沪高速铁路;高速铁路不符合中国国情,中国经济不发达,人均 GDP 远未到 1 000 美元,人们消费水平低。

经过反复论证，最终确认了京沪高速铁路修建的必要性、技术可行性、经济合理性、资金筹措可能性。

2. 轮轨技术与磁浮技术之争——是否采用轮轨技术的问题

有中科院院士致函国务院领导，认为不应采用轮轨技术。认为磁浮高速技术有许多优点，如：

(1) 速度快，日本 MLX 系列 500 km/h、德国 TR 系列 430 km/h。
(2) 易转弯、能爬坡、曲线半径较小、纵坡可达 10%、选线很有利。
(3) 灵活适应地形、减少工程量、噪声小、无轮轨间摩擦。
(4) 安全舒适。

主要缺点为：

(1) 德国、日本均未投入商业运行。
(2) 磁浮技术体系造价高。
(3) 与现有交通兼容性差，形成网络需要很长时间。

经多次论证，决定采用轮轨高速技术。

3. 是否引进动车组技术的争论

有些专家不赞成引进动车组技术，认为应支持民族工业，完善提高"中华牌"。

国务院研究作重大决策：同意引进动车组技术，通过引进掌握 200 km/h 及以上动车组生产核心技术兼顾开发 300 km/h 动车组。

（三）三大工程实践

1. 广州到深圳准高速铁路的规划与建设实践

广州到深圳准高速铁路全长 147 km，1992 年 9 月批复铁路技改可研报告，1994 年 12 月 23 日开通运营，速度 160 km/h，开创了我国铁路大幅度提速的先河，取得了良好经济效益和社会效益。

2. 中国铁路既有线六次大提速战略的实施

1997 年至 2007 年先后开展中国铁路六次既有线改造提速规划与建设实践。主要干线最高运行速度从 120 km/h 提高到 140 km/h、160 km/h、200 km/h，部分区段达 250 km/h。运营速度达到 120 km/h 的提速线路总里程达 2.2 万千米，大量采用新技术、新设备，开行夕发朝至、朝发夕至旅客列车，"五定"货运列车，取得了良好经济效益和社会效益。

3. 秦沈客运专线规划与建设实践

秦沈客运专线全长 404.6 km，项目建议书设计速度 160 km/h，可研批复：设计速度线上为 160~200 km/h，线下为 250 km/h。如前所述，秦沈客运专在铁路工程技术跨上一个新的台阶，一是设计施工新标准，二是关键技术有新的突破，三是工程管理上升到了一个新水平。该线首次采用客货分线运输组织新模式，以形成大能力客运通道。

二、编制发展规划

（一）发展规划研究

1999—2000 年在研究编制"十五"规划时，制定了 2020 年铁路网规划并报国务院批准，这是我国第一个中长期铁路网规划。确定的战略目标是扩大路网规模、完善路网结构、提高路网质量；确立战略方向为客运高速化、货运重载化、管理信息化。研究明确了高速铁路规划与建设的意义：适应国家经济社会发展需要，运能紧张的繁忙干线实现客货分线，经济发达人口稠密地区修建城际铁路，加强区域之间便捷客运通道建设，在综合运输中发挥骨干作用。规划研究确立了路网性客运中心（北京、上海、广州、武汉、成都、西安）、区域性客运中心（100 万人以上的城市和省会城市）为路网主要连接点。2004 年颁布实施了《中长期铁路网规划》；为适应铁路大发展形势的需要，2008 年又对规划进行了适当调整。

（二）发展规划的特点

（1）建设规模大、标准高。按路网布局法计算采用实际铺画法检验。新建干线高速铁路建设规模为 1.2 万千米以上；规划建设的六大城际铁路 7 000 km 左右；规划新建长大干线高速铁路 350 km/h，部分以客运为主兼顾货运的铁路干线 200~250 km/h。这是至今为止，世界上绝无仅有的铁路发展规划。

（2）突出"四纵四横"大通道。

（3）加强区域间联系。在"四纵四横"基础上进一步扩大高速铁路覆盖范围以促进区域协调发展。

（4）建设城际铁路。规划提出在经济发达和人口稠密地区，如环渤海地区、长江三角洲、珠江三角洲、长株潭关中等城市群建设城际铁路。

（5）构建综合交通枢纽。规划提出新建和改造铁路客运站，与地铁、公共汽车、民航等交通无缝衔接成为现代化综合交通枢纽。

（三）发展规划的实施

"十一五"期间完成新建客运专线 4 322 km，2016 年全国铁路营业里程达 12 万千米。

我国投入运营的高速铁路营业里程 2010 年达到 7 431 km，2016 年底达 2.0 万千米，居世界第一位。我国高速列车最高运行时速达 416.6 km；一个长编组的列车可以运送 1 000多人，运输能力强大；高速列车可以适应环境全天候运行，节能环保，非常适应节能减排的要求。

我国高速铁路主要发展历程为：

1. 自我探索与技术积累阶段（改革开放后—2003 年）

1998 年 6 月，韶山 8 型电力机车于京广铁路的区段试验中达到了 240 km/h 的速度，创下了当时的"中国铁路第一速"，是为中国第一种预备型高速铁路机车。

中国铁路高速化的过渡始于 1999 年兴建的秦沈客运专线，该线全长 404 km，2003 年开通运营。秦沈客运专线是中国铁路第一条客运专线，是中国铁路步入高速化的起点、中国铁路里程碑式的建设线路，也是我国"八纵八横"高速铁路网的重要组成部分。

2002 年，我国自主研制的"中华之星"电动车组在秦沈客运专线创造了当时"中国铁路第一速"——时速达 321.5 km。

2004 年，中国在广深铁路首次开行时速达 160 km 的国产快速旅客列车。广深铁路被誉为中国高速铁路的"试验田"。

2. 国外技术引进和消化吸收阶段（2004—2007 年）

我国从 1997 年至 2007 年实施既有铁路大提速战略，连续实施了 6 次铁路大提速，旅客列车从时速 120 km 提到时速 200～250 km。

2004 年至 2005 年，中国南车青岛四方、中国北车长客股份和唐车公司，先后从加拿大庞巴迪、日本川崎重工、法国阿尔斯通和德国西门子引进技术，联合设计生产高速动车组。

自 2004 年第四次中国铁路大提速起的快速铁路建设引进加创新，攻克了九大核心技术，探索了高铁条件。

2007 年 4 月 18 日，全国铁路实施第六次大提速和新的列车运行图，快速铁路达 6 003 km，采用和谐号 CRH 动车组。繁忙干线提速区段达到时速 200～250 km。这是世界铁路既有线提速最高值。

3. 自主创新快速发展阶段（2008 年以后）

2008 年 2 月 26 日，中国铁道部和科技部签署计划，共同研发运营时速 380 km 的新一代和谐号高速列车。

2008 年 8 月 1 日，中国第一条具有完全自主知识产权、世界水平的时速 350 km 高速铁路京津城际铁路通车运营。

2009年12月26日，世界上一次建成里程最长、工程类型最复杂，时速350 km的武广高速铁路开通运营。

2010年2月6日，世界首条修建在湿陷性黄土地区，时速350 km的郑西高速铁路开通运营。

2010年7月1日，沪宁城际铁路开通运营，时速300 km。

2010年9月28日，沪杭高速铁路从杭州到上海虹桥试运行途中，最高时速达416.6 km，再次刷新世界铁路运营试验最高速度。

2010年12月3日，国产和谐号CRH380A高速动车组跑出了时速486.1 km的最高速度。

2011年6月30日，京沪高速铁路正式开通运营，时速350 km，标志着中国自主创新的高速铁路技术得到成功应用。

2014年10月22日，完全自主化的中国北车CRH_5型动车组列车网络控制系统（"高铁之脑"）通过中国铁路总公司组织的技术评审，获准批量装车，成为国内首个获准批量装车运行的动车组列车网络控制系统。

2014年，我国颁布了《高速铁路设计规范》、《城际铁路设计规范》等55项铁路技术标准，主持了10项国际铁路联盟、9项国际电工委员会铁路国际标准的制定工作，已成为国际高铁行业标准制定的重要参与者。

2015年6月30日，中国标准动车组正式下线，时速350 km，具有完全自主知识产权。2015年11月18日，中国标准动车组在大西客运专线上试验时速达385 km，各项技术性能表现优异，取得重要阶段性成果。标准动车组的下线和试验，为我国高铁技术全面自主化、标准化打下坚实基础，标志着中国高速列车进入了正向研发时代。

2016年7月15日，代表着中国标准动车组试验任务的最高最新成果，一列中国标准动车组列车开始全新"试跑"。这是由我国自行设计研制、全面拥有自主知识产权的中国标准动车组，两辆动车组以时速420 km在郑徐高铁河南省商丘市民权县境内交会，新的动车交汇速度世界纪录就此诞生。

2016年7月，国家发展改革委、交通运输部、中国铁路总公司联合发布了《中长期铁路网规划》，勾画了新时期"八纵八横"高速铁路网的宏大蓝图。

2016年10月21日，中国中车正式启动时速600 km高速磁浮、时速400 km可变轨距高速列车、时速200 km中速磁浮以及轨道交通系统安全保障技术研发项目。

2019年5月23日，时速600 km高速磁浮试验样车在青岛轨道交通产业示范区下线。

2019年12月30日，京张高铁开通运营。这是中国第一条采用自主研发的北斗卫星导航系统、设计时速350 km的智能化高速铁路，也是世界上第一条最高设计时速350 km的高寒、大风沙高速铁路。从车辆检修到轨道检修无不体现着智能化，试点刷脸进站。

2020年6月21日，时速600 km高速磁浮工程化样车在上海同济大学磁浮试验线上成功试跑，标志着我国在高速磁浮技术领域实现重大新突破。

2020年10月31日，时速400 km可变轨距高速动车组正式下线，运行平稳，可以在全球90%铁路网上实现互联互通。这标志着我国高速列车领域实现了从跟随、并跑到领跑的跨越。

2021年1月13日上午，采用西南交通大学原创技术的世界首条高温超导高速磁浮工程化样车及试验线在四川成都正式启用，这标志着高温超导高速磁浮工程化研究实现了从无到有的突破，具备了工程化试验示范条件。该技术拟首先在大气环境下实现工程化，预期运行速度目标值大于600 km/h，可望创造在大气环境下陆地交通的速度新纪录。下一步计划结合未来真空管道技术，开发填补陆地交通和航空交通速度空白的综合交通系统，将为远期向1 000 km/h以上速度值的突破奠定基础，从而构建陆地交通运输的全新模式，引发轨道交通发展的前瞻性、颠覆性变革。

可见，中国高铁经历了整车进口、合作生产、零部件国产化、系统集成取得整车知识产权四个阶段的发展，形成了现今的高铁技术体系。高铁肇始于日本、发展于欧洲、格局大变于中国。而实现自主知识产权、贯通中国只是第一步，中国的目标是要通过铁路，联通世界，把世界连接成为一个紧密的整体。

比如，由中国铁道建筑总公司和中国机械进出口（集团）有限公司牵头组成的合包集团，成功中标土耳其安伊高铁（连接土耳其首都安卡拉和土耳其最大城市伊斯坦布尔的高速铁路）二期主要路段。这是中国企业在境外组织承揽实施的第一个电气化高速铁路项目，对推动中国高铁"走出去"具有重要战略意义。

再如通过俄罗斯进入欧洲的欧亚高铁；从乌鲁木齐出发，经过中亚最终到达德国的中亚线；还有从昆明出发，连接东南亚国家，一直抵达新加坡的泛亚铁路网；这些都是中国高铁"走出去"的里程碑工程。

2014年6月24日，中国与欧洲国家马其顿签署了出售6列高速列车的协议，这是中国高速列车首次出口到欧洲。同年7月25日，土耳其安伊高铁二期工程通车，这是中国在海外参与修建的首条高铁线路。

如今，中国高铁终于实现由"追赶者"到"引领者"的角色转换，成为了中华民族伟大复兴的"加速器"、中国新的"外交名片"和"形象代表"。

三、探索创新模式

中国高速铁路技术体系的研究探索，归纳为高铁技术创新指导思想、高铁技术创新模式、高铁技术创新成果等方面。具体见第四章第四点。

四、强化工程管理

我国高铁强化工程管理的措施主要包括：规范建设程序和管理主体、优化项目决策和工程设计、实施动态管理和有效控制等。

（一）规范建设程序和管理主体

铁道部负责组织项目立项决策研究、勘察设计和竣工验收。

项目法人负责组织项目建设和运营，资本金不低于总概算 50%，其余资金包括：直接融资（如发行铁路债券）、间接融资（如银行贷款），推行"小业主、大咨询"工程项目管理模式。来源稳定的铁路建设基金（每年 600 多亿元）是偿付本息的根本保证，铁路的战略重要性、运输增长性及政府政策支持，具有较好偿债能力。中诚信国际信用评级有限责任公司评定中国铁路总公司主体信用等级 AAA。如图 6.1 所示。

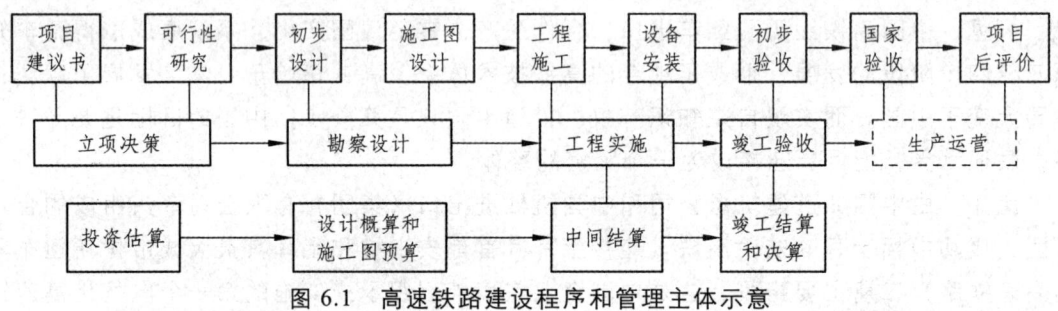

图 6.1 高速铁路建设程序和管理主体示意

（二）优化项目决策和工程设计

（1）项目决策依据为：铁路发展规划、项目建议书、可行性研究报告。

（2）工程设计包括：初步设计、施工图设计（或扩大初步设计），特殊工程增加技术设计。

建设单位委托咨询单位完成施工图审查。

（三）实施动态管理和有效控制

1. 确立目标管理体系

建设管理模式主要采用 DBB（设计—招标—施工建造）、EPC（设计—采购—施工建造）、Partnering（伙伴合作）模式。其中大量采用 EPC 模式。

项目总目标（五大控制）包括工程质量、环境保护、职业健康安全、工期、投资等目标。

2. 建立支撑保障体系

支持保障体系主要包括合同管理、风险管理、资源管理、技术创新管理、信息管理、文化管理等，还包括 GIS 技术、BIM 技术的推广使用。

3. 推行标准化管理

标准化管理主要包括管理制度标准化、人员配备标准化、现场管理标准化、过程控制标准化等方面。

4. 严格竣工验收和安全评估

竣工验收包括：初步验收（由铁道部组织，正式验收是运营一年以上由国家有关部门组织）、静态验收（要求文件完整性、准确性，实体质量和环境影响等符合验收标准）、动态验收（对各专业系统进行常规检测，对特别重要的设备进行专项检测）、高速列车运行验收（包括安全评估）。

五、中国高速铁路技术创新成果及其推广

从 2008 年以来，随着时速 300 km 以上的京津城际、武广、郑西、京武、京沪、哈大、沪杭、沪宁城际、兰新，以及时速 250 km 的石太、胶济、合宁、合武及东南沿海高铁等一大批高速铁路的开通运营，我国高速铁路科技创新的成果得到了集中展示。

（1）京津城际铁路：最高运营时速 350 km，最高试验速度为 394.3 km/h，采用大容量、高密度公交化的运输组织模式，大量开行动车组列车，全程直达运行时间 30 min，列车最小行车间隔 3 min。运营速度达世界第一，节能环保、运输能力、综合舒适度等方面处于世界领先。

（2）武广高速铁路全长 1 068.6 km，其中路基 323 km、桥梁 684 座 468 km、隧道 226 座 177 km，桥隧比 66.7%。武广高速铁路桥梁和隧道技术创造多项世界第一，动车组、列控、节能环保技术均处于世界一流水平，运输组织世界最优。

（3）郑西高速铁路穿越豫西山地和渭河冲积平原，南倚秦岭，北临黄河，沿线 80% 区段为黄土覆盖，桥梁和隧道长度占全长的 59.75%，湿陷性黄土地区施工是高速铁路建设的技术难题。

（4）京沪高速铁路全长 1 318 km，设计速度为 300 km/h，2011 年 6 月 30 日通车，北京到上海最快只需 4 h 48 min，温家宝总理主持通车典礼。2010 年 12 月 3 日，在京沪高铁试运营试验中，国产"和谐号"CRH380A 高速动车组最高运行时速达到 486.1 km，中国高铁再次刷新世界铁路试验最高速的纪录。

(一)中国高速铁路创新模式独一无二

高铁研发是一场中国科技体制创新革命,把世界高铁发展水平提升到了新高度。作为后来者,中国高铁在引进、消化、吸收再创新的基础上,创造了一套自主创新的"高铁模式"。

引进新技术,指头变拳头。铁道部将全国铁路市场集中统一,作为技术引进的谈判砝码。面对诱人的蛋糕,最先进的道岔技术、最优质的无砟轨道技术、最稳定的高速列车技术⋯⋯纷纷以最高的性价比涌向中国谈判者,既避免了企业分散谈判而相互抬价、恶性竞争,又保证了引进的是占据产业制高点的关键技术。

学习再创新,闭门变开门。技术引进后,科技部与铁道部整合了全国的科技资源,打破了部门、行业、院校、企业的体制壁垒,打造了战略性产业的公共创新平台,充分调动各方积极性,既降低了创新的风险与成本,又加快了成果转化效率,使从基础研发到产业化生产的时间缩短为原来的十几分之一。

把国家战略的号召力,与知识分子的报国之心与兴趣点结合起来,把分散在全国的设备、资金、人才集中整合,汇集于中国高铁的自主创新。这超越了传统"铁老大"的能力范围,却实现了以最低的成本杀出一条自主创新的血路的目标。高铁的创新是举国力量办大事,这使中国用 5 年走完了其他发达国家三四十年的研发之路。这是一场高铁的技术革命,更是一场中国科技体制创新的革命。

技术再升级,追赶变引领。中国高铁不仅将核心技术学到手、用到位,而且还不断自我超越,根据中国国情、路情,不断填补高铁技术空白,将高铁理论与技术发展到新的高度。正是在这种创新精神的鞭策下,我国拥有了众多的"世界之最""世界第一"。

目前,中国高铁不仅在关键技术领域取得了一系列重大创新成果,还建立了具有自主知识产权、世界一流水平的中国高铁技术体系。2003 年以来,我国已申请高速铁路相关专利共计 1 902 项,其中已经授权 1 421 项,正在受理中 481 项。

中国高铁的巨大成功吸引了世界的目光。近年来,其他国家元首、政要和代表团考察中国高速铁路超过 100 次,对中国铁路现代化建设成就给予高度评价,不少国家向中国表达了合作的意愿。

我国高铁丰富和发展了世界高铁理论与实践,把世界高铁发展水平提升到新的高度,把世界高铁运行品质提升到新的水平,为世界高铁发展开创了一个崭新的技术领域。目前,我国高铁技术创新正在不断取得新的成绩,引领世界高铁发展新潮流。

（二）中国高速铁路技术体系世界一流

在工程建造、高速列车、高铁客站等诸多领域，中国高铁成功破解世界性难题。如今，"四纵四横"高铁网络建成，3万多千米白色巨龙盘踞神州。加上既有线提速后的高铁网，截至2020年底，我国高铁运营里程达3.79万千米，约占世界高铁路网的3/4以上，无论是路网规模还是速度等级，都位居世界第一。

我国幅员辽阔，地质及气候条件复杂多样。开通的各条高铁线路都平顺运行，没有发生工程质量问题，证明我国的高铁工程建造技术堪称世界一流。

在工程建造领域，我国已攻克了松软土、湿陷性黄土、岩溶地质、冻土等一系列世界性地质难题，开凿了大断面隧道、江河水下隧道、高压富水岩溶隧道等一批高风险长大隧道，架设了大跨度斜拉桥、钢桁拱桥、混凝土连续梁桥等一批新型结构大跨度特殊桥梁。一项项气势宏伟的高铁工程，令国内外同行叹为观止，也成为神州大地的一道道新景观。

中国高速列车技术不仅世界一流，而且已经成了世界高铁技术攀越新高峰的主要推动力。在10多年时间内，我国高铁连续迈上3个台阶，形成时速200~250 km和时速300~350 km高速列车系列技术标准体系，自主研制并大批量生产了时速350 km、400 km高速列车，成功研制生产出新一代时速380 km高速列车。

2010年12月3日，国产"和谐号"380A新一代高速动车组列车跑出了486.1 km的时速，成为历史上地面运行最快的交通工具。中国高铁技术是当之无愧的世界领先。仅就列车气密强度这项指标，我国的机车装备制造业就领先日本和欧洲10年。

我国高铁客站建设技术也是世界一流，坚持"功能性、系统性、先进性、文化性、经济性"高铁客站建设新理念，针对高铁客站特别是大型客站建设遇到的大量技术难题，大力推进自主创新。新客站不仅美观大方，而且能实现零换乘，非常实用。高铁客站虽然体量大，但节能环保，大量采用了冷热电三联供、热泵、太阳能光伏发电、冰蓄冷等当今最先进的节能环保技术。

（三）中国高速铁路科技创新成果体现

中国高速铁路科技创新成果主要体现在以下几个方面：

1. 工务工程技术创新

高速铁路工务工程的特点：一是采用基床和路基强化技术、无砟轨道、无缝道岔、跨区间超长无缝线路等，提高平顺性和刚度均匀性，减少维修量，满足旅客舒适度要求；二是大量采用高架线，以桥代路，解决与既有公路、道路立交，节约宝贵土地，减少拆迁，适应复杂地形、地貌、地质情况，有效控制工后沉降。如京津城际铁路采用双线混凝土箱梁高架桥，桥梁占全线总长的87%，实现了与公路全立交，有效控制了工后沉降。

郑西高速铁路在湿陷性黄土地区开展了大量地质处理和沉降控制试验研究。

武广高速铁路成功研制了18号高速道岔、扣件和钢轨伸缩调节器，突破了岩溶地基处理和地基填筑技术，有效控制了工后沉降，首次实现了大跨度钢桥铺设无砟轨道。

车站建筑充分体现了功能性、系统性、先进性、文化性、经济性，系统考虑了车场、站房、广场、轨道交通及其他公共交通，构建了以人为本、可持续发展的综合客运交通枢纽。

2. 牵引供电技术创新

高速铁路牵引供电具有以下特点：良好的高速弓网匹配；动车组自动过分相；供电可靠、稳定；免维护、少检修、抵御自然环境侵害能力强；供电能力满足高速度、高密度、大功率要求；具有综合一体化远程监控能力。

京津城际铁路接触线张力为27 kN，武广高速铁路接触线张力为30 kN，有效提高了接触网振动传递波速、控制了接触线动态抬升。列车速度350 km/h时，受电弓滑行速度100 m/s。

中国电气化铁路采用"工频单相25 kV交流制"，最高工作电压27.5 kV，最低工作电压20 kV，瞬间最大值最高工作电压29 kV，非正常情况下不得低于19 kV。德国、瑞典、瑞士等国采用"$16\frac{1}{3}$ Hz低频单相交流制"。意大利、西班牙、波兰等国采用3 000 V、6 000 V、20 000 V直流电。

3. 通信信号技术创新

国外高速铁路列控系统发展趋势：德国、日本和法国现有的三种高速列控系统自成体系，相互不兼容，技术不开放。欧盟为实现各国铁路互联互通，确定了欧洲铁路列车运行控制系统统一的技术平台，即ETCS。其中，基于GSM-R无线传输的ETCS2用于高速铁路，现已成功投入商业运营，代表未来高速列车运行控制技术的发展方向。

1）中国CTCS-2列控系统介绍

CTCS-2级列控系统通过轨道电路和应答器为列车提供控车信息，由轨道电路提供行车许可，用于提速既有线和时速250 km高速铁路。

2）中国CTCS-3D列控系统介绍

CTCS-3D列控系统通过轨道电路和应答器提供控车信息，闭塞分区入口设置有源应答器，由应答器提供行车许可，用于京津城际铁路。

GSM-R 无线通信：京津城际铁路采用 GSM-R 数字专用移动通信系统，全线单网交织覆盖，实现了移动话音通信和无线数据传输。武广、郑西高速铁路实现了 GSM-R 数字专用移动通信系统，车地双向无线传输列车运行控制信息。

4. 高速动车组技术创新

高速铁路是当今世界高新技术的集成，是国家科技实力和综合实力的集中体现，高速动车组是高速铁路的核心装备之一。高速动车组普遍采用了轻量化铝合金车体、高可靠性无摇枕转向架、大功率交-直-交牵引传动、微机控制的电空联合制动、基于计算机和网络技术的列车控制和旅客信息系统等。为适应高速铁路的需要，我国先后开发了和谐号系统动车组产品（CRH_1、CRH_2、CRH_{2-300}、CRH_3、CRH_5 和 CRH380A、CRH380AL、CRH380B、CRH380BL 型动车组）和复兴号动车组（CR200J、CR300AF、CR300BF、CR400AF、CR400BF）。

宽车体技术创新：车体由 2.9 m 加宽到 3.3 m，断面积由 9 m^2 增加到 11.4 m^2，二等车座椅按 2+3 布置，定员增加 100 余人。

牵引系统组成：CRH_3 型动车组 4 动 4 拖，由两个动力单元组成。起动牵引力 300 kN，轮周功率 8 800 kW。

5. 运营调度技术创新

坚持路网完整性和调度集中统一指挥，建立以北京、上海、武汉、广州为中心的调度指挥系统，构建运营调度技术体系，实现高速铁路运营调度现代化。

6. 客运服务技术创新

建立网上售票订票系统提高服务效率，设立客流引导显示系统，方便旅客乘车，建立空乘化运营服务模式。

7. 综合检测技术创新

京津城际铁路采用自主研制的高速综合检测列车定期检测，利用先进的检测手段对线路、牵引供电、通信、信号等基础设施进行综合检测和评估。

设施检测自动化、综合维修一体化、维修手段机械化，维修效率高，运营成本低。

（四）中国高速铁路经济社会效益举世瞩目

高铁在加快经济发展方式转变、推动产业结构升级、加快城镇化发展中发挥着重要作用。中国高铁已经在经济社会生活中发挥了巨大的效益。

高铁快速扩充了铁路客运能力，大大缩短了旅客出行时间。我国一条高铁年运量是既有普速铁路的 4~5 倍。中国高速铁路里程及客运量如表 6.1 所示。

表 6.1　中国高速铁路里程及运输工作量

年份	高铁运营里程/km	高铁占全国铁路运营里程份额/%	高铁客运量/百万人	高铁占全国铁路客运量份额/%
2008	672	0.8	7.3	0.5
2009	2 699	3.2	46.4	3.1
2010	5 133	5.6	133.2	8.0
2011	6 601	7.1	285.5	15.8
2012	9 356	9.6	388.2	20.5
2013	11 028	10.7	529.6	25.1
2014	16 456	14.7	721.0	30.5
2015	19 195	16.4	1 161.0	37.9
2016	21 532	18.5	1 443.0	43.4
2017	23 388	19.8	1 713.0	56.8
2018	29 000	22.7	2 005.0	60.9
2019	35 400	25.3	2 290.0	64.4
2020	37 900	27.2	2 203.0	66.0

资料来源：国家统计局和国家铁路集团公司（原中国铁路总公司）。

高铁极大地释放了铁路货运能力，大大节约了社会物流成本。高铁开通，为客货分线运输创造了条件。仅京津、胶济、武广、郑西、沪宁 5 条高铁运营后，释放的既有线年货运能力已达 2.3 亿吨，使全国铁路货运量同比增加 6.8%。据测算，在全社会货物运量中铁路货运比重每提高一个百分点，就可节约社会物流成本 212 亿元，高铁节约的物流成本将相当可观。

高铁有力地带动了我国产业结构的优化升级。高铁产业的快速发展和自主创新能力的快速提升，催生了一批高科技创新型企业，高铁产业已发展成为初具规模、潜力巨大的战略性新兴产业。同时，高铁大量采用冶金、机械、精密仪器等行业的高新技术产品，对这些产业的发展产生了强劲的拉动作用，在许多地区已经形成了完整的研发制造产业链。

高铁的节能优势也不容小觑。目前，我国时速 350 km 的高速列车每百人公里能耗每小时不到 6 kW·h，是大客车的 50%、飞机的 18%，是陆路运输方式中最节能的。由于中国高铁建设大量采用"以桥代路"，建设 1 km 的高速铁路可节约 2.93 hm² 土地，那么目前运营的新建高铁实际节约土地多达 153.3 km²。

高铁对拉动内需，加快城镇化发展提供了强大支撑。天津市商务委的调查显示，京津城际铁路开通后，从北京前往天津旅游的人次比高铁开通前增加了三成。2008 年外地到津旅游者消费超过 750 亿元，其中高铁的贡献率为 35%。武广、合武等高铁开通后，不仅使民航、公路运输纷纷降价三至五成，也大大促进了沿线人员、资源的流通，促进了城乡统筹发展。

国家已将高铁列为优先发展的战略性新兴产业，高铁在加快经济发展方式转变、推动产业结构升级中的基础性、先导性作用将更为突出。

（五）中国高速铁路技术创新成果

从 2007 年中国铁路第六大提速引进时速 200 km 高速列车技术，到自主开发时速 350 km、380 km"和谐号"和时速 400 km"复兴号"动车组；从 2008 年以来开通京津城际铁路、武广、郑西高铁和沪宁、沪杭城际高速客专的运营，到 2011 年京沪高铁开通：中国迅疾跨入引领世界的"高铁时代"。

京津城际铁路是我国第一条客运专线意义上的城际高速铁路，是国际范围内先进科技的产物。以京津城际为代表的高速铁路技术是我国工业化和城市化发展到一定阶段的产物，是都市带和经济圈发展的结果。我国高速铁路体现出的技术创新模式，是在特定条件下的最优选择。中国高铁依托国内国际市场，通过政府、企业和科研机构的互动，缩短了我国铁路技术创新时间，降低了关键核心技术创新成本。经济学理论分析表明，我国铁路产业技术创新模式既有其特殊性，也有其普适性。

1. 高速铁路技术创新是一个系统工程

所谓技术创新，是指为了适应技术革新、市场需求和国家竞争的变化，经济体引进某种新技术的过程，它包括产品创新、工艺创新、组织创新、市场创新和材料创新等。技术创新是一个从创新思想的形成到创新成果被广泛应用的全过程，制度构建是先导，技术引进是过程，市场应用是结果。我国铁路产业高铁技术创新本质上是一个系统工程，包含各个专业的子系统，涵盖设计施工、装备制造、系统集成、运营管理全过程。按照 2004 年国务院确定的"引进先进技术、联合设计生产、打造中国品牌"的总体要求和"先进、成熟、经济、适用、可靠"的基本方针，我国在不断提高自主创新率的情况下，在铁道部主导下，构建了技术创新的制度载体，搭建了技术引进、消化、吸收和再创新的科研团队，组建了一系列高精尖科技研发平台，使我国铁路产业高铁技术自主创新率不断提升（图6.2），构建了完整的高速铁路技术体系，走出了一条中国特色自主创新之路，在主要技术领域达到世界先进水平，许多技术已位居世界领先水平。

2. 中国铁路技术的先进性

从产业特性上来看，铁路产业可以划分为基础设施层、移动设备层、运营组织层和政策体制层。我国高铁在这四个层次上都有技术创新，如表6.1所示。

由表列可见，我国铁路产业在科技难题和关键技术上取得了一些重大创新成果，在基础设施、移动设备、运营组

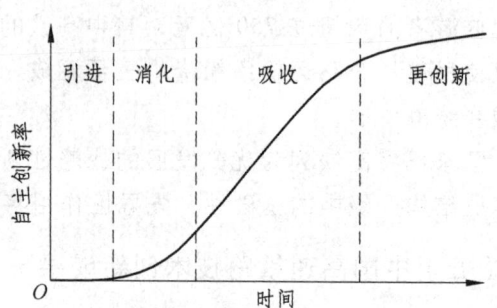

图6.2 中国高速铁路技术自主创新率曲线

织、政策体制等方面有力保障了技术创新。我国铁路在系统设计与系统集成、轨道高平顺与高稳定、高速列车安全与舒适、运行控制可靠与高效等关键技术上取得了一系列进展，实现了曼斯菲尔德意义上的社会效应和经济效应，不仅是一种技术的掌握和提升，更是工艺的和商业化的实现过程，并促使新产品的市场实现和新技术工艺与装备的商业化应用。

表6.1 中国高速铁路技术的先进性

技术层次	技术项目	中国对该技术掌握程度	技术水平
基础设施层次	无砟轨道技术	掌握无砟轨道绝缘处理措施和ZPW-2000轨道电路传输性能、路基沉降控制、线下工程变形控制、测量控制、扣件、道岔、施工工艺、施工装备和无砟轨道技术经济适用条件	国际水平
	铁路勘察技术	掌握采用航测、物探、遥感、卫星定位测量、计算机辅助设计、人工智能等一批高新技术	国际水平
	工务工程技术	自主研发钢轨、重型轨枕等新装备新技术	国际水平
	一体化交通枢纽技术	掌握系统考虑车场、站房建筑、广场、轨道交通及其他公共交通设施的衔接，集多种交通方式于一体的大型客运综合交通枢纽建设	国际先进
	施工工艺	掌握长轨道工地焊接施工工艺，跨区间铺设长大	国际领先

| | | 无缝线路，主要结构均采用高性能混凝土，线下结构与无砟轨道系统实现了高精度对接 | |

续表

技术层次	技术项目	中国对该技术掌握程度	技术水平
移动设备层次	列车运行控制技术	掌握有效解决不同速度列车高密度混合运行、动车组跨线运行、系统设备互联互动等技术	国际水平
	300~350 km时速的高速动车组技术	掌握高速动车组在供电、车型、牵引、制动、减振、列车控制、检测等专业技术	国际第一
	动车组系统集成	转向架、牵引电机、牵引变压器、牵引变流器、制动系统、牵引控制系统、列车网络控制系统、铝合金、不锈钢车体等九大关键技术	国际水平
运营组织层次	不同速度值列车运输模式	掌握不同速度目标值、不同运行交路共线、跨线运输组织模式并有相应的调度指挥系统的保障	世界领先
	旅客服务系统	掌握网上售票技术，实现售票方式民航化	世界先进
	建设管理模式	京津城际采用"小业主、大咨询"建设管理模式，主要进行合同管理，把大量业务外包给国内外具有技术专长的企业，实现了成本节约	世界水平
	运营管理模式	采用委托运输管理方式	世界水平
政策体制层次	节能环保工程		世界先进
	铁路主要技术政策		世界领先
	铁路技术管理规程		世界领先
	钢轨、道岔等技术标准、条件		世界领先
	工程测量、工程设计、施工技术、质量验收等规范、规定、标准、指南		世界领先
	动车组试验、试运行、运用检修等技术条件，管理办法、操作规程		世界领先
	列车控制系统（CTCS）相关规范、技术条件		世界领先
	构建混成组织，实现产学研结合的制度安排		世界第一

3. 中国高铁发展模式的经济学内涵

在铁道部主导下形成的政府、科研机构、企业及市场构成的混成互动关系，是我国高铁技术创新的内在制度原动力，并在技术创新模式等方面得以反映。

1）中国高铁技术创新符合"三螺旋"技术途径理论

彼得·德鲁克认为，创新是一种可以组织并需要组织的系统工作，是一种需要知识积累作为后盾的实践，是一种赋予资源以新的创造新财富能力的行为。在他看来，技术创新是一种内置于特定组织制度装置中的系统活动过程。就我国高铁而言，其技术创新也是一种系统组织过程，涉及政府、科研机构、企业及市场等。"三螺旋"技术途径理论认为,在企业创新能力不足的情况下,把政府、企业和科研机构等力量综合起来,由政府主导发展高新技术,是一种可选的技术创新模式。在国内铁路产业技术发展水平相对落后的情况下,政府主导引入国外先进技术,国内产业消化吸收后,再利用国内市场扩大使用范围,进一步创新后再推向国际市场,是一个螺旋上升的过程。

2) 中国高铁技术创新符合政府市场融合理论

随着政府在现代经济社会中作用的增强,那种把政府和市场割裂开来的看法越来越不适应需要,综合政府职能和市场职能的融合理论越来越得到认可。铁路产业中政府职能和市场职能的变化,是由铁路产业发展阶段决定的。在铁路产业的不同发展阶段,政府职能和市场职能的作用不尽相同。在我国高速铁路技术尚未成熟、国内相关技术市场有待培育、产业链有待整合的情况下,发挥政府的拉动作用,形成产学研联盟组织,充分实现政府职能与市场职能的对接,有利于我国高铁技术创新。

3) 中国高铁技术创新符合国际分工合作理论

亚当·斯密的分工理论以及以后的比较优势理论认为,不同国家和地区在不同时段具有不同的比较优势,有的国家和地区具有人力资源优势,有的国家和地区具有技术优势,而有的国家和地区具有资本优势等。我国经济学家林毅夫教授认为,只有发展我国的相对比较优势,把我国人力资源、土地资源、企业家才能等资源与国外先进科技相结合,才能在较短时间内掌握先进技术,并不断培育向国外出口高科技产品的实力。我国高铁创新模式就充分利用了国内外两种资源、两种市场和两种机制。按照引进消化吸收再创新模式进行技术创新,把原始创新、集成创新、引进消化吸收再创新有机整合起来,是符合我国铁路技术水平现状的,也是符合国际分工合作理论的。

4. 中国高铁发展模式的普遍适用性

百年铁路,铁路百年,铁路承载了我国民族复兴的伟大梦想。我国铁路以占世界铁路 6% 的营业里程完成了世界铁路 1/4 的工作量,旅客周转量、货物发送量、换算周转量、铁路运输密度均占世界第一,是世界上效率最高的铁路。高原铁路、既有线提速铁路、重载铁路、高速铁路、机车车辆装备、运营管理等技术达到世界水平,这对我国铁路产业以及国家创新战略,都具有十分重要的普适价值。

第一,高铁发展创新模式的普适性。从理论上讲,创新分为原始创新、集成创新、模仿创新、引进消化吸收再创新等,原始创新模式适用于对于铁路的重要技术等的原始性创新活动;集成创新模式适用于将国内外各种先进铁路技术进行有效融合,来制造出新的铁路产品,如机车车辆等;引进消化吸收再创新模式适用于引进国外先进的铁路技术,对技术进行消化吸收,在充分吸纳的基础上,在铁路轨道车辆等方面作出进一步创新；模仿创新模式适用于较浅层次的技术改进。高铁模式综合了各种创新模式的优点，可以为我国航空、汽车等其他产业提供有益借鉴。

第二，高铁发展创新平台的普适性。铁道部从行业及国家科技创新需求出发，构建了一批国家级创新平台，建设了一批行业创新基地，如高速列车系统集成国家工程实验室、高速铁路系统试验国家工程实验室、高速铁路建造技术国家工程实验室等，广泛吸纳包括清华大学、浙江大学、西南交通大学、北京交通大学、中国科学院等在内的国内最优良的科技资源。这些创新平台具有很强的技术外溢作用，为提升我国整体研发能力、培养科研人才梯队、发挥科技集聚效应奠定了坚实基础。

第三，高铁发展创新制度的普适性。经济学理论认为，技术创新的本质是制度创新，制度创新的结果是技术创新。我国高铁模式的一个重要特点是密集的制度创新，产学研联盟、中国高速列车自主创新联合行动计划、两部支撑计划等一系列制度创新，为我国高铁技术发展奠定了坚实的制度基础。

百年前，孙中山先生提出了铁路实业计划；百年前，詹天佑先生主持完成了中国人自己勘察设计和施工建设的京张铁路；百年前，中国大多铁路技术及经营管理权被列强控制。百年后，博观而约取，厚积而薄发，以 2008 年 8 月 1 日京津城际铁路通车运营为标志，中国铁路迈入了高速时代；随着 2019 年 12 月 30 日世界上首条时速 350 km 智能铁路——京张高速铁路的开通，中国登上了世界高速铁路技术制高点。

兼具技术创新与制度创新的中国高铁规划与建设模式，对吸纳西方先进科技、整合国内外研发资源、运用政府和市场两种机制优势、发挥产业创新示范效应等，具有重要的理论和实践价值。

第七章

中国高速铁路规划与建设典型工程实例

一、京津城际高速铁路规划与建设

（一）工程概况

1. 线路基本走向

京津城际铁路（Beijing-Tianjin Intercity Railway）是一条连接北京市与天津市的城际铁路，是中国《中长期铁路网规划》中环渤海地区城际轨道交通网的重要组成部分，是中国第一条高标准、设计时速为 350 km 的高速铁路，也是第一个开通运营的城际客运系统，见图 7.1 所示。

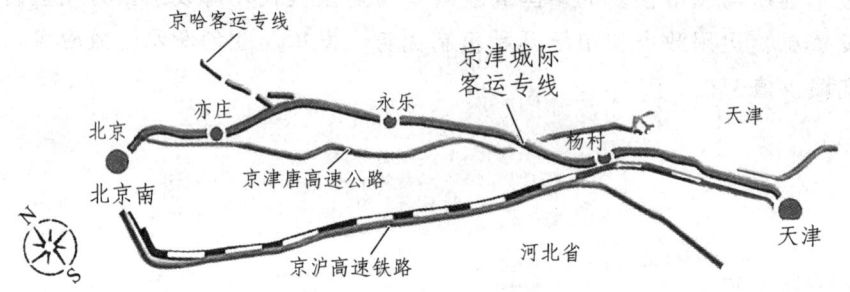

图 7.1 京津城际铁路客运专线线路平面示意

京津城际铁路全线长 166 km，设 7 个站点，线路自北京南站东端引出，沿京山铁路往东，下穿玉蜓桥沿南护城河至左安门后折向东南，再由亦庄开发区及永乐新城东侧的京津第二高速通道出京，直抵天津站。延伸线工程西起天津站，自天津站城际车场东端引出，沿既有京山铁路，与津秦客运专线并行，经塘沽站，折向东南引入滨海新区商务核心区于家堡，东至滨海站。

京津城际铁路由中国铁路北京局集团有限公司负责运输与管理工作。京津城际铁路于 2005 年 7 月 4 日正式动工，于 2008 年 8 月 1 日正式开通运营，于 2015 年 9 月 20 日开通运营延伸线工程。

截至 2018 年 8 月，京津城际铁路的运行速度为 350 km/h。截至 2018 年 7 月 1 日，京津城际铁路累计运送旅客 2.5 亿人次。

2. 建设背景与建设历程

2002 年 2 月，天津南开大学教授刘秉镰在"京津经济一体化战略研究与建议"的课题讨论上，首次提出在北京和天津之间建设高速铁路。

2003 年 6 月起，铁道部和北京市、天津市政府开始进行初商。

2004 年 1 月，国务院常务会议通过《中长期铁路网规划》，京津城际铁路被列入其中；同年 10 月 24 日，铁道部与北京市、天津市政府联合确定了线路规划；同年 12 月 3 日，《京津城际轨道交通项目可行性研究报告》经国务院总理办公会讨论通过，京津城际铁路正式立项。

2005 年 7 月 4 日，京津城际铁路正式动工。

2007 年 11 月 13 日，京津城际铁路开始铺设路轨；同年 12 月 16 日，京津城际铁路全线路轨铺通。

2008 年 2 月 2 日，京津城际铁路电气化工程完成，电网开始通电；同年 3 月，京津城际铁路建设进入系统联调联试阶段，包括动车组型式试验、集成试验、综合试验和试运行四大部分；同年 6 月 24 日，CRH_{3C} 型电力动车组（CRH_3-001C）在京津城际铁路上试验时达到 394.3 km/h，创造了中国轮轨列车的最高速度；同年 7 月 1 日，京津城际铁路正式进入不载客试运行阶段；同年 8 月 1 日，京津城际铁路正式开通运营。

2014 年 9 月 26 日，京津城际铁路通过国家验收，如图 7.2 所示。

图 7.2 飞驰在华北大地的京津城际列车

3. 设计参数

京津城际铁路设计参数见表 7.1 所示。

表 7.1　京津城际铁路设计参数

设计速度	350 km/h
轨道类型	无砟轨道、无缝钢轨
正线间距	5.0 m
最小曲线半径	一般路段 7 000 m，困难路段 5 500 m
最大坡度	一般路段 12‰，困难路段 20‰
闭塞类型	自动闭塞
动力方式	接触网供电：50 Hz、25 kV

4. 沿线车站

京津城际铁路全线共设 7 个车站，分别为北京南站、亦庄站（暂不办理客运业务）、武清站、天津站、军粮城北站、塘沽站、滨海站，见表 7.2 所示。

表 7.2　京津城际铁路沿线车站

站名	里程/km	车站位置（备注）	隶属单位
北京南站	0	北京市丰台区车站路 12 号	中国铁路北京局集团有限公司
亦庄站	22	（暂不办理客运业务）	
武清站	84	天津市武清区前进道上佛罗伦萨小镇	
天津站	120	天津市河北区新纬路 1 号	
军粮城北站	140	天津市东丽区军粮城镇新安路 1 号	
塘沽站	160	天津市塘沽区大连道 2543 号	
滨海站	166	天津市塘沽区于家堡金融区新港路与金河道融义路交口	

（二）运营及设备设施配置

1. 运营情况

2008 年 8 月 1 日，京津城际铁路正式开通运营，初期运营速度为 350 km/h，开行列车 47 对。

2011 年 8 月，按照铁道部要求，京津城际铁路降速至 300 km/h 运行。

2017 年 6 月 20 日零时起，京津城际铁路实施新的列车运行图，开行密度增加。平日每周一至周四开行 98.5 对、每周五至周日开行 108.5 对。

2018 年 5 月 27 日起，京津城际铁路一等座、特等座票价上调，票价调整不涉及二等座；同年 7 月 1 日，铁路部门进行 2018 年第二阶段列车运行图调整，京津城际铁路共开行列车 108.5 对；同年 8 月 8 日，京津城际铁路运营速度正式恢复 350 km/h，开行列车数量由 108.5 对增加至 136 对，且票价不变。

2019 年 1 月 5 日，京津城际北京南站至天津站的 26 对高铁列车调整至天津西站始发终到，天津西站始发终到城际列车将达到 35 对，于家堡站更名为滨海站。

2019 年 12 月 10 日起，京津城际铁路及延长线共涉及北京南、天津、天津西、武清、塘沽、滨海、军粮城北 7 个车站试点实施电子客票业务。

2008 年，京津城际铁路发送旅客 635 万人次。2013 年，京津城际铁路发送旅客 2 585 万人次。截至 2014 年 9 月 29 日，京津城际铁路累计运送旅客 1.17 亿人次，平均客座率达 72%。截至 2018 年 7 月 1 日，京津城际铁路累计运送旅客 2.5 亿人次。

2. 设备设施

在京津城际铁路开行的动车组列车，使用的是拥有完全自主知识产权、具有世界先进水平的国产 CRH_2 型和 CRH_3 型"和谐号"动车组，如图 7.3 所示。

CRH_2 型动车组是由四方机车车辆股份有限公司设计制造的，CRH_3 型动车组是由唐山轨道客车有限责任公司设计制造的。这两种动车组，是我国机车车辆企业在引进国外时速 200 km 动车组技术，成功实现了时速 200 km 及以上动车组国产化批量生产的基础上，通过再创新，在中国时速 350 km 动车组技术平台上设计制造的，能够实现时速 350 km 平稳运行。由此，我国成为世界上少有的几个能够设计制造时速 350 km 高速动车组的国家之一，标志着我国机车车辆技术实现了历史性突破。

图 7.3 京津城际上初期运营的列车 CRH_2（左）和 CRH_3（右）

2009年4月6日起，京津城际铁路均改用CRH$_3$型动车组列车，见图7.3所示。

2018年8月1日，京津城际铁路全部更换复兴号CR400BF型电力动车组，见图7.4所示。

图7.4　京津城际上开行的复兴号动车CR400BF

3. 京津城际动车组主要特点

（1）速度快。列车运营最高时速350 km，每秒近100 m。

（2）动力强。动车组采用动力分散技术，也就是将列车的牵引动力系统分散布置在各车厢地板的下部，列车牵引功率可以做得很高，并通过列车网络系统，实现有效的同步控制。京津城际铁路高速列车采用8辆编组，其中4辆动车、4辆拖车，列车牵引总功率8 800 kW，是世界上牵引动力最大的高速列车。

（3）能耗低。动车组列车采用流线型车体和轻量化技术，在降低能耗方面效果明显。如铝合金、中空结构的车体，最薄处只有2.5 mm，重量比一般铁路客车轻30%以上。大致测算，高速列车每小时人均消耗15 kW，北京到天津人均消耗电仅为7.5 kW·h，是陆路运输方式中能耗最低的。

（4）零排放。由于采用绿色能源的电力牵引，动车组列车没有任何废气排放。

（5）低噪声。通过高速列车外形系统优化设计，有效降低了高速运行时的气动噪声；采用特殊设计的消音车轮，配合使用全线无缝线路，有效降低了轮轨噪声；系统采用先进的隔声降噪技术，在车体的中空结构和地板间填充了大量的隔声降噪材料，有效降低了车内噪声。高速列车运行时速达到350 km时，车内外噪声均达到国际标准。

（6）宽车体。京津城际铁路运行的动车组列车，车体断面是目前世界上最宽的，比欧洲同类型车宽400 mm，最大限度增大了旅客使用空间。

（7）车内设备人性化。动车组列车设有完备的服务设施和残疾人专用服务设施；座椅可旋转，座椅间距宽于飞机和大客车；采用先进的列车气密性技术，高速运行时旅客不会产生耳鸣；车内的温度、湿度、空气流速和新鲜空气含量等均可自动调节，车内空气质量良好，含尘量不超过 0.5 mg/m^3，远低于相关标准。

（8）高安全性。京津城际铁路运行的动车组列车，其设备的安全冗余在 30%以上，列车走行部试验室试验达到时速 520 km；列车运行间隔最小为 3 min；设备发生故障自动导向安全；一旦发生火灾时，车内防火系统自动启动。

（9）全天候运行。京津城际铁路运行的动车组列车采用全自动电子控制驾驶系统，在风、雪、雨、雾、雷等恶劣气候条件下，可以安全运行。

（10）运行自动控制。京津城际铁路动车组列车运行由中央集中控制系统发布列车运行信息，车载雷达实时接收运行数据和指令，传递给车载计算机，自动调整各列车间的追踪间隔，防止列车超速和冒进信号。当前行列车发生故障后，后面的列车能够直接得到信息减速或停车；当线路上出现异物或断轨后，列车运行控制系统会迅速作出反应。

通车运营前，铁路部门组织对京津城际铁路运行的动车组列车进行了 200 多项综合试验，历时近半年，走行 40 万千米以上，各项性能指标都达到了优良水平，完全满足高速列车运行对高安全性、高稳定性、高舒适性的要求。

（三）工程技术特点

该线其中 113.5 km 路段为无砟轨道，采用了从德国博格公司（Max Bögl）引进的板式轨道技术。全线共使用了 36 092 块博格式轨道板。

1. 无砟轨道技术

轨道结构是铁路线路的基础，是支撑列车运行的重要组成部分。世界上铁路轨道结构分为有砟轨道和无砟轨道两种。与传统的有砟轨道相比，无砟轨道具有结构稳定、使用寿命长、维修工作量小、有利于提高运输效率等特点，尤其适合对线路的平顺性和稳定性具有很高要求的高速铁路。日本、德国等国家和地区部分高速铁路铺设了无砟轨道。无砟轨道的设计、制造、安装要求非常高。轨道板是严格按照设计的几何尺寸、结构和规范的制作工艺，在工厂预制加工的，其精度误差以毫米级计量；每个扣件承轨槽，要根据水平、高程三维坐标，采用数控机床进行精密打磨加工，精度达到 0.1 mm；无砟轨道的铺设需要采用专门施工机械和测量设备，经过粗调、精调等一系列步骤。京津城际铁路共铺设了 34 535 块板式轨道板。通过京津城际铁路的建设实践，我国已完全掌握了无砟轨道的设计建造技术，形成了中国铁路无砟轨道技术标准和规范。

2. 桥梁建造技术

京津城际铁路途经北京、天津两大直辖市，沿线经济发达，道路纵横交错，土地资源极其宝贵，为最大限度地减少铁路线路对城市的切割，节省宝贵的土地资源，经过综合技术经济比选，京津城际铁路广泛采用了桥梁替代传统路基，桥梁长度占线路总长度的87%，每千米桥梁平均节省土地 2.93 hm^2，仅此就节约土地大于 106 hm^2。

经过大量技术经济比选，京津城际铁路选用了 900 t 级重的 32 m 简支整孔箱梁。这种梁，稳定性好，更适合高速列车运行，并且能够实现工厂化制作，有利于控制质量和工期。京津城际铁路的所有桥梁都做了耐久性设计和景观设计，桥梁主体结构使用寿命为 100 年。

3. 沉降控制技术

路基及桥梁基础的沉降控制是铺设无砟轨道及保持轨道平顺性的关键。京津城际铁路对基础的沉降有严格要求，其中路基及桥梁基础工后沉降不超过 15 mm，桥梁相邻墩台沉降差不超过 5 mm。

京津城际铁路沿线地基为软土、松软土，天津段基岩在 1 000 m 以下。这类土具有含水量高、压缩性高、透水性差、强度低的特点，在这类土质上铺设无砟轨道，国内外没有成熟的经验。经过我国工程技术人员的不懈努力，通过一系列技术攻关，采用封闭部分水井减少或控制沿线地下水开采，桥梁增加桩长、桩径并采用可调高支座，轨道采取可调扣件等措施，有效控制了松软土地基地区的路基变形和桥梁沉降，满足软土地基以及区域沉降条件下铺设无砟轨道的要求。

4. 精密控制测量技术

列车在高速运行时，对轨道的平顺性和稳定性要求非常高，传统测量技术的精度已不能满足高速铁路修建、运营的要求。为确保高速铁路的桥梁、轨道、接触网部件等的精确施工和安装，京津城际铁路建立了精密控制测量网。设计时，用于对线路的测量；施工时，用于对桥梁的架设、轨道的定位、路基沉降的监测；运营时，用于对轨道、桥梁及设备的适时监测、养护。精密控制测量网由平面网和高程网组成，其中在天津建有一个深达 800 多米的水准基点，在测量方法、设备和软件等方面也采用了多项新技术和新设备。

5. 声屏障技术

与普速列车相比，动车组本身具备噪声低、振动小的优点，加上高速铁路的轨道光滑平顺、桥梁自重大、路基密实度高，高速动车组列车产生的噪声和振动均低于国家规定的标准。尽管如此，考虑京津城际铁路与沿线群众生活环境的和谐，在设计修建京津城际铁路时，对经过学校、医院、居民区等的区段设置了一道声屏障，最大限度地降低噪声和振动对两侧群众生活的影响。同时，铁路部门还对声屏障的外观做了美化设计，采用了从上到下由浅至深渐变的色彩装饰，最大限度地减小了对旅客视线的影响，在声屏障高度高于动车组车窗的部分，采用了新型透明的隔声材料，具有抗污、自净、防鸟撞、防眩目、防破碎脱落等功能。

（四）京津城际铁路技术创新特点

京津城际铁路是我国第一条客运专线意义上的城际高速铁路，是国际范围内先进科技的孵化器。它是我国工业化和城市化发展到一定阶段的产物，是都市带和经济圈发展的结果。京津城际体现出的引进消化吸收再创新的技术创新模式，是在特定条件下的较优选择。京津城际技术创新体现在基础设施层、移动设备层、运营组织层和体制政策层四个层面，通过政府、国内市场、科研机构和国外市场四部门的混成互动，缩短了我国铁路技术创新时间，降低了关键核心技术创新成本。各种经济学理论分析表明，京津城际技术创新既是科技创新的典型，更是制度创新的范例。

京津城际铁路技术创新可参考相关学者的研究，如李红昌、高珊的《关于京津城际铁路技术创新的探讨》。

1. 京津城际铁路蕴含的技术经济性分析

京津城际是国内外先进科技的集合器、整合器和孵化器，体现在基础设施、移动设备、运营组织、政策体制等各个方面。在引进消化吸收再创新模式引导下，构建了我国一系列客专高速铁路技术研究、开发和应用系统平台，有力地促进了我国相关产业发展和技术升级，具有显著的前向效应、后向效应和旁侧效应。

如何理解政府和市场在京津城际技术创新中发挥的作用，如何理解京津城际技术创新的理论含义等问题仍值得深入分析。

2. 京津城际技术创新的层次分析

京津城际是我国第一条工程实践和运营实践的高速铁路，科学技术、施工工艺和管理技术等在其中得到了综合运用。京津城际技术创新本质上是在政府、国内市场、科研机构、国外市场四部门的相互作用下，通过制度创新和组织创新，实现在基础设施、移动设备、运营组织和政策体制四层次上技术跃迁的过程。

1) 京津城际四个层次上的技术创新

京津城际技术创新体现出技术上的吸纳和创新,更体现出制度上的激荡和提升。京津城际在系统设计与系统集成、轨道高平顺与高稳定、高速列车安全与舒适、运行控制可靠与高效等关键技术上取得了一系列创新成果,实现了曼斯菲尔德意义上的社会效应和经济效应,不仅是一种技术的掌握和提升,更是工艺的和商业化的实现过程,并导致新产品的市场实现和新技术工艺与装备的商业化应用。

京津城际在科技难题和关键技术上取得了重大创新成果,在基础设施、移动设备、运营组织、政策体制等四个方面有力保障了技术创新。

2) 京津城际技术创新层次

彼得·德鲁克认为,创新是一种可以组织并需要组织的系统工作,是一种需要知识积累作为后盾的实践,是一种赋予资源以新的创造新财富能力的行为。在他看来,技术创新是一种内置于特定组织制度装置中的系统活动过程。就京津城际而言,其技术创新也是一种系统组织过程,涉及政府、国内市场、科研机构、国外市场四部门。

铁路网络形态包括政策体制、运营组织、移动设备、基础设施等四个层次,即具有特定的网络形态,各个层次都需要政府协调支持。同时,政府、产业、国内市场和国外市场是四部门,在国内铁路产业技术发展水平相对落后的情况下,政府主导引入国外市场技术,国内产业消化吸收后,再利用国内市场扩大使用范围,进一步创新后再推向国外市场,这是一个螺旋上升的过程。京津城际体现出的铁道部、科研机构、产业的互动关系、政府职能与市场职能的融合、"小业主,大咨询"模式等,都是技术创新在不同层面的反映。

3. 京津城际技术创新特点的理论分析

京津城际由政府、科研机构、国内市场和国外市场构成的混成互动关系,是京津城际技术创新的内在制度原动力,并在技术创新模式等方面得以反映。

1) 国际分工理论视野下的京津城际技术创新

著名经济学家亚当·斯密的分工理论以及以后的比较优势理论认为,不同国家和地区在不同时段具有不同的比较优势,有的国家和地区具有人力资源优势,有的国家和地区具有技术优势,而有的国家和地区具有资本优势等。我国经济学家林毅夫教授认,只有发展我国的相对比较优势,把我国人力资源、土地资源、企业家才能等资源与国外先进科技相结合,才能在较短时间内掌握先进科技,并不断培育向国外出口高科技产品的实力。京津城际铁路就充分利用了国内外两种资源、两种市场和两种机制,按照引进消化吸收再创新模式进行技术创新。可见，京津城际是一个系统的技术工程，它需要国内和国外各方的通力合作，才能实现技术创新。在这种基础上，利用外部技术资源，再把相关技术资源与国内产业相结合，通过干中学、学中干实践，就可以实现再创新。换句话说，引进消化吸收再创新模式是符合我国铁路技术水平现状的，也是符合国际分工理论的。

2) 政府市场融合理论视野下的京津城际技术创新

随着政府在现代经济社会中作用的增强，那种把政府和市场割裂开来的看法越来越不适应需要，综合政府职能和市场职能的融合理论越来越得到认可。魏瑜博士认为，"铁路产业中政府职能和市场职能的变化，是由铁路产业发展阶段决定的。在铁路产业的不同发展阶段，政府职能和市场职能的作用不尽相同"。在高速铁路技术尚未成熟，国内相关技术市场有待培育，产业链有待整合的情况下，发挥政府的拉动作用，形成产学研联盟组织，充分实现政府职能与市场职能的对接，有利于京津城际技术创新。京津城际铁路是 2004 年《中长期铁路网规划》的一部分，它的建设和运营对拉动京津地区经济发展，改善两地交通出行条件，打造 1 小时交通圈，拉动科技进步和升级，具有十分重要的经济社会意义。这本身就体现出政府和市场的对接和相互支撑。京津城际的建设和运营不完全建立在市场经济体制之上，而是建立在市场经济和政府公共管理基础之上。我们知道，京津城际具有显著的技术外溢性。铁道部门整合相关资源，构建了"高速列车系统集成国家工程实验室"(中国南车、北车股份有限公司)、"高速铁路系统试验国家工程实验室"(中国铁道科学研究院)、"高速铁路建造技术国家工程实验室"(中南大学)、"轨道交通运行控制系统国家工程研究中心"(北京交通大学)等技术平台，支持了"轨道交通控制与安全国家重点实验室"(北京交通大学)、"牵引动力国家重点实验室"(西南交通大学)等原始创新平台，结合"中国高速列车自主创新联合行动计划""最高试验速度 400 km/h 高速检测列车关键技术研究与装备研制"重大研究专题，广泛吸纳了包括清华大学、浙江大学、北京交通大学、西南交通大学、中国科学院等在内的国内最优良的科技资源。可见，通过吸纳各种力量参与到高铁技术创新过程中来，有力促进了包括京津城际在内的铁路技术创新进程，兼顾了公益目标和商业目标。

3) 网络经济视野下的京津城际技术创新

在第六次大提速技术成果基础上，京津城际在高速铁路路基、桥梁、无砟轨道、测量控制、环境保护、减振降噪等重大关键技术问题上，取得了长足进展，为我国高速铁路建设及相关产业发展积累了宝贵经验。如果我们把技术创新分为硬技术创新和软技术创新，那么，京津城际在"小业主，大咨询"和委托运营模式上的选择，也是一种重要的管理制度创新。由于铁路具有显著的网络经济性，或者说，只有互联互通和联结成网，发挥协同效应，才能充分发挥铁路运输资源的效率，因此，京津城际铁路有限公司采取合同管理模式，与众多企业签订协议，控制建设进度和施工质量。投入运营后，与北京铁路局签订了委托运输管理协议，规定把运输生产组织管理，包括客运组织、客运管理、行车组织(京津城际不设调度台，由北京铁路局集中调度指挥)、列车开行方案等，全部委托给北京铁路局运营，充分体现了尊重铁路网络经济的软技术创新。

京津城际是《中长期铁路网规划》中第一条投入运营的高速客运专线，是线路技术、动车组技术、列车控制技术、节能环保技术、安全控制技术等的孵化器和整合器。京津城际技术创新体现在基础设施层、移动设备层、运营组织层和政策体制层等四个层面，政府、科研机构、国内市场和国外市场四主体构成了互动关系，按照引进消化吸收再创新模式进行技术创新，符合我国特定的国情路情约束。实际上，国际分工理论、政府市场融合理论和网络经济理论等都支持政府支撑下的京津城际硬技术和软技术创新实践。

二、京沪高速铁路规划与建设

北京—上海的铁路运输通道，在我国的经济建设中有着举足轻重的作用。随着经济持续快速的发展，原有铁路运输逐渐显示出不适应运输增长的需要，在这条通道上，再修建一条高速铁路显得越来越迫切。经过长达16年的项目可行性研究和论证，京沪高速铁路的建设，终于获得国务院批准立项。

（一）京沪高速铁路立项论证历程

2007年10月31日，国务院宣布，京沪高铁建设领导小组正式成立，国务院副总理曾培炎任组长，至此，这条论证了十余年的京沪高速铁路建设的步伐又向前迈出了一大步。

1990年，修建京沪高速铁路的相关可行性研究提上日程。

1992年5月，铁道科学研究院提交一份《京沪高速铁路可行性研究报告》。

1994年底，铁道部联合当时的国家科委、国家计委、国家经贸委和国家体改委共同推出《京沪高速铁路重大技术经济问题前期研究报告》。

1997年3月，铁道部向国家计委正式上报了《新建北京至上海高速铁路项目建议书》。中国国际咨询公司于1999年12月通过评估。

1998年，提出是否可采用磁悬浮技术问题，从而出现"高速轮轨"和"磁悬浮"之争。

2006年3月，温家宝主持国务院常务会议，讨论并原则通过了《京沪高速铁路项目建议书》，届时，京沪高铁正式立项。

2007年9月，经过国务院批准，国家发改委正式批复京沪高速铁路可行性研究报告。

2007年10月22日，国务院办公厅宣布成立以国务院副总理曾培炎为组长的京沪高速铁路建设领导小组。统筹指导京沪高速铁路建设工作，协调解决建设中的重大问题。

（二）京沪高速铁路的建设背景与历程

1. 建设背景

京沪线既有铁路全长1 463 km，既是客运快速线路，也是货运重载铁路，大部分区段客车最高允许速度达140~160 km/h，货运牵引定数5 300 t，是全国铁路装备水平最高、客货运输最繁忙的干线，在铁路网中作用突出，主通道地位明显，是我国北方各省区通往华东地区的必经之路，是北煤南运的重要通道。

2003年，华东地区经京沪铁路向区外发送旅客5 100万人，占该地区铁路对外发送量的89%，2005年向区外发送旅客5 470万人。从京沪铁路向华东地区输送货物的总量来看，输送煤炭11 200万吨，占56.3%；石油1 060万吨，占79.2%；非金属矿石1 120万吨，占67.6%；木材740万吨，占80.3%；粮食1 020万吨，占68.4%。2005年，全线平均客运密度双向4 512万人/km，平均货运密度为6 181万吨，分别为全路平均的4.9倍和2.1倍，运能缺口高达50%左右，运能与运量的矛盾极为突出，一直处于限制型运输状态。

为扩大运输能力，提高列车运行速度，努力适应沿线经济与社会发展对铁路运输要求，铁道部自20世纪80年代起以重载和提速为目标，不断对京沪线进行强化改造，使其运输能力得到了一定提高。区间最大运行图确定列车对数由107对提高到137对，货物列车牵引定数由4 000 t提高到5 300 t，旅客列车运行速度由100 km/h提高到140~160 km/h。但是，这一系列提速改造措施只是缓解了运能的紧张，并不能从根本上解决运能缺口大的问题。

我国经济持续的发展、人们生活水平的提高和人口的增长及城市化进程的加快，促使我国旅客运输需求保持快速增长势头，且呈现出多元化发展趋势，进而促使运输服务向扩大运输能力、提供多样化产品、多元化功能以及多层次服务方向发展。随着运输市场的不断发育，各种运输工具的旅行速度、旅行环境、服务质量、管理水平、方便程度等，将成为影响人们选择出行方式的主要因素，提高运输服务质量的需求已经日趋重要。

我国和世界各国的经济发展规律告诉我们，交通基础设施的供应水平和能力必须适度超前，否则就会影响社会经济持续、稳定和健康发展。因此，铁路也必须实现跨越式发展。据预测，到 2020 年全国铁路旅客和货物运输需求将分别达到 40 亿人和 40 亿吨，年均增长速度分别为 7% 和 4%。我国铁路将面临运量快速增长、运输质量要求越来越高的双重压力，必须提供足够的运输能力和高质量的运输服务，才能满足这一需求。因此，新建一条京沪高速铁路变得越来越紧迫。

鉴于上述重要原因，建设京沪高速铁路得到了党中央与国务院的重视，并纳入了我国"十一五"规划。2006 年 3 月 13 日，国务院正式批准京沪高速铁路项目建设立项。

2. 修建历程

截至 2008 年 11 月底，开工建设里程 1 203 km，占设计正线里程的 91%。

2009 年 2 月 19 日下午，在国家拉动内需的龙头工程——京沪高速铁路工程建设工地上，大型架桥机凭借着近 70 m 的长臂，将 32 m、880 t 的箱梁稳稳地吊装到桥墩上，这标志着全面开始了京沪高速铁路架桥施工，施工技术实现了跑步与世界铁路建设高端对接的目标。

2009 年 2 月 25 日，京沪高铁测量棱镜招投标开始。

2009 年 4 月 18 日，中国京沪高速铁路开工建设 1 年，工程整体进展顺利。全线开工里程占设计线路里程的 99%，完成投资 668 亿元人民币。京沪高铁计划 2009 年上半年完成全线路基施工，年内完成全部桥梁下部工程、贯通全线所有隧道等工程。

2010 年 1 月 7 日，京沪高铁累计完成投资 1 224 亿元，为总投资的 56.2%。

2010 年 4 月，建设中的京沪高铁已进入轨道板铺设阶段，预计 8 月中旬铺设钢轨，11 月底完成铺设，12 月进行联调联试，2011 年 6 月建成通车。

2010 年 5 月 14 日上午 11:18，京沪高铁沧州段最后一孔长 32.6 m、重 900 t 的梁缓缓落在青沧特大桥 245 号和 246 号墩柱上，标志着京沪高铁沧州段全长 137.8 km 架梁全线贯通。

2010 年 7 月，施工进度最快的山东枣庄至安徽蚌埠段——先导段开始铺轨，11 月轨检车上线调试，12 月份在全线率先通车试运行。

2010 年 7 月 19 日，京沪高铁先导试验段北段开始率先从徐州向蚌埠铺轨，南段将于 8 月中旬从南京向蚌埠铺轨，10 月底将完成试验段铺轨。

2010 年 11 月 15 日全线铺通，大动脉开启京沪新时代。

（三）京沪高速铁路的技术经济优势

高速铁路是高新技术在铁路上的集中反映，它使交通运输结构发生了新的重大变化，是当代经济、社会、科技、交通发展的必然产物。它与汽车和民航等运输方式相比较，输送能力大,安全可靠,旅行舒适度高,较少受气候变化的影响,又具有节省石油和土地资源、保护生态环境、摆脱交通堵塞等优势,是解决大通道上大量旅客高速输送问题的最有效途径,已成为世界各国铁路的发展趋势。高速铁路具有的一系列技术经济优势,得到了世界各国的高度评价,京沪高速铁路亦然。京沪高速铁路技术经济优势主要表现在以下方面。

1. 输送能力大

输送能力大是京沪高速铁路的主要技术优势之一。目前各国高速铁路几乎都能满足最小行车间隔 5 min 的要求,京沪高速铁路的最小行车设计间隔为 4 min,一列车可载客 1 000 人到 1 200 人,每天在京沪之间可发出 120～130 对高速列车,输送旅客能力强大。

据统计,日本九州新干线开通运营第三年,沿线旅行者的数量就增加了 1 倍多,其中上班、上学的通勤人群比开通前增加了 11 倍。由于旅行时间缩短,赴鹿儿岛观光的中长途旅客也明显增加了 10%～15%,带动了当地旅游业的发展。

高铁的影响并不仅局限于铁路范围内,它优化了大交通的运力结构,降低了百姓旅行的综合成本。在欧洲,法国是最早拥有高速铁路的国家,其 TGV 高速列车于 2007 年创造了 578.4 km 的最高测试时速。由于安全、准时、快捷、低价,法国高铁成网后便抢占了中短途的航空市场,每年的收入达到 15 亿欧元。

截至 2019 年 9 月 30 日,京沪高速铁路全线(含本线和跨线)累计开行列车 99.19 万列,累计发送旅客 10.85 亿人次,取得了良好的社会效益和经济效益。

2. 运行速度快

速度是高速铁路技术水平的最主要标志,各国都在不断提高列车的运行速度。法国和日本高速列车的最高运行时速达到了 300 km,意大利也达到了 250 km。京沪高速铁路设计时速为 350 km,从北京到上海只需 4～5 h 就能到达。与民航相比,在正常天气情况下,乘飞机的京沪旅行全程时间(含市区至机场、候检等全部时间)为 5 h 左右,高铁与飞机相当。与高速公路比较,以北京到天津城际高速铁路为例,汽车平均时速 85 km,行车时间为 1 h 40 min,加上进出京、津两市区一般需 1.5 h,旅行全程时间超过 3 h,而乘高速列车仅需 30 min。

3. 运行安全性好

京沪高速铁路由于在全封闭环境中自动化运行,又有一系列完善的安全保障系统,所以其安全程度是任何交通工具均无法比拟的。从国外的情况看,高速铁路问世 50 多年来,除德国 ICE 高速列车行驶在改建线上发生一次事故外,各国高速铁路都未发生过重大行车事故,也没有因事故而引起人员伤亡。这是各种现代交通运输方式所罕见的。因此,高速铁路被认为是最安全的。与此成对比的是,据统计,全世界由于公路交通伤亡事故每年死亡 25 万～30 万人,全球民用航空每 10 亿人/km 的平均死亡数高达 140 人。

4. 受气候变化影响小,正点率高

京沪高速铁路全部采用自动化控制,可以全天候运营,除非发生地震。根据风速限制规范,若装设挡风墙,即使风速达到 25～30 m/s,列车也可跑到 160 km/h。飞机、机场和高速公路等,在浓雾、暴雨和冰雪等恶劣天气情况下,则必须关闭停运,由于高速铁路系统设备的可靠性和较高的运输组织水平,可以做到旅客列车极高的正点率。

5. 乘车舒适、方便

京沪高速铁路设计为每 4 min 发出一列车,旅客基本上可以做到随到随走,不需要候车。为方便旅客乘车,高速列车运行规律化、站台按车次固定化等,这是其他交通工具无法比拟的。高速列车车内布置科学合理、设施齐全、座席宽敞舒适,走行性能好,运行非常平稳。高速列车还能减振、隔音,车内很安静。

6. 能源消耗低,环境影响小

根据专家研究测算,以"人公里"(即将 1 个人运输 1 km)为单位能耗进行比较,高速铁路为 1,则小轿车为 5,大客车为 2,飞机为 7。高速列车利用电力牵引,可不消耗不可再生的石油等液体燃料,可利用多种形式的能源。其环境影响明显优于汽车和飞机。

很多国家还将高铁视为能源安全与环境保护的"绿色屏障"。高速铁路占地小,有利于耕地保护与城市建设发展。双向 4 车道高速公路占地面积是高铁的 1.6 倍;大中型飞机场占地面积相当于建 1 000 km 高铁。高铁的能耗与排放也比其他交通工具更小。日本新干线的人均碳排放量仅是私人小轿车的 1/10、公共汽车的 1/3、飞机的 1/6。此外,高铁项目与相关产业的投入产出比为 1∶10。高铁不仅加大了钢铁、水泥、精密仪器、新材料等产业的需求,还创造了大量的就业岗位,对应对国际金融危机冲击、保持经济增长、扩大国内需求,有着明显的作用。

(四)京沪高速铁路对沿线经济带的影响

京沪高速铁路位于中国东部地区的华北和华东地区,线路两端连接环渤海和长江三角洲两个经济区域。全线贯穿了北京、天津、上海三大直辖市和河北、山东、安徽、江苏四省,这些省市是我国经济基础最好、发展速度最快的经济带。它们不仅是我国东部

地区带动中西部地区经济发展的龙头,也是我国经济对外开放、参与国际经济竞争的前沿阵地,在整个国民经济和社会发展中具有重要的战略地位。京沪高速铁路所经区域面积占国土面积的6.5%,人口占全国地26.7%,人口100万以上城市11个,国内生产总值占全国的43.3%,是中国经济发展最活跃和最具潜力的地区,也是中国客货运输最繁忙、增长潜力巨大的交通走廊。

由于京沪高速铁路的设计是客运专线,线下最高设计速度为380 km/h,技术速度最高达到288 km/h,本线新增运力每天达30万~35万人。届时,既有铁路线和新建的客运专线分开运营。因此,它的建成将产生5个主要方面的影响。

(1) 促进京津唐、环渤海、胶东半岛、长江三角洲、长江中下游经济区域的快速发展,形成一条以北京为政治文化中心,上海为国际经济、金融、贸易、航运中心的经济带,加快沿线地区的城市化进程,提前实现城市化。

(2) 加强东部地区对西部地区乃至全国的经济辐射与带动效应,带动铁路及其相关产业的技术进步,进而促进相关产业快速发展乃至全国经济的全面快速增长。

(3) 从根本上缓解京沪沿线地区交通运输的紧张局面,大幅度缩短沿线城市之间的旅行时间,激发人们的出行频次,提高人们的旅行质量。

(4) 沿线地区时空距离的变化,有利于改善沿线的投资环境,促进沿线土地升值,加速经济增长。

(5) 根据初步研究预测,京沪高速铁路建成后,可使沿线地区生产总值增长率提高19%~21%。

京沪高速铁路所经的4省3市面积仅占全国的6.5%,人口却占全国的26.27%,沿线分布着全国四大直辖市中的3个,省会城市2个,共有11个人口超过100万的大城市,构成了一条经济实力雄厚、辐射能力极强的经济轴线。其2005年生产总值占全国的46.70%,人均生产总值是全国平均的1.80倍,其中,北京、天津、济南、南京、常州、镇江、无锡、苏州、上海等市的人均生产总值超过3 000美元。

京沪高速铁路的建设,可将京津唐、环渤海及长江三角洲经济区域紧密连接起来,根据各自资源优势,优化生产力布局,增强对东部地区乃至全国的辐射与带动效应。因此,京沪高速铁路建设,对促进东部地区保持快速的经济增长势头,创造新优势,实现新突破,率先实现现代化,从而带动全国的经济增长,具有重要的战略意义。

(五) 京沪高速铁路对综合交通运输的影响

建设京沪高速铁路(运输能力可达年单向输送乘客8 000余万人),是扩大京沪通道运输能力,提高通道运输质量的需要。京沪运输通道主要由公路、铁路、民航、水运和管道等 5 种运输方式承担，是我国交通比较发达的地区，也是运输最繁忙、运能最紧张的地区。

20 世纪末，京沪通道公路、民航运能与运量大幅度增长，而铁路增长极其有限。公路方面，通车里程由 1990 年的 15.6 万千米增加到 2005 年的 36.9 万千米，年均增加 5.63%，客运量平均增长 8.32%；民航方面，北京—上海航线飞行班次从 1995 年的 8 896 次增加到 2005 年的 31 000 次，年均增加 14.02%，北京—南京航线飞行班次从 1995 年的 3 752 次增加到 2005 年的 9 762 次，年均增加 9.45%；铁路方面，通车里程从 1990 年的 10 166 km 增加到 2005 年的 14 267.2 km，年均增加 2.28%，客运量年均增加 1.69%。可见，运量的增长与运能的增加呈现非常显著的正相关性，铁路客运量增长缓慢的主要原因，就是运输质量低、运能不足。

在我国"十一五"规划交通部分中，京沪高速铁路是"一号建设项目"。京沪高速铁路沿线是我国大城市最集中、人口最密集的区域，要求京沪高速铁路必须适应这个特点，实现运量最大化。它的开建，将对公路和民航等运输方式产生影响，将改变上述交通结构不合理的增长因素和分担率，主要表现在优化资源配置、优化运输结构、进一步实现合理分工等方面上。同时也使铁路线网进一步得到完善和优化，科学合理地发挥效能与作用。

到 2020 年，我国人均 GDP 将超过 3 000 美元。据世界主要发达国家的资料分析，当人均 GDP 从 1 000 美元上升到 3 000 美元时，居民主要消费结构就会发生较大变化，用于交通和通信消费支出的平均比重将稳步上升，从 8%~9% 上升到 11%~12%。我国现有总人口，据 2020 年第七次普查结果为 14.1 亿人（统计数据暂不包括港、澳、台地区），城市化率将从目前的 43% 提高到 60%。人口的增长、城市化率的提高及交通消费支出比重的上升，将导致全社会客运需求迅速增长。

根据上述情况，通过运用多种方法预测，京沪通道旅客运量 2015 年为 80 亿人次、2020 年为 102 亿人次、2030 年为 105 亿人次，占全国总量的 23% 左右，货运量为 55 亿、61 亿和 65 亿吨，占全国的 29% 左右。

经过综合分析测算，京沪通道铁路客运需求 2015 年达 5.6 亿人次、2020 年达 6.8 亿人次、2030 年达 8.5 亿人次（含京沪高速铁路、城际客运专线和既有京沪线），占通道总运量的 7.3%。其中，高速铁路承担的运量分别为 3.05 亿、3.67 亿和 4.82 亿人，以密度表示，则分别为 4 300 万人公里/km、5 300 万人公里/km 和 6 850 万人公里/km（单向）；货运需求为 4.8 亿、5.3 亿和 5.6 亿吨，重车方向区段货流密度分别为 0.98 亿吨公里/km、1.21 亿吨公里/km、1.25 亿吨公里/km。

在我国铁路网中，京沪高速铁路是我国《中长期铁路规划网》中"四纵四横"客运专线的南北向主骨架。京沪高速铁路的建设，对促进东部地区快速客运网的形成和全国客运专线网络的发展具有提纲挈领的带动作用。

（六）京沪高速铁路对可持续发展战略的影响

我国国情的基本特点是人口多、耕地少、资源紧张。目前，我国经济规模的迅速扩大与资源浪费、环境污染并存，资源短缺、生态失衡和环境恶化成为社会、经济可持续发展的制约因素，京沪通道沿线上述特点更加明显。建立符合可持续发展战略要求、社会成本低、环境相容性好的资源节约型交通运输体系，是我国实施可持续发展战略的重要内容之一。

高速铁路具有占地省、能耗低、运能大、污染少、全天候、适应性强等技术经济优势，与公路、航空运输相比，是中长距离运输中最具节约特征的交通方式。每人公里燃料消耗是汽车的 32%，是中程客运飞机的 20%，废气排放不到汽车和飞机的 23%，占地仅相当于双向 4 车道高速公路的 50%。根据最近国际铁路联盟高速部的资料统计，欧洲 17 个国家交通运输业的外部成本总额为 5 300 亿欧元，占这些国家当年 GDP 总值的 7.8%。在汽车、飞机和铁路 3 种快速交通工具的外部成本中，铁路仅占 1.94%，远低于公路的 91.5%、航空的 6.1%。

正是高速铁路的这些突出技术经济优势，使得高速铁路在世界范围内蓬勃发展。自 1964 年日本建成世界上第一条高速铁路东京至大阪高速铁路，50 多年来，高速铁路从无到有，迅速发展。据不完全统计，截至 2019 年 12 月，全世界运营中的高速铁路营业里程总长超过 50 000 km，这些线路分布在近 20 个国家和地区。在建高速铁路有 10 多条，总长度达 10 000 km，将陆续投入使用。

国际上高速铁路建设经验表明，高速铁路的技术正在不断发展，具有良好的经济和社会效益，是可持续发展的资源节约型交通运输方式。京沪高速铁路的建设，有助于我国尽快建立资源节约型交通运输体系，对实现可持续发展的战略具有关键性的影响。

（七）京沪高速铁路对产业发展的影响

京沪高速铁路使用的技术，集中反映了当代新型牵引动力、高性能轻型车辆、高质量线路、高速运行控制指挥、高安全、高可靠性的系统，高速运输组织和经营管理等方面的技术进步。用高新技术改造传统产业，提升其现代化水平，是走新型工业化道路的重要任务。

铁路传统产业存量大、产业链长。我国铁路现有 13 万多千米营业里程，是钢材、铝型材、木材、水泥等物资消耗大户。京沪高速铁路建设，是科研攻关、技术引进和消化吸收相结合，实现我国铁路速度目标值的新突破，尤其是安全可靠性技术、自动控制技术等方面实现新突破，实现高速铁路技术的国产化，为传统产业注入高新技术要素，可以从总体上提高我国交通运输的产业素质，促进中国铁路现代化水平的全面提高。

对于时速 200 km 以上的线路，尤其是高速铁路，中国企业不仅已经掌握核心技术，能够承担路基、桥梁、钢轨、枕梁、供电架等基础部分施工和生产。这部分的工作量和原材料消耗量很大，所占比例大概在 50% 左右。技术高的核心部分是列车、通信、信号、供电等系统，也能够独立生产制造。

通过京沪高速铁路建设，相关技术也可以直接应用到城市轨道交通产业中去，对这一领域也具有提升和推动作用。另外，我国铁路行业拥有庞大的机车车辆制造体系和优秀的专业技术人员，通过技术引进和技术创新，有能力参与到国际市场竞争中去。

京沪高速铁路建设，将成为中国铁路运输现代化进程中的里程碑，大力推动我国相关工业的技术进步。

（八）京沪高速铁路的投融资及其影响

根据我国目前的政策环境和市场发展规律研究分析，京沪高速铁路项目融资是，按照"积极探索市场化融资方式，吸纳民间资本、法人资本及国外投资，构建多元投资主体，拓展多种投资渠道"的要求，充分调动各方面积极性，采用货币、实物、知识产权、土地使用权等多种出资方式，利用国内外资本市场进行权益、债务融资，实现多元投资主体、多种筹资渠道、多样融资方式。

京沪高速铁路项目运作的模式是，出资各方按照《公司法》要求，共同组建京沪高速铁路有限责任公司。公司作为项目法人，对资金筹措、建设实施、经营管理、债务偿还及资产的保值增值负责。可操作的步骤是，首先以原铁道部及地方政府注入的资本金和银行贷款作为主要资金来源，组织实施工程建设。同时积极引进国内外战略投资者，在资本市场上分期发行企业债券，逐步加大市场融资份额，替代或置换政府资金和债务性融资，在实现国有铁路控股的前提下，逐步减少政府资金所占资本金的比例。在条件成熟时改制上市，进入股票市场直接融资。

鉴于目前的融资环境与条件，京沪高速铁路项目的自有资本金不少于总投资的 50%，加上地方政府的征地拆迁折合资金，国有资本所占比例将达到 60%～70%。京沪高速铁路的预算总投资额在 2 208 亿元左右，如按 70% 计算，国有资本将达 1 545 亿元。

从京沪高速铁路项目融资结构比例来看，国有资本占绝对优势，这一状况在短期内很难改变。因此，随着高速铁路项目法人化的发展，巨额的国有资本应该有完善的监管预案。京沪高速铁路的建设，必将快速推动国有资本监管体系的建立，使之逐步完善，从而促进我国高速铁路及客运专线的快速、有序建设与发展。

京沪高速铁路项目融资的思路和运作模式，对客运专线是一个很好的典范，有利于实现建设、管理、运营与标准的统一及规范。对于不适宜现阶段建设的客运专线，应该严格控制，把客运专线控制在需求合理的规模上，从而也减少投资压力和杜绝不合理的项目投资。

（九）京沪通道铁路方案论证

根据京沪通道的运输需求，有关部门先后研究过如下一些技术方案。

1. 既有线采用摆式列车

采用瑞典 X2000 摆式列车，通过曲线的限制速度可提高 35%，旅行速度约提高 20%，通过必要的改造和加强，既有京沪线的最高速度可达到 200 km/h。但是开行摆式列车，扣除系数就要加大，本已紧张的运输能力还要降低，更不能适应日益增长的运输需要，故该方案被放弃。

2. 既有线电气化改造

进行电化改建，在运输繁忙的京沪线上，施工干扰正常运营的问题比较突出，一是要降低现有运输能力，二是要延长工期。据设计部门测算，按 1992 年价，仅电气化与土建工程投资即需 148.7 亿元。电化后货物列车牵引定数即使达到 5 000 t 以上，徐州—上海的铁路能力也仅能适应到 2001—2003 年，也就是说电化改造完成之时，就将是运能饱和之日。考虑到电化改造中的运能降低以及电化完成后又需规划新的扩能措施，所以电化改造这种只能临时缓解能力不足的方案不宜采取。

电气化改造并开行摆式列车，虽可提高部分客运的最高速度，但能力不足的矛盾将更加突出。

3. 新建一条双线铁路

新建一条双线铁路，有以下 4 个方案可供选择：一是沿既有铁路建成并行四线；二是新建一条客货混运双线；三是新建一条普通客运专用双线；四是新建高速客运专用双线。

从投资角度看，按 1992 年价格估算，工程造价分别为 537 亿元、401 亿元、434 亿元、523 亿元，投资额的比值为 1.03∶0.77∶0.83∶1.00，差别并不很大。

从运输能力角度看，修建高速客运专线则是最大的，双向客运能力可达 1.2 亿人/年。既有线单向货运能力可达 1.2 亿吨/年，能够适应京沪通道远期的运量增长。

从缩短乘客旅途时间看，修建高速客运专线可将目前京沪间 17 h 的旅行时间，缩短为 6.5~7.0 h，这更是修建普通客运专线无法比拟的优越性。

综上所述，在京沪通道上修建高速客运专线既可解决能力不足问题，又为我国铁路高速客运开创道路，是符合国情民情的正确决策。

（十）京沪高速铁路的技术决策

1. 总体设计

经过设计单位的认真研究，多方案比选，拟定了京沪高速铁路的线路走向，如图 7.5 所示。

沿线以平原为主，局部为低山丘陵区，经过海河、黄河、淮河、长江四大水系。北京至济南属冀鲁平原，地形平坦开阔，地势为两端高、中间低，团泊洼一带为全线最地处；济南至徐州属鲁中南低山丘陵及丘间平原，地形起伏较大，泰安段为全线海拔最高区段；徐州至上海段线路主要通过黄淮长江三角洲平原区，局部（蚌埠至丹阳）通过阶地垄岗、低山丘陵。

沿线的工程地质条件主要是软土、松软土分布广泛，尤其是武清至沧州段松软土、丹阳至上海段软土，埋深变化大、软土层厚、强度低、工程性质差。

设计最高运行时速 380 km，初期运营时速 300 km，列车最小追踪间隔按 3~3.5 min 设计。预计京沪高速铁路建成后，列车以时速 380 km 运行，北京南—上海虹桥站全程运行时间为 3 h 45 min；以时速 350 km 运行，运行时间为 3 h 58 min；以时速 300 km 运行，运行时间为 4 h 37 min。年客运输送能力双向达到 1.6 亿人次。总投资 2 209.4 亿元，原计划 2012 年 12 月建成通车，后计划提前至 2011 年 12 月通车，争取 2011 年 6 月通车，总工期为 38 个月左右。项目建成后，乘坐火车从北京至上海只需要 4 h。

1）线路走向

京沪高铁与既有京沪铁路大体平行，正线全长约 1 318 km，沿线共设置 24 个客运车站，较既有京沪线 1 463 km 缩短约 145 km（图 7.5）。线路自北京南站西端引出，沿既有京山线，经天津新设华苑站并与天津西站间修建联络线连接；向南沿京沪高速公路，在京沪高速公路黄河桥下游 3 km 处跨黄河，在济南市西侧新设济南高速站；向南沿京福高速公路东侧南行，在徐州市东部新设徐州高速站；于蚌埠新淮河铁路桥下游 1.2 km 处跨淮河设新蚌埠站，过滁河，在南京长江大桥上游 20 km 的大胜关越长江后新设南京南站，东行经镇江、常州、无锡、苏州，终到上海虹桥站。天津、济南、徐州、蚌埠、南京、上海等枢纽地区通过修建联络线引入既有站。

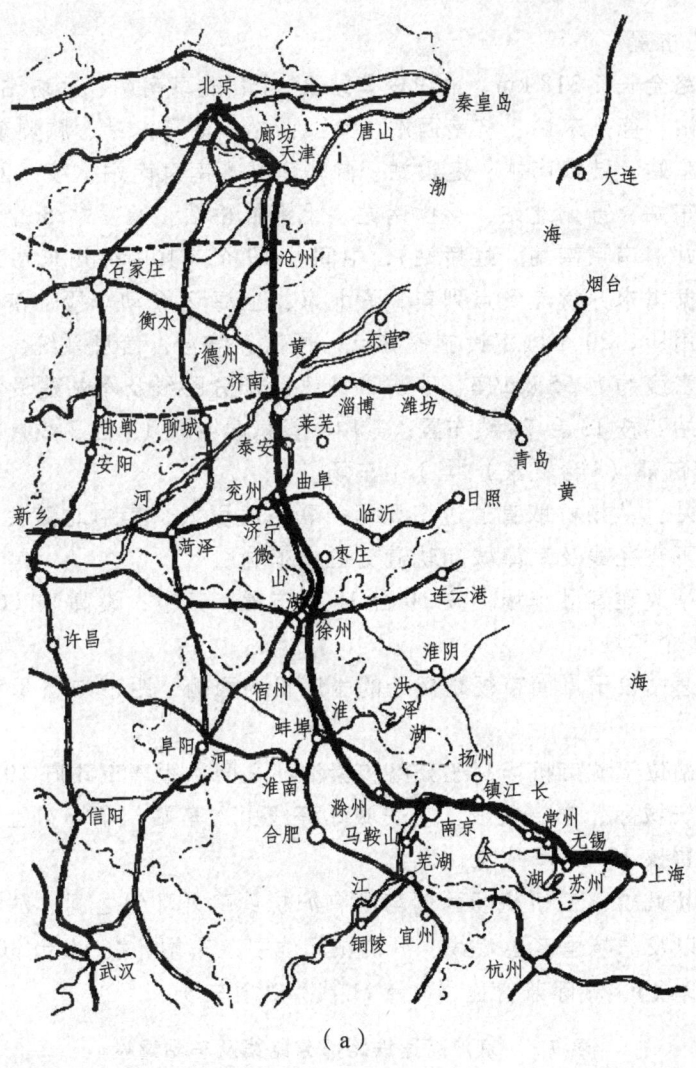

(a)

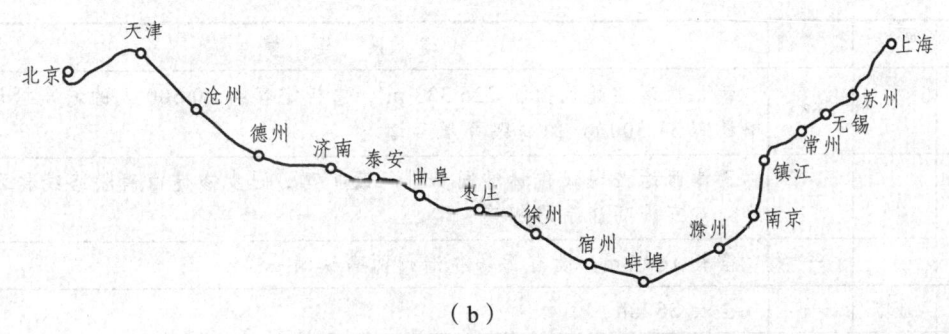

(b)

图 7.5 京沪高速铁路走向示意

2）主要车站布置

京沪高速铁路全长 1 318 km，全线设车站 24 个：北京南站、廊坊站、天津西站、天津南站、沧州西站、德州东站、济南西站、泰山西站、曲阜东站、滕州东站、枣庄西站、徐州东站、宿州东站、蚌埠南站、定远站、滁州南站、南京南站、镇江西站、丹阳北站、常州北站、无锡东站、苏州北站、昆山南站、上海虹桥站。始发站 5 个（北京南站、天津西站、济南西站、南京南站、虹桥站），中间站 19 个（其中徐州东站为预留始发站），始发站之间将根据需求开行点到点列车。设北京、上海 2 个动车段，济南、南京南、虹桥 3 处动车组运用所，20 个固定设施保养点，通信、信号、信息系统、牵引供电等站后设备。车站平均密度约为 55 km/座。京沪高速铁路部分路线及车站建设见表 7.3 所示。

（1）北京南站：按 13 台 24 线布置。其中：设京津城际（4 台 7 线）、京沪高速（6 台 12 线）及普速兼市郊（3 台 5 线）共 3 个车场。

（2）天津西站：从杨村取直通过南北两条联络线引入，其中北侧联络线预留条件。天津至天津西地下直径线及京津城际轨道交通从东端引入。

（3）天津西站改建客运车场，按 10 台 18 线布置。其中：设高速（6 台 11 线）及普速（4 台 7 线）2 个车场。

（4）济南高速站位于济南市规划搬迁的张庄机场西侧，距市中心 8.5 km，按 8 台 14 线布置。

（5）南京南站位于城市机场高速公路和秦淮河之间，距离市政府 10 km。京沪高速、沪汉蓉铁路、沪宁城际、宁杭城际、宁安城际等线引入车站，车场布置及各线间联络线设计十分复杂，暂按 13 台 26 线设计。

（6）上海虹桥站位于虹桥机场西侧与既有沪杭铁路外环线之间，沪杭既有线、京沪高速、沪宁城际以及沪杭甬客运专线、沪杭城际线引入车站，按 16 台 30 线布置。其中：设高速（10 台 19 线）、城际兼普速（6 台 11 线）2 个车场。

表 7.3　京沪高速铁路部分路线及车站建设

省份	路段	投资额	建设规模
北京		63	新北京南站建筑面积 226 333 m²，包括能容纳 10 500 人的候车区域，其中还有 31 500 m² 的高架环形车道
天津		—	天津西站按现代化标准同步进行改扩建，同步修建西南联络线和西北联络线与京沪高速铁路相连
河北		—	全长 169 km；设有廊坊和沧州两高铁站
	廊坊	—	全长 26 km
	沧州	—	全长 143 km

续表

省份	路段	投资额	建 设 规 模
山东		—	总长 500 余千米，铁路被规划为封闭式的高架路，全线 60%～70% 的路段被设计为桥梁。拟设德州、济南、泰安、曲阜、枣庄 5 个站点
	济南	—	全长大约 70 km，济南高速站核心区规划总用地 50.57 hm²，其中周边地区用地 43.2 hm²，总建筑面积 2 586 431 m²，总建设规模 20 hm²
	曲阜	—	曲阜高铁站设正线 2 条、到发线 4 条，有效长度 700 m，车站设 450×12×1.25 岛式站台 2 座
安徽		189	全长 266 km，占总长的 20%。设有宿州、蚌埠、滁州 3 个高铁车站
	宿州	—	车站设计总建筑面积为 6 889 m²
	蚌埠	—	全长 74 km，其中 95% 是高架桥通过；车站站房规模约 8 000 m²
	滁州	—	全长约 112 km，总占地约 537 hm²；车站站房规模 4 000 m²
江苏		660	全长 348 km，设有徐州、南京、镇江、常州、无锡、苏州、昆山 7 个高速站，另外预留丹阳站
	徐州	68	正线为 55.3 km，联络线 15.2 km，其中高速桥梁长度约为 50 km
	镇江	—	全长 74.74 km，70% 以上将采用高架方式
	南京	136	全长 27.3 km，八成将是全封闭的高架铁路；南京南站占地面积约 2 km²。铁路轨道有 28 股，将建成高架车站，地下是地铁，一层是大厅，最上层是铁路轨道
	常州	—	总长 44.74 km；车站设正线 2 条、到发线 4 条；岛式站台 2 座，站台长度将达 450 m，宽 12 m，高 1.25 m
	无锡	—	全长 49.75 km
	苏州	—	全长约 81 km
上海		—	高铁虹桥客站为地面车站，地下将设轨交车站

3）主要工程内容

桥梁长度约 1 140 km，占正线长度的 86.5%；隧道长度约 16 km，占正线长度的 1.2%；路基长度 162 km，占正线长度的 12.3%；全线铺设无砟轨道约 1 268 正线公里，占线路长度的 96.2%。有砟轨道约 50 正线公里，占线路长度的 3.8%。全线用地总计 5 000 hm²（不包括北京南站、北京动车段、大胜关桥及相关工程）。

京沪高速铁路将全线铺设无缝线路和无砟轨道。铁路线路、牵引供电、通信信号等基础设施，采取多种减振、降噪、低能耗、少电磁干扰的环保措施。全线实行防灾安全实时监控，运用具有世界先进水平的动力分散型电动车组，由集行车控制、调度指挥、信息管理和设备监测于一体的综合自动化系统统一指挥，以确保实现高速度、高密度、高舒适性、大能力、强兼容、高正点率、高安全性的现代化旅客运输。

京沪高速铁路全线实现道口的全立交和线路的全封闭,既方便沿线群众、车辆通行,又可确保高速列车运行安全。全线优先采用以桥代路方式,最大限度节约东部地区十分宝贵的土地资源。

2. 重大工点概述

1) 北京南站

北京南站位于北京市南二环、南三环之间,是集铁路、市郊铁路、地铁(2条)、公交车和社会车辆为一体的大型立体、紧密衔接的现代客运中心(5层)。车站总建筑面积约 24.5 hm^2(其中铁路站房约 8.5 hm^2),雨棚面积约 6 hm^2。

北京南站的整体造型设计为相互咬合的三部分:中部为高架进站厅,两翼为全覆盖无站台柱雨棚,衔接的缝隙为高架车道,车流可以从任何方向驶入高架进站厅,中央通廊上的梭形屋面更加突出了进站方向,屋面形式恰当地反映了建筑的内部功能;而为了顺应北京市方格网的城市格局,站房采用椭圆形的建筑形态,以消除铁路站场斜向布置与北京市南北向城市格局的矛盾,使铁路客站对于城市各个方向均具有良好的视觉景观;为了表达独特的地理位置和深远的文化背景,造型设计利用现代技术手段,左右对称曲线形的屋面分三层跌落,来实现"天坛"的屋面形象寓意,使北京南站成为具有文化性和时代感的公共建筑(图7.6)。

图 7.6 京沪高速铁路北京南站

高架层为旅客进站层,中央为候车室,东西两侧是进站大厅,与高架环道下客平台相连。南北两侧为共享空间,与南北广场地面进站厅和地下换乘空间直接连通。来自公交车、地铁和地下小汽车库的旅客,均可通过这个共享空间进入高架候车厅进站。候车空间分普速、高速、城际候车厅,每个候车厅设安检、独立的软席候车室、无障碍候车座席、无障碍电梯和卫生间等旅客服务设施,并设置了站台采光天井,天井一侧设楼扶梯通往站台,另一侧设自动扶梯通往站台。东西两侧进站大厅入口处设置了开敞式的旅服设施,进站旅客在此可完成问询、小件寄存、电话通信等作业。进站流线上设置四组售票厅及商务中心旅服设施。

地面层为公交车旅客进站层,站房北侧设进站厅、贵宾候车室。

公交车落客站紧邻站前平台设置;站房南侧设旅客进站厅及必要的附属用房。为保证站台上景观的通透性,尽量减少结构柱的数量,高架候车厅下柱网最大跨度为 40.5 m。采光井将阳光引入站台层,改善了以往高架候车厅下阴暗的候车环境。同时,站台上也设置采光井,光线间接引入地下,使地下空间的旅客能感受到天光,具有导向作用。

地下一层东西两侧设汽车库及设备用房,南北两侧是地下公交车载客站;中央部位为交通换乘大厅,西侧为国铁出站,东侧为国铁快速进站,南北两端为长途候车旅客进站厅。两个地铁站的共用付费区设在换乘大厅的中央部位,最大限度方便地铁客流换乘。在旅客通道上,设商亭、快速售票窗口、接站休息处,与绿化和休闲设施相结合,满足功能和景观要求。

地铁 4 号线与 14 号线之间设有楼梯,可以直接台对台换乘。

采用椭圆的建筑造型,节约用地;采用太阳能板取电,地源热泵以及独特的采光天窗及高科技的建造手段节约了能源。系统设计中我们努力寻求这一全新的火车站在经济性上、在"四节一保"上能够与它的功能性、系统性、先进性和文化性方面达到一个和谐完美的平衡。

2) 济南黄河大桥

济南黄河大桥在王家庄桥位跨越黄河,为四线桥。桥位处主河槽水面宽度约 290 m、两岸黄河大堤堤距约 930 m。大桥主桥长 5 143 m,跨河主桥采用 5 跨连续钢桁柔性拱 (112 + 168 + 168 + 168 + 112) m,6 个主墩,其中 3 号主墩基础采用 24 根 $\phi 2.5$ m 的钻孔桩基础,圆端形承台平面尺寸 36 m × 23.2 m,桩长 80 m(图 7.7)。

图 7.7 京沪高速铁路济南黄河大桥

3) 南京大胜关长江大桥

（1）工程概况。

南京大胜关长江大桥位于既有南京长江大桥上游 20 km 处，是京沪高速铁路和沪汉蓉铁路的越江通道，同时搭载双线地铁，为 6 线铁路桥。大桥全长 14.789 km，跨水面正桥长 1 615 m，采用双孔通航的 6 跨连续钢桁拱桥（109+192+2×336+192+109）m，采用三桁承重结构，3 个主墩基础采用 46 根 $\phi 3.2$ m/$\phi 2.8$ m 的钻孔桩基础，承台平面尺寸为 34 m×76 m，桩长 10.7~11 m。

苏锡常特大桥从丹阳至昆山试验段，全长 164 km。常州至昆山软土分布较广，除少数特殊跨度外，大量采用 32 m 箱梁结构。

① 桥式方案。北岸引桥 24×32 m 预应力混凝土简支箱梁＋40 m＋2×44 m＋40 m，四孔预应力混凝土连续箱梁＋1 423×2 m 预应力混凝土简支箱梁，长 5 599.237 m；北岸合建区段 44 m＋68 m＋44 m 三孔预应力混凝土连续箱梁＋32×32 m 预应力混凝土简支箱梁，长 1 202.4 m；水域合建区段主桥 2 联 2×84 m 三片主桁连续钢桁梁＋（109+192+2×336+192+109）m 三片主桁连续钢桁拱桥，长 1 615.0 m；南岸合建区段（37+60+37）m 三孔预应力混凝土连续箱梁＋32 m 预应力混凝土简支箱梁＋（37+60+37）m 三孔预应力混凝土连续箱梁＋17×32 m 预应力混凝土简支箱梁，长 856.6 m（图 7.8）。

图 7.8　京沪高速铁路南京大胜关大桥

② 主桥上部结构。桥跨为 6 跨连续钢桁拱桥，中跨 336 m 钢桁拱矢高 84 m，矢跨比 1/4，钢桁拱肋跨中处，高 12 m，支点处高 53 m，边跨连续钢桁梁桁高 16 m，节间长约为 12 m。横桥向采用三桁承重结构，桁宽为 2×15 m。京沪高速铁路位于下游侧，沪汉蓉铁路位于上游侧，南京地铁荷载较轻，分列于主桁两侧。

③ 主桥下部结构。3个主墩采用 12.0×4.0 m 的圆端形空心墩，单箱双室截面；主墩基础采用 46 根 ϕ3.2 m/ϕ2.8 m 的钻孔桩基础，桩长 107～112 m；圆端形高桩承台平面尺寸为 3 476 m，承台顶面标高 −7.0 m，厚 6.0 m，墩座厚 4.0 m。

④ 主桥边孔。北岸浅水 4×84 m 跨连续钢桁梁结构布置与主桥边跨相同；北岸边孔浅滩 323×2 m 预应力混凝土简支箱梁分幅布置；南北跨堤方案均采用分幅布置的单箱单室预应力混凝土连续箱梁。

⑤ 主要工程数量。钻孔桩 2 355 根，墩台 240 个，32 m 梁 266 片（以上共计混凝土量 122.5 万立方米；钢材 16.1 万吨）；正桥钢梁 7.8 万吨；高强度螺栓 365.5 万套。

（2）技术特点：

① 大桥结构设计大量采用了新材料、新技术、新设备、新工艺等，多项指标达到世界一流水平。

② 设计速度高：设计时速 300 km，处于世界领先水平。

③ 主跨跨度大：主桥跨度 2×336 m，为世界最大跨度的高速铁路桥梁。

④ 设计荷载重：主桥恒载约 92 t/m，设计活载 4 线铁路、2 线地铁共 6 线轨道交通荷载，为世界设计荷载最高的高速铁路桥梁。

⑤ 新材料：在部分受力较大的杆件上采用了厚板（60 mm）屈服强度达到 420 MPa 的新型钢材，新材料为超低碳贝氏体钢，含碳量低，与国内已采用的桥梁结构钢相比，具有强度高、冲击韧性好、可焊性及疲劳性能更好的特性。

⑥ 新结构：采用了世界上首创的三片主桁的桁架拱，还采用了钢正交异性板整体桥面、多力加劲的箱形、杆件、变截面杆件、整体节点等新型结构措施。

⑦ 新设备：在设计中采用了伸缩量 800 mm 的桥梁轨道温度调节器和梁端伸缩装置；17 000 t 的大吨位球型支座；抗震阻尼器释放温度力。共同承担地震荷载。通航孔跨主墩采用防撞设施削弱船舶撞击能量，保护桥梁基础和通航船舶航行安全。

⑧ 新工艺：主桥深水基础采用了无导向船的双壁自浮式围堰平台施工方案；利用大型吊装设备实施重型构件安装，采用吊索塔架辅助钢桁拱合龙。整体桥面分块制造、工地栓焊结合。

4）上海虹桥站

位于上海虹桥机场西侧，将建成高速、城际普速铁路和城市轨道交通（4 条地铁线）、磁悬浮交通、道路交通以及航空港紧密衔接的现代化客运中心（立体 5 层）。车站总建筑面积约 23 hm^2，其中铁路站房约 10 hm^2，雨棚面积约 11 hm^2（图 7.9）。

图 7.9　京沪高速铁路上海虹桥站

3. 京沪高速铁路运输模式

1）既有线与高速线的分工

修建京沪高速铁路具有双重任务：一是提高客运速度，缩短京沪大通道的运行时分；二是增大京沪通道的客货运输能力，适应经济发展的需要。

经过研究论证，基本思路是要最有效地利用高速线与既有线的能力，尽可能地适应旅客乘车需要，谋求最佳的经济效益。高速线运行本线到发的高速列车和跨线运行的中速列车；既有线旅客列车移入高速线后，腾出运行线增开货物列车，扩大货运能力。由于既有线沿线城镇很多，客流集散点遍布各中小车站，高速线只在大城市设站，这些客流仍需要既有线运送，所以既有线还需保留少量沿途停站的慢车。运输格局是高速铁路为客运专线，高中速混跑；既有线以货为主，货中有客。

2）高速线的运输组织

既有京沪线上，本线直通列车约 1/3，跨线运行列车约 2/3。京沪高速铁路建成后，运输组织有 3 种方式：一是跨线列车进入高速线，换挂机车按中速运行，高速线直通列车跑高速，称为"中速车上线"模式；二是跨线列车不进入高速线，旅客在接轨站换乘高速列车，高速线只跑高速列车，称为"跨线换乘"模式；三是高速线只跑高速列车，为了不使跨线旅客在接轨站换乘，高速列车下线运行在邻接路线跑中速，把旅客运达目的地，称为"高速车下线"模式。三种运输组织各有利弊，要从国情、路情、民情出发，进行抉择；同时，选定的运输模式仅是运营初期的运输方式，随着时间的推移，具体情况的改变，初期的运输方式还可以逐步过渡为其他运输方式。

"中速车上线"模式的最大优点是不需换乘、方便旅客,适应不同层次旅客在高速线上的票价负担;同时又可节省高速列车昂贵的购置费用。其缺点是信号制式要适应高、中速列车;当远期高中速列车数量很多时,因中速列车扣除系数高达 3.7 以上,将降低通过能力,且因站间距离很长,当中速列车停站待避高速列车时,停站时分长,旅行速度降低;当上线的中速列车在邻线晚点时,高速线需要调整运行图,影响高速线的运行秩序。

"跨线换乘"模式的优点是高速线跑高速车,充分发挥设施作用;高速线信号制式和行车组织简单,通过能力大。其缺点是投资加大,高速列车车底加多、购置费增加;接轨站全线共 11 处,都是大站,因高中速列车要在接轨站换乘,并办理折返、始发、终到与技术作业,接轨站的到发线、站台数量要加多,要增设机务、车务设备和客技作业设施,要大大增加接轨站本来已很困难的拆迁工程和投资数额;当中速列车晚点时,接运的高速列车势必严重缺员或大大超员;同时换乘时全列车旅客背着包、提着箱,迫不及待地到换乘车验票上车、对号入座,势必给妇孺老幼和行李多的旅客带来很多困难,车站管理工作也增加难度;同时进入高速线就只有乘坐高速车,票价较高,没有选择余地,部分低收入旅客可能并不满意。

"高速车下线"模式的优点是高速线全跑高速车,下线高速车的旅客不需在接轨站换乘;其缺点是更要增大价格昂贵的高速列车购置费,且高速列车在普通线路上也无用武之地,速度提不上去。

运输模式是京沪高速铁路设计的出发点和运营的落脚点。经过充分论证,决定高速线的运输模式采用符合国情、路情、民情的"中速车上线"方式。

随着国家经济的进一步发展,人民生活水平的进一步提高,以及国产高速列车的批量生产,京沪高速铁路的高速列车比重将逐步增大,中速列车的比重将逐步减小。

4. 京沪高速铁路速度目标值

1)最高速度的含义

高速铁路的规划中,涉及三种最高速度。

一是土建工程设计速度,土建工程包括线路平纵面标准、线间距离、桥梁结构、隧道断面等,一经建成很难改变,所以应按远期可能达到的最高速度设计,称为设计速度。

二是运营速度,指正规列车运营中可能达到的最高速度,随着机车车辆等移动设备的更新和具体运营条件的改善,运营速度可以逐步提高。

三是机车车辆的构造速度,它应当稍高于运营速度,以保证行车的绝对安全。

2）设计速度

设计速度的高低，要影响土建工程的标准，从而影响土建工程造价。如平面标准、线间距离、桥梁结构、隧道断面等都随设计速度的增大而提高造价。据有关部门测算，350 km/h 的设计速度较 250 km/h 的设计速度工程造价增加 8%～11%。

由于工程造价增加不多，考虑到世界高速铁路的发展趋向，以及我国高速列车远期提速需要，京沪高速铁路的设计速度已确定为 350 km/h。

3）运营速度

运营速度包括高速列车与中速列车，又要区分为初期和远期。

在市场经济条件下拟定运营速度，要考虑各种运输方式的竞争，旅客对票价的承受能力，以及吸引旅客的份额，使高速铁路能获得较高的经济效益；也就是要以经济速度作为基础，再结合具体情况来确定。

京沪高速铁路的具体情况，要考虑高中速列车速度的合理匹配，一般认为高、中速列车的速度比以 1：0.6 左右为宜。而中速列车的速度要受客车构造速度限制，跨线中速列车应采用新型客车，最高运营速度可达 250 km/h。

有关部门经过研究，京沪高速铁路的最高速度，高速列车以不低于 350 km/h 为宜，中速列车不宜低于 200 km/h。远期高速列车的最高速度为 380 km/h 及以上，并逐步减少中速列车的开行数量，直至全跑高速列车。

若高速列车的最高速度达到 380 km/h，全线运行时间可缩短为 4.0～4.5 h。

4）机车车辆的构造速度

我国引进消化吸收生产的高速动车组，其单位重量的功率和制动性能都有大幅度提高，轴重和簧下质量也已减小，设计技术、选用材质、制造工艺都已上一个新台阶。

（十一）京沪高速铁路的技术特点

（1）重视解决移动和固定设备的匹配兼容，具备本线旅客列车和跨线旅客列车共线运行条件，实现路网资源最大化。

（2）选线设计避免高填、深挖和长路堑等路基工程，并绕避不良地质条件地段。无法绕避时，采用桥涵通过或选用其他适宜的工程措施处置。线路基础设施和不易改建的建筑物和设备为远期发展预留条件。

（3）最小曲线半径、最大坡度、到发线有效长度、动车组类型、列车运行控制方式、运输调度方式、追踪列车最小间隔时分则根据行车速度、沿线地形地质条件、输送能力和用户需求等，经技术经济比选后确定。

（4）路基、桥涵、隧道、轨道等各类结构物的设计满足强度、刚度、稳定性、耐久性要求，并加强各结构物的协调和统一，使车、线、桥（或路基、隧道）的组合具有良好的动力特性，严格控制结构物的变形及工后沉降。

（5）车站的位置、布局、规模，参照沿线城市的经济、客运量、铁路运输组织、通过能力和技术作业需要，结合工程条件、城市规划等统筹研究确定。主要客站按照现代综合交通枢纽的建设理念，实现多种交通方式无缝衔接。

（6）认真执行国家节能、节水、节材等有关政策，因地制宜地利用太阳能、风能、地热能等可再生能源，提高能源、资源的利用效率，减少污染。坚持统筹规划，在满足运输生产和安全防护要求的基础上，节约集约用地，少占耕地。

（7）重视保护生态环境、自然景观和人文景观；重视水土保持，生态环境敏感区的保护、防灾减灾及污染防治工作。选线、选址绕避自然保护区、风景名胜区、饮用水源保护区、国家重点文物保护单位等环境敏感区；通过城市或居民集中地区时，采用适宜的速度值或降噪减振措施，满足国家环保标准和要求。路基边坡采用绿色植物与工程相结合的防护措施，兼顾美观与环保、水保等要求。

（8）桥、隧和路基上电缆槽、接触网、声屏障、综合接地线、通信、信号电缆过轨等设备，加强系统设计，充分考虑设施综合利用。

（9）按全封闭、全立交设计。设置防灾安全监控系统，根据需要对自然灾害和异物侵限等进行监测。

（10）统筹研究、科学论证工务工程、牵引供电、通信信号、信息系统、电动车组、运用维修各子系统的协调配合及系统优化和集成，实现高速度、高密度、高安全性。

（11）通过顺义区无砟轨道的试验段掌握了具有自主知识产权的无砟轨道技术，一是 500 m 长钢轨的焊接、运输、铺设技术，还有一个就是精确调整技术，预计无砟轨道结构寿命期是 60 年。

（12）由于京沪铁路要跨越海河、黄河、淮河、长江，再加上水网比较发达，所以桥梁占的比例就比较高，全线桥梁占到了全线的 80.5%。在建桥工程中，解决了深水大跨高速桥梁的建设技术。桥梁结构设计寿命 100 年。

（13）京沪高速铁路运行的动车组，是在河北唐山下线的 350 km 时速和 2007 年在山东青岛下线的 300 km 时速的改造型时速 380 km 的 CRH380A。

（14）京沪高速铁路面临四项技术挑战：一是技术框架和技术变形技术；二是工程材料与结构外形技术；三是减振降噪和环保节能技术；四是运营安全保障技术。

三、武广高速铁路规划与建设

（一）工程概况

武广高速铁路（Wuhan-Guangzhou High-Speed Railway），即京广高速铁路武广段，简称武广高铁，又称武广客运专线，是京港高速铁路（北京至香港）的重要组成部分，是中国《中长期铁路网规划》中"八纵八横"高速铁路的"一纵"，呈南北走向。

2005年6月23日，武广高速铁路正式开工建设；2009年12月26日，武广高速铁路开通运营，初期最高运营速度350 km/h。

武广高速铁路自武汉站至广州南站，运营里程1 069 km，共设置17个车站。

1. 线路基本走向

武广高速铁路为京广高速铁路的南段，位于湖北、湖南和广东境内，北起武汉站，途经咸宁、岳阳、长沙、株洲、衡阳、郴州、韶关、清远，南到番禺的广州南站。见图7.10所示。

图7.10 武广高速铁路线路示意

2. 建设历程

2003年初，在第十届全国人大代表会上，湖北代表团37名代表、广东代表团30名代表不约而同地提出议案，建议国家尽快立项建设京广高速铁路。

2004年7月21日，国务院批准武广客运专线项目建议书。12月3日，武广客运专线可研报告正式获得国务院批准。

2005年1月，国务院常务会议通过的《中长期铁路网规划》确定：2005年开工建设武广客运专线，2010年建成。5月初，武广客运专线公司合同、章程在京签字，标志着武广客运专线建设进入实质性操作阶段。8月22日，时任国家领导人胡锦涛在考察武广高速铁路正在建设的武汉天兴洲公铁两用长江大桥时指出，要将这条线路建设成为中国铁路建设史上的里程碑。

2009年10月3日至4日，铁道部领导人乘坐时速350 km动车组综合试验列车，参加全程往返试验。12月20日，武广高速铁路进行密集试车。12月26日，武广高速铁路开通运营，初期速度350 km/h，设置16个车站（含英德西站越行站）。

2011年1月1日，武广高速铁路英德西站开始动工扩建。

2012年4月1日，武广高速铁路英德西站开通投入使用。

2015年12月30日，武广高速铁路乐昌东站开始建设。

2017年5月1日，乐昌东站正式建成投入使用。

3. 线路设计参数

线路设计参数见表7.4所示。

表7.4 武广高速铁路线路设计参数

设计速度	350 km/h
轨道类型	无砟轨道
轨道标准	1 435 mm（标准轨）
正线间距	5.0 m
最小曲线半径	一般路段9 000 m，困难路段4 500 m
最大坡度	一般路段20‰，困难路段20‰
闭塞类型	准移动闭塞
车辆基地	武汉动车段、长沙南动车所、广州南动车所
动力方式	接触网供电：50 Hz、25 kV

4. 沿线站点

截至2017年5月，武广高速铁路全线办理客运业务的车站数为17个，其中，湖北段3个、湖南段8个、广东段6个，见表7.5所示。

表7.5 武广高速铁路沿线车站

序号	站名	里程/km	车站位置	隶属单位
1	武汉站	0	湖北省武汉市洪山区阳春湖畔	中国铁路武汉局集团有限公司
2	咸宁北站	85	湖北省咸宁市西北部咸安区官埠桥镇渡船村	
3	赤壁北站	128	湖北省赤壁市	
4	岳阳东站	215	湖南省岳阳市巴陵东路梅溪乡	中国铁路广州局集团有限公司
5	汨罗东站	285	湖南省汨罗市龙舟南路	
6	长沙南站	362	湖南省长沙市雨花区花侯路	
7	株洲西站	414	湖南省株洲市天元区群丰镇响塘村藕花组	

续表

序号	站名	里程/km	车站位置	隶属单位
8	衡山西站	498	湖南省衡阳市衡山县开云镇新坪村	
9	衡阳东站	539	湖南省衡阳市珠晖区鄮湖乡茅坪村	
10	耒阳西站	594	湖南省耒阳市三顺办事处三顺村	
11	郴州西站	692	湖南省郴州市开发区增湖路	
12	乐昌东站	798	广东省乐昌市长来镇和村	中国铁路广州局集团有限公司
13	韶关站	842	广东省韶关市武江区韶关大道赤水新	
14	英德西站	929	广东省英德市英城街道长岭村委会	
15	清远站	986	广东省清远市清城区洲心镇五一村	
16	广州北站	1 022	广东省广州市花都区站前路1号	
17	广州南站	1 069	广东省广州市番禺区钟村镇石壁村	

（二）运营及设备设施配备

1. 运营情况

2009年12月26日，武广高速铁路每天开行28对高速动车组，其中广州至武汉每天开行21对，广州至长沙每天开行5对，长沙至武汉每天开行2对，武汉至广州的旅行时间由原来的11 h缩短到的3 h左右，长沙到广州直达仅需2 h。

截至2010年6月26日，武广高速铁路运营半年，开行高速动车组11 608列。

2010年7月1日，武广高速铁路最高日开行"和谐号"动车组列车将由33对增至63对。

截至2010年12月27日，武广高速铁路运营一年，累计开行列车3万余列，每天开行80对高速动车组。

2011年1月22日，武广高速铁路每天开行88对高速动车组。

2012年4月1日零时起，武广高速铁路正式联通广深港高速铁路实行新的列车运行图，武汉至深圳开行10对高速动车组列车，全程最快仅需4 h 13 min。

2. 客运流量

2009年12月26日至2010年1月25日18时,武广高速铁路共发行旅客124万人次。

截至2010年6月26日,武广高速铁路运营半年,累计发送旅客898万人次,上座率达87.6%,正点率达99.3%。

截至2010年12月27日,武广高速铁路运营一年,发送旅客2 058万人次,最高日发送旅客达13.5万人次,列车始发、终到正点率分别达到98.6%和93.5%。

3. 设施设备

1) 车辆设施

截至2009年12月,武广高速铁路采用拥有完全自主知识产权、具有世界先进水平的国产CRH_{2C}和CRH_3型"和谐号"高速列车,其中CRH_{2C}型人均能耗为12.7 kW;人均空车载荷为0.6 t,这两项指标均比其他同等级别的高速动车组低16%以上。CRH_3型"和谐号"动车组由中国北车集团唐车公司研制。列车系统创新了大断面宽车体、高速轮轨、高速受流、高速制动、人机界面等关键技术,在牵引系统、制动系统、高速转向架、车体空气动力学等方面的技术处于当今世界领先地位,牵引功率达8 800 kW,具有更好的启动加速和持续高速运行的能力。

2010年12月3日,武广高速铁路正式开行中国高速动车组CRH380A,该高速列车持续运营时速350 km,最高运营时速380 km。

2018年7月1日,武广高速铁路使用复兴号列车,是以银白为主色、枣红装饰色的CR400AF-A型。

2) 运行系统

武广高速铁路铺设了具有世界铁路先进水平的无砟轨道。这种轨道具有结构稳定、使用免维修、寿命长等特点,运用了世界先进的百米定尺钢轨连续焊接工艺,保证了线路的高平顺性,提高了旅客乘坐的舒适度,而且减少了钢轨与列车车轮的磨耗。所使用的高速道岔具有运行高平稳性、高舒适性和高可靠性。全线桥梁主要采用跨度32 m、重900 t的整孔箱梁架设,满足时速350 km高速列车安全平稳运行和旅客乘坐舒适性的要求。见图7.11所示。

武广高速铁路采用了适合中国国情的CTCS-3级世界先进列控系统,能满足时速350 km以上、动车间隔3 min以内的列车运行指挥和控制要求,实现了运营的高速度、高密度、高正点率和高可靠性,并能实现本线时速350 km高速列车与跨线时速250 km列车共线运行。

图 7.11　武广高速铁路线路示意

（三）技术难题与创新工程

1. 隧道工程破解诸多难题

全线隧道总长度 177 km，其中大瑶山隧道群分别穿过灰岩、板岩和砂岩，地质情况非常复杂，溶洞、暗河密布，仅 3 号隧道就遭遇断裂带 9 条。长沙浏阳河隧道和广州金沙洲隧道是一座穿越城市、河流和高速公路的铁路隧道，施工难度非常大，稍有不慎就可能影响到地表的建筑物。为满足列车高速通过隧道时产生的空气动力效应要求及旅客舒适度的要求，隧道断面净空有效面积达到 100 m^2，施工开挖断面达到 160 m^2，远大于普通铁路隧道 70 m^2 的标准。几年来，铁路建设者采取超前预报、强化初期支护、加强监控测量、确定各工序之间的安全距离等措施，确保了施工安全和质量。

2. 节能环保技术一流

一是节地。全线大量采用"以桥代路"和隧道，桥隧长度占到线路总长的 66.7%，且线路走向充分利用了既有的京广铁路通道，最大限度地实现了铁路建设用地集约化。

二是节能。国产"和谐号"高速列车在节能设计上达到了世界一流水平，采用轻量化技术，提高交-直-交牵引传动效率和再生制动能量的回收率，全面提升了高速列车的节能性。沿线车站设计了超大面积的玻璃穹顶，在各层地面还做了透光处理，充分利用自然光照明，采用太阳能光伏发电技术，充分利用了太阳能。

三是环保。这条线全线采用全封闭、全立交设计，提供宽大、独行的线路空间，并运用了先进的绿色环保理念，以保护自然生态区和城市的完整性。全线路基边坡采用绿色防护，宜林地段建设绿色通道，形成乔木灌木结合、铁路与地方规划结合的新环境景观。安装了声屏障,有效降低了噪声污染。高速动车组系统解决了外部噪声、振动传递、电磁辐射对环境的影响,列车全部安装了真空式集便装置,实现了污物、污水集中收集和垃圾零排放。

3. 沿线车站先进技术

沿线车站按照"功能性、系统性、先进性、文化性、经济性"原则,采用了大量先进技术。其中的典型代表就是武汉站和广州南站。广州南站总建筑面积达 48.6 hm^2,是中国国内现代化程度最高、旅客乘车最便捷的大型铁路客站之一。广州南站不仅设计造型独特,而且解决了建筑形式与结构受力巧妙结合的问题,给旅客提供了宽敞、明亮、完美的空间。武汉站功能完善,设备先进,最大跨度达到 116 m,在空中跨过 20 条轨道。这些新型铁路客站,以方便旅客使用为前提,每个细节的设计,都以尽力为旅客提供方便舒适的乘车环境、快捷便利的换乘条件和人性化的服务为目标,最大限度地方便广大旅客。

4. 技术创新工程

为达到时速 350 km 的运行要求,武广高速铁路大量采用新技术、新材料、新设备、新工艺。

(1) 桥梁工程技术创新。武广高速铁路在创新"以桥代路"原则的同时,以 32 m 简支整箱梁为主导,加以大跨径、特大跨径桥梁,在千里武广线上构筑了一道壮丽的桥梁风景线。如:汀泗河特大桥主跨 140 m 钢箱系杆拱,是世界高速铁路无砟轨道同类结构中的最大跨度;东湖特大桥等 3 座桥梁主跨采用 112 m 钢管混凝土提篮拱;王灌冲大桥主跨(70+125+70)m 连续梁;株洲湘江特大桥主跨(60+5×100+60)m 连续梁;衡阳湘江特大桥主跨(64+4×116+64)m 连续梁;流溪河特大桥主跨(94+168+94)m 连续刚构,为国内高铁最大跨度连续刚构;跨珠江东平水道主跨(99+242+99)m 连续钢桁拱;等。

同时,武广高速铁路还在新结构、特殊结构桥梁方面颇有建树,如武汉、广州南站"站桥合建"技术,耒水特大桥主跨(40+2×72+40)m 四线连续梁、黄土湾大桥(70+70)m T 型刚构,高丰村大桥、雷大桥特大桥、昌山特大桥等道岔桥,等。

(2) 隧道工程技术创新。在大断面隧道修建技术与复杂岩溶隧道修建技术等方面成功取得突破,对于高速铁路的运营特点,部分隧道采用了帽檐式斜切洞门、隧道缓冲结构等特殊结构,在地表环境敏感地段全包防水衬砌、软岩铣挖法施工、特长隧道防灾疏散设计等方面也有所创新。

(3) 路基工程技术创新。在无砟轨道地段岩溶路基技术、组合型过渡段、深路堑高边坡稳定性监测与信息化施工等方面均有较重大创新,全部路基按工后零沉降设计。

(4) 轨道工程技术重新。连续大段铺设以 CRTS I 型双块式为主的 5 种类型 10 种结构形式无砟轨道 1 912 单线公里,无砟轨道类型多而全,集世界高速铁路无砟轨道之大成。轨道创新点主要有:一是桥上铺设道岔板式无砟轨道为世界高铁首例;二是全线大跨径桥梁多,但仅在 3 个工点共设置 10 组钢轨伸缩调节器,且在无砟轨道桥上设置伸缩调节器为国内首例;三是主跨 168 m 铺设无砟轨道,大有突破;四是梁端过渡板设计为国内首创;五是首次在到发线铺设无砟轨道。

(5) 接触网工程技术创新。武广高速铁路采用了自主创新具有国际先进水平的、适应于时速 350 km 的 SiFCAT350-B 弹性链形悬挂系统。

首次采用强度高、耐磨性好、无污染的镁铜合金接触线及恒张力放线技术。这为实现双列动车组重联、双弓取流的时速 350 km 商业运营提供了优良的弓网受流保障。此外,武汉站创新设计了跨距 90 m 的弹性链形悬挂,为世界第一跨。

(6) 信号工程技术创新。通过引进、消化、吸收、再创新,构建了具有中国自主知识产权的 CTCS-3 级列控系统,满足时速 350 km 高速列车正向运行、追踪间隔时间 3 min 的要求,具备反向行车功能,兼容 CTCS-2 级列控系统,满足时速 200 km 及以上本线动车组和跨线动车组混合运行的要求。采用基于 GSM-R 的无线列控 CTCS-3 系统是高科技的系统集成技术,在长达 1 000 km 的线路上开行时速 350 km、配备 CTCS-3 级列控系统的高速动车组,在世界上尚属首次,先进的信号系统设备是本线重大亮点。

(7) 站房与站场工程技术创新。首先是一站一景,彰显区域文化意涵显著;二是大型、特大型客站按零换乘理念,设计集成为综合交通体,构筑区域客运中心与城市副中心;三是站房采用先进的建筑技术,充分利用自然光照明,采用太阳能光伏发电、地源热泵等技术,实现节能、环保,适应可持续发展的要求;四是铺设 8 组 50 号高速道岔,侧向过岔速度 200 km/h。以先期研究京沪高速铁路的技术积累为基础,设计者结合武广高铁建设实际情况,系统地解决了武广建设过程中的一系列技术难题,对促进我国时速 350 km 高速铁路的技术标准体系的完善和定型,具有重要的参考作用。武广等一批顶级高铁项目的建设实践,促使我国高铁技术水平跃上了新的台阶,达到了"整体水平国际一流、部分项目国际领先"的新高度。

(四) 重点工程

1. 乐昌大瑶山隧道群

大瑶山隧道入口处见图 7.12 所示。

图 7.12　武广高速铁路大瑶山隧道入口

乐昌大瑶山隧道群位于广东省韶关市乐昌市境内，隧道穿越南岭山脉乐昌大瑶山，隧道分大瑶山一、二、三号隧道，三座隧道共长约 24.6 km，其中大瑶山一号隧道长 10 081 m，大瑶山二号隧道长 6 027 m，大瑶山三号隧道长 8 289 m，大瑶山一号隧道为整个京广高速铁路最长的山岭隧道。隧道开挖断面大，达 150 m^2；地质异常复杂，大瑶山一号隧道设计有 13 条大断层，破碎带占隧道总长的 23.8%，高地应力区段占隧道总长的 22.4%，隧道穿越 1 366 m 长的高压强富水岩溶发育区。

2. 武汉天兴洲长江大桥

武汉天兴洲长江大桥是这条铁路的控制性工程之一，正桥全长 4 657 m，主跨 504 m，大桥路面铺设 4 条铁路线，是中国首座四线公路铁路两用斜拉索桥，创下了跨度、荷载、速度、宽度 4 项世界第一，见图 7.13 所示。

图 7.13　武广高速铁路武汉天兴洲公铁两用大桥

3. 汀泗河特大桥

汀泗河特大桥主跨 140 m，跨越京珠高速公路，截至 2009 年，汀泗河特大桥是世界上跨度最大的钢箱系杆拱桥。

4. 株洲特大桥

株洲特大桥全长 4 380 m，主跨是 140 根钢梁系钢拱，也是世界上独一无二的。在超过 1 000 km 的长大干线高速铁路上，建设者第一次在跨度 140 m 的钢箱系杆拱桥上铺设无砟轨道，第一次在 168 m 的刚构混凝土连续梁上铺设无砟轨道，而且精度是 1 mm。

5. 大悟跨京珠高速公路特大桥

大悟跨京珠高速公路特大桥位于大悟县境内，桥址范围内主要为稻田、丘陵、山岗，山坡大多为旱地和灌木丛。桥长 913.990 m，并跨越京珠高速公路路堑地段，该高速公路与线路的夹角为 49°，保证桥下净宽 50 m、净高 6.0 m。基础类型采用扩大基础和钻孔桩基础，桩径根据不同跨度和地质条件分别采用 1.0 m、1.25 m、2.0 m 三种形式。桥台采用双线矩形空心桥台，简支箱梁桥墩采用圆端形空心墩，与高速公路相邻的两个桥墩及连续梁桥墩采用实体结构。跨越京珠高速公路采用（60＋100＋60）m 连续梁，采用挂篮悬臂浇筑法施工。

（五）价值意义

武广高速铁路的开通，将让珠三角拥有湖北、湖南这两块重要的腹地，也加快了两省融入珠三角的步伐。武汉到广州仅需 3.5 h，到深圳 4 h 多，到香港约 5 h，它不仅仅是一条快速交通工具，同时也有利于大区域经济发展，拉近了城市间的距离。

武广高速铁路投入运营后将实现武广铁路客货分线运输，将极大地释放既有京广铁路的运输能力，有效缓解铁路对煤炭、石油、粮食等重点物资运输的瓶颈制约，对于有效提高全国铁路网的整体运输能力、提升中国高速铁路建设水平具有重要意义。该专线对于实现珠江三角洲经济转型和"泛珠三角"区域各省区经济结构互补，以及对促进鄂湘粤及周边地区的合作，推动区域经济协调发展均具有重要的意义。

武广高速铁路很好地满足了旅客对快速、安全、舒适、便捷和准时的要求，满足人民群众出行的需要，对于珠江三角洲经济从劳动密集型传统产业向资金密集型现代工业转化，在世界经济进入低碳时代促进中国社会资源节约和环境保护，进一步促进中国经济社会又好又快发展具有极为重要的意义。武广高速铁路对于中国加快实施铁路"走出去"战略，大力增强我国战略地位和国际影响，振奋民族精神，激发建设和谐社会、加快中华民族复兴之路的信心，具有重要而深远的意义。

四、郑西高速铁路规划与建设

（一）工程概况

郑西高速铁路（Zhengzhou-Xi'an High-speed Railway），即徐兰高速铁路郑西段，又

第七章 中国高速铁路规划与建设典型工程实例

名郑西客运专线,是一条连接河南省郑州市与陕西省西安市的高速铁路,是《中长期铁路网规划》(2016年版)中"八纵八横"高速铁路主通道之一"陆桥通道"的重要组成部分,与郑徐高速铁路、西宝高速铁路、宝兰高速铁路共同构成徐兰高速铁路。

2005年9月25日,郑西高速铁路正式开工;2010年2月6日,郑西高速铁路正式开通运营;2011年1月11日,西安北站启用;2012年9月28日,郑州东站启用,标志着郑西高速铁路全线建成通车。

郑西高速铁路由郑州东站至西安北站,全长523 km,设10个车站,设计的最高速度为350 km/h。同时分别在郑州枢纽、西安枢纽内部接入郑州站、西安站。

郑西高速铁路是徐兰高速铁路最先开工、最先建成通车的一段,是世界上首条修建在大面积湿陷性黄土地区的高速铁路,是中国中西部地区第一条投入运营的时速350 km的高速铁路。

1. 线路基本走向

郑西高速铁路由郑州东站向西至西安北站,全长523 km,见图7.14所示。

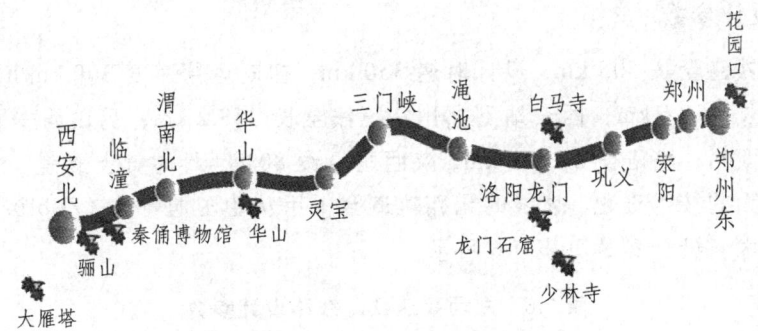

图7.14 郑西高速铁路线路示意

2. 建设历史

2004年,国务院批准了《中长期铁路网规划》,郑西高速铁路成为首批获准建设的铁路工程。国家发改委审批通过新建铁路郑州至西安客运专线可行性研究报告。

2005年9月25日,郑西高速铁路开工建设。

2006年3月7日,郑西高速铁路路基分部在郑州开始施工。12月23日,郑西高速铁路洛阳段开工建设。

2007年10月1日,郑西高速铁路无砟轨道工程试验段开始施工。

2008年4月15日,郑西高速铁路无砟轨道工程试验段完工。12月15日,郑西高速铁路项目全线隧道工程贯通。

2009年1月18日，郑西高速铁路全线桥梁工程完工。3月5日，郑西高速铁路全线开始铺轨。5月20日，郑西高速铁路全线无砟轨道施工完成。7月30日，郑西高速铁路供电、电力、通信、信号"四电"工程完成。

2009年9月14日，郑西高速铁路郑州至洛阳段试通车。11月28日开始试车，第一天时速为200 km，到12月3日试车时速已达到300 km。12月11日，郑西高速铁路"和谐号"高速动车组单组试验最高时速达到394.2 km。12月28日，郑西高速铁路全线试运行。

2010年1月28日，郑西高速铁路"和谐号"高速动车组从西安站至郑州站载客用时1 h 48 min，中途最高时速达352 km。2月6日，郑西高速铁路正式投入商业运营。

2011年1月11日，西安北站正式投入使用，郑西高速铁路所有列车移至西安北站。

2012年9月28日，郑州东站与京广高速铁路郑武段同步投入使用，部分郑西高速铁路列车移入郑州东站办理业务。

2016年1月18日，郑州西站投入使用。

3. 线路设计参数

郑西高速铁路全长505 km，设计时速350 km，初期运营速度300 km/h。西安北站到郑州站正线全长456.6 km，西安站到郑州站正线全长458.2 km，另由西安北站向西延伸至陇海线咸阳西站，线路长27.879 km。陕西段沿线80%区段为黄土覆盖，湿陷性黄土区施工技术是最大的技术难题。该线的无砟轨道全采用从德国旭普林（Züblin）引进的双块式无砟轨道技术。设计参数见表7.6所示。

表7.6 郑西高速铁路线路设计参数

设计速度	350 km/h
轨道类型	无砟轨道、无缝钢轨
轨道标准	1 435 mm（标准轨）
正线间距	5.0 m
最小曲线半径	一般地段9 000 m，困难地段7 000 m
最大坡度	一段地段12‰，困难地段20‰
闭塞类型	自动闭塞
动力方式	接触网供电：50 Hz、25 kV

4. 沿线车站

郑西高速铁路全线办理客运业务的车站数为 10 个，其中，河南段 7 个、陕西段 3 个，即郑州东站—郑州西站—巩义南站—洛阳龙门站—渑池南站—三门峡南站—灵宝西站—华山北站—渭南北站—西安北站，见表 7.7 所示。

表 7.7 郑西高速铁路沿线车站

序号	车站名称	里程/km	车站位置	隶属单位
1	郑州东站	0	河南郑州市金水区心怡路 199 号	中国铁路郑州局集团有限公司
2	郑州西站	42	河南荥阳市中原西路与荥泽大道交叉口	
3	巩义南站	93	河南巩义市回郭镇	
4	洛阳龙门站	143	河南洛阳市洛龙区通衢路 19 号	
5	渑池南站	208	河南渑池县果园乡	
6	三门峡南站	266	河南三门峡市陕州区张湾乡	
7	灵宝西站	314	河南灵宝市西闫乡	
8	华山北站	402	陕西华阴市华岳北路	中国铁路西安局集团有限公司
9	渭南北站	460	陕西渭南市临渭区	
10	西安北站	523	陕西西安市未央区尚新路	

（二）运营及设备设施配备

1. 运营情况

2010 年 2 月 6 日，首发列车 G2003 次由郑州站开出。

2010 年 2 月 6 日，由郑州站开往西安站的 G2003 次动车组列车开出，标志着郑西高速铁路正式投入运营。郑州至西安间最短运行时间由 6 h 多缩短至 2 h 以内。

2. 客运流量

2010 年 2 月 6 日至 3 月 6 日，郑西高速铁路共发送旅客 21.7 万人次。

2010 年 2 月 6 日至 8 月 5 日，郑西高速铁路共发送旅客 197.7 万人次。

（三）技术难题与创新工程

郑西高速铁路是世界上第一条在湿陷性黄土地区修建的时速 350 km 的高速铁路项

目,在此之前,国内外湿陷性黄土地区修建高速铁路的基础理论和工程实践完全空白,能否攻克这一世界性难题是关系到中国能否在广大黄土地区成功修建高速铁路的关键性技术问题,对中国能否成功建设高速铁路网至关重要。

在郑西高速铁路的研究、设计和建设过程中,设计者针对湿陷性等级高、湿陷性土层厚等世界级工程难题,进行了大量的地质勘查、工程技术理论研究及现场土工试验等科研攻关和工程实践,取得了众多系统性的创新型成果:自主研发了深层地基变形观测新方法和新装置,提出了湿陷性黄土地区高速铁路工程类型设置的原则;建立了湿陷性黄土地区高速铁路路基沉降控制技术体系;创建了湿陷性黄土地区高速铁路长段落超大断面隧道修建技术;通过桥梁、轨道、站房一体化研究,形成了高速通过式高架车站修建技术,建成了世界上首座以时速 350 km 通过列车为主的高架车站——渭南北站;在高烈度地震区长联大跨连续梁上创造性研发了新型抗震榫,有效地解决了因纵向地震力堆积制约桥墩结构设计的难题。共形成各类研究报告 39 册、专著 2 部、学术论文 133 篇、发明专利 4 项、实用新型专利 10 项、软件著作权 2 项等系列研究成果。

2014 年,"湿陷性黄土地区高速铁路修建关键技术""高速铁路供电综合监控技术与装备"获得 2013 年度国家科技进步二等奖。

(四)价值意义

郑西高速铁路的通车运营,使得郑州至西安列车直达最短时间由 6 h 多缩短至 2 h 以内。郑西高速铁路建设中研制并应用了 CTCS-3 列车运行控制系统(简称 C3 系统),确保了时速 300 km 高速动车组列车的快速、安全、平稳运行。郑西高速铁路接触网关键设备的设计、制造、安装、调试均具有自主知识产权,对进一步完善中国高速铁路自主创新体系具有重大意义。见图 7.15 所示。

图 7.15 穿越黄土湿陷性地区的郑西高速铁路

第七章 中国高速铁路规划与建设典型工程实例

五、哈大高速铁路规划与建设

(一)工程概况

哈大高速铁路(Harbin-Dalian High-speed Railway)是中国境内一条连接哈尔滨市与大连市的高速铁路；线路呈南北走向，为中国东北地区的干线铁路之一。

哈大高速铁路于 2007 年 8 月 23 日动工建设；于 2010 年 12 月 28 日全线完成铺轨；于 2012 年 12 月 1 日竣工运营；沈哈段于 2013 年纳入中国"八纵八横"高铁路京哈通道。

哈大高速铁路北起哈尔滨西站、南至大连北站，线路全长 921 km，共设 22 座车站；设计速度 350 km/h，列车运营速度 300 km/h。

截至 2017 年 12 月 1 日，哈大高速铁路累计运送旅客超过 3 亿人次。

1. 线路基本走向

哈大高速铁路北起哈尔滨市，向南依次经过松原(扶余)、长春、四平、铁岭、沈阳、辽阳、鞍山、营口，南至大连，线路纵贯中国东北三省。见图 7.16 所示。

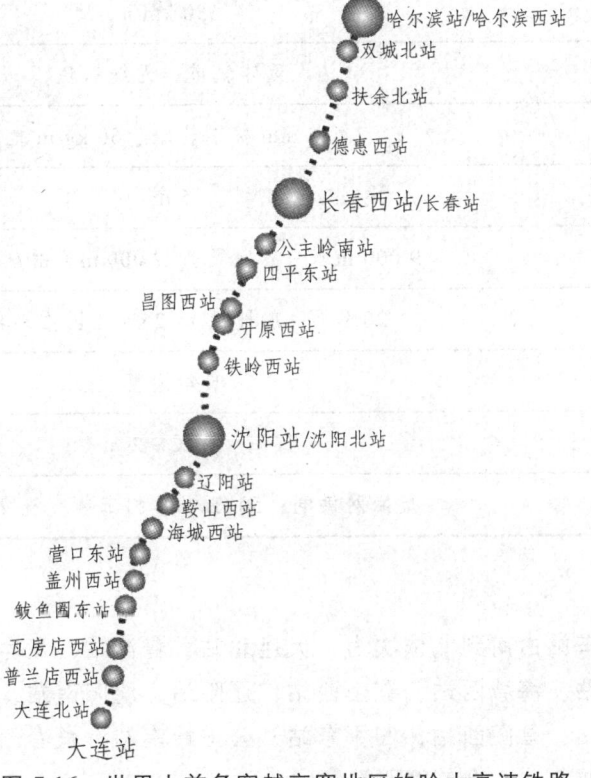

图 7.16 世界上首条穿越高寒地区的哈大高速铁路

2. 建设历程

2004年，中国国家《中长期铁路网规划》经国务院审议通过，拟建北京—沈阳—哈尔滨（大连）客运专线。

2007年8月23日，哈大高速铁路开工建设。

2010年12月28日，哈大高速铁路铺轨完成。

2012年12月1日，哈大高速铁路开通运营。

2013年12月1日，哈大高速铁路哈尔滨至沈阳段并入京哈高速铁路，沈阳至大连段又称沈大高速线。

3. 线路设计参数

设计参数见表7.8所示。

表7.8 哈大高速铁路线路设计参数

线路全程	921 km
设计速度	350 km/h
轨道类型	无砟轨道、无缝钢轨
轨道标准	1 435 mm 标准轨距、60 kg/m 重轨
正线间距	5 m
最小曲径	9 000 m（一般地段）、7 000 m（困难地段）
最大坡度	20‰（一般地段）、25‰（困难地段）
闭塞类型	自动闭塞
信号系统	CTCS-2
动力方式	接触网供电：50 Hz、单相工频交流 27.5 kV

4. 沿线车站

哈大高速铁路车站由南到北依次为：大连北站、普湾站、瓦房店西站、鲅鱼圈站、盖州西站、营口东站、海城西站、鞍山西站、辽阳站、沈阳南站、沈阳站、沈阳北站、铁岭西站、开原西站、昌图西站、四平东站、公主岭南站、长春西站、长春站、德惠西站、扶余北站、双城北站、哈尔滨西站。

（二）运营及设备设施配备

1. 运营情况

2012年12月1日，哈大高速铁路建成通车，初期运营实行冬季和夏季两张列车运行图，列车分别按 200 km/h 和 300 km/h 速度行驶，同时实行与两个速度等级相应的票价。

2015年12月1日，哈大高速铁路全线实行冬夏相同列车运行图，列车全年按 300 km/h 速度运营。

截至2018年12月1日，哈大高速铁路每天开行动车组增加到109对，日均提供客座席位14万个。

2. 客运流量

截至2016年12月1日，哈大高速铁路累计运送旅客达1.4亿人次。

截至2017年12月1日，哈大高速铁路累计运送旅客超过3亿人次。

3. 设备设施

1）车辆设施

哈大高速铁路主要运营具备高抗寒雪、抗风沙以及抗雷电等特性的高速动车组列车，能够经受零下 40 ℃ 到零上 40 ℃ 的巨大温差；针对性采取冷凝水防护结构优化，对列车管路系统采用冷凝水处理技术以及在车体外加设防护高标准等级电器零部件的措施；其中和谐号 CRH_{2G} 型与 CRH_{5G} 型电力动车组构造速度 250 km/h，和谐号 CRH380BG 型电力动车组构造速度 350 km/h，见图 7.17 所示。

图 7.17　哈大高速铁路上运行的和谐号 CRH380BG 型电力动车组

2）运行系统

哈大高速铁路是中国国内首条高寒地带客运专线，采用防开裂的双向预应力 CRTS I 型板式无砟轨道结构；动车组经由的道岔设置融雪设施，牵引供电系统设接触网融冰装置，防灾监控系统设雪灾监控子系统；路基冻结深度范围内填筑非冻胀性填料；路基高度小于季节冻深地段设置降水设施；低路堤地段设置防冻胀护道；地下排水设施出水口采用防冻胀设计；路基间排水采取轨道板底座内设置钢管外排设计。

哈大高速铁路两侧都安装有摄像头监控系统，线路两侧 100 m 范围内每隔两三千米设置一个实时监控探头，监控线路周边列车运行、行人通过、异物入侵等突发状况；列车行车调度信息传输采用无线传输方式，行车运行调度指令在 5 s 内就能送达运行列车的司机控制系统中。

（三）技术难题与创新工程

哈大高速铁路处于天寒地冻的东三省片区，需要面对防冻胀路基、接触网融冰和道岔融雪三大技术难题。

1. 高寒地区高速铁路建造技术创新

针对高寒地区高速铁路建设关键技术，铁道部自 2006 年以来组织开展了系统的科研攻关，研究解决了结构防冻胀、寒区无砟轨道、特殊结构桥梁工程、寒区工程施工等技术难题。

1）结构防冻胀技术研究

针对高寒地区路基、桥梁基础、隧道衬砌等结构的防冻胀技术研究，哈大高速铁路重点在路基结构防冻胀技术方面开展了深入研究，主要课题及研究成果如下：

（1）寒区铁路路基防冻胀结构及设计参数研究。

研究了影响路基冻胀变形的主要因素，分析了填料的渗透性、细颗粒组分的含水率、细颗粒充填粗颗粒孔隙状况等因素对粗粒土冻胀性的影响；提出了寒区高速铁路路基填料防冻胀技术要求及控制方案，提出了路基防冻胀结构形式、设计方法及设计参数以及适合于我国寒区铁路的路基防冻胀结构。

（2）寒区铁路工程冻胀特点与防治措施研究。

对秦沈客运专线等既有铁路的冻害特点进行了调查分析。寒区铁路路基冻胀主要表现为不均匀冻胀，冻胀产生的主要原因是填土级配不良、含水量较高及地基地下水位较高等。对沿线主要填料进行了调查和取样试验，研究了水泥、石灰改良土在冻融循环条件下的强度变化特点。结果表明：水泥改良土的抗冻胀性能优于石灰改良土，建议路基填料优先选用水泥改良土。确定了寒区高速铁路路基填料冻胀分类标准、季节标准冻结深度的经验公式及设计冻深计算方法，提出了寒区客运专线防冻胀设计原则及路基结构设计。

(3) 严寒地区高速铁路路基长期监测系统及状态评估技术研究。

建立了适用于严寒地区无砟轨道路基沉降的有限元分析模型和动力响应分析有限元模型，提出了路基状态评估方法，分析了在不同荷载作用下以及季节性冻土热融冻胀作用下的路基沉降变化规律及其稳定性。研制出了适用于严寒地区铁路客运专线路基的长期自动监测系统，实现了沉降变形、土体应力、地温、含水量等路基状态参量一体化的自动采集、信号自动传输、数据自动分析处理。建立了哈大客运专线典型路基断面长期自动监测系统，获取了大量翔实的监测数据，为哈大客运专线路基稳定性评估奠定了基础。

2）寒区无砟轨道技术研究

2007年，鉴于国内外缺乏在寒区高速铁路铺设无砟轨道实践经验的情况，铁道部专门安排了"严寒地区无砟轨道关键技术研究"等课题。通过在滨绥线成高子站建立无砟轨道综合试验段，开展了CRTS I 型板式无砟轨道结构铺设、测试及长期观测研究，对无砟轨道结构及主要部件的低温适应性、耐久性进行了系统研究和验证，解决了严寒地区铺设无砟轨道关键技术的难题。针对严寒地区特点，对无砟轨道结构选型设计、扣件适应性、轨道板制造、填充层砂浆材料等进行了系统的研究和优化，通过了试验段考核验证，形成了适应严寒地区高速铁路的CRTS I 型单元板式无砟轨道技术。通过不同类型板下填充层材料和工艺试验研究，验证了SL-1型砂浆、树脂砂浆、PMC砂浆（聚合物水泥基防水砂浆）等板下填充层材料及凸台树脂材料均具有良好的耐寒性能。

3）特殊结构桥梁工程技术研究

针对哈大高速铁路特殊结构桥梁设计和施工技术，中国铁路总公司安排了"哈大客运专线普兰店跨海大桥设计与施工关键技术研究""哈大高速铁路钢箱叠拱桥梁关键技术研究"等课题。

(1) 哈大客运专线普兰店跨海大桥设计与施工关键技术研究。

通过国内外工程实践经验总结和模拟仿真分析，提出了无砟轨道大跨度预应力混凝土简支箱梁节段预制、桥位整孔拼架法施工装备及工艺综合技术，研制了防海水侵蚀高性能混凝土配置技术及深水桥梁基础施工技术。通过对哈大客运专线普兰店跨海大桥施工期间的系统监测、监控，验证了施工技术的可靠性和稳定性，保证了施工过程中桥梁结构的安全可靠。

(2) 哈大高速铁路钢箱叠拱桥梁关键技术研究。

结合桥型特点建立空间计算模型，通过动力仿真分析，在大跨度钢箱叠拱的受力行为、实心圆钢吊杆的合理构造及力学特性、大跨度双箱叠拱拱脚的合理构造等方面进行了优化和验证。首次在客运专线桥梁中采用大跨度钢箱叠拱结构、实体圆钢吊杆，并应用于新开河大桥工程。

4）寒区工程施工技术研究

为加强寒区施工安全和质量控制，提高低温施工效率，铁道部安排了"哈大客运专线施工综合技术研究""严寒地区铁路客运专线桥梁冬季施工关键技术研究"等课题。

(1) 哈大客运专线施工综合技术研究。

完善了寒冷地区客运专线不同 AB 组填料路基填筑施工技术，路桥（涵）过渡段施工技术及 CFG 桩（水泥粉煤灰碎石桩）复合地基施工技术。提出了严寒地区客运专线板式 CRTS I 型无砟轨道板预制施工技术方案及无砟轨道板铺设施工技术，跨区间无缝线路的铺设、焊接与锁定施工技术。

(2) 严寒地区铁路客运专线桥梁冬季施工关键技术研究。

确定了冬季施工用管道压浆材料和支座灌浆材料的技术参数，以及现场施工工艺措施。研发锌粉含量 90%以上的富锌涂料，改善了施工性和附着力；通过不同类型砂浆性能的对比试验研究，确定了合适的梁端锚头封堵砂浆。

2. 高寒动车组技术创新

针对动车组在高寒地区要适应低温、冰雪环境的运用要求，铁道部自 2010 年以来组织主机企业、科研院所开展了系统的科研攻关，组织研制了时速 350 km 的 CRH 380BG 高寒动车组。在保持非高寒动车组各项性能指标的基础上，从材料低温特性、车辆系统节能、隔热保温、防雪防冻、各系统的低温适应性等方面进行了技术创新，解决了高速动车组在高寒运用环境下高速运行的技术问题。动车组关键零部件通过了低温试验验证，满足哈大高速铁路运用要求。该技术也用在了时速 250 km 的 CRH_{5G} 高寒动车组上，在兰新高速铁路中得到了验证。

1）高寒动车组研制

(1) 材料低温特性。

针对低温环境要求，对动车组车体、转向架、制动、车钩车下吊装结构、车外电气等材料进行优化验证。开发了低温适应性金属、非金属、油脂类等相关材料和结构。如研发了转向架和车下设备吊装用的橡胶减振元件新型橡胶配方。

(2) 防雪、防冰冻技术措施。

① 研究设备舱密封技术。从设备舱的防冰雪性能、密封结构着手，兼顾夏季散热需求，设计了"迷宫式"密封型设备舱，防雪、通风性能良好。

② 采取防冰雪技术措施。运用空气动力学原理，增加导流板和直裙板结构，优化转向架区域流场，减少转向架结冰积雪。转向架表面喷涂新型防冰雪材料，转向架一系钢簧采用橡胶护套，二系空簧采用防雪罩抗冰雪措施。

③ 采取防寒隔热技术措施。设计了低温适应性车体隔热保温结构，车体 K 值约为1，技术指标良好，达到国际领先水平。在不提高客室空调功率的情况下，能够满足高寒环境运行时客室温度标准要求，达到了节能的目的。

④ 研究水系统防冻技术。对水箱、污物箱、水管路采取防冻、加热措施。通过结构优化，减少冷凝水的聚集，精确计算给、排水管路伴热功率，充分节能。设计卫生间盥洗水和电热开水器污水零排放装置，实现了动车组污水零排放，环保的同时还避免了污水向外排放结冰。

⑤ 采取防止冷凝水结构。优化电气系统冷凝水防护结构，车体、设备舱采用特殊的冷凝水排放结构，制动管路系统采用了冷凝水处理技术，保证冷凝水及时顺利排放。

(3) 车辆系统节能技术。

综合利用材料的隔热性能，实现了高寒动车组节能降耗、保温隔声的效能要求。通过型式试验证明，高寒动车组与非高寒动车组综合能耗基本相当。

2) 高寒动车组低温适应性研究

铁道部（2013年改组成立铁路总公司）安排的"高寒条件下高速列车转向架疲劳可靠性及其载荷特征研究""动车组耐冰雪及融冰除雪技术研究"等课题，解决了动车组在高寒运用环境下高速运行的技术问题，保证了 CRH 380BG 高寒动车组在哈大高速铁路上的安全稳定运营，为实现冬夏一张运行图奠定了基础。

(1) 高寒条件下高速列车转向架疲劳可靠性及其载荷特征研究。

在哈大高速铁路跟踪测试了 CRH 380BG 高寒动车组转向架构架疲劳关键部位的动应力，评估了动车组结构疲劳可靠性。以载荷谱和等效载荷为载荷特征量，获取了线路状况、环境条件、镟轮等对载荷特征的影响规律，为高寒条件下高速列车转向架的结构可靠性设计提供了基础数据。

(2) 动车组耐冰雪及融冰除雪技术研究。

该课题于2016年立项，研究目标为：① 完善 CRH 380BG 高寒动车组防雪、防冻技术，提升动车组各系统在零下 40 ℃ 高寒环境温度、冰雪天气运行的安全性和可靠性；② 提升融冰除雪技术、升级设备，降低维护成本，提升车辆利用率。

3. 哈大高速铁路运营技术创新

通过铁路总公司（2013年由铁道部改组成立）安排的大量科研课题研究，以及在高寒铁路运营技术方面的实践积累，哈大高速铁路在路基冻胀整治、接触网融冰治理等方面取得了良好的成效。

1）路基冻胀病害整治研究

哈大高速铁路开通运营初期，全线路基普遍发生了不同程度的冻融变形，总公司积极组织铁路运营和科研单位对冻害问题进行深化研究，掌握了哈大高速铁路路基冻胀特点，提出了系统的整治措施，线路冻害数量逐年下降，为实现冬夏一张运行图创造了条件。路基冻胀病害整治研究开展的主要课题如下：

① 哈大高速铁路运营长期观测技术及冻胀整治技术研究。

研究了哈大高速铁路路基冻胀时空分布规律，掌握了季节性冻土地区高速铁路路基养护维修技术，有效保证了线路平顺性，降低了维护工作量。

② 高寒地区高速铁路路基冻胀综合防治技术试验。

提出了严寒地区量化控制冻胀变形的高速铁路路基设计方法和结构，以及防水封闭的成套技术，有效解决了防水封闭层低温开裂和结构缝的施作难题，提升了路基防水封闭层的服役性能。

③ 高寒地区高速铁路微冻胀填料冻胀机制及分类标准研究。

分析了微冻胀填料结构与水分分布特征、冻结过程中水分微迁移机制，构建微冻胀填料水分迁移模型、温度场模型和冻胀理论模型，提出微冻胀填料技术要求及分类标准。

针对哈大高速铁路冻胀防治和运营技术开展的课题还有：

① 高寒地区高速铁路桥梁服役性能演变规律及安全评价技术研究。

研究冻融循环条件下桥梁结构整体服役性能的变化规律，提出高速铁路无砟轨道桥梁防水保护层及底座板粉化预防措施和病害整治处理措施，建立高寒地区高速铁路典型桥梁下部结构的模态参数和结构刚度健康档案数据库。

② 严寒地区高速铁路无砟轨道粉化修补技术研究。

研究严寒地区高速铁路无砟轨道底座板、封闭层粉化整治方案，并进行修补施工试验。

③ 严寒地区充填层自密实混凝土的性能演变及其评估关键技术研究。

研究充填层自密实混凝土在严寒环境下的性能演变规律与特征、性能评估及调控技术，并开展室内模拟试验及现场试验。

2）接触网融冰整治研究

哈大客运专线处于寒冷地区，在一定温度、湿度气候条件下，可能产生接触网覆冰现象。为降低接触网覆冰对弓网受流质量和列车运行安全的影响，中国铁路总公司积极组织铁路运营和科研单位对接触网融冰技术进行研究，分析了接触网覆冰机理，研制了接触网融冰系统，并应用于哈大高速铁路浑南至辽阳、辽阳至营口段，取得了良好的效果，有效地减少了接触网覆冰的可能性。

3）轨道除雪装置研究

为提高轨道除雪作业效率，保证冰雪期间快速恢复铁路运输，铁路总公司积极组织运营单位开展了轨道除雪装置研究，主要课题及研究内容如下：

（1）铁路线路除雪专用装备与技术研究。

研究适用于我国铁路的除冰雪技术方案，研制铁路除冰雪装置样机并开展相关试验研究。

（2）基于轨道车为载体的除雪装置研究。

研究高效的除雪载体方案、刮雪装置方案、除雪装置和轨道车集成方案以及除雪作业模式。

4）哈大高速铁路冬季提速研究论证

哈大高速铁路开通运营初期，为确保冬季运营安全，实行了冬季和夏季两张列车运行图，即冬季运营速度 200 km/h、夏季运营速度 300 km/h。2015 年 10 月，经过 3 个冬季的安全可靠运营，以及动车组常温 385 km/h 和低温（零下 25 ℃ 及以下）274 km/h 的试验，铁路总公司组织主机企业、科研院所和运营单位开展了哈大高速铁路动车组冬季提速运营的论证工作。主要有以下两部分：

（1）哈大高速铁路动车组试验从 2011 年开始，铁路总公司在哈大高速铁路组织了 CRH 380B 型高寒动车组系列试验，试验环境温度为零下 40 ℃～零上 40 ℃，最高试验速度 350 km/h。

（2）动车组低温性能评价方法研讨会。

2015 年 10 月 29 日，铁路总公司组织召开动车组低温性能评价方法研讨会，与会专家针对零下 40 ℃ 低温环境对动车组性能的影响进行了讨论和分析，一致认为：鉴于 CRH380BG、CRH_{5G} 动车组以及国内机车、客车多年来的低温运用经验，经过充分的设计保证，在部件通过地面低温试验后，动车组低温运行是可行的。因此，自 2015 年 12 月 1 日起，哈大高速铁路实行了冬夏一张运行图，运营速度 300 km/h。

5）强化管理创新，确保设备状态管控到位

自哈大高速铁路开通之时起，中国铁路总公司就提出"把哈大高速铁路管理成世界一流高寒地区高速铁路"的要求。面对高寒山区高速铁路的许多未知问题，必须不断探索研究，增强认知能力和掌控能力，在创新上着力，在高速铁路设备状态管控上下功夫，提高其在高寒条件下的适应性，才能确保高速铁路运输安全。哈大高速铁路开通运营后，经受了 2012 年冬季极寒、2013 年极端高温天气以及每年冬季冰雪灾害和冻融冻胀的考验。哈大公司和委管单位多措并举，不断强化管理手段，创新高速铁路维护技术，调整优化作业组织，取得了初步成效。

(1) 创新作业方法，研究掌握高寒山区高速铁路维护技术。

哈大高速铁路自开通以来，始终坚持严检慎修的高速铁路养护维修理念，通过科学探索、大胆实践，在严寒地区高速铁路养护维修上取得了较好成效，初步掌握了高寒山区高速铁路的维修技术。

① 完成了路基不均匀冻胀的课题攻关。

针对严寒地区冬季路基不均匀冻胀问题，通过数据分析，在掌握了冻胀发生、发展规律的基础上，创新研发了预垫板、半撤垫板法，有效保证了冻胀期线路平顺性，为"冬夏一张图"运行提供了坚实的基础。同时，通过路基封缝、防水层封闭、吊装孔钻孔排水等方法，进一步促进"冬病夏治"效果的大幅提升。

② 有效解决了结构性病害问题。

针对无砟轨道新型结构性病害问题，在自主攻关的基础上，先后创新了钢轨修磨技术、低温胶结及焊接技术、轨道板裂缝修补技术、岔枕冻起整治技术等多项成果，在日常养护维修工作中发挥了巨大作用，保证了各种病害的及时有效治理。

(2) 强化动态预警，随时掌控设备变化。

哈大高速铁路夏季综合检测列车检测频次为 2 次/月（上下旬各 1 次）。冬季综合检测列车根据冻害变化规律加密检测频次，平均每条线 5~6 d 检测 1 次。冻害上涨期高低峰值平均为 0.2 mm/d，最大 0.5 mm/d；冻害回落期高低峰值平均为 0.3 mm/d，最大 0.8 mm/d。综合检测列车检测频次的加密有效保证了冬季冻害可控、线路变化可察。为进一步提升钢轨探伤效率，保证按周期探伤，引进了双轨自行钢轨探伤小车，采用最先进的轮式探头检测方式，检出伤损率达 90%，与传统数字手推探伤仪基本一致。使用锂电池驱动，检测速度达 15 km/h。双轨探伤小车投入使用后，每个天窗作业完成量由原来的 5 km 提升至 40 km，作业效率提升了 7 倍，作业人员由原来的 5 人减少至 4 人。在确保周期的同时，解放了生产力，提高了工作效率，对钢轨状态底数掌握更加及时、准确。

(3) 优化作业组织，实行集约化维护管理。

哈大高速铁路开通以来，为构建高效、精准、完备的安全生产管理体系，确保设备养护维修的质量和功效，按照集约化、专业化的工作要求，对高寒山区高速铁路维修管理模式进行了积极探索。

① 组建了专业化的维修队伍。

沈阳铁路局（2017 年，全路铁路局均改名为中国铁路××局集团有限公司）组建了高速铁路工务段，沈阳铁路局和哈尔滨铁路局在沿线 3 个工务段、4 个电务段、4 供电段和 4 房产段组建了 17 个专业化的高速铁路设备维修车间。其中，沈阳高速铁路工务段组建后，两次对所辖维修车间进行调整整合，设置了 6 个各自管辖正线约 200 km 的大车间，各车间分别下设 1 个综合维修工区和 1 个检查验收工区，形成了"1+1"的管理模式，有利于发挥集团化作业优势。

② 完成了两个主体上移。

在维修管理主体上移方面，变过去的由车间和工区主导维修为由段级单位主导维修；在作业组织主体上移方面，变过去由工区组织作业为车间组织作业。

③ 严格执行设备检查维修工作程序。

工务系统率先并严格执行六步工作法：第一步动态检查，通过定期或不定期的动检车检查及检后数据分析，发现病害项点；第二步根据动态数据分析进行现场检查确认，即对动检发现的病害，组织人员到现场精测复核，搞清病害成因、分析病害形成机理；第三步制定维修作业计划，并由段向车间、工区进行任务下达，同时做好人员、机具、材料准备，申请施工天窗；第四步组织车间或工区按确定的维修计划要求进行精确维修作业；第五步组织验收复检，清理材料、工具，清点人员、料具数量，安全巡视确认后下线；第六步进行动态检查验收，确认是否销号，发现未销号的问题，纳入下一循环。供电系统主要采用接触网"检修列""三平台作业车"实施集约化维护作业。其中接触网检修列由 2 台牵引车和 10 台作业车组成，顶部安装长 294 m 的贯通作业平台。该车集贯通平台作业、牵引、发电、材料存储和加工、工具储放、食宿、会议和现场办公等多功能于一体，主要用于电气化铁路接触网集中检修和日常保养。

④ 全面推进工电供房生产一体化。

按照沈阳铁路局和哈尔滨铁路局的总体部署，由高速铁路工务段牵头，组织开展工电供房一体化生产工作。由工务系统牵头，以综合维修工区为基本单元，对哈大高速铁路的日常养护维修工作计划进行统一排摆、统一落实、统一验收。在实现天窗资源综合利用效率提升的同时，使各专业协调配合更加紧密，有效提升了设备养护维修质量。

(4) 加强更新改造，完善和补强设备使用功能。

哈大高速铁路实行委托运营管理，在设备更新改造方面，哈大公司作为资产管理方，必须履职承责，确保资产状态完好。受托方的相关站段，直接负责设备使用维护，对设备使用状态更有发言权。因此，如何协调有序地做好设备更新改造管理，及时消除设备安全隐患，提高哈大高速铁路设备运营品质具有十分重要意义。自开通伊始，哈大公司就确定了设备更新改造的原则：对涉及行车运输安全的问题立即解决；对涉及运输生产和旅客服务的问题优先解决；对改善补强生产生活条件的项目分步解决；对需要优化功能的项目，在充分论证方案的基础上，先试点，再推广。遵循这一原则，哈大公司与沈阳铁路局、哈尔滨铁路局密切配合，加强了设备更新改造协调管理。在推进过程中，委管双方各部门、各专业不断探索，规范有序地进行操作，逐步实现了双方的有效配合和无缝衔接。通过监督计划实施，跟踪掌握进度和质量，加强工程验收，有效地保障了运输安全，保证了高寒病害整治，投入费用也得到了有效监管。2013 年至 2017 年，全线共实施设备更新改造项目 64 项，总投资达 40 493 万元，完成了安全保护区的划定工作，使涉及安全、服务和高寒病害整治等的大量问题得到了及时解决。

6）强化技术创新，改善高寒山区高速铁路设备服役状态

哈大高速铁路地处严寒地区，自开通以来，由于冻融变化引起的冻胀、风化剥落等病害，逐渐在路桥设备上表现出来。对此，运营单位高度重视，积极采取措施，强化病害整治技术创新，消除安全隐患，改善高寒条件下设备的服役状态。

（1）研究推广运营条件下路基冻胀整治工作。

2012 年 2 月，在轨检车对哈大高速铁路沈阳至大连段进行的动态检测中，受检的 337 km 线路，每千米平均扣分 23.49，并出现Ⅳ级超限 15 处，Ⅲ级超限 26 处，Ⅱ级超限 90 处，Ⅰ级超限 351 处。轨检数据统计及现场核查情况显示，路基发生了不均匀冻胀变形。开通前，哈大高速铁路在设计施工中再次考虑了路基防排水问题，又一次在部分路基地段开挖沉井盲沟进行强化整治，基本上解决了地下水引起的冻胀问题。开通初期，路基表层不均匀冻胀仍然普遍存在，经分析确定为由于严寒地区恶劣环境条件影响，加之有机材料的疲劳作用，传统沥青或聚氨酯等嵌缝材料不能满足高速铁路的使用要求，直接导致接缝密封失效，造成地表水下渗，从而造成路基表层冻胀。通过现场开挖，发现在级配碎石底层出现明显冰渍，地表水通过结构缝渗入路基后在两布一膜处聚集冻结。从而验证了地表水下渗路基表层冻胀的水分补给来源，也是运营期间产生冻胀的主要原因。为此，对嵌缝密封技术和密封材料进行试验研究，并根据路基冻胀变形情况，选取了 4 段典型路基地段进行了封缝试验。其中 K129+800～K130+877、K186+551～K187+100、K977+456～K978+000 三段于 2013 年 8—10 月施工完成，K146+550～K148+740 段于 2014 年 9 月施工完成。以实验为依据，编制了《路基封缝冻胀整治暂行技术条例》，并组织专家进行了审查，按专家审查意见修订后，现已发布执行。由于此项整治措施效果良好，现已在全线推广。2015 年开始，已完成整治 91.782 km，接近于全部路基长度的 1/2。通过 5 年来路基冻胀数据的观测对比，证明路基表层封缝堵水工程效果明显，动态检测各项指标明显提高，整治路段比未整治路段的Ⅰ、Ⅱ级超限降低明显，TQI 值下降到与夏季相当。

（2）开展防水保护层粉化整治研究。

哈大高速铁路开通后，由于冬季气温低，冻融循环严重，加之高速铁路运行产生高频振动等，陆续发生了防水保护层混凝土粉化、掉块问题。2015 年 5 月，哈大公司组织召开了整治防水保护层混凝土粉化试验方案专家审查会，对 15 个单位提报的 21 种整治

材料及试验方案进行审查。按安全性、可操作性、技术性和经济性选取 12 个单位的 16 种材料，按每种材料 100 m 的长度进行上线试验。经过一个冬夏循环后，于 2016 年 9 月召开整治防水保护层混凝土粉化试验效果评定专家审查会，对 16 种材料的试用效果进行审查评定，最终确定了 1 种扩大试验和 6 种选择性试验材料，并修订了这 7 种材料的暂行技术条例，于 2017 年 2 月发布执行。现已形成"增加深度固化原保护层混凝土工艺，在清除原松动防水保护层混凝土基面后，增加一道煤油沥青乳液底涂，对基面进行深度渗入固化，然后铺设高性能柔性沥青砂混合料进行整治"的混凝土粉化整治方案，大大增加了基面混凝土的固化深度，有效防止了基面继续粉化。到 2016 年末，哈大高速铁路防水保护层混凝土粉化整治共完成扩大试验 24.994 km。2017 年计划继续整治 80 km。

(3) 开展应答器防击打整治工作。

哈大高速铁路为南北走向，冬季哈尔滨与大连地区间温差极值接近 20 ℃，加上昼夜温差作用，使南行列车在北部运行时附着在转向架和车体上的冰雪，到南部时逐渐融化脱落，击打安装在板式轨道上的应答器，造成应答器遭击打损坏。为有效解决应答器防击打问题，2015 年 11 月开始，在全线全部安装了应答器防击打装置。后防击打装置被击打损坏，造成了新的安全隐患。经过多次试验研究，最终采取同步降低应答器和防击打装置高度的方法来增强应答器的防击打能力，提升安全保障能力，有效解决了应答器防击打问题，收到了良好效果。

(4) 进行房建专业保暖和消防设施防冻整治。

哈大高速铁路开通初期，站房保温问题突出，消防设施冻害严重。在站房保暖整治方面，针对多数站房温度不达标，尤其是铁岭西以北各站站房问题严重的情况，通过采取门窗封堵、改造候车室出入大门、增加防寒门斗、更换大功率热风幕、在供暖末端和重点部位安装温度传感器实时监测室内温度等措施，有效地解决了站房供保暖问题。在消防设施冻害整治方面，针对大部分站房消防管路冻裂无法使用的情况，经过多次专家论证，对铁岭以北各站室外管路冻害严重处，采用外挂式消防管路、"湿改干"的方式予以解决；对沈阳以南室外管路未冻裂的车站，采用入端加快速启闭阀和末端加卸水阀措施，即冬天管路无水的"半干式"消防设施进行整治，确保了消防系统的正常使用。

7) 开展科研攻关，提升高寒山区高速铁路的科技含量

哈大高速铁路地处高寒地区，与其他高速铁路相比，环境工况差异很大。巨大的温度应力和风雪冰冻条件相互作用，设备损坏的概率很高，有时设备发生故障毫无先兆，仅仅依靠和借鉴常规的维修管理方式，不能有效确保设备状态完好。客观上要求必须积极发展信息化、智能化的管理方式，不断创新，提升科技含量，确保设备状态随时处于可控之中。

(1) 应用路基冻胀智能监测技术。

路基冻胀智能监测技术通过智能化的传感监测系统对路基冻胀变形、冻深及水分变化进行实时监测，以掌握路基冻胀发生、发展的规律，为线路科学维护提供依据。该设备具有监测数据远程采集与传输功能，以实现对路基冻胀情况的实时监测。通过观测发现：当冻深在 40 cm 以下时，冻胀虽然发展，但基本不构成冻害；当冻深在 40~140 cm 时，冻害数量增加较快；当冻深在 140~250 cm 时，冻害数量趋于稳定。回落期中，当冻深在 160~40 cm 间变化时，冻害数量减少较快，当冻深融化至 40 cm 以下时，冻害数量趋于 0。这些数据及时为养护维修提供了指导。

(2) 开展高速铁路车站站房智慧能源管控系统平台科技攻关。

哈大高速铁路站房候车区空间大、窗墙比高、人员流动大，这在一定程度上增加了室内供暖、空调、通风设备的用电量，加大了电能消耗。大连北站既有空调、供暖、通风及雨棚照明系统 2016 年耗电量约为 443 万千瓦时。既有楼宇监控系统（BAS）在兼顾运行品质与提高用能效率方面还存在不足：①空调系统与通风系统联动控制的精细化程度不高，增加了无功能耗；②雨棚照明系统未能与动车到发、旅客乘降和室外照度等形成联动控制，增加了耗能人为因素；③依靠人工操作较多，工作量大、运行品质波动大、自动控制手段滞后，一定程度上造成了人力和能源的浪费。2017 年 5 月，哈大高速铁路站房智慧能源管控系统平台软硬件系统技术方案立项审批通过，通过增设暖通空调系统设备控制器和传感器，完善室内外环境监控功能，实现冷热源的优化输送和空调末端的智能控制，达到优化环境品质、提高空调系统能源效率、降低运行能耗的目的；通过增加站台监控设备，接入动车到发信息，实现雨棚照明与动车到发的联动控制。在硬软件仿真测试完成后，力争实现节能 20%的目标，最终实现降低人工成本、保证运行品质、"降低运行能耗"的目标。

(3) 完善补强道岔融雪装置。

哈大高速铁路道岔融雪系统设计方案，是在京津、京沪等多条高速铁路成熟使用和哈尔滨夏家试验站冬季试验的基础上确定的。针对东北地区严寒、降雪频繁、雪量大等特点，采取了加大加热功率、延长加热长度、增加外锁闭框加热装置等技术措施，于 2012 年 10 月 20 日开通启用，经过了 2012 年冬天的冰雪考验。因东北冬季极低的环境温度和雪量大、风速高等因素导致加热条热损失加大，道岔融雪装置在适应严寒地区大号码道岔结构上暴露出一些问题，如尖轨尖端外方积雪问题，道岔顶铁、限位铁、防跳铁部位夹雪问题，密检器部位结冰影响转换问题，杆件下方积雪和沟槽积水问题等。针对上述问题，哈大公司组织设计单位进行设计补强，于 2013 年 11 月 26 日完成现场改造，有效解决了道岔融雪装置覆盖面不全等上述问题。经近四年的运营检验，全线各站共 485 组道岔，融雪效果良好，满足了冬季运行不降速的运输需求。

(4) 开展接触网融冰试验研究。

哈大高速铁路沈阳至大连段相对湿度较大，冬季尤其是初冬接触网容易结冰，危及行车安全。为解决这一难题，哈大公司于 2015 年 11 月在浑南牵变所、甘泉铺牵变所和盖州西分区所安装了接触网融冰装置，分别负责浑南至辽阳段、辽阳至营口段、营口至鲅鱼圈段接触网融冰。浑南牵变所采用直流融冰技术，甘泉铺牵变所和盖州西分区所采用交流融冰技术。交流融冰装置直接接入牵引供电回路，为接触网提供稳定、可调交流电流，对接触网导线加热，以使接触网覆冰融化或防止接触网覆冰。设备投入使用后，融冰装置工作稳定，效果良好，接触网未见异常，满足了冬季接触网融冰需要。

(5) 开展高寒地区高速铁路桥梁服役性能演变规律及安全评价技术研究课题攻关。

高速铁路列车运行速度高，对桥梁基础设施的性能变化敏感。目前，高寒地区冻融冻胀研究大多针对路基开展，没有针对高速铁路桥梁的相关研究。为此，哈大公司于 2015 年联合北京交通大学和沈阳铁路局共同承担了铁路总公司的该项重点课题，首次以高速铁路简支梁桥为研究对象，开展了冻融冻胀环境下桥梁服役性能演变规律和安全评估方法的研究。通过对 108 个桥墩的模态参数和纵横向变位进行定期检测和实时在线监测试验，研究了季节性冻融环境作用下桥墩自振频率和变位的演变规律，为高速铁路桥梁服役状态评估提供了基础数据；分析了冻融冻胀引起的桥梁变位和基础劣化病害对高速铁路行车安全性的影响规律，初步确定了桥墩纵横向变位的限值为 20 mm，为桥梁日常养护提供参考；提出了高寒山区高速铁路简支梁下部结构自振频率的识别方法，确定了现场实施操作步骤，从而进一步补充了高速铁路桥梁下部结构服役性能评估的指标体系；进一步建立了高寒地区高速铁路桥梁下部结构模态参数和基础刚度的健康档案数据库和回归公式，并提出了高速铁路桥梁下部结构服役状态评估方法和评估准则，从而为高速铁路桥梁下部结构运营性能检定补充了基于自振频率的评估标准。通过近两年的研究，课题共申报专利 5 项（2 项已授权）、发表学术论文 10 篇（6 篇 EI 检索），培养研究生 6 名，并于 2017 年 8 月 16 日通过了铁路总公司科技管理部的结题验收。

哈大高速铁路开通运营以来，取得了良好的经济和社会效益，对高寒山区高速铁路运营管理做了大量探索，对丰富高寒高速铁路建设和运营管理经验作出了重要贡献。

哈大高速铁路的建设和运营，标志着我国铁路全面掌握了寒区高速铁路的建设、运营和维护技术，打造了世界上第一条中国标准新建时速 300 km 的寒区高速铁路。今后，我国铁路管理部门将继续推进寒区高速铁路技术创新，加强高速铁路运营设备低温适应性和可靠性的跟踪研究，及时解决运营中存在的问题，把哈大高速铁路的低温和冻胀危害减少到最低限度，为哈大高速铁路安全运营提供可靠的技术支撑。为全面落实国家创新驱动发展战略和世界科技强国建设的部署，铁路科技创新将牢固树立创新、协调、绿色、开放、共享的发展理念，贯彻"强基达标、提质增效"工作主题，努力发挥科技的支撑作用、基础作用和引领作用。围绕提升安全保障、运输服务、工程建设及经营管理水平，深入推进安全重点技术研发，抓好重大技术装备顶层设计，实施智能铁路、京沪示范线、大数据应用等方面关键技术的开发应用，加强"走出去"技术研究，进一步提升自主创新能力，为中国铁路改革发展作出新的贡献。

（四）价值意义

哈大高速铁路不仅极大缩短中国东三省主要城市间的时空距离，为东北区域经济一体化创造了条件，而且释放了东北地区铁路货运能力，沈大线每年可增加货运能力 1 150 万吨，京哈线沈阳至哈尔滨区段每年可增加货运能力 1 000 万吨，极大地缓解了哈大铁路通道运输能力紧张局面。如图 7.18 所示。

图 7.18　哈大高速铁路东北平原风景

截至 2017 年 12 月 1 日，哈大高速铁路累计安全开行动车组列车 33 万趟，成功应对 102 场风雪考验，彰显了中国高铁的非凡实力；以哈大高速铁路为南北主轴的东北铁路网，通过与秦沈客专衔接，融入中国高铁路网，形成以沈阳、长春、大连等城市为中心的 2 小时经济圈、各主要城市到北京 4 至 6 小时经济圈，为东北的振兴发展注入生机活力。

六、兰新高速铁路规划与建设

（一）工程概况

兰新高速铁路（Lanzhou-Wulumuqi High-speed Railway），简称兰新高铁，又名兰新铁路第二双线，是中国一条连接甘肃省兰州市与新疆维吾尔自治区乌鲁木齐市的高速铁路，是世界上一次性建成通车里程最长的高速铁路，是中国《中长期铁路网规划》的重点项目，也是亚欧大陆桥铁路通道的重要组成部分。

1. 线路走向

兰新高速铁路由兰州西站至乌鲁木齐站，横跨甘肃、青海、新疆3省区，线路全线长1 775.779 km，是目前世界上一次性建设里程最长的高速铁路，是横贯西部的一条现代"钢铁丝绸之路"。其中，甘肃段全长798.933 km，青海段全长266.923 km，新疆段正线全长709.923 km，全线共设22车站。设计的最高速度为250 km/h。兰新高速是《中长期铁路网规划（2008年调整）》的重点项目。自"7·23"甬温线特别重大铁路交通事故后，铁道部重新审视铁道建设计划，对兰新高速铁路的设计标准进行了修改，见图7.19所示。

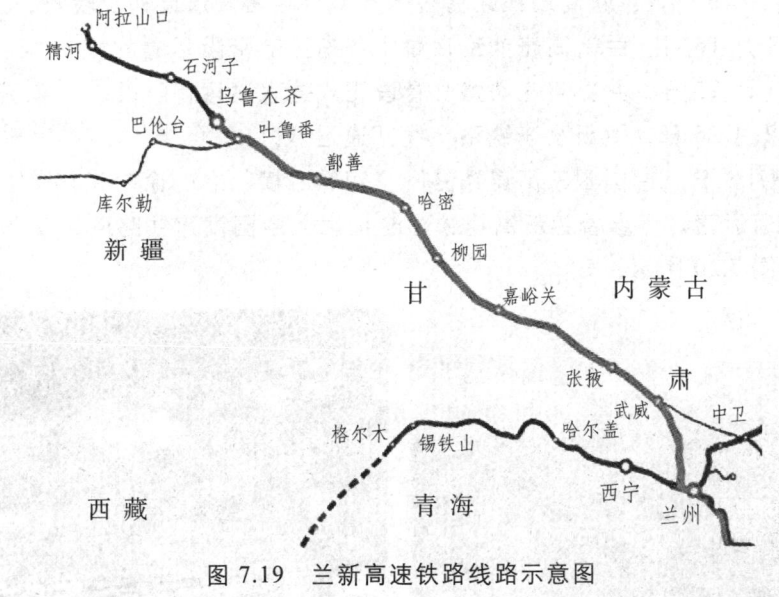

图7.19 兰新高速铁路线路示意图

2. 线路设计参数

线路设计参数见表7.9所示。

表 7.9　兰新高速铁路线路设计参数

设计速度	250 km/h
轨道类型	无砟轨道、无缝钢轨
轨道标准	1 435 mm（标准轨）
最小曲线半径	7 000 m
最大坡度	一般地段 13‰，困难地段 20‰
闭塞类型	自动闭塞
动力方式	接触网供电：50 Hz、25 kV

3. 建设历程

2009 年 6 月，国务院批准《新建兰新铁路第二双线项目建议书》（今兰新高速铁路）。

2009 年 11 月 4 日，兰新高速铁路正式开工建设。

2010 年 1 月，兰新高速铁路乌鲁木齐南至哈密段开工建设。

2014 年 6 月 3 日，兰新高速铁路新疆段进入联调联试阶段。

2014 年 9 月 1 日，兰新高速铁路甘青段进入联调联试阶段。

2014 年 9 月 16 日，兰新高速铁路乌鲁木齐南至哈密段通过初步验收。

2014 年 11 月 16 日，兰新高速铁路乌鲁木齐南至哈密段开通运营。

2014 年 11 月 25 日，兰新高速铁路甘青段正式进入试运行阶段。

2014 年 12 月 26 日，兰新高速铁路全线开通运营。

2017 年 7 月 9 日，中国国家高速铁路网"四纵四横"之一徐兰高速铁路西段宝兰高速铁路正式开通运营，标志着兰新高速铁路全面融入中国高速铁路网。高速列车运行在兰新线上，如图 7.20 所示。

图 7.20　列车行驶在兰新高速铁路上（2017 年 6 月 24 日）

4. 线路车站

兰新高速铁路全线共设 22 个办理客运业务的车站,其中,甘肃段 10 个、青海段 6 个、新疆段 6 个,分别为兰州西站、民和南站、乐都南站、海东西站、西宁站、大通西站、门源站、民乐站、张掖西站、临泽南站、高台南站、清水北站、酒泉南站、嘉峪关南站、玉门站、柳园南站、哈密站、吐哈站、鄯善北站、吐鲁番北站、乌鲁木齐南站、乌鲁木齐站。

(二) 运营及设备设施配备

1. 运营情况

2014 年 9 月 5 日上午 8 时 30 分,D8801 次 CRH_5 型动车组准时驶出哈密站,开始了兰新高速铁路哈密至乌鲁木齐南间第一趟试运行任务,标志着兰新高速铁路新疆段正式进入试运行阶段。

兰新高速铁路开通初期开行 D 字头列车 4 对,其中,2014 年 11 月 16 日首发日开行动车 3 对,2014 年 11 月 17 日开行 4 对动车。

2016 年 1 月 18 日上午,兰新高速铁路青海民和至乐都区间张家庄隧道发生地质灾害,发往青海西宁、甘肃嘉峪关、新疆乌鲁木齐方向的高铁列车全部停运。

2016 年 5 月 1 日起,由于青海境内张家庄隧道恢复通车,兰新高速铁路恢复基本列车运行图。

2017 年 9 月 21 日起,兰新高速铁路实行新的列车运行图,因兰新高速铁路甘青段施工影响,调整为兰州(西)—乌鲁木齐 4 对、兰州西(兰州)—嘉峪关南(玉门)10 对、兰州西—西宁动车 9.5 对,并且兰州—嘉峪关/乌鲁木齐—哈密春运期间动车组重联运行。部分跨局列车运行区段、站点、车次、车型也进行了调整。

2. 客运流量

2014 年 11 月 16 日,兰新高速铁路新疆段开通运营,共有 3 700 余名旅客乘坐首日动车组列车。

2017 年 4 月 28 日,兰新高速铁路新疆段各车站单日发送旅客达到 10 078 人次,首次超过 1 万人次。

2017 年上半年,兰新高速铁路新疆段各车站发送旅客超过 210 万人次。

3. 设备设施

兰新高速铁路先后采用 CRH_{5A}、CRH_{5G}、CRH_{2G} 等型号的动车组列车。2016 年之前,兰新高速铁路主要运行的是 CRH_{5A}、CRH_{5G} 型动车组列车，CRH_{5G} 型动车组车体使用耐严寒的材料，并优化转向架、给水卫生系统、空调系统、电气结构等，能更好地适应高寒环境，被称为"高寒战士"，舒适度有较大提升。

2016 年后，兰新高速铁路主要运行的动车组列车更换为 CRH_{2G} 型动车组列车。CRH_{2G} 型动车组列车由中车青岛四方机车车辆股份有限公司自主研制，相比于 CRH_5 型动车组列车，其耐高低温性能更加突出。CRH_{2G} 型动车组列车攻克了耐高寒、抗风沙、耐高温、适应高海拔、防紫外线老化五大技术难题，能同时经受 ±40 °C 的高寒高温，能在 11 级大风下安全运行，拥有 3 道"保护罩"防沙尘。2015 年 12 月 10 日上午，CRH_{2G} 型动车组列车首次在新疆乌鲁木齐动车所亮相。

（三）技术难题与技术创新

1. 技术难题

1）破解戈壁大风技术难题

兰州高铁新疆段途经烟墩风区、百里风区、三十里风区、达坂风区四大风区，大风区长度 462.4 km，占新疆段线路总长的 65.1%，部分区段年均大于 8 级大风天气达到 208 d。大风区自然条件恶劣，人烟稀少，多为戈壁。其中，"百里风区"和"三十里风区"的风力最为强劲，最大风速可达每秒 60 m（17 级），为世界内陆地区风速之最，历史及近年来多次造成兰新铁路及南疆铁路的翻车安全事故。为解决风区工程设计及施工面临的技术难题，建设方组织开展对沿线路基、防风明洞、桥梁的数值模拟和风动试验研究，研发了路堤挡风墙、路堑挡风墙、桥梁挡风屏、防风明洞等新结构，最大限度地解决了大风对铁路运输的干扰。兰新高铁防风工程技术的规模及其运用，在世界高铁工程建设中居于首位。

2）攻克戈壁沙害技术难题

由于戈壁地区风速为世界内陆之最，所以大风携带的砂粒飞扬高度高、速度快，对建构筑物的冲击力大，与高速铁路运行列车的力学耦合机制也最为复杂，防治难度也最大。风沙线路地处半荒漠、荒漠地区，受气候条件及植被发育程度的影响，在部分地表形成风积沙地貌。参建单位开展联合攻关，研发了箱式挡沙墙、斜插板式挡沙墙、PE 网沙障、沙方格及金属涂塑网高立式沙障等专利产品，并在百里风区和烟墩风区进行了试验。防沙工程有效地改善了线路积沙严重情况，也大大降低了线路清理积沙的难度。

3）化解戈壁路基沉降技术难题

兰新高铁途经松软土、湿陷性黄土、盐渍土及戈壁滩、风沙路段，做好地基处理、控制地基和路堤的工后沉降尤为关键，特别是我国尚缺乏在戈壁地区修建高速铁路路基的经验，国外也无成熟的研究理论及成果可以借鉴利用。为了解决兰新高铁沿线戈壁地区碎、砾石类土的地层变形理论、地基处理措施、填料控制标准、压实质量要求，满足高速铁路对路基"零"沉降的要求，采取了优化松软土、湿陷性黄土地带 CFG 桩等措施，以及对大部分路段地基处理采用强夯、重锤夯实、冲击碾压、挖除换填等处理措施。上述实践，填补了我国在戈壁地区修建高速铁路工程的地基处理、填料填筑及路基防护工程设置等方面的空白。施工完成后，经过观测、评估和第三方检测，对 8.16 万个沉降观测点的数据进行统计，最大沉降量 6.13 mm，小于 4 mm 的占 99.7%，均达到设计规范的要求。

4）克服无砟轨道施工技术难题

兰新高铁穿越多个特殊和困难区域，大部分地段严重缺水缺电，砂石料也严重缺乏。在长达 4~5 个月的冬季寒冷期，研究在高寒、高湿、干旱、高碱及风沙环境条件下的高性能混凝土工程具有十分重要的意义。选择合适的无砟轨道上部结构，对成功修建兰新高铁将起到关键作用。经现场多次试验及设计优化，对无砟轨道采取加高承轨台增大轨下净空过沙、增加挡肩内配筋、枕内钢筋绝缘、支撑层间隔 3.9 m 设置假缝等，为控制无砟轨道施工质量提供了技术支撑。为解决干旱、高温差、风沙地区无砟轨道混凝土容易开裂问题，对于干旱地区道床板现浇混凝土配置采取了"低胶材、低用水量、低坍落度、高含气量"的新工艺，确保无砟轨道混凝土 28 d 养护期内保湿、保温到位。这一工艺达到了"几何尺寸精度高、混凝土密度强度高、表面平整光洁无裂纹"的要求，有效解决了在大风、干燥、大温差条件下高性能混凝土开裂的难题。在历时 5 年的建设中，参建者克服自然环境困难，利用科技创新保驾护航，保质保量完成建设任务，科技创新取得了令人瞩目的成就。其间，他们先后完成数十项课题研究，其中部分课题研究成果属于国内首创，填补了在高寒、大风沙地区建设高速铁路的空白。

2. 重点工程

1）小峡湟水河特大桥

小峡湟水河特大桥设计为双线特大桥，全长 1 135.05 m，是兰新高速铁路的重点控制工程。该桥的重难点是三联连续梁施工，分别跨 109 国道、湟水河、兰西高速公路、兰青铁路上下行线，是兰新高速铁路中地理位置最特殊的桥梁之一。

2）新疆哈密立交特大桥

新疆哈密立交特大桥是兰新高速铁路重点控制性工程，全长 19.287 km，共有桥孔 584 孔，是兰新高速铁路建设中最长的横跨大桥。2011 年 11 月 14 日，兰新高速铁路新疆哈密立交特大桥百米跨连续梁浇筑完成，成功合龙。

3）祁连山 2 号隧道

祁连山 2 号隧道位于青海省门源县城以西 60 km 的祁连山高山区，隧道两头分别连接青海、甘肃两省。这一隧道全长 9.49 km，最高海拔 4 345 m，最大埋深超过 800 m，开挖断面达 160 m^2，截至 2014 年 10 月，是世界上海拔最高、建设标准最高和施工难度最大的高速铁路隧道，属 I 级高风险隧道。2014 年 1 月 28 日，祁连山 2 号隧道全线贯通。

4）达坂山隧道

达坂山隧道全长 15 918 m，位于青海省大通县和门源县境内达坂山中高山区，海拔 3 000 m 至 4 200 m，穿越达坂山主峰，是世界最长的高原高速铁路隧道。

（四）价值意义

兰新高速铁路与既有兰新铁路及陇海、包兰等铁路紧密衔接，形成辐射范围更广、服务人口更多的西部铁路运输网络。兰新高速铁路的建成运营大大提升了中国与中亚、欧洲等地的铁路运输能力，有利于完善中国向西开放格局，为构建丝绸之路经济带大通道奠定了坚实基础。

兰新高速铁路有利于生产要素和资源的优化配置，提高新疆经济的集聚力和辐射力，有利于形成丝绸之路核心区，在整个亚欧区域合作中占有先机，兰新高速铁路还将有助于人才、物流和资本的集聚，推动铁路沿线城市的发展；同时，兰新高速铁路也为新疆的旅游注入强劲动力。

2014 年，兰新第二双线（即兰新高速铁路）建成，新疆跨入高铁时代，缩短了新疆与其他省市区的时空距离。

七、沪昆高速铁路规划与建设

（一）工程概况

沪昆高速铁路（Shanghai-Kunming High-speed Railway），简称沪昆高铁，又名沪昆客运专线，是一条连接上海市与云南省昆明市的高速铁路，是《中长期铁路网规划》(2016 年版）中"八纵八横"高速铁路主通道之一，是中国东西向线路里程最长、速度等级最高、经过省份最多的高速铁路。

1. 线路基本走向

沪昆高速铁路途经上海、杭州、南昌、长沙、贵阳、昆明 6 座省会城市及直辖市，线路全长 2 252 km，设计时速 350 km（长沙南站以西 300 km/h，预留 350 km/h）。截至 2016 年 12 月，沪昆高速铁路的运营时速为 300 km，总投资超过 3 000 亿元。沪昆高速铁路连接了长江上游、中游、下游的三个经济圈,串起了沿线中小城市,形成了一条贯穿长江上、中、下游的交通经济带,通车运营后,从上海到昆明将由原来的 20 h 多缩短到 8 h 左右。

沪昆高速铁路由沪杭段、杭长段和长昆段三段组成,分段进行施工建设。其中,沪杭段线路全长 160 km,杭长段线路全长 933 km,长昆段线路全长 1 158.09 km。线路走向见图 7.21 所示。根据规划,沪昆高速铁路设计能力远景单向年输送旅客 6 000 万人次,双向年输送 1.2 亿人次。

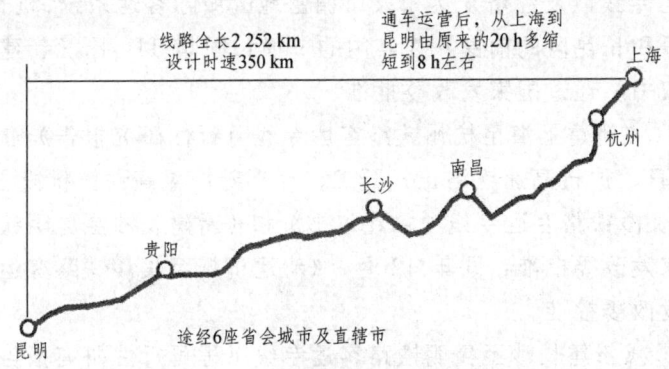

图 7.21 沪昆高速铁路线路示意

2. 线路设计参数

线路设计参数见表 7.10 所示。

表 7.10 沪昆高速铁路线路设计参数

设计速度	350 km/h(长沙南站以西 300 km/h,预留 350 km/h)
轨道类型	无砟轨道、无缝钢轨
轨道标准	1 435 mm(标准轨)
正线间距	5.0 m
最小曲线半径	一般路段 9 000 ~ 12 000 m,困难路段 7 000 m
最大坡度	20‰
闭塞类型	自动闭塞
车辆基地	上海动车段、杭州动车运用所、南昌西动车运用所、长沙南动车运用所、贵阳北动车运用所、昆明南动车运用所
动力方式	接触网供电:50 Hz、25 kV

3. 建设历程

2009年2月，沪昆高速铁路沪杭段正式开工，标志着沪昆高速铁路正式开工；2016年12月28日，沪昆高速铁路贵昆段正式开通运营，标志着沪昆高速铁路全线正式通车。

2004年1月，国务院审议通过了《中长期铁路网规划》，开始规划建设"四纵四横"铁路客运专线，杭长客运专线（沪昆高速铁路杭长段的前身）为其中的一横。

2008年7月，铁道部规划将杭长客运专线向西延伸，经贵阳至云南昆明，改称杭长昆客运专线；并将杭长昆客运专线与沪杭甬客运专线的沪杭段连接，全线合称沪昆高速铁路；同年10月，国家发改委批准了《中长期铁路网规划（2008年调整）》，重点规划"四纵四横"等客运专线以及经济发达和人口稠密地区城际客运系统，杭长昆客运专线（沪昆高速铁路杭长段和长昆段的前身）为其中的一横；同年11月，《新建上海至杭州铁路客运专线项目建议书》通过国家发改委批准。

2009年2月，《新建上海至杭州铁路客运专线可行性研究报告》通过国家发改委批准；同年2月26日，沪杭高速铁路正式开工，标志着沪昆高铁沪杭段正式开建；同年7月，《新建杭州至长沙铁路客运专线项目建议书》和《新建长沙至昆明铁路客运专线项目建议书》通过国家发改委批准；同年12月，《新建杭州至长沙铁路客运专线可行性研究报告》通过国家发改委批准。

2010年3月，《新建长沙至昆明铁路客运专线工程可行性研究报告》通过国家发改委批准；同年3月26日，沪昆高速铁路长昆段正式开工；同年6月18日，杭长高铁浙江段正式开工，标志着沪昆高速铁路杭长段的正式开建，同时标志着沪昆高铁全线正式开工；同年10月26日，沪杭高速铁路正式开通运营，标志着沪昆高速铁路沪杭段正式通车。

2014年9月16日，沪昆高速铁路南昌至长沙段正式开通运营；同年12月10日，沪昆高速铁路杭州至南昌段正式开通运营，标志着沪昆高速铁路杭长段正式通车；同年12月16日，沪昆高速铁路长沙以西湖南段（长沙至新晃段）正式开通运营，标志着沪昆高速铁路湖南段全线贯通。

2015年6月18日，沪昆高速铁路贵州东段（新晃至贵阳段）正式开通运营。见图7.22所示。

2016年6月16日，沪昆高速铁路全线轨道正式贯通；同年7月，国家发改委印发了《中长期铁路网规划》（2016年版），在"四纵四横"高速铁路网的基础上，规划建设"八纵八横"主通道为骨架、区域连接线衔接、城际铁路补充的高速铁路网，沪昆高速铁路为其中的一横；同年12月28日，沪昆高速铁路贵昆段正式开通运营，标志着沪昆高速铁路全线正式通车，以"四纵四横"为骨架的中国高速铁路网全部投入运营。

图 7.22　沪昆高速铁路贵州东段

4. 沿线车站

沪昆高速铁路全线办理客运业务的车站数为 52 个，其中，上海段 3 个、浙江段 12 个、江西段 11 个、湖南段 11 个、贵州段 11 个、云南段 4 个。除此之外，杭州南站和贵安站暂不办理客运业务。沪昆高铁沿线车站依次为：上海虹桥站—松江南站—金山北站—嘉善南站—嘉兴南站—桐乡站—海宁西站—余杭站—杭州东站—杭州南站（暂不办理客运业务）—诸暨站—义乌站—金华站—龙游站—衢州站—江山站—玉山南站—上饶站—弋阳站—鹰潭北站—抚州东站—进贤南站—南昌西站—高安站—新余北站—宜春站—萍乡北站—醴陵东站—长沙南站—湘潭北站—韶山南站—娄底南站—邵阳北站—新化南站—溆浦南站—怀化南站—芷江站—新晃西站—铜仁南站—三穗站—凯里南站—贵定北站—贵阳东站—贵阳北站—贵安站（暂不办理客运业务）—平坝南站—安顺西站—关岭站—普安县站—盘州站—富源北站—曲靖北站—嵩明站—昆明南站。

（二）运营及设备设施配备

1. 运营情况

沪昆高速铁路的沪杭段于 2010 年 10 月 26 日通车；杭长段于 2014 年 12 月 10 日通车；长昆段的长沙至新晃段于 2014 年 12 月 16 日通车，新晃至贵阳段于 2015 年 6 月 18 日通车，贵阳至昆明段于 2016 年 12 月 28 日通车。

2014 年 9 月 16 日上午 9 时，随着 G489 次列车准时驶出南昌西站，沪昆高铁南昌至长沙段开通运营，两地的运行时间由 4 h 缩短至 1.5 h。开通初期，铁路部门安排开行"D"字头动车组列车 2 对，"G"字头动车组列车 11 对。

2015年6月18日，沪昆高速铁路新晃西至贵阳北段开通运营。开通初期，安排开行沪昆贵阳北至长沙南本线G字头动车组列车6对；2015年7月1日铁路新图实施后，安排开行北京、上海、南京、福州、济南、郑州、武汉等城市到贵阳的G字头动车组列车25对。

2016年12月28日至2017年1月4日，沪昆高速铁路开行了贵阳北至昆明南、长沙南至昆明南22列高铁动车组，沪昆高速铁路长昆段初期安排开行动车组18.5对，其中"G"字头动车组列车17.5对，"D"字头动车组列车1对。其中，长沙到怀化的单程运行时间由过去最快的6个多小时缩短到1 h 40 min左右。2017年1月5日开始，沪昆西段全面开行动车组。

2017年1月5日零时起，沪昆高速铁路贵阳至昆明段安排开行高铁7对，其中新增开2对、延伸运行区段5对，长三角地区至昆明有了直达高铁，并将由原来普速线的三日达提速到高铁的当日达。从上海、南京、杭州至昆明运行时间将分别由原来普速线35 h 34 min、35 h 23 min、33 h 15 min缩短至10 h 36 min、12 h 47 min、9 h 47 min左右。

2. 客运流量

2016年12月30日至2017年1月2日，沪昆高速铁路长沙南站共发送旅客22万人次，同比增长15.4%。

2016年6月17日，沪昆高速铁路贵州东段开通一周年，累计发送旅客超过572万人次。

3. 设备设施

沪昆高速铁路使用的车型为CRH380A、CRH380B、CRH380C、CRH380D、CRH$_{2A}$、CRH$_{2B}$、CRH$_{2C}$、CRH$_3$、CRH$_{3C}$。

2015年4月9日，沪昆高铁贵州段配属的两组CRH380A动车组抵达贵阳。加上之前已经到达的两组，贵阳北动车所已有4组CRH380A动车组。

2015年4月19日，中国铁路总公司"和谐号"CRH380AJ-0202高速综合检测列车（简称动检车）首次在沪昆高铁贵长客专以时速330 km试跑，这是本次联调联试的最高速度，也是迄今为止贵州高铁最高试验速度。贵阳北至凯里南全程用时仅32 min。

2015年4月21日，根据计划，除了CRH380AJ-0202高铁综合检测列车（黄医生）继续在贵阳北站至三穗站区间进行逐级提速试跑外，还将首次进行动车组重联试跑。

4. 运行系统

沪昆高速铁路采用了中国自主研发的列车运行控制系统即CTCS-3级。CTCS-3级列控系统使高铁在驾驶中即时收集多种数据辅助驾驶员安全驾驶,实现电脑集成化、信息化控制,让在高速行驶状态下更精准、更可行的数字化的"信号灯"替代传统信号灯。

(三)技术难题与技术创新

1. 重点工程建设成果

(1)北盘江特大桥:见图 7.23 所示。

图 7.23 高铁列车经过北盘江特大桥

北盘江特大桥位于贵州关岭布依族苗族自治县与晴隆县交界的峡谷中,全长 721.25 m,主跨 445 m,桥面距江面约 300 m,设计速度 350 km/h,其跨度为钢筋混凝土拱桥世界第一,是沪昆高铁全线建设难度最大的桥梁工程。

北盘江特大桥在铁路桥梁中首次采用 C80 高性能混凝土、新型拱底检查车,实现了钢筋混凝土拱桥最大跨径、高速铁路桥梁最大跨度、大跨度桥梁刚度控制、大跨度混凝土拱桥施工方法、大跨度桥梁铺设新型聚氨酯固化道床等世界五大突破。

截至 2016 年 12 月,跨度超过 30 m 的混凝土拱桥全世界仅有 6 座,沪昆高速铁路北盘江特大桥代表着钢筋混凝土拱桥建造的最高水平,是世界跨度最长的高铁桥。

(2)湘江特大桥:见图 7.24 所示。

图 7.24 湘江特大桥

沪昆高速铁路湘江特大桥是沪昆高速铁路湖南段唯一的控制性桥梁工程。截至 2014 年 12 月，湘江特大桥是湖南最长的一座高铁特大桥。该桥东起长沙县暮云镇，西连湘潭九华示范区响水乡，全长 4 518.77 m。大桥跨越 107 国道、京广铁路、湘江兴马洲、湘江东西河汊。

2013 年 5 月 9 日 23 时，湘江特大桥最后一节现浇梁灌注完毕，标志着湘江特大桥西岸主桥连续刚构顺利贯通，为下一步无砟轨道施工奠定了坚实基础。

（3）雪峰山一号隧道：见图 7.25 所示。

图 7.25　雪峰山 1 号隧道

沪昆高铁雪峰山一号隧道从隆回县金石桥镇兰草田村，穿山而过至溆浦县境内，全长 11 670 m，隧道最大埋深约为 750 m，为沪昆高速铁路全线控制性工程，也是湖南境内最长的高铁隧道。

与一般山区隧道不同的是，雪峰山一号隧道属于特长、一级风险隧道，施工中的难题包括：要穿越 5 条断层，围岩破碎软弱，有浅埋、断层、岩爆、突水突泥等多种地质灾害，伴随长距离通风排烟、反坡排水等。此外，该隧道的最大日涌水量近 14 万立方米，施工风险极高。

2013 年 10 月 20 日，沪昆高铁湖南段最长隧道雪峰山一号隧道贯通。

（4）跨京广高铁转体斜拉桥：见图 7.26 所示。

图 7.26　跨京广高速铁路转体斜拉桥

沪昆高速铁路跨京广高铁转体斜拉桥位于高铁长沙南站以南约 2 km，沪昆高铁通过该桥上跨京广高铁。该斜拉桥是中国首例高铁跨高铁的转体斜拉桥，综合了斜拉桥建造中所运用的多项施工技术，创下六个"第一"：高铁跨高铁施工中跨度第一、总重量第一、转体长度第一、独塔非对称斜拉索第一次应用、槽型梁第一次应用、独塔非对称斜拉索与槽型梁的组合结构第一次应用。沪昆高铁和京广高铁"十"字交叉点要"转体"的斜拉桥共有两座，2013 年 7 月 20 日凌晨转体跨过京广高铁的是西北上行联络线特大桥。2013 年 7 月 30 日凌晨，西南联络线特大桥也通过转体实现"跨越"。

（5）赣江特大桥：见图 7.27 所示。

图 7.27 赣江特大桥

沪昆高铁赣江特大桥位于南昌市进贤县、南昌县、红谷滩新区，线路长度为 37 106.475 m，经过 3 个县、6 个乡镇、19 个村庄，先后跨越了村镇道路、抚河、堂世河、G316 国道、京九铁路、G105 国道、抚河故道、向莆铁路、赣江。

该桥全部采用钻孔桩基础，创造了国内桥梁建设史上"八项第一"，即该桥主桥钢梁为国内第一座双桁四 PSBASE 系统和 CORS 系统用于桥梁工程测量；在国内首次将获得国家专利、拥有自主知识产权的锁口套箱围堰，用于深水大体积承台施工；首次应用铁路最大的 1 500 t 移动模架造桥机，制造国内铁路 50 m 跨度的简支箱梁；创造日成桥单线 130 m 的国内桥梁施工最快速度；用时 137 d 完成 1.7 万吨钢梁架设速度，创造了国内钢梁悬拼架设新纪录；等。

（6）小寨坡特大桥。

小寨坡特大桥是沪昆铁路客运专线贵州段的咽喉工程，施工任务艰巨、环境艰苦、难度非常大，是全线重要的控制性工程。大桥桥址壑深坡陡、地势险峻、场地狭小、水流湍急，加之墩身高、跨度大，因此施工难度极大。因而，担负小寨坡特大桥施工任务的团队创新使用钻孔机自动控制系统在溶岩溶洞多发的云贵山区施工 240 多根桩基，大大节省了时间和成本，成功克服了溶岩溶洞、陡坡高墩等施工困难，保证了施工顺利进行。

2014年4月14日清晨，中国国家重点工程沪昆高速铁路贵州段的重要控制性工程、全长780.60 m的小寨坡特大桥连续梁胜利合龙。

（7）壁板坡隧道：见图7.28所示。

图7.28 壁板坡隧道

壁板坡隧道全长14 756 m，进出口两端分别位于贵州省盘州市和云南省曲靖市富源县。该隧道是沪昆高铁全线最长的隧道和重点控制性工程，也是全线3座Ⅰ级风险隧道之一。因穿越断层、岩层接触带、高压富水区、煤层采空区，受到煤层瓦斯、高地应力等不良地质现象的影响，洞身最大埋深达到735 m。

2014年12月28日，沪昆高铁最长隧道——壁板坡隧道正洞左线顺利贯通，为沪昆高铁全线通车运营奠定了基础。

（8）大独山隧道。

大独山隧道全长11.882 km，大独山隧道位于贵州关岭布依族苗族自治县境内，总投资约10亿元，是沪昆客专贵州段重难点工程之一，隧道地质条件极为复杂，处于溶洞、溶腔、溶岩、暗河发达地段，为Ⅰ级风险工程，被专家认定为目前国内最典型的喀斯特复杂地质特长高铁隧道。

2015年10月15日，经过长达5年的建设，沪昆高铁贵州段大独山隧道顺利实现贯通。

（9）沾益特大桥。

沾益特大桥位于云南省曲靖市沾益区境内，全长1 768.386 m，主跨128 m，上跨5

股铁道与既有沪昆铁路相交，是全线跨度最大、吨位最大、距营业线最近的桥梁。沾益特大桥在施工过程中受到地结构复杂、昼夜温差较大等不利条件影响，桩基施工时多次遭遇溶洞、溶腔、流沙。为确保工程质量，施工单位推行标准化作业，创新工艺工法，通过采用自动喷淋法养护工艺，解决了墩身养护难题，被作为样板工程全线推广。

2014年9月10日，沪昆高铁云南段控制性工程沾益特大桥转体成功。

(10) 金华江特大桥。

金华江特大桥是沪昆高速铁路浙江段的重点控制性工程。桥梁位于婺城区境内，全长11.4 km，工程造价7.745亿元。其中跨金华江主跨按 $(75+4\times135+75)$ m 连续梁设计。该连续梁悬灌梁段共17个节段，最大梁段重231.14 t，箱梁节段悬灌高精度几何线形控制是工程的难点。该连续梁集大跨、深水于一体，施工难度大，技术含量高，是同期国内在建高铁中跨度最长、连续跨数最多的连续梁，温度跨度378 m，为同期中国国内 CRTS Ⅱ 型板式无砟轨道温度跨度之最。温度跨度是指固定墩到自由节点之间的距离。工程于2010年5月开工建设，2014年12月开通运营。经过3年多的运营使用，结构安全稳定，运行良好。

2. 科研成果

2010年9月28日，在沪昆高速铁路沪杭段运行试验中，拥有自主知识产权的"和谐号"CRH308A 新一代高速列车动车组最高时速达416.6 km，创世界运营铁路运行试验最高速度。

2015年10月15日，经过建设者长达5年的艰苦鏖战，全长11.82 km 的沪昆高铁贵州段大独山隧道正式贯通。在施工过程中，建设单位开展科技攻关解决施工难题9项，其中3项技术获得在中国国家专利，创新工艺工法及科研项目4项。

3. 荣誉表彰

2018年5月18日，沪昆高速铁路金华江特大桥被评为2016—2017年度中国建设工程鲁班奖，这是中国建筑行业工程质量的最高荣誉。

(四) 价值意义

沪昆高铁是中国《中长期铁路网规划》中的"四纵四横"客运专线网主骨架的"一横"，是华东地区与中南、西南地区的客运主通道，主要承担华东地区与中南、西南地区间中长距离客流运输，同时兼顾沿线地区城际客流运输，沪昆高速铁路也是中国铁路几次大提速以来，以时速300 km 以上的动车组首次进入大西南的通道，对西南地区的社会、经济发展有重要的意义。沪昆高速铁路是我国4万亿元经济刺激计划项目之一，投资2 800亿元。

沪昆高速铁路是中国东西向里程最长的铁路。它不仅缩短了东西部的地理距离，也拉近沿途百姓的心理距离，带动了沿线发展，促进了社会公平。沪昆高速铁路穿越秦巴、武陵和六盘水山区等贫困地区，带动大山深处的农民走出山区，寻求新发展。沪昆高铁的建成，大大促进了长江以南，东、中、西部地区经济互联互补，推动了区域经济协调发展。随着沪昆高速铁路的开通，上海到昆明的列车行程将从 34 h 左右减至 8 h 左右，昆明至北京的列车通行时间也将从 33 h 缩短到 10 h 左右。

沪昆高铁全线开通运营，实现了高速动车在全国铁路局全覆盖的局面，大大缩短了中国西南地区与华南、华东和中南地区的时空距离，而且使中国高速铁路的网络效应进一步显现，对改善区域交通条件，促进区域经济社会发展，具有重要意义。

八、京张高速铁路规划与建设

（一）工程概况

京张高速铁路（Beijing-Zhangjiakou High-speed Railway），又名京张客运专线，即京包客运专线京张段，是一条连接北京市与河北省张家口市的城际高速铁路，是《中长期铁路网规划》（2016 年版）中"八纵八横"高速铁路主通道中"京兰通道""京昆通道"的重要组成部分，是 2022 年北京冬奥会的重要交通保障设施，是中国第一条采用自主研发的北斗卫星导航系统、设计速度 350 km/h 的智能化高速铁路，也是世界上第一条最高设计速度 350 km/h 的高寒、大风沙高速铁路。

1. 线路基本走向

京张高速铁路从北京北站至清河站沿既有京包铁路增建二线，原则上在北京地铁 13 号线与既有铁路之间增建，连续上跨学院南路、北三环、知春路、北四环、成府路及双清路（铁路原位高架），后下穿北五环到达清河站。见图 7.29 所示。

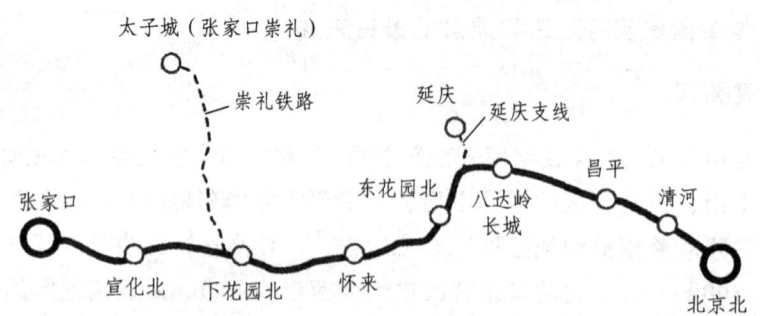

图 7.29 京张高速铁路线路走向示意

京张高速铁路起自北京北站，途经海淀区、昌平区和延庆区，由延庆区康庄镇入河北省境内，最终到达张家口站，呈东西走向，全长 173.964 km，其中北京市境内 70.503 km，河北省境内 103.461 km。线路自北京北站引出，过学院南路后转入地下，连续下穿北三环、知春路、北四环、成府路、清华东路，于万泉河以南转出地面，后下穿北五环沿既有京张铁路增建二线至沙河站，沙河站至昌平站区段增建沙昌三线至昌平站，平面引入既有昌平站后经南口镇东侧以隧道穿越军都山，出隧道后于过康庄跨既有京包铁路进入河北境内，于既有线北侧在军事设施影响范围内采用地下隧道形式，出隧道后设东花园北站，跨官厅水库、大秦铁路、京藏高速公路，与既有京张铁路并行，下穿京新高速公路后设怀来站，出怀来站后一路西行经下花园北、宣化北新设站，终至张家口站。

2. 设计参数

京张高速铁路设计参数见表 7.11 所示。

表 7.11　京张高速铁路线路设计参数

设计速度	北京北站至清河站：120 km/h；清河站至北清路：160 km/h；北清路至昌平站：200 km/h；昌平站至八达岭西线路所：250 km/h；八达岭西线路所至下花园北站：350 km/h；下花园北站至张家口站：250 km/h
轨道类型	350 km/h 路段及长度超过 1 km 的隧道为无砟轨道，其余路段为有砟轨道
轨道标准	1 435 mm（标准轨）
正线间距	5.0 m
最小曲线半径	一般路段 7 000 m，困难路段 5 500 m
最大坡度	一般路段 12‰，困难路段 20‰
闭塞类型	自动闭塞
车辆基地	北京北动车所
动力方式	接触网供电：50 Hz、25 kV

3. 建设历程

2016 年 4 月 29 日，京张高速铁路正式开工建设；2019 年 12 月 30 日，京张高速铁路正式开通运营。

京张高速铁路主线由北京北站至张家口站，正线全长 174 km，设 10 个车站，设计的最高速度为 350 km/h。京张高速铁路在下花园北站引出崇礼铁路至太子城站，同时设延庆支线至延庆站。

2008年12月3日，铁道部计划司以"计长便函〔2008〕62号"文《关于委托开展准格尔至张家口铁路、北京至张家口城际铁路前期工作的通知》，委托中铁工程设计咨询集团有限公司对京张城际铁路进行预可行性研究。

2009年1月，中铁工程设计咨询集团有限公司编制完成京张铁路预可行性研究报告。1月15日，铁道部发展计划司组织对建设方案进行研讨。2月1日，设计单位开始进行可行性研究。4月15日，设计单位完成京张铁路可行性研究报告（送审稿）。

2010年7月，国家发展和改革委员会批复《新建北京至张家口铁路项目建议书》。

2010年至2012年，铁道部发展计划司开展可行性研究及优化。

2013年7月27日，中国铁路总公司、北京市、河北省联合报送《关于报送调整新建北京至张家口铁路可行性研究报告的函》。

2014年1月12日，中国铁路总公司组织有关单位对京张高速铁路北京市五环内地下建设方案进行了研讨。9月16日，环境保护部批复《新建铁路北京至张家口铁路八达岭越岭段环境影响报告书》。11月，国家发展和改革委员会批复《新建北京至张家口铁路八达岭越岭段工程可行性研究报告》，京张高速铁路八达岭越岭段获批。12月，中国铁路总公司对初步设计进行了批复。

2015年1月28日，为了北京和张家口联合申办2022年冬奥会，调整京张高速铁路原建设方案，时速从原来的250 km提高到350 km。7月8日，铁科院网站发布了《新建北京至张家口铁路环境影响报告书》。9月8日，环境保护部批复《新建北京至张家口铁路环境影响报告书》。11月，国家发展和改革委员会批复《新建北京至张家口铁路可行性研究报告》，同意新建京张高速铁路。

2016年4月29日，京张高速铁路全线开工。11月1日，北京市海淀区的四道口、五道口、六道口全部拆除，北京北站、清河站暂停办理客运业务，清华园站停止办理客运业务。同日，清华园隧道正式开工。

2017年11月23日，京张高速铁路全线首条贯通隧道贯通。

2018年4月13日，京张高速铁路北京段铁路部门提供用地红线范围完成全部拆迁工作。4月23日，京张高速铁路智能动车组众创设计结果"龙凤呈祥"和"瑞雪迎春"公布（图7.30）。8月16日，京张高速铁路接触网第一杆完成组立，标志着京张高速铁路站后四电系统集成工程正式开工。9月13日，京张高速铁路北京段首个贯通隧道实现贯通。京张高速铁路开始全面铺轨。11月22日，南口特大桥主体工程完工。11月24日，京张高速铁路站后四电接触网工程进入上部施工阶段。12月27日，京张高站后四电工程进入接触网上部组网施工阶段。

图 7.30 智能动车组"龙凤呈祥"(右)和"瑞雪迎春"(左)效果图

2019年2月20日,北京地铁13号线列车通过建设中的清河站。

2019年2月16日,北京地铁13号线西二旗站至上地站区间改线拨接进入清河综合交通枢纽。2月20日,清河站第二阶段工程施工已全面开启。3月2日,张家口站正式启用。3月5日,京张高速铁路供电、通信、信号、电力"四电"工程正式开工。3月16日,北京地铁12号线成功下穿京张高速铁路隧道。5月10日,京张高速铁路八标无砟轨道工程完工。6月12日,京张高速铁路全线铺轨完成。6月25日,京张高速铁路全线"四电"设备房屋主体工程完成。8月25日,京张高速铁路接触网工程实现全线正线路贯通。10月5日,京张高速铁路联调联试工作正式启动。10月20日,京张高速铁路试验最高时速首次达到385 km。11月7日,京张高速铁路智能动车组上线联调联试。12月3日,京张高速铁路转入运行试验阶段。12月20日,京张高速铁路与张呼高速铁路开始满图试运行。12月28日18时,京张高速铁路动车组列车车票开始发售。12月30日,京张高速铁路正式开通运营。见图7.31所示。

图 7.31 "复兴号"动车组列车行驶在京张高速铁路上

4. 沿线车站

京张高速铁路全线共设 10 个车站，其中 9 个办理客运业务：北京北站、清河站、沙河站（不办理客运）、昌平站、八达岭长城站、东花园北站、怀来站、下花园北站、宣化北站、张家口站。为缓解北京北站的运力紧张情况及西直门地区的交通压力，清河站将办理部分列车的始发终到业务。见表 7.12 所示。

表 7.12 京张高速铁路车站

车站名称	里程/km	车站位置	隶属单位
北京北站	0	北京市西城区西直门北大街北滨河路1号	中国铁路北京局集团有限公司
清河站	11	北京市海淀区清河街道	
沙河站	—	北京市昌平区沙河镇站前路1号	
昌平站	31	北京市昌平区马池口镇上念头村	
八达岭长城站	56	北京市延庆区八达岭镇	
东花园北站	77	河北省张家口市怀来县东花园乡站前小区	
怀来站	98	河北省张家口市怀来县	
下花园北站	125	河北省张家口市下花园区	
宣化北站	152	河北省张家口市宣化区府城北街	
张家口站	172	张家口市桥东区站前西大街11号	

（二）运营及设备设施配备

1. 运营情况

2019 年 12 月 30 日 8 时 30 分，由北京北站开往太子城站的"复兴号"智能动车组 G8811 次列车准时发出，标志着京张高速铁路正式开通运营。张家口至北京最快运行时间由 3 h 7 min 压缩至 56 min。

2020 年 1 月 8 日，京张高速铁路太子城方向新增 5 对高速铁路列车。

2. 设备设施

1) 车辆设施

京张高速铁路智能动车组列车是以时速 350 km 的"复兴号"为基础研发的。在设计时就考虑到既要适应京张高速铁路的线路条件，还要满足 2022 年北京冬奥会的服务需求。京张高速铁路智能动车组列车具有较好的空气动力学性能，引入了自动驾驶技术，能够实现车站自动发车、区间自动运行、车站自动停车、车门自动打开等功能。

在人性化服务方面，京张高速铁路智能动车组列车新增了智能环境感知调节技术，能够实现对温度、灯光、车窗颜色等的调节，进一步提高陈乘客乘坐舒适度，同时全车覆盖 Wi-Fi，配置多语种旅客信息系统，能够满足国际旅客的需求。座椅采用滑道式安装，允许增加更多轮椅。

2）运行系统

京张高速铁路北京北动车所位于北京市昌平区，承担京张高速铁路动车组的检修和整备等工作。2019 年 10 月 7 日，京张高速铁路北京北动车所投入使用。

信号系统是控制高铁列车安全行车的"中枢神经系统"，满足列车高速度、高密度及不同速度等级列车跨线运行要求。京张高速铁路采用世界领先水平的 CTCS-3 级列车运行控制系统，基于 GSM-R 网络实现地面与动车组控车信息的双向实时传输。沿线车站及动车组内提供无线上网服务，奥运期间旅客能实时了解奥运信息。2019 年 10 月 7 日，综合检测列车驶出北京北动车所，见图 7.32 所示。

图 7.32　综合检测列车驶出北京北动车所

（三）技术难题与技术创新

1. 重点工程建设成果

京张高速铁路北京段控制性工程有：二站（八达岭长城站、清河站）、三桥（康庄特大桥、南口特大桥、西二旗特大桥）、四隧（新八达岭隧道、居庸关隧道、南口隧道、清华园隧道）。见表 7.13 所示。

表 7.13　京张高速铁路沿线隧道

序号	隧道名称	长度/m	贯通日期
1	清华园隧道	6 020	2018年11月20日
2	南口隧道	3 118	2018年9月13日
3	居庸关隧道	3 044	2018年9月13日
4	新八达岭隧道	12 010	2018年12月13日
5	东花园隧道	4 400	2018年7月20日
6	西黄庄隧道	4 960	2018年7月6日
7	董家庄隧道	1 162	2017年11月23日
8	祁家庄隧道	5 740	2018年8月28日
9	八里村隧道	1 272	2018年11月30日
10	草帽山隧道	7 340	2018年11月30日

1）草帽山隧道

草帽山隧道位于张家口市区南侧附近，全长 7.34 km，采用单洞双线形式，设计时速 250 km。隧道穿越草帽山主脉，山势陡峭，地形起伏较大，为京张高速铁路全线重点工程。草帽山隧道地质条件复杂，隧道洞身基岩主要为侏罗系上统凝灰岩，该地层成因复杂、成岩作用差、风化程度不一、小型构造发育、突变性强，此外隧道地质条件极差，下穿既有重载铁路、高速公路等地域，施工安全风险极高。

2）清华园隧道

清华园隧道穿越北京市核心区，穿越海淀区学院南路人口稠密区，建设时是中国国内位于城市核心区、穿越地层最复杂、重要建构筑物最多的国铁单洞双线、大直径盾构、高风险隧道，是京张高速铁路全线唯一采用盾构法施工的隧道。清华园隧道与北京地铁 10、12、13、15 号线长距离并行下穿或交叉穿越，穿越北三环、北四环等 7 条主要城市道路、88 条重要市政管线，穿越特级风险源 3 处、一级风险源 80 处。

3）新八达岭隧道

新八达岭隧道全长 12.01 km，隧道设计体现了高铁隧道与环境共生的设计理念，为全线最长的隧道。新八达岭隧道施工难度高，隧道洞室体系复杂，一共有 88 个断面、78 个洞室，常用的盾构机无法使用，只能用爆破开挖手段，必须要先爆破后处理，其中，在新八达岭隧道中的单一横切面最多会有 15 个洞室，包括管线、设备、排水等多种用途。见图 7.33 所示。

图 7.33 "复兴号"动车组列车驶出居庸关隧道

4) 官厅水库特大桥

官厅水库特大桥是京张高速铁路上的重点控制性工程之一,位于张家口市怀来县境内,全长 9.08 km,主桥采用 8 孔 110 m 简支拱形钢桁梁跨越官厅水库,是时速 350 km 无砟轨道高速铁路钢桁梁桥。大桥的设计体现了"轻质、大跨、环保"的现代铁路建设理念。主桥由 8 个造型优美的曲弦桁梁组成,跨越官厅水库。见图 7.34 所示。

2018 年 5 月 29 日,官厅水库特大桥合龙。

图 7.34 "复兴号"动车组列车驶过官厅湖特大桥

5) 大跨度、大吨位高速铁路墩顶转体连续梁

京张高速铁路跨大秦铁路特大桥依次跨越大秦铁路、京包铁路和京藏高速公路,全长 3 503.48 km,是京张高速铁路的控制性工程。施工方在跨越京藏高速公路和大秦铁路时采用了自主研发的创新型工法——"连续梁墩顶转体施工"工法,墩顶转体连续梁最大跨度 128 m,最大转体质量 8 700 t,建设时是中国国内最大跨度、最大吨位的高速铁路墩顶转体连续梁,如图 7.35 所示。

图 7.35 跨大秦铁路特大桥

2017 年 9 月 17 日,京张高速铁路土木特大桥实现空中精准转体对接,顺利跨越大同至秦皇岛的双线电气化铁路。桥墩上印制的二维码,包含桥墩各类施工信息。

6) 八达岭地下车站

八达岭长城站位于北京市延庆区八达岭特区,京藏高速公路及 G110 国道东侧,八达岭长城景区滚天沟内靠南一侧,毗邻八达岭长城,建成时是中国国内埋深最大的高速铁路地下站。该站采用了"尊重自然、形隐于山"的设计理念,将车站与山体融为一体。见图 7.36 所示。

图 7.36 八达岭长城站外景

八达岭长城站最大埋深 102 m,地下建筑面积 3.98 hm^2,建设时是中国国内埋深最大的高速铁路地下车站;车站主洞数量多、洞型复杂、交叉节点密集,建设时是中国国内最复杂的暗挖洞群车站;车站两端渡线段单洞开挖跨度达 32.7 m,建设时是中国国内单拱跨度最大的暗挖铁路隧道；旅客进出站提升高度 62 m，建设时是中国国内旅客提升高度最大的高速铁路地下车站。

2. 技术创新

（1）作为中国首条智能高速铁路，京张高速铁路每一条钢轨的质量监造、供应和廓形设计打磨也运用了大数据并建立了"健康档案"。

（2）以隧道引入城区减少环境影响。京张高速铁路注重绿色环保设计，对路基、桥梁、隧道及其他相关场地进行绿化和景观设计，沿线采用内低外高、内灌外乔的设计，形成立体多层绿化带；以隧道引入城区，降低铁路对周边环境的影响；采用跨区间无缝线路、声屏障和隔声窗等工程措施和技术，进行降噪减振设计。

（3）智能控制中心参与清华园隧道建设。根据地质情况，清华园隧道建设方联合研制了两台泥水平衡盾构机，借助中国首个大盾构智能控制中心，成功应用 BIM 技术、三维可视化监控、盾构云平台指挥、自动化监控量测等措施，实现了智能模拟、精准预测、提前预警、实时修正，克服了盾构超浅埋始发接收、超近穿越重要建（构）筑物等难题，确保了施工安全。

（四）价值意义

京张高速铁路是 2022 年北京冬奥会的重要配套工程，其开通运营标志着冬奥会配套建设取得了新进展。京张高速铁路的建设对增进西北地区与京津冀地区人员的交流往来，促进西北地区与京津冀地区协同发展将发挥重要作用。

京张高速铁路是中国《中长期铁路网规划》中"八纵八横"高速铁路网北京至兰州通道的重要组成部分，线路向西与张呼高速铁路、大张高速铁路相连，向东与北京枢纽连通，形成内蒙古东部、山西和河北北部地区快速进京客运通道。

九、中国高速铁路的世界之最

中国高铁经过 10 多年连续不断的规划与建设，已经在世界高速铁路大系统中占有重要地位。拥有了许多世界第一，具体体现在以下几个方面：

1. 运营里程最长

截至 2020 年底，铁路营业里程 13.9 万多千米，其中高铁里程 3.79 万千米，几乎占世界高铁营业里程的四分之三，是当之无愧的世界第一。如图 5.4 所示。

2. 建设速度最快

2004年,中国高铁踏上引进消化吸收再创新之路,开始加速跑。10年间,四纵四横高速铁路网骨架已基本成形。

到2020年末,我国高铁运营里程已达3.8万千米。一张以高铁为骨架,包括区际快速铁路、城际铁路及既有线提速线路等构成的快速铁路网基本建成,总规模达5万千米以上,基本覆盖50万人口以上城市。如图7.37所示。

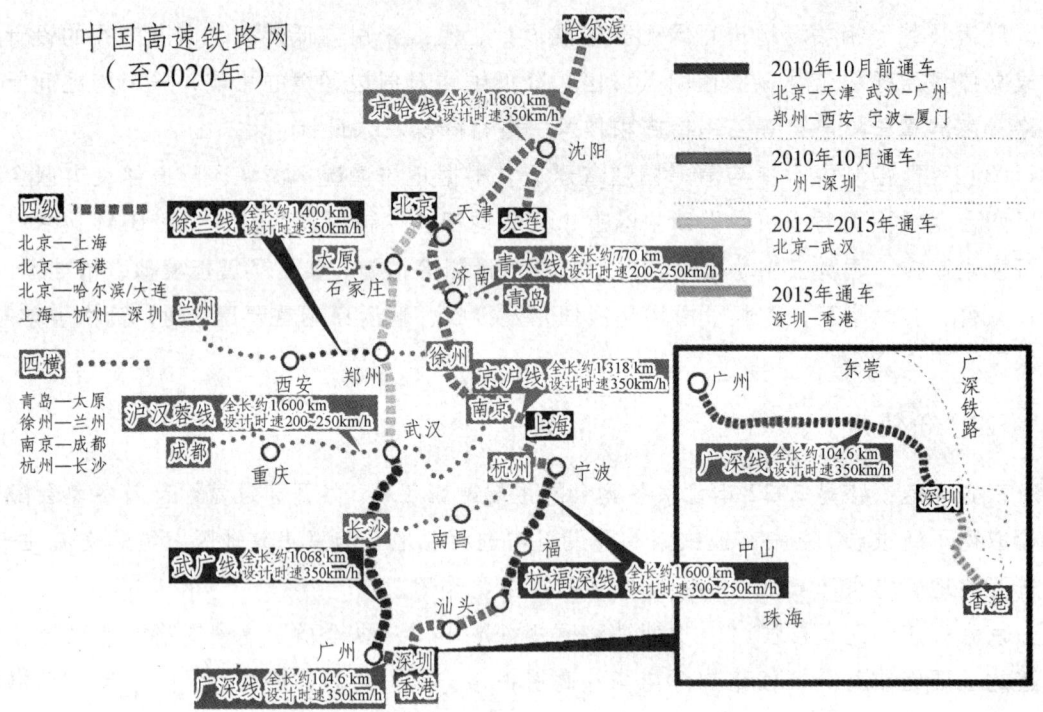

图 7.37　2020年中国高速铁路网示意

3. 运营时速最高——486.1 km

时速486.1 km——这是喷气飞机低速巡航速度!2010年12月3日,在京沪高铁枣庄至蚌埠试验段,CRH380AL新一代高速动车组创造了时速486.1 km世界铁路运营第一速。

4. 轮轨试验时速最高——605 km

2011年12月,由中国南车研制的更高速度试验列车,又称500 km试验列车,在南车四方股份公司落成,设计速度500 km/h,在高速列车国家工程实验室中创造了605 km/h的最高轮轨试验速度。如图7.38所示。

第七章　中国高速铁路规划与建设典型工程实例

图 7.38　时速 605 km 的中国试验列车

5. 世界等级最高的高铁——京沪高铁

2011 年 6 月，京沪高铁建成投产，这是世界上一次建成线路最长、标准最高的高铁。它贯穿北京、天津、河北、山东、安徽、江苏、上海 7 省市，连接环渤海和长三角两大经济区，全长 1 318 km。京沪高铁，非常受人欢迎，2014 年客流量过亿人。2014 年 7 月 1 日，在开通运营三周年之际，京沪高铁对外宣布正式盈利，按营业税口径计算，全年实现利润 12 亿元左右。

6. 世界首条新建高寒高铁——哈大高铁

2012 年 12 月 1 日，中国首条也是世界第一条新建高寒地区长大高速铁路哈尔滨—大连高铁投入运营。

哈大高铁营业里程 921 km，设计时速 350 km，纵贯辽宁、吉林、黑龙江三省，全线设 23 个车站。据最近 30 年气象记录，东北三省全年温差达到 80 ℃，是中国最为寒冷、温差最大地区。中国高铁经受住了考验。

7. 世界单条运营里程最长高铁——京广高铁

2012 年 12 月 26 日，全球运营里程最长的高速铁路——京广高铁全线开通运营。全长 2 298 km 的京广高铁，是我国中长期铁路网规划中四纵四横高速铁路的重要一纵，北起北京，经石家庄、郑州、武汉、长沙等地，南至广州，全线设计时速 350 km，初期运营时速 300 km。如图 7.39 所示。

8. 世界上一次性建成里程最长的高铁——兰新高铁

2014 年 12 月 26 日，兰新高铁全线贯通。全长 1 776 km 的兰新铁路是世界上一次性建成通车里程最长的高铁。它还享有不少第一：一是它途经烟墩、百里、三十里及达坂城等四大风区，同时沿线有塔克拉玛干、古尔班通固特等几处沙漠，是首条穿越沙漠大风区的高铁。二是它横穿我国海拔最低的吐鲁番盆地和海拔最高的祁连山高铁隧道，16.3 km 的祁连山隧道中的最高轨面海拔为 3 607.4 m，被誉为世界高铁第一高隧。如图 7.40 所示。

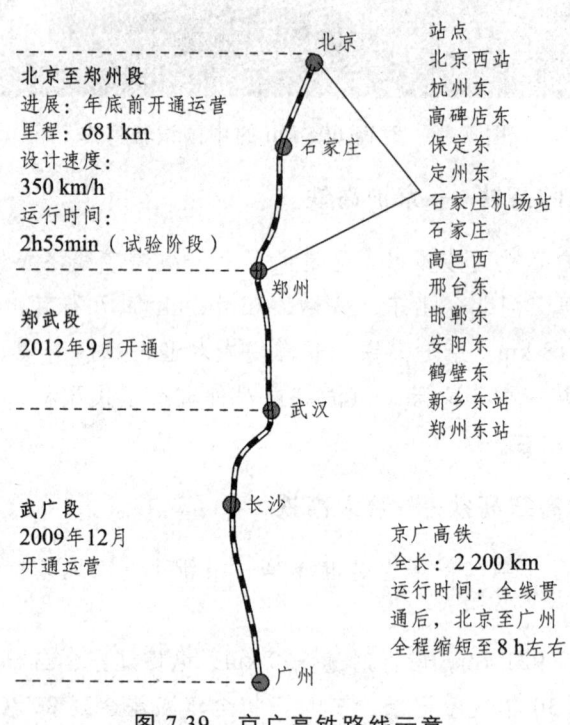

图 7.39 京广高铁路线示意

9. 谱系最全的动车组大家庭

我国拥有世界上从 200～500 km/h 各种速度等级的动车组，可谓种类最丰富、谱系最完整。这个动车组大家庭融合了世界先进技术，并通过消化吸收再创新，打造出具有自主知识产权的高端产品。成员：初期引进的 CRH_1、CRH_2、CRH_3、CRH_5，时速 200～300 km 不等，引进后提升到 350 km；后面自主研发的有 CRH380 系列，时速可达 380 km。还有 CRH380AM 时速 500 km 试验车和为城际铁路研发的 CRH_6 系列动车组以及具有完全自主知识产权的复兴号动车组。如图 7.41 所示。

第七章 中国高速铁路规划与建设典型工程实例

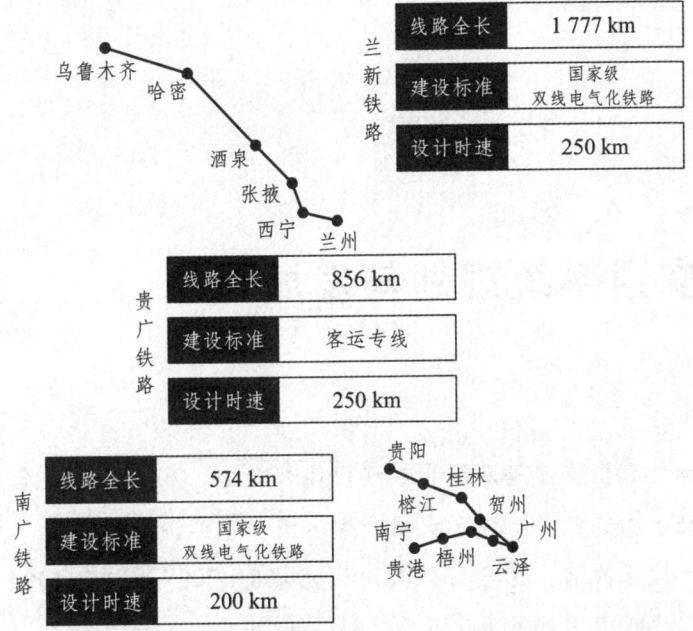

图 7.40 兰新高铁路线示意

图 7.41 "复兴号"高铁列车

10. 最惊人的高铁运量

高铁建设之初，有人担心客流量不够。这几年，高铁以方便、快捷、舒适征服了不少人的心。在京津、京沪、武广等线路，高铁也出现了一票难求的现象。

2016 年，有 15 亿多人次选择高铁出行，其中最繁忙的是京沪高铁，一条线就有过亿人次乘坐。2018 年超过 20 亿人次。

第八章

磁浮高速交通系统规划与发展设想

我国高速铁路规划与建设是从既有铁路提速开始的。20世纪90年代，铁路面临着与高速公路和航空运输的竞争，为了大量吸引客流，铁路提速势在必行。1991年我国开始对广深铁路进行技术改造，速度目标值为时速160～200 km，于1994年12月建成。为中国高速铁路建设积累了经验。

1997—2007年，中国连续进行了6次铁路大提速。在线路基础设施改善、技术装备进步和客货服务质量提高等方面取得了明显成效，实现了时速200 km的提速目标，逐渐与客运专线、城际铁路相结合，构建了中国铁路快速客运网络。

2008年8月1日，京津城际铁路的建成通车；2018年底建成了"四纵四横"的高速铁路网络，运营里程达2.9万千米，最高运营时速为350 km；2019年底，中国高速铁路运营里程已达3.5万千米；2020年底运营里程已达3.79万千米。

纵观世界各国的交通发展史，我们可以发展，速度是人类永恒追求的目标。如今在欧洲、日本以及中国，高速列车已大为普及，时速已经高达200～350 km，进一步拉近了城市与城市甚至国家与国家的距离，大力促进了信息沟通和人才流动。

现代科技所造就的社会的特征之一是大信息量和信息广泛高速传输，在人们头脑中建立了全新的地域和速度概念，而且成为一种全球性文化，越来越不可更改。

伴随着人类这种对高速的渴求，磁浮交通技术应运而生，在多个国家的实验室里，科学家和工程师们力图将这种常规机电产品与现代控制技术相结合的产物投入商业运用。

中国除上述轮轨高速铁路运输系统以外，也正在研发磁悬浮高速交通系统。以下重点介绍我国高速磁浮交通系统的规划与建设实践经验及其技术成果。

一、磁悬浮交通系统技术概述

(一) 磁悬浮交通系统概念、分类及其特征

1. 磁浮交通系统的概念

电磁悬浮是对车载的悬浮电磁铁励磁而产生可控制的电磁场,电磁铁与轨道上长定子直线电机定子铁芯相互吸引,将列车向上吸起,并通过控制悬浮励磁电流来保证稳定的悬浮间隙。电磁铁与轨道之间的悬浮间隙一般控制在 8~12 mm。

高速磁浮铁路系统由线路、车辆、供电、运行控制系统等四个主要部分构成。

(1) 线路:线路引导列车前进方向,同时承受列车荷载并将之传至地基。线路上部结构为用于联结长定子的精密焊接的钢结构或钢筋混凝土结构的支撑梁,下部结构为钢筋混凝土支墩和基础。

(2) 车辆:车辆是高速磁浮客运系统中最重要的部分,包括悬浮架和其上安装的电磁铁、二次悬挂系统和车厢。此外还有车载蓄电池、应急制动系统和悬浮控制系统等电气设备。

(3) 供电:供电系统包括变电站、沿路供电电缆、开关站和其他供电设备。磁浮列车供电系统通过给地面长定子线圈供电提供列车运行所需的电能。首先,从 110 kV 的公用电网引入交流高压电,通过降压变电器降至 20 kV 和 1.5 kV,然后整流成为直流电,再由逆变器变成 0~300 Hz 交流电,升压后通过线路电缆和开关站供给线路上的长定子线圈,在定子和车载电磁铁之间形成牵引力。磁浮列车系统的整流、变流及电机定子等设备均在地面,对设备的体积和重量以及抗振性能没有严格要求。

(4) 运行控制系统:运行控制系统是整个磁浮交通系统正常运转的根本保障。它包括所有用于安全保护、控制、执行和计划的设备,还包括用于设备之间相互通信的设备。运行控制系统由运行控制中心、通信系统、分散控制系统和车载控制系统组成。

2. 磁浮交通系统的分类

(1) 按照列车运行速度可分为高速磁浮交通和中低速磁浮交通两种类型,见表 8.1 所示。

表 8.1 高速磁浮交通与中低速磁浮交通系统比较

项目	高速磁浮交通	中低速磁浮交通
速度	时速 400~500 km	时速 100~120 km
适用范围	远距离城市间交通	城市内、远距离城市间及旅游景区之间的交通连接
国内外研发现状	目前德国掌握技术,日本正在研发	目前日本、中国、韩国掌握技术,美国正在研发

（2）按照磁体材料可分为常导磁浮、高温超导磁浮、低温超导磁浮。

（3）按照磁浮原理划分有：电磁悬浮（EMS）、电动悬浮（EDS）以及高温超导（HTS）。可进一步细分为：

① 常导高速磁浮：我国上海高速磁浮示范线（EMS）。

② 超导高速磁浮：日本山梨试验线（EDS）。

③ 常导中低速磁浮：日本东部丘陵线（EDS）、韩国仁川机场线、我国长沙磁浮快线（EMS）。

④ 高温超导磁浮：里约热内卢大学试验线、西南交大试验线（HTS）。

⑤ 永磁电动磁浮：美国的 Magplane 高速磁悬浮列车系统（EDS）。

3. 磁浮交通系统的特征

高速磁浮交通系统基本特征见表 8.2 所示。

表 8.2 高速磁浮交通系统特征

主流技术类型	常导磁浮	低温超导磁浮	永磁悬浮	高温超导磁浮
主要专利所属国	德国	日本	中国、美国	中国
开始研究时间	1934 年专利	1966 年专利	20 世纪 70 年代	2001 年专利
悬浮高度	8 mm	100 mm	20～100 mm	10～30 mm
悬浮控制	复杂	较复杂	低	低
悬浮能耗	静止也耗电	液氦（-269 ℃）	静止无能耗	液氮（-196 ℃）
悬浮方式	可静止悬浮	高速时悬浮	可静止悬浮	可静止悬浮
速度/(km/h)	450	603	<100	理论>1 000
应用案例	上海机场线	山梨试验线	暂无	暂无

（二）世界各国磁悬浮交通系统发展概况

1. 德国常导磁浮技术（EMS-Electromagnetic Suspension）

1922 年，德国人赫尔曼·肯佩尔提出了电磁浮原理。

1934 年，获得世界上第一个有关磁浮技术的专利。

1993 年，TR07 型磁浮列车试验最高速度达到 450 km/h。

2002 年 12 月 31 日，上海浦东机场线 TR08 正式运营。

德国常导磁浮采用电磁制，属常导型，靠电磁体吸力实现悬浮，称吸力型。系统采用抱轨式结构，悬浮导向机构独立运行，由闭环控制系统调整各自电磁铁电流实现稳定，见图 8.1 所示。

第八章 磁浮高速交通系统规划与发展设想

图 8.1 德国常导磁浮技术示意

2. 日本低温超导磁浮技术（EDS-Electrodynamic Suspension）

1962 年，日本开始低温超导磁浮技术的研发。

1990 年 11 月，开始建设山梨磁悬浮试验线。

2015 年 4 月 21 日，"L0 系"列车实现了 603 km/h 载人运行最高速度。

日本低温超导磁浮采用电动制，属斥力型，起浮速度 100 km/h。

日本磁浮新干线预计 2027 年实现东京到名古屋的运营（286 km），2045 年完成延长线至大阪（550 km），最高设计速度为 505 km/h。低温超导磁浮技术见图 8.2 和图 8.3 所示，超导列车见图 8.4 所示。

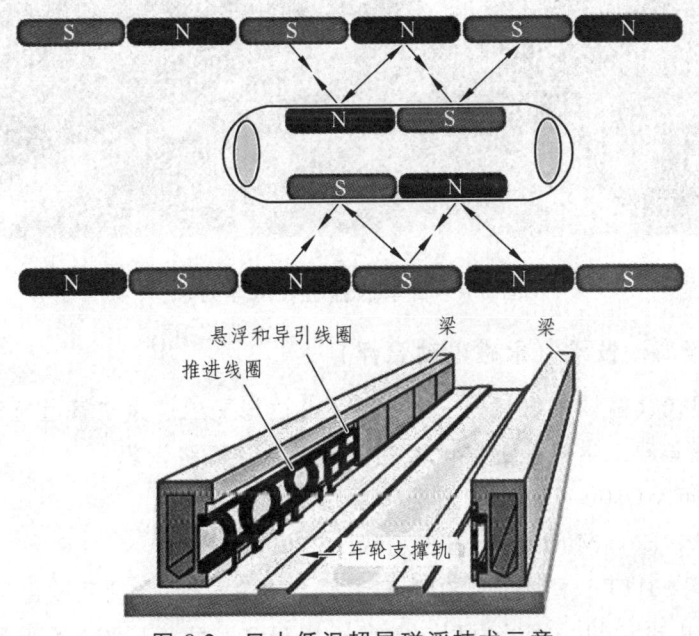

图 8.2 日本低温超导磁浮技术示意

391

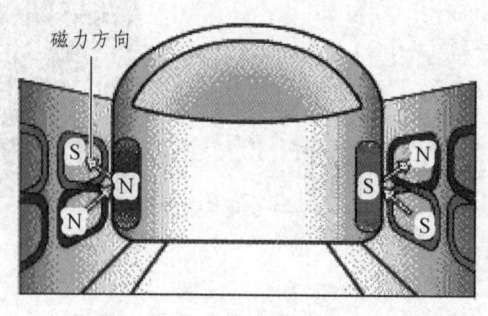

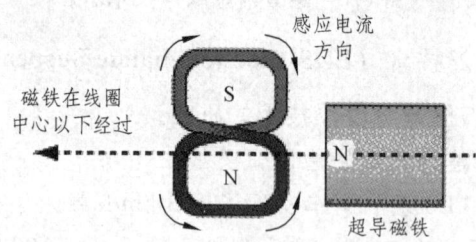

图 8.3　日本低温超导磁浮技术原理示意

图 8.4　日本低温超导磁浮列车

3. 美国超级高铁技术（永磁电动悬浮）

1904 年，现代火箭技术之父——罗伯特·戈达德提出"真空管道超级铁路"构想。

1960 年，麻省理工学院提出建设真空管道磁悬浮线路设想。

1999 年，Darly Oster 获真空管道运输系统专利。

2013 年 8 月，Elon Musk 提出美国超级高铁 Hyperloop。

2013 年 11 月，HTT 公司成立；2014 年 7 月，HT 公司成立，之后改名为 Hyperloop One。美国超级高铁采用电动制，属斥力型，需要一定起浮速度，见图 8.5 所示。

图 8.5　美国超级高铁（永磁电动悬浮技术）示意

4. 中国高温超导磁浮技术（HTS Maglev, High Temperature Superconducting Maglev）

1988 年，西南交通大学成立低温与超导技术实验室，开展超导磁浮列车研究。

1997 年，国家"863"计划正式立项。

2000 年 12 月 31 日，研制成功世界上首辆载人高温超导磁悬浮实验车——"世纪号"。

2013 年，建成我国首条高温超导磁浮车环形试验线，见图 8.6 和图 8.7 所示。

图 8.6　中国高温超导磁浮技术示意

图 8.7　世界首条高温超导磁浮车环形试验线

（三）磁悬浮交通系统驱动原理

磁浮交通系统由线路、车辆、供电、运行控制系统四个主要部分构成。其中悬浮控制技术是整个车辆技术的核心，即将车辆悬浮至一定高度（8 mm），使列车与轨道无接触运行的核心技术。高速磁浮交通系统驱动原理见图8.8所示。

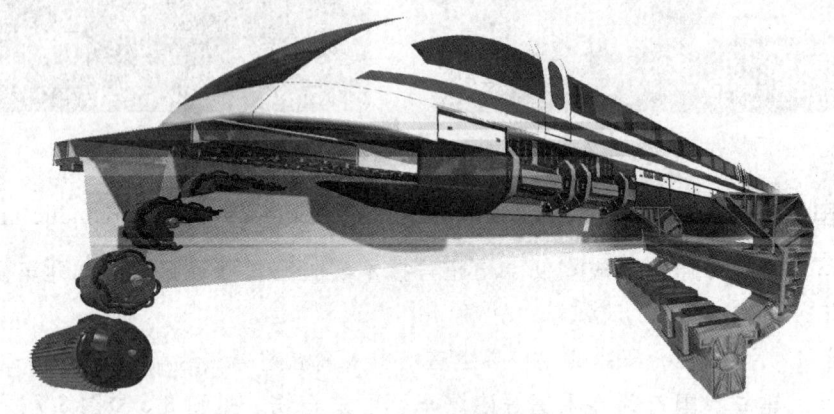

图8.8 高速磁浮交通系统驱动示意

中低速磁浮交通系统驱动原理见图8.9所示。

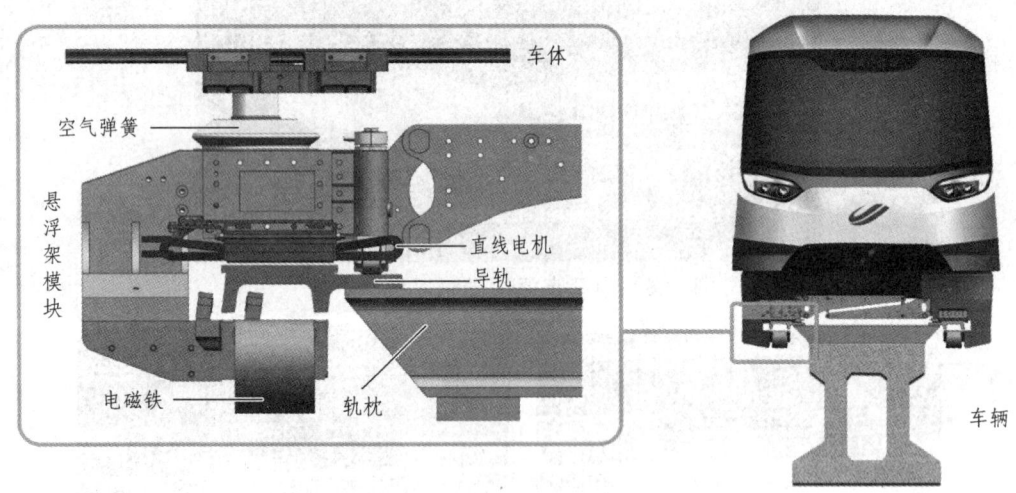

图8.9 中低速磁浮交通系统驱动示意

传统的轮轨列车交通系统的支承系统是车轮，是由车轮沿钢轨实现导向，由牵引电机旋转实现牵引运行；而磁浮列车的支承系统是电磁力悬浮，导向系统为电磁力导向，牵引系统为同步直线电机牵引，见图8.10所示。

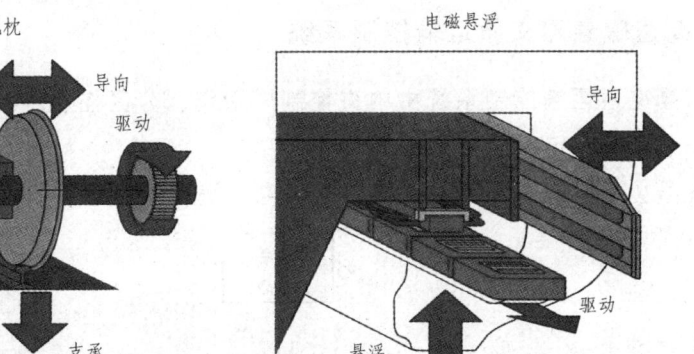

图 8.10　轮轨列车与磁浮交通系统驱动对比示意

中低速磁浮列车的驱动系统采用短定子直线电机形式，见图 8.11 和图 8.12 所示。

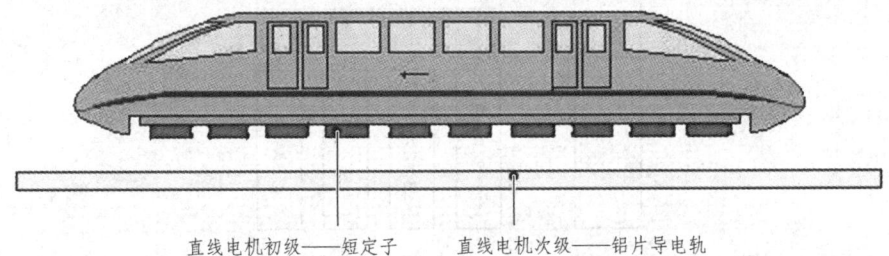

图 8.11　中低速磁浮交通驱动系统示意

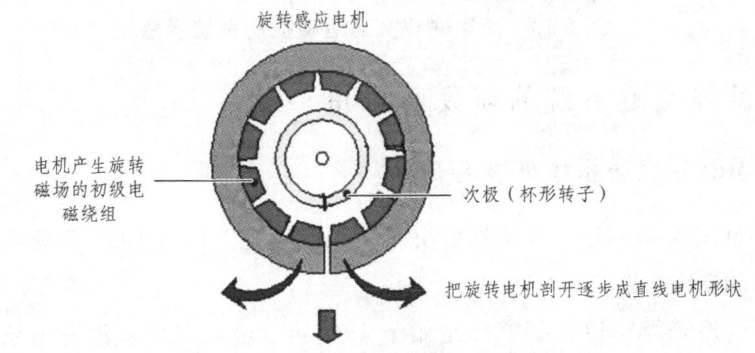

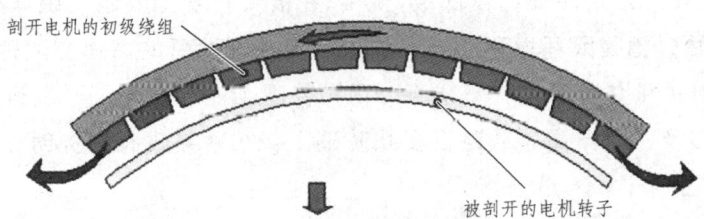

图 8.12　中低速磁浮交通驱动原理示意

(四)高速磁悬浮交通运输控制系统

高速磁浮交通运输控制系统由中央控制子系统、分区控制子系统、车载运行控制子系统、无线通信子系统组成,见图 8.13 所示。

高速磁浮交通系统的主要系统接口有供电系统、道岔梁系统、车辆系统等部分。

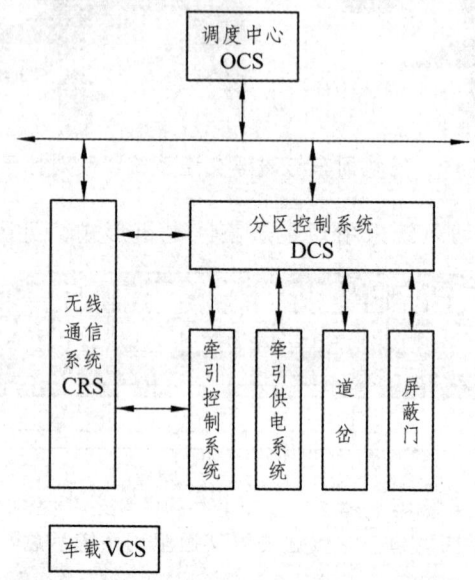

图 8.13　高速磁浮交通运输控制系统示意

二、磁悬浮交通系统的研发与应用

(一)德国磁浮交通系统研发与应用

1922 年,德国人赫尔曼·肯佩尔提出了电磁浮原理,并在 1934 年获得世界上第一项有关磁浮技术的专利。

德国真正开展磁浮交通的研究却是始于 1968 年。之前之所以没有系统的研究是因为那段时期的技术以及工艺条件都比较低级,所以在很大程度上限制了磁浮技术的发展。

从 1968 年开始,德国因环境和能源问题迫切要求开发新的高速交通体系。

1969 年,德国联邦交通部、联邦铁路公司和德国工业界参与了"高运力快速铁路的研究",其中,就涉及了磁浮高速铁路。在此基础上,在联邦政府的资助下,工业界开始了磁浮铁路的开发工作。

研究初期常导技术和超导技术是并重的:

1971 年，德国第一辆磁浮原理车在一段 660 m 长的试验线路上进行试验运行，原理车采用车辆侧的短定子直线电机驱动。

1975 年，Thyssen Henschel 公司在卡塞尔（Kassel）的工厂中的 HMB1 号试验线上率先实现了线路侧长定子直线同步电机驱动的磁浮车运行，见图 8.14 所示。

图 8.14　早期的德国磁浮列车图

1976 年，Thyssen Henschel 公司在 HMB2 号试验线上进行了载人长定子试验车的运行。

1977 年，德国联邦技术研究与技术部（BMFT）经过系统的分析认为，超导磁浮铁路所需的技术水平太高，短期内难以取得较大进展，遂决定集中力量发展长定子直线同步电机驱动的常导交通系统。1978 年，德国政府决定在埃姆斯兰德修建一条磁浮试验线。

1979 年，汉堡国际交通博览会，展出了一段 900 m 长的 TR 磁浮铁路示范线。人们真正意义上地接触、关注磁浮列车也是从这个时候开始的。汉堡市民对以 75 km/h 速度运行的磁浮车产生了极大的兴趣。这次磁浮车的成功展出，促进了磁浮高速铁路的发展进程，更是促成了德国建造大型试验设施的决定。

1980 年，埃姆斯兰德的磁浮试验线正式开工。为了建造第一段线路，德国工业界组成了磁浮铁路联合体（KMT）。第一期工程包括 21.5 km 长的试验线路、试验中心和试验车 TR06，该线路于 1982 年开始进行不载人试验，并于 1983 年 6 月 30 日投入试验运行。同年底达到每小时 300 km。为了提高试验速度，1984 年决定扩建南环线。南环线 1987 年建成。至此，TVE 的试验线总长达到 31.5 km，速度增至 400 km/h。

1991 年 12 月以前，德国在联邦铁路中心局的领导下，用了近两年时间由联邦铁路和重要高校研究所的专家组成的一个工作组对磁浮高速铁路 Transrapid 系统进行了全面的检验和评估，专家组得出该系统在"技术应用上已完全成熟"的结论。至此，Transrapid 成为世界上首次进入技术应用成熟阶段的磁浮高速铁路系统。

1993 年，TR07 型磁浮列车在 TVE 上试验，最高速度达到 450 km/h。

1996 年 5 月 9 日到 6 月 14 日，联邦议院和联邦参议院制订出了"磁浮需求法规"。

1997 年 4 月，德国决定在柏林和汉堡之间建一条全长 292 km 的磁浮线，原计划 1998 年下半年动工，2005 年投入商业运行。为此开发了拟用于柏林至汉堡线的 TR08 型磁浮列车。该车于 1999 年 10 月开始在 TVE 上进行试验。后来由于新的预测表明建设新线将面临亏损的危险，遂于 2000 年 2 月取消建设计划。

中德双方合作建设磁浮线：

2000 年 6 月，中国上海市与德国磁浮国际公司合作进行中国高速磁浮列车示范运营线可行性研究。同年 12 月，中国决定建设上海浦东龙阳路地铁站至浦东国际机场高速磁浮交通示范运营线。2001 年 3 月正式开工建设。

2002 年 12 月 31 日，经过中德两国专家两年多的设计、建设、调试，上海磁浮运营线终于呈现在世界的面前。而她正式开始试运行的第一批客人就是时任中国国务院总理朱镕基和德国时任总理施罗得先生。

（二）其他国家的磁浮交通发展历程

磁浮交通不仅在德国、中国取得了令世人瞩目的进展，从 20 世纪 70 年代起，日本、美国、加拿大、法国、英国等发达国家都相继进行了磁浮运输系统的开发。

在英国就曾有一条连接伯明翰机场和英特纳雄纳尔火车站的磁浮线路，600 m 长的距离，旅客只需 90 s 就能到达目的地。虽然这条磁浮线已经不再继续运营，但是她带来的磁浮冲击波无疑是震撼的。

在日本，早在 1962 年就开始研究常导磁浮技术。随着超导技术的迅速发展，从 70 年代初，日本开始转而研究超导磁浮技术。1972 年首次成功地进行了 2.2 t 重的超导磁浮列车试验，该车在 480 m 长的试验线路上达到了每小时 60 km。

1977 年 12 月在宫崎磁浮试验线上，最高速度达到了每小时 204 km。

1979 年 12 月又将不载人运行的速度提高到了 517 km/h。

1982 年 11 月，磁浮列车的载人试验获得成功。

1989 年，不载人试验速度达到了每小时 494 km。1994 年，不载人运行最高速度达到 431 km/h；载人磁浮列车试验时的最高速度达到 411 km/h。2014 年 12 月 17 日世界上第一条最高时速达 505 km 的超导磁悬浮高速铁路正式开工建设。

2015年，日本进行高速磁浮运行试验，最高速度达 603 km/h，日本磁浮列车再创铁路史世界纪录。日本新型 L0 系列悬浮列车在山梨磁悬浮试验线上行驶如见图 8.15 所示。

图 8.15　日本新型 L0 系统磁悬浮列车在山梨试验线上

20 世纪 70 年代中期，日本从德国引进短定子技术，开始开发中低速系统，取名 HSST（High Speed Surface Transport）。

（三）中国磁浮交通系统研发与应用

20 世纪 80 年代，我国的国防科大、西南交大开始磁悬浮技术研究；之后全球磁浮交通的商业应用随即主要围绕着上述两种制式展开。2004 年初我国上海高速示范线商业运营（最高时速 430 km）；2005 年 3 月日本东部丘陵线商业运营（最高时速 100 km）；2016 年 2 月韩国仁川机场线体验式运营（最高时速 100 km）；2016 年 5 月我国长沙磁浮快线商业运营（最高时速 100 km）。见图 8.16 所示。

我国上海高速磁浮示范运营线，从轨道交通龙阳路站至浦东机场，全长约 30 km，于 2003 年 10 月投入试运营

日本中低速磁浮运营线，位于名古屋市郊，全长 8.9 km，于 2005 年投入试运营

韩国中低速磁浮运营线,从仁川机场到龙游,全长 6.1 km,于 2016 年 2 月投入试运营　　我国长沙中低速磁浮运营线,从火车南站到黄花机场,全长 18.55 km,于 2016 年 5 月投入试运营

图 8.16　各国磁浮交通系统研发

1. 上海高速磁浮示范线工程

我国上海建成的世界第一条高速磁浮交通系统——上海磁浮示范运营线于 2002 年 12 月 31 日正式通车,磁浮列车从上海市龙阳地铁车站到浦东国际机场全程 30 km,设计最高时速 430 km,试验最高时速达到 501 km,单程行驶 8 min,见图 8.17 所示。

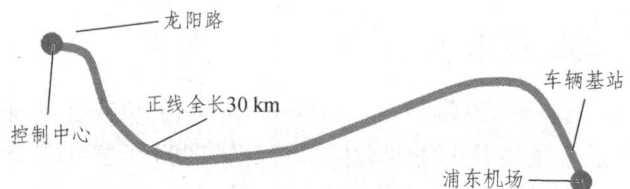

图 8.17　上海高速磁浮交通系统线路示意

初期列车配置数为 3 列 15 节。系统配置 5 个分区,可单轨穿梭运行,也可双轨追踪循环运行。列车单向运行时间 < 8 min,循环运行最小间隔 10 min。

在每个牵引分区内只允许一列运行,其他列车均只能处在停车或静止状态;列车只能在专门为其预定的进路内移动,进路安全由联锁保障;当列车丢失位置等信息时,运行控制系统将强制其停在当前辅助停车区;当列车运行超速时,运行控制系统将强制其减速或切断牵引供电电源;在异常紧急情况下,运行控制系统可对列车实施紧急涡流制动。见图 8.18 所示。

上海磁浮示范线是世界上唯一按时刻表在 400 km/h 以上速度商业运行的系统。2003 年初开始单线试运行。2004 初开始按时刻表运行,每天 6:45—19:00 时按 15 min 间隔,19:00—22:30 时按 20 min 间隔运行,每天发车 117 班次,列车每天 9:00—11:00 点及 15:00—16:00 点按 430 km/h 最高速度运行,其他时间按 300 km/h 最高速度运行。见图 8.19 所示。

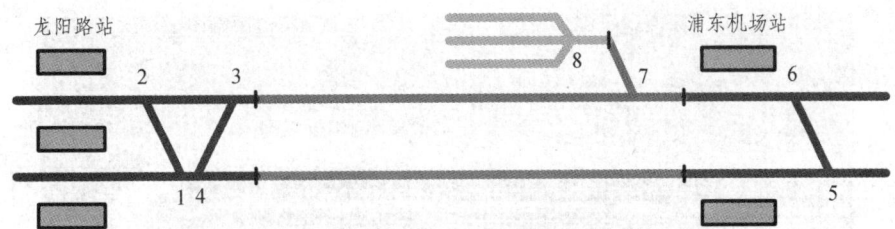

图 8.18　上海高速磁浮交通系统牵引分区示意

图 8.19　上海高速磁浮交通系统

上海高速磁浮列车经历了台风、大暴雨、降雪等极端天气,从未因恶劣天气原因发生过运行中断,即使其他交通工具已无法正常运行。运行近 18 年,未发生过人员伤亡事故。验证了高速磁浮交通的安全性和可用性。

2010 年 4 月,国家磁浮中心设计,成都飞机公司制造的第一节国产高速磁浮车从成都飞机公司发运。新车被命名为"电力飞车",见图 8.20 所示。

图 8.20 成都飞机公司制造的"电力飞车"

2. 国内其他正在开展高速磁浮研究的单位与项目

目前,国内正在开展研究或准备实施的高速磁浮项目较多,主要有:

(1) 广深第二通道大湾区高速磁浮工程。
(2) 杭甬磁浮铁路项目。
(3) 山东济南至曲阜高速磁浮工程等。

国内开展磁浮工程研究的主体单位:

(1) 中车四方厂。
(2) 中车株洲厂。
(3) 中国工程院、众多科研院校。
(4) 设备厂家、工程设计院。

3. 中国基于 EMS 常导技术的高速磁浮系统(速度目标值 600 km/h)

2016 年,科技部启动了国家重点研发计划"先进轨道交通"重点专项三项:"时速 600 公里磁浮交通系统关键技术"、时速 400 km 跨国联运高速列车、轨道交通系统安全保障技术。这次项目开发,将形成中国自主并具有国际普遍适应性的新一代中、高速磁浮交通系统核心技术体系及标准规范体系。其中,时速 600 km 磁浮项目由中车四方股份公司牵头,计划建设一条长度不小于 5 km 的高速磁浮试验线并研制一列高速磁浮试验列车。项目将研制新型永磁电磁混合悬浮系统,与国外同类高速磁浮相比,悬浮能耗降低 35%、电磁铁温升降低 40 °C、单位有效载荷车辆减重 6%以上。

2019 年 5 月 23 日,我国时速 600 km 高速磁浮试验样车在青岛下线,这标志着我国在高速磁浮技术领域实现重大突破,这比原计划提前了一年时间,意味着我国高速磁悬浮研究超出预期,见图 8.21 所示。

第八章 磁浮高速交通系统规划与发展设想

图 8.21 时速 600 km 高速磁浮试验样车

此次下线的试验样车,解决了超高速工况下车体轻量化、强度、刚度、噪声等系列难题,开发出轻质高强度的新一代车体;突破了高速条件下流固耦合复杂作用的制约,解决了气动阻力、升力等问题,气动性能达到国际先进水平;研制出高精度的悬浮导向、测速定位装置和控制系统,性能指标国际领先;攻克了长大薄壁铝合金车体激光复合焊、电磁铁箔绕、悬浮架精铸等系列关键工艺,研制的车体、电磁铁及其控制装置等关键部件性能优异,实现了工程化技术的重大突破。

不过,试验样车和工程化样车、最后可运营的机车并不等同。试验样车作为高速磁浮项目研发的重要环节,是高速磁浮的"实车级"试验验证平台。通过试验样车,可对高速磁浮关键技术及核心系统部件进行验证和优化。试验样车的下线,为后续工程化样车的研制打下了技术基础。

事实上,作为一种国际尖端技术,高速磁浮是当前世界轨道交通技术的一大"制高点"。由于高速磁浮拥有"快起快停"的技术优点,能发挥出速度优势,也适用于中短途客运,可用于大城市市域通勤或连接城市群内的相邻城市,大幅提升城市通勤效率,促进城市群"一体化""同城化"发展。

此外,高速磁浮采用"抱轨"的方式运行,列车没有脱轨风险。牵引供电系统布置在地面,采用分段供电,同一供电区间只能有一列车行驶,基本无追尾风险。与轮轨列车相比,磁浮列车没有传统的"车轮",行驶时与轨道不发生接触,无轮轨摩擦,维护量也更少,具备全寿命周期成本优势。

目前,多个发达国家都进行了长期持续研发,并建有高速磁浮试验线等研发验证平台。据了解,日本拥有 42.8 km 的山梨磁悬浮试验线,并在试验线上实现了时速 603 km 的最高试验速度。德国的磁浮技术最高试验速度达到 505 km/h,并在我国上海建成了运营速度 430 km 的国际首条商业运营高速磁浮线,但时速 600 km 高速磁浮系统及工程化应用在我国尚属空白。

据了解，我国正在建设高速磁浮实验中心、高速磁浮试制中心，2019年投入使用。同时，5辆编组时速600 km高速磁浮工程化样车的研制目前也在顺利推进中。

时速600 km高速磁浮系统核心技术，不仅意味着我国全面掌握自主设计、制造、调试和试验评估方法，更重要的是，这意味着我国建立了具有国际适应性的中国高速磁浮系统核心技术和标准规范体系，形成了高速磁浮交通系统完全自主化与产业化能力。

4. 中国地方政府争抢中低速磁悬浮

目前，国内有多条投入商业运营的磁浮线路，除了上海的磁悬浮列车，目前运营的大多是中低速磁悬浮轨道。

但这不能阻挡地方政府争抢的决心。据了解，多个省份和城市也正在结合磁浮线路规划，布局磁浮产业。在实验一线的山东对高速磁浮线路的建设谋划也不甘落后。

2019年2月，有消息称山东正在研究建设第一条高速磁悬浮示范线，初步选在济南到泰安之间，以后或将延伸至济宁曲阜，连接"一山一水一圣人"。而2018年10月《山东省沿海城镇带规划（2018—2035年）》提出：沿海城镇带预留贯通南北、联系东西，以磁悬浮为代表的新一代高速列车通道，向北沿青荣城际、渤海海峡跨海通道联通东北，向南沿东部沿海通道联通长三角，向西沿济青通道向中西部地区延伸。先期将谋划在青岛、烟台间建设磁悬浮线路，还考虑预留青岛、日照间磁悬浮研究线位。

2019年5月21日公布的济南城市轨道交通二期建设规划信息也显示，济南中运量轨道交通包括有轨电车、中低速磁悬浮，远期将由23条线路构成，规模约410 km。

2019年广东省两会期间，多位省政协委员就加快推进建设深珠高铁、广深磁悬浮问题向省政协提交提案。而在全国两会上，在深全国政协委员建言，向大会提交了《关于加快推进深圳至珠海高速铁路规划建设的建议》和《关于启动广深高速磁浮试验线规划建设前期研究的建议》两个提案。

2019年1月，湖南省发改委批复"磁浮技术湖南省工程研究中心"，湖南正在研究时速160 km的中速磁浮技术，并取得突破性进展。

在相关专家看来，磁悬浮作为我国轨道交通的重要补充，尤其是具有自主知识产权的高速磁悬浮，意义深远。

三、超高速真空管道交通系统的研发趋势

超高速真空管道交通是采用磁悬浮列车技术，利用密闭管道，通过抽取空气达到接近真空的低气压环境，从而实现列车全天候在无轮轨阻力、低空气阻力、低噪声模式下超高速（1 000 km/h及以上速度）运行的新型轨道交通技术。

（一）超高速真空管道交通的定义与特点

1. 定义与特点

超高速真空管道交通，是采用磁悬浮列车技术，利用密闭管道，通过抽取空气达到接近真空的低气压环境，从而实现列车全天候在无轮轨阻力、低空气阻力、低噪声模式下超高速运行的新型轨道交通技术。

制约轮轨高速发展的主要有轮轨阻力、空气阻力以及噪声三大因素。轮轨阻力及黏着力对高速列车运行安全起着决定性作用，但超高速轮轨关系与脱轨机理研究尚未突破；稠密大气中气动阻力与速度的二次方成正比，德国磁悬浮列车和日本新干线轮轨列车的实测数据表明，时速超过 400 km 时，空气阻力所占列车牵引力的比例超过 80%；气动噪声随速度的七次或八次方剧增，旅客无法接受。因此，真空管道交通是未来绿色、节能、超高速轨道交通技术的重要发展方向。

2. 作用与意义

民用领域，时速 1 000 km 的超高速轨道交通运输，可替代未来石油能源紧缺时代的航空运输，实现长距离、洲际超长距离大运量客货运输。军事领域，管道超高速轨道电磁炮、轨道电磁弹射等技术在航母飞机弹射、导弹发射等方面具有广阔应用前景。航空航天领域，采用真空管道大功率、超高速轨道助推技术，可实现火箭空中点火、快速重复发射，克服目前井下发射成本高、周期长等缺点。因此，发展超高速真空管道轨道交通技术，对于引领未来超高速轨道交通技术发展、助力国防安全具有重大意义。

（二）超高速真空管道交通系统发展现状与趋势

目前，国际上具有代表性的真空管道交通技术方案有三种：一是采用常导电磁悬浮的瑞士 SWISSMETRO 方案，二是采用气动/永磁悬浮和轮轨列车的美国 Hyperloop 系统计划，三是采用高温超导磁悬浮技术的美国 ET3 和我国西南交通大学的方案。

1. 美 国

1904 年，现代火箭之父 Robert Goddard 在演讲中提到，要在波士顿和纽约之间建一条真空管道铁路线，这是最早的关于真空管道交通的设想。20 世纪 60 年代，美国麻省理工学院的研究人员提出建设真空管道磁浮线路的设想；1978 年，兰德公司的研究人员提出，由电磁悬浮车辆和地下一定真空度的管道组成地下交通——运输之星。

1998 年，美国公布 21 世纪交通公正法（Transportation Equity Act for the 21st Century，TEA-21），以法律形式规定要在美国发展磁悬浮交通技术，由联邦铁道部和交通部具体负责实施。

1999 年，美国佛罗里达机械工程师 Daryl Oster 获得真空管道运输系统发明专利，并在美国佛罗里达州注册成立了 Et3.com 公司。2003 年以来，美国铁路员工 Brad Swartzwelte 提出了"美国地铁"的思路，即在美国建设真空管道磁悬浮地下铁路系统，使城市到城市之间直线连接，形成畅通无阻的地下交通网络。

2013 年，特斯拉汽车首席执行官艾伦·马斯克提出超级胶囊高铁（Hyperloop）的方案，并参与加州高铁项目的竞争；2015 年 2 月，Hyperloop Transportation Technologies 公司准备在加州 5 号州际公路附近建设长约 8 km 的 Hyperloop 超级高铁试验线路，从 2016 年开工，原计划 2019 年完工。

2016 年 5 月 11 日，美国超级高铁公司 Hyperloop one 在内华达州荒漠首次对 Hyperloop 管道运输中的推进系统进行公开测试，实现了 1 s 加速到 96 km/h，这使得超高速真空管道交通技术概念在全球范围内产生了轰动效应。

当前，美国以其雄厚的经济实力和强大的科研能力，正积极发展超高速真空管道交通技术。以超级高铁概念成立的 3 家公司（Hyperloop One、Hyperloop Transportation Technologies 和 Space X）已经开始从事相关研发工作。另有一家名为 Arrivo 的初创公司，最近也决定加入开发超级铁路 Hyperloop 的竞争行列。

2. 瑞　士

瑞士工程师 Nieth 于 1974 年提出在瑞士建设真空隧道超高速地铁工程项目的建议；1981 年，该建议得到洛桑理工学院专家们的支持，并进行了可行性研究。

1992 年，瑞士成立了专门从事真空管道开发的 Swissmetro SA 公司；1995 年，提出了真空管道由两个直径 5 m 的隧道组成，车体运行采用电磁悬浮方式的技术方案；1997 年瑞士地铁申请建设日内瓦到洛桑的试验段，由于联邦政府无法投入足够资金，计划暂时停止，目前的研究是尽快建立一条约 15 m 的试验线。

3. 日　本

近年，日本的超高速真空管道交通技术取得了突破性进展。2015 年 4 月 21 日，山梨磁悬浮试验线"L0 系"列车实现 603 km/h 载人运行最高速度，该记录至今仍为地面轨道交通工具的世界纪录。东京至大阪设计时速 505 km 的低温超导磁悬浮工程已经开工建设，计划在 2027 年投入运营。

4. 其他方面

1994 年，时任美国国家宇航局（NASA）高级概念研究所主管的 John Mankins 提出了"MagLifter"系统，该系统主要由推进系统、电源系统、支撑系统和供给系统 4 部分组成，相当于代替了传统运载火箭的第一级，在沿山体修建的真空管道中使用电磁推进装置，从而省去了大量的化学能推进剂。

类同于 MagLifter 线路结构，美国 Prof. James Powell 等人提出的 StarTram 星际列车方案，也是一种将真空管道技术应用于航空航天的设想，分为 Gen-1 载物航天系统和 Gen-2 载人航天系统。StarTram 方案拟采用低温超导磁悬浮技术，重点考虑了多种真空管道发射出口方案，包括可伸缩隔板、50 mm 厚的冲破式塑料薄膜、磁流体动力泵和气体动力喷射器等，从而实现低成本、可重复发射。

综上可见，以美国、日本在超高速真空管道交通技术的工程化研究已走在国际前列，并就"超级高铁"概念开展多项国际合作，且在国家、军事和民用等多层面投入。

（三）中国超高速真空管道交通系统发展现状

早在 20 世纪 70 年代，我国就对美国科学家提出的真空管道运输系统设想作过报道；1988 年，铁道工程专家郝瀛教授在其《中国铁路建设》一书中，把真空管道运输系统视为未来铁路发展的一种模式作了介绍。

2004 年 1 月，西南交通大学在国际上首次提出时速 600 km 及以上载人超高速真空管道高温超导磁悬浮列车技术方案，并通过了包括 14 位院士在内的 50 余位专家的论证；2004 年 12 月，四川院士咨询中心首次院士论坛再次研讨了真空管道高温超导磁悬浮车重大技术和应用前景。与会院士和专家一致建议，应大力支持具有我国自主知识产权的高温超导磁悬浮车技术开发及产业化；何祚庥院士也提交了书面意见，认为在石油能源高度紧张的情况下，开展超高速磁悬浮列车技术研究，更具特殊意义，在管道真空度问题上也不会存在原则性技术困难。

我国虽然研究起步较晚，但发展迅速。2014 年 6 月，西南交通大学牵引动力国家重点实验室研制成功世界首条真空管道高温超导磁悬浮车环形试验线"Super-Maglev"（图 8.7），并计划于 2017 年底建成 430 km/h 真空管道高速比例模型试验线，进一步开展真空管道系统、高速高温超导磁悬浮列车等工程化关键技术的研究。

2014 年 7 月，IEEE Spectrum（美国电气电子工程师学会旗舰出版物）以"The Big Picture News"的形式报道了我国高温超导磁悬浮技术在真空管道中的最新研究成果。英国 BBC、德法 ARTE、瑞士 SRF 电视栏目也专题报道，引发了国际对高温超导磁悬浮列车技术，以及真空管道交通的发展趋势，及其对社会和商业影响的深入探讨。

（四）超高速真空管道交通发展对策及建议

我国高速铁路系统技术已经引领世界，但随着"一带一路"倡议、高铁"走出去"

战略的深入实施，面对日本 505 km/h 超导磁悬浮交通工程和美国"超级高铁"等更高速度轨道交通技术的挑战，以及我国国防安全所面临的严峻考验，我们认为，应在国家层面大力支持，充分发挥我国原创技术优势，加快开展 1 000 km/h 及以上真空管道超高速轨道交通关键技术研究与工程示范，抢占制高点，引领未来真空管道超高速轨道交通技术发展，助力国防安全。

超高速真空管道高温超导磁悬浮交通技术涉及交通运输、土木、机械、电气、材料、通信与信息、控制、力学等十多个学科，是一项复杂的系统工程。为了有效推动该项技术的发展，我们建议：

一是在科学研究方面，应进一步加强真空管道车-轨-管-气-热耦合作用机理和试验研究；加强高效抽真空新原理与技术、车体的强度及轻量化设计、超高速真空管道运行安全技术等关键技术研发；突破大推力高速直线电机设计与制造、超高速通信信号等关键技术；最终建设 20 km 左右的真空管道磁悬浮试验线，开展全尺寸模型的工程化和商业化研究。

二是在政策引导方面，可通过国家重点研发计划、地方政府重点科技项目、产学研合作项目、颠覆性创新类项目，分别布局超高速真空管道交通技术的有关基础研究、关键技术攻关，以及产业化培育项目。

三是支持建设超高速真空管道高温超导磁悬浮交通技术创新基地，凝聚和培养多学科交叉的世界一流科学家团队。

四、高速磁浮交通系统规划与建设战略思考

高速磁浮交通系统的规划与建设对我国全面建成小康社会、实现国民经济又好又快发展具有重大意义。高速磁浮交通系统的科学发展应该遵循三方面的基本要求，即统筹交通运输发展全局，将磁浮交通系统纳入国家综合交通运输体系；加强综合交通运输体系的规划和实施，促进磁浮交通系统与其他交通系统的协调发展；推动磁浮交通系统的研究和应用，促进磁浮交通系统的全面协调可持续发展。

发展磁悬浮交通技术，推动新型轨道交通方式的形成，是国家战略高科技发展和应用的重要方向之一。作为一种新型的交通运输方式，在磁浮交通系统的发展过程中，也应该体现科学发展的总要求，以人为本，统筹兼顾，实现磁浮交通系统的全面协调可持续发展。

（一）将高速磁浮纳入国家综合交通运输体系中统筹规划

国外磁浮交通的研究和试验的时间长达几十年，且成果显著，其中德国和日本最为突出，虽然两国走的是不同的发展技术路线，但都建有试验线路。近年来，我国以上海磁浮示范线为标志，磁浮交通的试验在我国也取得了成功。这是引进德国技术，经消化、吸收、再自主创新的磁浮项目，也是世界上第一条商业运营的磁悬浮线路，表明我国已具备应用磁浮技术的能力。从交通运输发展全局出发，应该将磁浮交通纳入国家综合交通运输体系的规划，而不必等到磁浮技术大规模应用时再开始行动。主要有以下几个方面的原因：

1. 必须坚持适度超前发展理念发展高速磁浮

在交通运输产业发展上，"适度超前理念"是一条重要的原则。这是交通运输业的性质和特点所决定的，因交通对促进经济社会发展具有典型的先导性带动作用。磁浮基础设施建设投资规模大、建设周期长，形成网络运输能力需要线路基础与场站设施、技术装备等多方面的系统支持，更需要适度超前发展。高速磁浮交通系统的超前发展既可以使我国高速交通运输能力先于国民经济交通运输需求的增长而发展，也可以从技术上积极促进新兴磁浮技术的发展，从而为交通运输产业的优化升级提供坚实的技术储备。

2. 发展磁浮交通系统是综合交通运输运力的有力补充

要跨越传统发展模式，高速磁浮交通的发展是实现技术飞跃的途径之一。近年来，我国每年在交通运输基础设施发展方面投入大量资金，交通运输能力明显提高，交通运输环境显著改善，取得了令人瞩目的成就。但是，与国民经济快速发展的需要相比，我国综合交通运输运力相对不足，特别是高速陆上交通运输能力不足。铁路运输能力的短缺使得交通运输仍然有很大的发展空间，而这也使得磁浮交通有可能凭借其自身快速、安全、适应性强和节能环保的技术特点，补充航空与铁路、公路之间的速度空白，成为综合交通运输体系的重要部分。总之，发挥磁浮交通系统的自有特点和优势，可大幅度提升综合交通运输系统能力。

对于高速磁浮交通系统的发展，我们应该树立"适度超前发展"的理念，把握当前高速陆上交通运输跨越式发展的时机，大力促进磁浮交通运输系统的应用和发展。为此，当务之急是要从我国国情和未来高速交通运输发展的需求出发，将高速磁浮交通系统的发展纳入国家综合交通运输体系。

（二）促进磁浮交通系统与其他交通系统的协调发展

在将磁浮交通系统纳入综合交通运输体系的情况下，综合交通运输体系的内容更加丰富。这要求在综合交通运输体系的规划和实施中，研究如何处理好磁浮交通系统的发展与其他交通运输方式的关系，促进各种交通运输方式之间的协调发展课题。

不同运输方式特点不同，在整个综合交通运输体系中的功能和地位也存在差异，发展程度也不尽相同。不同交通运输方式之间存在两方面的关系：一方面是相互协作、共同为客流和物流的畅通而服务；另一方面是不同交通运输方式之间也存在良性的竞争关系。无论是相互协作的方面还是相互竞争的方面，综合交通运输体系的科学发展都要求对不同运输方式的关系进行有效的规划和协调。具体来说，应该重点做到以下几个方面：

1. 规划和协调好各种交通运输方式之间的换乘问题

要最大程度为乘客提供便利，虽然与轮轨铁路一样同为轨道交通，但是磁浮交通的轨道与轮轨铁路的轨道的技术特点完全不同；而且，磁浮交通的列车技术与轮轨铁路列车也各不一样。技术上的差异使得磁浮交通无法使用已经遍布全国的轮轨铁路网络。因此，为了便利磁浮交通的换乘，在综合交通运输体系的规划和实施中，应该为磁浮交通的换乘，特别是与轮轨铁路之间的换乘进行充分的协调和安排。比如，在实际的磁浮交通建设中，磁浮交通往往面临要与轮轨铁路共用场站的问题。共用场站的优点主要体现在两个方面：一是减少场站的冗余建设，节省资金；二是便利乘客在磁浮交通和轮轨铁路之间进行换乘。在这种情况下，在规划中进行事先的协调和安排就有重要意义。

2. 规划和协调好各种交通运输方式的发展投入问题

在我国现阶段，综合交通运输体系主要由包括公路、水路、铁路、航空和管道运输等交通运输方式组成，而磁浮交通也正在发展之中。总体而言，当前各种交通运输方式都不能完全满足经济社会发展带来的不断增长的交通运输需求。在这种情况下，如何处理分配好有限的资金投入，满足各种交通运输方式的发展需要就成为一个棘手的问题。对于这个问题，坚持科学发展观应该抓住交通运输业发展的主要矛盾，分清重点、难点，区分轻重缓急，规划和协调好磁浮交通与其他交通运输方式的投入。特别是对于磁浮交通这一尚处于初级发展阶段的新生事物来说，投入的性质和投入的方式都应该做出有别于其他交通方式的安排。总的原则是，既应该保障磁浮交通各环节工作的顺利发展，又应该认准发展时机，慎重决策，保证投入的有效性和经济合理性。

3. 充分利用各种交通运输方式之间的良性竞争关系

无论是新生事物的发展和壮大，还是已有事物发展形势的转变，都有其客观规律性。

综合交通运输体系的发展也遵循这一规律。从历史上来看，各种交通运输方式之间的市场竞争是一种常态，良性的市场竞争是引导交通运输体系合理和高效发展的有效法则。新的、更加高效、更受市场青睐的交通运输方式不是在温室中培育出来的，而是必须要接受时间的检验，在激烈的市场竞争中才能真正发展壮大。良性竞争的结果一方面有利于各种交通运输方式服务能力和服务质量的提升，另一方面也有利于实现交通运输产业结构的优化升级，更好地满足经济社会发展的需求。对于磁浮交通的发展来说，为了协调其与其他交通运输方式的关系，还应该充分利用市场竞争，适时地推动磁浮交通的应用，使其能够在市场的检验中获得成长和发展的空间。特别是对于磁浮的发展而言，现阶段甚至将来较长一段时间里，高速轮轨铁路都将是一个强劲的竞争对手。磁浮交通的科学发展要求我们重视市场的作用，充分利用市场的选择和培育功能，为两者都提供市场竞争平台，从而正确地处理这种竞争关系。

（三）高度关注高速磁浮交通系统运营模式优选问题

高速磁浮交通系统（high speed maglev transportation system）是一种新型的有轨交通系统，由车辆技术、牵引供电技术、运行控制技术及运营管理系统、线路工程技术四大部分组成。该系统利用电磁力，无接触地实现列车支承和导向功能，通过直线电机实现牵引和制动功能，避免了传统铁路中车轮和轨道之间，以及接触网与受电弓之间的机械接触，克服了传统轮轨列车提高速度的主要障碍，使得高速磁浮具有能无接触运行、速度高、启动快、能耗低、环境影响小等诸多优点。因此，作为21世纪具有竞争力的现代大容量高速客运交通系统，高速磁浮交通将是中国今后选择建设大容量客运体系时考虑的重要方案之一。考虑到高速磁浮系统毕竟缺乏商业化运行实践，为验证高速磁浮系统的可用性、经济性和安全性，我国政府决定先在上海建设一段商业化示范线。2002年底上海示范线实现单线试运行，情况良好。经过上海示范线的建设与运营，自主研发了一批专利。科技部设立了"十五"、"863"计划磁浮重大专项，研究中国选择高速磁浮交通系统作为大容量客运体系的国产化问题以及适用性问题。

在研发高速磁浮交通系统关键技术、分析其对现有综合运输体系影响的同时，高速磁浮交通系统的运输模式选择、磁浮系统工业化问题也是值得深入研究的课题之一。其目的是探讨如何发挥高速磁浮系统的优势，提高其运营效率。

1. 高速磁浮交通系统在中国的运输模式

高速磁浮作为一种崭新的交通运输方式，其营运模式具有怎样的特点？德国的试验线由于缺乏商业化运行的实践未能给出答案。然而它又是应用及推广高速磁浮系统亟待解决的问题。问题的回答涉及技术、经济、管理等众多因素。据相关专家研究，建议高速磁浮在中国的营运模式应具备枢纽/辐射结构、"干支分离"、"网运分离"的特征。基本思路如下：

1）高速磁浮枢纽加辐射结构运输模式

枢纽加辐射（hub and spoke）结构是现代交通运输中一种科学、合理有效的布局模式。从交通网络的角度分析，它是一种优化的交通运输组织模式。由于枢纽/辐射结构存在着较强的服务功能和潜在的经济利益，广泛应用在民用航空、远洋集装箱运输等运输领域。基于高速磁浮出色的速度优势，高速磁浮应定位于成为我国综合客运交通系统的主干，与其他客运交通系统（高速公路和轮轨铁路）之间形成枢纽/辐射的结构。

（1）与轮轨铁路和高速公路的枢纽/辐射关系。高速磁浮交通干线系统作为我国综合客运交通系统的主干线，要实现在各交通枢纽之间的大运量、高速度客货运输。高速磁浮交通干线系统采用沿高速公路选线的方案，利用公路运输具有机动灵活、可通达性好、对自然环境适应性强的特点，主要承担短途运输，为高速磁浮组织集疏运，在运输网中起着联结基层结点的作用。充分发挥高速公路的交通集散功能——利用高速公路的便捷交通条件，可以方便与其他交通工具的换乘。高速磁浮沿高速公路选线的方案，使得高速磁浮交通枢纽处配置有既有的与之相配套的公路网系统，形成以该枢纽为中心的辐射区域，产生辐射效应。同时，这种选线方案还有利于盘活高速公路的存量资产，对高速公路运行管理产生积极的促进作用。

（2）磁浮交通系统与城市轨道交通的连接。磁浮列车自干线上转入到达车站支线时，从高速转为低速运行。鉴于磁浮交通服务于城市的需求，磁浮列车从磁浮干线线路下来，进入支线，作为一种新型的城市轨道交通方式，在城市范围内的磁浮交通系统完全可以按照轨道交通的方式来运输管理（例如磁浮上海示范线）。因此，产生了磁浮系统中与传统铁路不同的"支线"的概念。磁浮系统中支线的概念是：经磁浮枢纽，由若干车站组成，与磁浮系统的干线系统有密切联系的线路。该部分线路是整个磁浮交通系统线路不可分割的一部分，而其建设一般由地方政府投资兴建。要特别指出的是，城市轨道交通系统规划时应综合考虑中低速磁浮交通系统的总体规划问题，将中低速磁浮交通系统纳入城市轨道交通系统中统筹规划。

2）高速磁浮系统"干支分离"运输模式

（1）方便线路结构设置及简化运行控制系统实施。从线路结构设置以及运行控制系统角度来看，由于采用了"干支分离"模式，高速磁浮交通系统的干线可以尽量顺直，干线不进城，不穿越市区，支线进城。磁浮列车通过干线上的 4 对道岔进入支线，车站设于支线，因此列车停站以及车站作业不影响干线运行。而干线不进入城市密集区，避免了磁浮干线进入城市时选线的困难,使磁浮作为城市轨道交通对城市动迁、征地的矛盾大为减小;降低了磁浮线路对轨道结构及线路的要求,这也为支线在市内的选线提供了最大的便利。干线与支线的转线运行均通过支线车站道岔实现,提高了干线的运行效率,确保了行车安全,并且可以大大简化干线运行控制系统的复杂性。"干支分离"之后的磁浮列车低速进入城市,低速磁浮的噪声较小(由于列车与线路结构无接触运行,相同速度条件下比轮轨的噪声要小许多),使得磁浮交通对城市环境的影响可减小到最低程度。高速磁浮交通系统采用的"干支分离"实际上是执行枢纽/辐射结构的具体措施。

(2) 降低工程实施的难度。在干线上既可按近期需要设置车站,又能根据远期需求增设车站。根据磁浮列车运行特点,只需在干线上设 4 对道岔即可设中间站。对于远期可能设站的位置,则可根据需要在干线上预留 4 对道岔的条件,就可在将来时机成熟时增设车站。这样,避免了整个项目的所有线路、所有车站全面施工、一次到位,将极大地降低工程实施的难度,尽快地使投资产生回报。

(3) 区分不同投资主体,调动中央、地方两级政府的积极性。从投资主体的角度来看,高速磁浮系统可以有多个投资人。干线建设以国家为主,支线的建设以地方为主。

① 干线:干线系统可以多元投资,但只能做成一个系统,只能由一家公司负责投资、建设、运营,该系统由国家负责管理,国家控股。即地方政府可以参与干线投资建设,但只能以参股合资的形式占有一定的股份。

② 支线:多个营运公司(包括支线,亦可只有车辆设备)都归到地方。营运公司使用干线,向干线公司交纳线路使用费。结合下面提到的"网运分离"运输模式,高速磁浮干线线路的收费体系可以采用两步定价法,即变动费用以实际发生的短期边际成本为依据,按列车千米计算;同时干线线路公司向各运营公司分摊一定数量的固定费用,以实现干线线路公司保本微利的目标。采用"干支分离"运输模式更重要的是能够调动中央政府与地方政府的积极性来建设高速磁浮。干线由中央政府负责并统一规划;支线及车站由地方政府规划和建设,符合"谁投资、谁受益"的原则。这一点在我国中央与地方两级政府实行分税制的条件下更具有积极的作用。

3)"网运分离"("上下分离")运输模式

"网运分离"(separation of infrastructure from operation,SIO)就是按组成结构将高速磁浮交通干线系统分成两部分:一是高速磁浮交通系统的基础设施部分,如干线线路结构(包括干线车站)、牵引供电系统、运行控制系统及其工作人员等;二是高速磁浮交通系统的运营部分,如支线线路结构(包括支线车站)、机车车辆、客运的工作人员等。这就决定高速磁浮交通系统具有两重属性:一是公益性(具有"公共物品"的特点),二是企业性。与磁浮交通系统的基础设施部分相比,运营部分比较灵活,受市场影响较大,因此更宜于实行市场化经营，以提高运力资源的配置效率。"网运分离"实质是在于将高速磁浮交通系统的公益性职能与企业性职能分开。

4）三个运输模式特征的关系

以上三个特征是高速磁浮营运模式的三个方面，是看待同一事物的不同视角。这三个方面存在着内在的逻辑关系与联系：

（1）从交通系统的拓扑结构和客运组织形式来看，是枢纽-辐射结构，磁浮交通系统采用这种结构形式从技术经济的角度来说是整体效率最高的。

（2）从线路结构设置、运行控制、投资主体的角度来看，是"干线"与"支线"的分离，而"干支分离"实际上是执行枢纽-辐射结构的具体措施。

（3）从系统组成结构的经济属性及相应投资主体的差异来看，是"网"与"运"的分离。

2. 高速磁浮交通对综合交通运输体系的影响

高速磁浮作为一种崭新的陆上交通运输方式，它的出现具有进一步细分运输市场，优化中国现有交通运输结构的作用。其利用行车速度快、班次多、安全、舒适的特点足以同航空市场竞争；同时，其凭借出众的速度优势，能够把轮轨铁路中时间价值相对较高的客运、高附加值的货运部分吸引过来。中国综合交通运输体系的格局将重新定位，高、中、低速的各种交通运输方式分工协助，协调发展，优势互补，层次更加完善，结构趋于合理。值得特别指出的是：综合交通运输体系中的各种交通运输方式依据各自的技术经济特点，彼此之间既是互补和相互配合衔接的关系，又是竞争的关系。磁浮交通系统的引入必然强化运输市场的竞争强度，并促进国家综合交通运输体系的良性调整，达到综合效益的最大化。

3. 高速磁浮交通的市场前景

统计数据表明，恩格尔系数随着生活水平的提高而不断减小，居住费、交通费和文、体、教育费的比例均呈上升趋势，其中以交通运输同比上升最为显著。中国经济的持续发展、社会的进步已经并将继续产生极大的高速客运交通需求。而高速磁浮交通系统由于其自身的优势和特点，能够满足人们日益增长的市场需求，从而使得：一是中心城市之间 3h 以内到达，使得人们在异地完成商务等活动后当天往返成为可能；二是大中城市之间半小时以内到达，实现大都市与周边中小城市一体化，实现资源合理配置，促进区域经济的发展；三是作为城市轨道交通的一种选择方式，满足由于中国城市化进程的加快而产生的对以解决居民工作通勤问题的大规模城市轨道交通的现实需求。

高速磁浮交通适用于长大干线模式、大都市圈模式、城市轨道交通模式三种发展模式。这三种模式的分级依据是按照国家（解决国家交通大动脉）、地区（大都市圈）、城市三个不同层次，不同的经济系统的社会经济发展水平进行的。各个经济系统的人均GDP水平的不同决定了其采用高速磁浮交通的时机不同（以上海为例，目前人均GDP已达5 000美元，因此它可以率先采用磁浮系统作为其城市轨道交通的组成部分）。国家可以把高速磁浮作为中心城市之间、各个主要经济圈（环渤海经济圈、长三角、珠三角）之间快速联系而采用的交通运输方式，以形成国家整个的交通体系的骨干和大动脉；也可以是经济圈内部首先采用高速磁浮作为中心城市与周围的中小城市连接的纽带；同时也可以是中国经济比较发达的地区和城市率先应用磁浮系统作为一种新型的城市轨道交通方式，解决机场、港口与城市的快速连接问题。可以预见高速磁浮在中国乃至世界都将具有广阔的发展前景。

（四）大力推动磁浮交通系统的研究和应用

作为一种面向未来、潜力巨大的技术，高速磁浮技术还有望成为我国自主创新的重要战略发展领域。长期以来，我国磁浮技术和交通系统的发展走的是一条引进、消化、吸收再创新的道路。早在上海磁浮示范线引进德国技术以前，我国一些科研部门已经在磁浮技术的研究方面积累了一定的经验，具备了一定的研究和开发能力。

20世纪80年代开始，磁浮技术在国外的研究发展日趋完善，1991年底德国宣布TR技术已经成熟。国外高速磁悬浮列车技术的发展，引起了我国科技人员和相关领导的高度关注。"八五"期间，国家科委将低速磁悬浮列车的关键技术攻关列入了计划，研制了试验室样车和关键部件。1999年开始，科技部组织实施了国家"九五"重大软课题"磁悬浮列车重大技术经济问题研究"。上海磁浮示范线的建设有力地推动了中国磁浮技术和磁浮交通发展的进程。1999年，为了加快国内磁浮技术的发展，中国与德国签订高速磁悬浮试验运营线预可行性研究意向书。2000年1月，由中科院电工所、国防科大、西南交大等单位组成了科技部"高速磁悬浮试验运营线预可行性研究"项目组。同年6月30日，中国和德国签订《共同开展上海市磁悬浮列车示范运营线可行性研究协议书》。上海磁浮示范线引进德国TR技术，车辆、牵引供电和运行控制系统等全部设备由德国成套供应，土建工程则根据TR技术标准，由中国建设。在引进、消化、吸收TR技术的基础之上，科技部启动了国家"863"计划"高速磁悬浮交通技术研究"重大专项。2001年，经国务院科技领导小组批准，"高速磁悬浮交通技术研究"同时列入国家"十五"科技重大专项。2006年，发展磁悬浮交通技术已经列入我国科技发展中长期（2006—2020年）发展规划，成为国家战略高科技发展的重要方向之一。

当前，我国正处在磁浮交通系统发展的关键时期，通过技术引进、消化吸收、再创新，我国已经实现磁浮技术和磁浮交通系统发展的重大突破，逐步实现磁浮交通系统建设的完全自主知识产权。磁浮交通系统已经进入研究和应用全面发展的阶段，我们应该大力发展和完善磁浮交通系统，形成自主创新的技术突破口和产业增长点。按照科学发展的要求，我国应该既集中力量实现重点突破，又应该统筹磁浮技术和磁浮交通系统发展全局，把研究和应用结合起来，加快磁浮技术和磁浮交通系统的发展，最终实现磁浮交通系统的全面协调可持续发展。

参考文献

[1] 郝瀛. 中国铁路建设概论. 北京：中国铁道出版社，1998.

[2] 闵耀兴. 既有铁路列车提速. 北京：中国铁道出版社，1997.

[3] 华茂崑. 中国铁路提速之路. 北京：中国铁道出版社，2002.

[4] 蔡庆华. 中国铁路技术创新工程. 北京：中国铁道出版社，2000.

[5] 铁道部计划司，经济规划研究院. 中国铁路"十五"规划战略研究. 北京：中国铁道出版社，2002.

[6] 钱立新. 世界高速铁路技术. 北京：中国铁道出版社，2003.

[7] 铁道科学研究院高速铁路技术研究总体组. 高速铁路技术. 北京：中国铁道出版社，2005.

[8] 中国铁路总公司. 中国铁道年鉴（2000—2016）. 北京：中国铁道出版社，2000-2016.

[9] 邓域才. 铁路规划与机助设计. 北京：中国铁道出版社，1996.

[10] 李远富. 铁路规划与建设. 2版. 成都：西南交通大学出版社，2020.

[11] 魏庆朝，李远富. 铁道工程概论. 2版. 北京：中国铁道出版社，2020.

[12] 李远富，魏庆朝. 铁路选线设计. 北京：中国铁道出版社，2011.

[13] 李远富. 道路总体规划设计原理. 中国铁道出版社，2011.

[14] 田长海，等. 提速线路列车速度密度重量. 北京：中国铁道出版社，2001.

[15] 铁道部. 跨世纪铁路建设丛书之一——世纪大决策. 北京：中国铁道出版社，2003.

[16] 铁道部. 跨世纪铁路建设丛书之二——决战大西南. 北京：中国铁道出版社，2003.

[17] 铁道部. 跨世纪铁路建设丛书之三——挺进大西北. 北京：中国铁道出版社，2003.

[18] 铁道部. 跨世纪铁路建设丛书之四——构筑大通道. 北京：中国铁道出版社，2003.

[19] 何华武. 中国铁路既有线 200 km/h 等级提速技术. 北京：中国铁道出版社，2007.

[20] 铁道部. 关于印发《铁路"十二五"发展规划》的通知：铁计〔2011〕80 号. 2011-07-01.

[21] 国家发展和改革委员会，交通运输部，中国铁路总公司. 关于印发《中长期铁路网规划》的通知：发改基础〔2016〕1536 号. 2016-07-13.

[22] 国家发展改革委，交通运输部，国家铁路局，中国铁路总公司. 关于印发《铁路"十三五"发展规划》的通知：发改基础〔2017〕1996 号. 2017-11-20.

[23] 国家铁路局. 高速铁路设计规范：英汉对照：TB 10621—2014. 北京：中国铁道出版社，2019.

[24] 国家铁路局. 铁路线路设计规范：TB 10098—2017. 北京：中国铁道出版社，2017.

[25] 国家铁路局. 关于印发《铁路标准化"十三五"发展规划》的通知：国铁科法〔2017〕15 号. 2017-03-02.

[26] 李红昌，高珊. 关于京津城际铁路技术创新的探讨. 铁道经济研究，2009（4）：5-8.

[27] 京沪高速铁路有限公司. 漫话京沪高速铁路. 北京：中国铁道出版社，2011.

[28] 编写组. 京沪高速建设总结. 北京：中国铁道出版社，2013.

[29] 住房和城乡建设部，国家发展和改革委员会. 关于批准发布《高速磁浮交通建设标准（试行）》的通知：建标〔2012〕81 号. 2012.

[30] 李京文，宗刚. 高速磁浮交通系统在我国综合交通体系地位和作用. 北京：知识产权出版社，2013.

[31] 李京文，宗刚. 高速磁浮交通系统在长大干线的适应性研究. 北京：知识产权出版社，2014.

[32] 高铁见闻. 大国速度：中国高铁崛起之路. 长沙：湖南科技出版社，2017.

[33] 王雄. 中国速度：中国高速铁路发展纪实. 北京：外文出版社，2016.